成年年齢引下げ（若年成年）と若年消費者保護立法

付　　録
・少年法18歳未満引下げ＝
　法務省勉強会報告書／
・法制審＝少年法・刑事法（少年年齢・
　犯罪者処遇関係）部会 新設ほか

7072-3

信山社

成年年齢引下げ(若年成年)と若年消費者保護立法

詳細目次
成年年齢引下げ(若年成年)と消費者保護立法

【解説】成年年齢の引下げと若年消費者保護　河上正二　(215)
【資料】　成年年齢の引下げについての主要報告書類
① 法制審議会民法成年年齢部会第15回会議（H21・7・19）
　　［民法の成年年齢の引下げについての最終報告書］　(223)
　　　　［目次］　　　　　　　　　　　　＊委員名簿後載
　　第1　検討の経緯等　(223)
　　第2　国民投票の投票年齢，選挙年齢等との関係　(224)
　　　　1　国民投票法附則第3条の趣旨
　　　　2　選挙年齢等との関係
　　第3　民法の成年年齢の引下げの意義　(227)
　　　　1　民法の成年年齢の意義
　　　　2　将来の国づくりの中心となるべき若年者に対する期待
　　　　3　契約年齢の引下げの意義
　　　　4　親権の対象となる年齢の引下げの意義
　　　　5　まとめ
　　第4　民法の成年年齢を引き下げた場合の問題点及びその解決策　(231)
　　　　1　契約年齢を引きでげた場合の問題点
　　　　2　親権の対象となる年齢を引き下げた場合の問題点
　　　　3　民法の成年年齢を引き下げた場合の問題点を解決する宇めの施策
　　　　4　民法の成年年齢を引き下げる時期
　　第5　その他の問題点　(237)
　　　　1　民法の成年年齢を引き下げる場合の成年に達する日
　　　　2　養子をとることができる年齢
　　　　3　婚姻適齢
　　第6　結論　(238)
　　〔参考資料〕
　　　　参考資料1（ヒアリングの結果について）　(239)
　　　　参考資料2（高校生等との意見交換会の結果について］　(243)
② 法務省民事局（H28・11）
　　［「民法の成年年齢の引下げの施行方法に関する意見募集」に
　　　対して寄せられた意見の概要］　(263)
③ 自由民主党政務調査会（H27・9・17）
　　［成年年齢に関する提言］……………………………………… (264)
④ 日本弁護士連合会（H28・2・18）
　　［民法の成年年齢の引下げに関する意見書］　(267)

2

成年年齢引下げ(若年成年)と若年消費者保護立法

⑤ 内閣府消費者委員会（H 29・1・10）
［成年年齢引下げ対応検討ＷＧ報告書］（288）

目次　はじめに

第1 現状と課題……………………………………………………………… 290
　1．若者の実態と課題……………………………………………………… 290
　2．若年者の消費者被害の動向…………………………………………… 291
　3．若年者保護のための具体的措置に関する制度の現状…………… 292
　　（1）民法（明治 29 年法律第 89 号）………………………………… 292
　　（2）特定商取引法（昭和 51 年法律第 57 号）……………………… 292
　　（3）貸金業法（昭和 58 年法律第 32 号）…………………………… 293
　　（4）割賦販売法（昭和 36 年法律第 159 号）……………………… 293
　4．消費者教育における現状と課題……………………………………… 293
　5．本報告書が対象とする若者の範囲…………………………………… 294
第2 望ましい対応策………………………………………………………… 295
　1．若年成人の消費者被害の防止・救済のための制度整備………… 295
　　（1）消費者契約法（平成 12 年法律第 61 号）……………………… 295
　　（2）特定商取引法……………………………………………………… 298
　2．処分等の執行の強化…………………………………………………… 299
　　（1）特定商取引法に係る契約またはその支払手段となる信用供与契約に
　　　　ついて虚偽記載を唆す行為の禁止及びその積極的な執行……… 299
　　（2）特定商取引法における若年成人の知識・判断力等の不足に乗じて契
　　　　約させる事案に対する執行の強化……………………………… 300
　　（3）若年成人に被害の多い商品等に関する執行の強化……………… 300
　3．消費者教育の充実……………………………………………………… 301
　　（1）小中高等学校……………………………………………………… 301
　　（2）大学・専門学校等………………………………………………… 305
　　（3）法教育・金融経済教育…………………………………………… 308
　4．若年成人に向けた消費者被害対応の充実………………………… 308
　　（1）相談体制の強化・拡充…………………………………………… 308
　　（2）大学・専門学校等の有する情報の充実及び活用……………… 311
　5．事業者の自主的取組の促進…………………………………………… 312
　　（1）各業界における未成年者及び若年成人に配慮した自主行動基準の堅
　　　　持・強化…………………………………………………………… 312
　　（2）未成年者及び若年成人への配慮に着目した「消費者志向経営」の促
　　　　進…………………………………………………………………… 313
　　（3）若年成人に対する健全な与信のための取組…………………… 314
　6．その他…………………………………………………………………… 317
（参考資料1）　民法の成年年齢が引き下げられた場合，新たに成年となる者の
　　　　　　　消費者被害の防止・救済のための対応策について（意見聴取）… 318
（参考資料2）　消費者委員会ワーキング・グループ設置・運営規程…………… 318
（参考資料3）　審議経過・構成員名簿…………………………………………… 320

⑥ 消費者委員会事務局（H 29・1）
［成年年齢引下げ対応検討 WG 報告書概要］……………………（324）

＊　　　＊　　　＊

3

成年年齢引下げ(若年成年)と若年消費者保護立法

⑦　付録／（129）

少年法 18 歳未満引下げ＝法務省勉強会報告書／法制審＝
少年法・刑事法（少年年齢・犯罪者処遇関係）部会新設ほか
目　　次（細目次 130〜131 参照）

〈参考〉　法制審議会　平成 29 年 2 月開催　予定表（132）

法制審議会第 178 回会議（平成 29 年 2 月 9 日開催）＝議題／議事概要／議事録等

<u>配布資料　1</u>　法制審議会第 178 回会議配付資料（刑 1）（134）

・諮問第 103 号（国民投票法・公選法選挙権年齢 18 歳以上・民法の成年年齢検討状況等をふまえ少年法年齢 18 歳未満とすることなどの充実のため刑事法の実体法及び手続法の整備の在り方についてのご意見を賜りたい。）（135）

<u>配布資料　2</u>　法制審議会第 178 回会議配付資料（刑 2）（136）

・諮問に至る経緯（137）

<u>配布資料　3</u>　法制審議会第 178 回会議配付資料（刑 3）（139）

・民法の成年年齢の引下げに関する諮問第 84 号に対する答申（140）

<u>配布資料　4</u>　法制審議会第 178 回会議配付資料（刑 4）（181）

・「若年者に対する刑事法制の在り方に関する勉強会」取りまとめ報告書（182）

<u>配布資料　5</u>　法制審議会第 178 回会議配付資料（刑 5）（275）

・少年法における年齢による取扱の差異（276）

<u>配布資料　6</u>　法制審議会第 178 回会議配付資料（刑 6）（277）

・主要国の法定年齢（278）

<u>配布資料　7</u>　法制審議会第 178 回会議配付資料（刑 7）（279）

・少年法改正の経過（280）

<u>配布資料　8</u>　法制審議会第 178 回会議配付資料（刑 8）（281）

・統計資料（281）

<u>配布資料　9</u>　法制審議会第 178 回会議配付資料（刑 9）（286）

・参照条文（288）

~~（配布資料 10　　会社法制（企業統治等関係）の見直しについて）~~…………省略

（2017.2.9 現在）

成年年齢引下げ(若年成年)と若年消費者保護立法

法制審議会民法成年年齢部会委員等名簿

（平成 21 年 7 月 29 日）（注）〇印は法制審議会委員を示す。

部会長　鎌田　薫　早稲田大学教授

委　員

〇青山　善充　明治大学法科大学院　専任教授・法科大学院長

　石井　卓爾　三和電気工業株式会社　代表取締役社長

　出澤　秀二　弁護士（第一東京弁護士会所属）

〇今田　幸子　独立行政法人　労働政策研究・研修機構特任研究員

　大村　敦志　東京大学教授

〇岡田ヒロミ　消費生活専門相談員

　長　　秀之　東京家庭裁判所判事

　木村　俊一　東京電力株式会　社総務部法務室長

　木幡　美子　株式会社フジテレビジョン　編成制作局アナウンス室副部長

　五阿弥宏安　読売新聞東京本社　編集局総務

　團藤　丈士　法務省大臣　官房審議官

　仲真　紀子　北海道大学　教授

　原　　優　法務省　民事局長

　氷海　正行　千葉県立八千代高等学　校長

　水野　紀子　東北大学　教授

　宮本みち子　放送大学　教授

　山本　幸司　日本労働組合総連合会　副事務局長

幹　事

　小田　正二　最高裁判所　事務総局　家庭局第一課長

　金子　修　法務省大臣　官房参事官

　佐藤　哲治　法務省民事局　参事官

　萩本　修　法務省民事局　民事法制管理官

　平田　厚　弁護士（第二東京弁護士会所属）

　森　英明　内閣法制局　参事官

　山下　純司　学習院大学　教授

関係官

　竹下　守夫　法務省　特別顧問

　松尾　浩也　法務省　特別顧問

　神吉　康二　法務省　民事局付

　脇村　真治　法務省　民事局付

成年年齢引下げ（若年成年）と若年消費者保護立法

『消費者法研究』第2号〈目　次〉

はしがき

特集　若年成人と消費者保護

【論　説】

1　人間の「能力」と未成年者，若年成人に対する支援・
保護について………河上正二…1
　　Ⅰ　人の能力（2）
　　Ⅱ　消費者としての能力と「脆弱な消費者」（3）
　　Ⅲ　消費者教育による支援（6）
　　Ⅳ　成年年齢の引下げと若年成人支援（7）

2　「能力」法理の縮減と再生・契約法理の変容……………………熊谷士郎…11
　　Ⅰ　はじめに（12）
　　Ⅱ　「能力」をめぐる3つのトピック（12）
　　Ⅲ　分　析（25）
　　Ⅳ　おわりに（33）

3　成年年齢引下げと消費者取引における若年成年者の保護
………松本恒雄…35
　　Ⅰ　はじめに（36）
　　Ⅱ　満18歳で制限行為能力者であることの弊害（38）
　　Ⅲ　未成年者取消権の存在意義（43）
　　Ⅳ　高齢消費者保護の議論（45）
　　Ⅴ　若年者のための特別の保護策と消費者一般の保護策（47）
　　Ⅵ　むすび──不招請勧誘による契約に限定した取消権の提案（52）

4　成年年齢の引下げに伴う若年者の契約締結における
適合性の配慮について………宮下修一…55
　　Ⅰ　はじめに（56）
　　Ⅱ　成年年齢引下げと若年者の「不適合」な契約締結（57）
　　Ⅲ　適合性原則と消費者取引（59）
　　Ⅳ　若年者の消費者取引における適合性の配慮と具体的な対応（64）

5　消費者被害救済法理としての未成年者取消権の法的論点
………坂東俊矢…71
　　Ⅰ　はじめに（72）
　　Ⅱ　未成年者にかかる民法の規定の意義と課題（74）
　　Ⅲ　未成年者による消費者生活相談の現状とその法的課題
　　　　──オンラインゲームをめぐる未成年者トラブル（82）
　　Ⅳ　まとめにかえて──立法論的提案も含めて（87）

6　我が国の威圧型不当勧誘論に関する解釈論的考察……………内山敏和…91

成年年齢引下げ(若年成年)と若年消費者保護立法

Ⅰ　検討課題の設定（92）

Ⅱ　学説における威圧型不当勧誘（94）

Ⅲ　考　察（108）

Ⅳ　ま　と　め（120）

7　スマホゲームに関する未成年者のトラブルの現状と課題
　　　—いわゆる電子くじ（ガチャ）を中心として—……………山田茂樹…121

Ⅰ　総　説（122）

Ⅱ　各　論（148）

〈参考〉　未成年者保護規定の改正をめぐる動向
　　　　　　　　　——より充実した消費者保護のために………加藤雅信…183

【海外事情】

「弱い消費者」に関する海外の認識と対応…………………………谷みどり…199

概　説（200）

資料〔海外事情〕（205）

【立法の動向】

民法の成年年齢引下げについて（2017年1月10日現在）……………… 215

【解説】　成年年齢引下げと消費者保護［河上正二］（216）

＊　　　＊　　　＊

1　民法の成年年齢の引下げについての最終報告書（平成21年7月19日　法制審議会民法成年年齢部会第15回会議）（223）

2　「民法の成年年齢の引下げの施行方法に関する意見募集」に対して寄せられた意見の概要（平成28年11月　法務省民事局）（248）

3　成年年齢に関する提言（平成27年9月17日　自由民主党政務調査会）（264）

4　民法の成年年齢の引下げに関する意見書（2016〔平成28〕年2月18日　日本弁護士連合会）（267）

5　成年年齢引下げ対応検討ワーキング・グループ報告書（平成29年1月　内閣府消費者委員会）（288）

6　成年年齢引下げ対応検討ワーキング・グループ報告書の概要（平成29年1月　消費者委員会事務局）（324）

成年年齢引下げ(若年成年)と若年消費者保護立法
消費者法研究第 2 号 はしがき

河上　正二

ここに消費者法研究第 2 号をお届けする。

本号の，緩やかなまとまりとなっているテーマは，消費者の属性・能力についての検討である。このテーマの背景には，民法における成年年齢の引き下げが現実味を帯びた喫緊の立法的課題となっていることがある。仮に，**法制審議会の答申（資料①参照）**のように，成年年齢が 20 歳から 18 歳に引き下げられた場合に，19 歳，18 歳の新成年が消費者取引における思わぬ被害に巻き込まれる可能性が増大することが懸念され，その被害防止や救済策をめぐる議論の必要性が強く意識されているからである。とくに，本年 1 月 10 日には，本号**資料編⑤**にも収録した内閣府消費者委員会から「成年年齢引下げ対応検討ワーキング・グループ報告書」に基づいた，消費者庁長官への「回答」が発出されたこともあり，今後，様々な観点からの若年成人に対する支援や被害救済の制度整備についての議論が本格化することが予想されるだけに，そこでの議論の参考にしていただくことを期待するものである。

本号では，一定の制度整備に関する具体的提案内容を推し進めるというのではなく，むしろ議論をする際の基礎をなす理論的な問題に重点を置いた論稿を収録した。

まず，論説では，河上が「人間の『能力』と未成年者，若年成人に対する支援・保護について」の概括的解説をおこない，特に，意思能力については**熊谷士郎氏**に「「能力」法理の縮減と再生・契約法理の変容」と題する基礎的検討をお願いした。

続いて，**松本恒雄氏（現国民生活センター理事長）**による「成年年齢引き下げと消費者取引における若年成年者の保護」と題して，被害の現状を踏まえた解決策の検討をいただいた。また，成年年齢の引き下げによって「未成年者」保護の年齢境界が移動させられることから，未成年者取消権についての検討も欠かせない。

そこで，この分野で多くの研究成果をあげておられる**板東俊矢氏**には「**消費者被害救済法理としての未成年者取消権の法的論点**」と題する論稿を寄せていただいた。未成年者取消権制度に内包されている親権者の包括的同意が有する調整弁的な機能が明らかにされ，18,19 歳の若者について，これに代わる調整弁の必要が明らかにされている。

他方，一般的消費者の保護の問題に対して，若年成人という年齢等の属性に着目した経験不足・判断力不足を考える方向性は，ある意味で「適合性原則」との深い関わりを連想させるものである。

そこで，**宮下修一氏**には「若年者の契約締結における適合性の配慮について」と題する論稿を寄せていただいた。適合性原則の意味については，なお議論があるところではあるが，氏の論稿は，貴重な普遍的政策的提案を含んでいる。また，当事者の意思決定に対する攻撃的勧誘行為との関係では，**内山敏和氏「我が国の威圧型不当勧誘に関する解釈論的考察」**によって明快な理論的整理が施されている。

最後に，**山田茂樹氏**による「**スマホゲームに関する未成年者のトラブルの現状と課題―いわゆる電子くじ（ガチャ）を中心として**」は，実務的観点から，表題にかかる特定の素材を中心に，とくに若年消費者がトラブルに巻き込まれていくプロセスと，これに対する制度的処方箋が示されており，問題を考える手がかりとして有益であろう。

なお，成年年齢の引き下げに対する制度的対応として，既に一定の民法改正等に関して精

成年年齢引下げ(若年成年)と若年消費者保護立法

力的に対案を提示しておられる**加藤雅信氏**から「**未成年者保護規定の改正をめぐる動向－より充実した消費者保護のために－**」の原稿を頂戴したので，これを転載させていただいた。

本号の**資料編**では，本号のテーマに深く関係する【**海外事情**】として，**谷みどり氏**の脆弱な消費者に関する海外の状況を紹介する「「**弱い消費者」に関する海外の認識と対応　Overseas Recognition and Measures on "Vulnerable Consumers"**」なる貴重な調査研究報告を頂戴した。

また，【**立法の動向**】では，比較的引用されることの多い，次のものを収録し，冒頭で河上が解説的覚書として「**民法の成年年齢の引下げについて**」を記述している。

（1）**法制審議会民法成年部会**「民法の成年年齢の引下げについての最終報告書」（平成21年7月29日）

（2）**法務省民事局**「『民法の成年年齢の引下げの施行方法に関する意見募集』に対して寄せられた意見の概要」（平成28年11月）

（3）**自由民主党政務調査会**「成年年齢に関する提言」（平成27年9月17日）

（4）**日本弁護士会**「民法の成年年齢の引下げに関する意見書」（平成28年2月18日）

（5）**内閣府消費者委員会**「成年年齢の引下げ対応ワーキング・グループの報告書」（平成29年1月10日）

（6）**内閣府消費者委員会事務局**「成年年齢の引下げ対応ワーキング・グループの報告書概要」（平成29年1月）

本来であれば，もう少し早くに第2号をお届けしたかったが，諸般の事情で遅れてしまったことをお詫びしたい。しかし，そのこともあって，かなり包括的な検討結果である（5）**内閣府消費者委員会**「**成年年齢の引下げ対応ワーキング・グループの報告書**」を巻末に収録できたことで，本号の資料的価値が一段と高まった点に鑑み，ご容赦いただきたい。

今後，様々な形で，成年年齢の引下げをめぐって議論が展開されることが予想され，その際に，新成人をはじめとする若年消費者の保護や支援策がグループの報告書概要」（平成29年1月）

本来であれば，もう少し早くに第2号をお届けしたかったが，諸般の事情で遅れてしまったことをお詫びしたい。しかし，そのこともあって，かなり包括的な検討結果である（5）**内閣府消費者委員会**「**成年年齢の引下げ対応ワーキング・グループの報告書**」を巻末に収録できたことで，本号の資料的価値が一段と高まった点に鑑み，ご容赦いただきたい。

今後，様々な形で，成年年齢の引下げをめぐって議論が展開されることが予想され，その際に，新成人をはじめとする若年消費者の保護や支援策が論じられるものと思われるが，本号を，その際の基本的資料の一つとしてご利用いただければ幸いである。

成年年齢引下げ(若年成年)と若年消費者保護立法

民法債権法改正
国会審議録集(1)

(第192回国会衆議院法務委員会・全5回分)

＊1　本書前編は，第192回国会衆議院法務委員会議録から民法債権法改正に関する部分を抽出掲載した。

＊2　後編は国立国会図書館所蔵の第192回国会衆議院法務委員会議録を完全複製掲載したものである。　　　　　B5版430頁　本体6,000円

◎〈憲法9条関係〉
芦部信喜先生記念講演録

平和憲法五十年の歩み－その回顧と展望－

B6版／116頁　予1000円

法制局情報公開請求資料　平成28年9月　執務資料

憲法学習のための基本テキスト

－憲法関係答弁例集(全2冊)－

憲法関係答弁例シリーズ1　　　　　少部数限定複製

◎憲法関係答弁例集
(第9条・憲法解釈関係)

A5変592頁　本体6,000円

内閣法制局　執務資料

憲法関係答弁例シリーズ2　　　　　少部数限定複製

◎憲法関係答弁例集(2)

A5変440頁　本体6,000円

内閣法制局　執務資料

ISBN 978-4-7972-8651-9　C3332　￥5600E

成年年齢引下げ(若年成年)と若年消費者保護立法

消費者法関係図書

消費者法研究 創刊1号 河上正二責任編集 272頁 2,500円

消費者法研究2－若年成人と消費者保護
河上正二責任編集 340頁 3,200円

消費者契約法改正への論点整理 (信山社ブックス) 河上正二編 440頁 3,200円

民法学と消費者法学の軌跡 (学選31) 野澤正充著 296頁 6,800円

消費者更生の法理論 宮川知法著 376頁 6,800円

イギリス消費者法研究 砂田卓士著 256頁 11,000円

現代民法研究(2) 栗田哲男著 506頁 15,000円

消費者取引と刑事規制 長井圓著 320頁 12,000円

消費者保護と私法理論 宮下修一著 520頁 12,000円

(増補予定)**消費者保護と私法理論(増補版)** 宮下修一著 予12,000円

消費者保護法の理論 長尾治助著 326頁 6,990円

私法論Ⅱ〔消費者法・学校事故法〕 伊藤進著 312頁 10,000円

消費者私法論 伊藤進著 296頁 6,000円

製造物責任・消費者保護法制論 伊藤進著 296頁 6,000円

民法改正と世界の民法典 民法改正研究会編 680頁 12,000円

ヨーロッパ債務法の変遷
ペーター・シュレヒトリーム著 半田吉信著 448頁 15,000円

ドイツ債務法現代化法概説 半田吉信著 564頁 11,000円

日本民法典資料集成1 広中俊雄編 1,560頁 200,000円

民法理論研究 中村哲也著 528頁 10,000円

現代民法学習法入門 加賀山茂著 288頁 2,800円

現代民法研究(全3巻) 栗田哲男著 426頁 47,000円

初版民法要義(財産法全3巻) 梅謙次郎＊ 1,850頁 163,107円

市民法学の歴史的・思想的展開 河内宏他 728頁 19,000円

成年年齢引下げ（若年成年）と若年消費者保護立法

現代民法担保法 加賀山茂　738頁　6,800円

判例プラクティス民法Ⅰ 総則・物権　松本恒雄・潮見佳男編　424頁　3,600円

民法（債権関係）改正法案の〔現・新〕条文対照表 加賀山茂　334頁　2,000円

民法改正案の評価 加賀山茂著　160頁　1,800円

民法条文100選（ひゃくみん） 加賀山茂著　260頁　2,600円

民法入門・担保法革命 DVD付 加賀山茂著　96頁　3,000円

立法沿革研究の新段階

　—明治民法情報基盤の構築 佐野智也著　232頁　3,800円

日本民法典改正案Ⅰ　第一編 民法改正研究会編　752頁　11,000円

民法解釈学の諸問題 下森定著　772頁　16,800円

民法学と消費者法学の軌跡 野澤正充著　296頁　6,800円

民法学の羅針盤 吉田邦彦編　432頁　12,000円

民法基本判例1　総則 遠藤浩編　194頁　2,000円

民法基本判例2　物権総論 遠藤浩編　290頁　2,400円

民法基本判例3　担保物権 遠藤浩編　270頁　2,300円

民法基本判例4　債権総論 遠藤浩編　260頁　2,300円

民法講義Ⅰ民法総論 藤岡康宏著　416頁　4,200円

民法講義Ⅴ不法行為法 藤岡康宏著　568頁　4,800円

民法（債権関係）改正要綱 信山社　編集部　80頁　1,000円

民法総則（民法大系1） 石田穣著　1,216頁　12,000円

物権法（民法大系2） 石田穣著　624頁　4,800円

担保物権法（民法大系3） 石田穣著　840頁　10,000円

民法の基本問題（総則・物権） 山本進一著　327頁　6,602円

成年年齢引下げ(若年成年)と若年消費者保護立法

市民と憲法訴訟 遠藤比呂通著 3,600円

ドイツ憲法集(第7版) 高田敏・初宿正典 編訳 3,300円

ドイツ憲法判例研究会 編（編集代表　栗城壽夫・戸波江二・嶋崎健太郎）

ドイツの憲法判例Ⅲ　6,800円

フランス憲法判例研究会 編（編集代表　辻村みよ子）

フランスの憲法判例Ⅱ　5,600円

立憲国家と憲法変遷 赤坂正浩 著 12,000円

世紀転換期の憲法論 赤坂正浩 著 9,200円

教育における自由と国家 今野健一 著 10,000円

戸波江二・北村泰三・建石真公子・小畑郁・江島晶子 編集

ヨーロッパ人権裁判所の判例 6,800円

ヨーロッパ人権裁判所の判例Ⅱ 近刊 予8,000円

立憲平和主義と有事法の展開 山内敏弘 著 8,800円

国家安全保障の公法学 山下愛仁著 6,800円

防衛法制を憲法学，行政法学等の幅広い視点から考察し，防衛法学の独自性，方法論を研究した貴重な論考を収載。防衛法を貫く法原理の探究は，憲法学，行政法学，政治学等，幅広い視点からの要請に応え，有益な示唆を与える。防衛法制を憲法学，行政法学等の幅広い視点から考察し，防衛法学の独自性，方法論を研究した貴重な論考を収載。防衛法を貫く法原理の探究は，憲法学，行政法学，政治学等，幅広い視点からの要請に応え，有益な示唆を与える。

安全保障関連法 読売新聞政治部編著 2,500円

安保関連法案の成立関係の読売新聞記事を本格的に編集。積極的平和主義への歴史的な転換期にあって，客観的に「正確な情報」を読む。自衛隊の果たす平和への新たな役割と課題とは。新安保法制の条文解説やシミュレーション，議論の流れなどを解説するほか，学識経験者が語る安全保障法制や，関連法の要旨や閣議決定，記者会見の全文等，資料も充実

成年年齢引下げ（若年成年）と若年消費者保護立法

無効行為転換の理論 山本　進一　312頁　6,408円

ヨーロッパ意思表示論の展開と民法改正
ツィンマーマン編　半田吉信訳　296頁　8,800円

わかりやすい債権総論概説 中野　哲弘　3,200頁　3,000円

わかりやすい市民法律ガイド 遠藤　浩　214頁　1,700円

わかりやすい担保物権法概説 中野　哲弘　168頁　1,900円

われらの法 第2集 民法 穂積重遠　842頁　38,000円

現代民法研究（1） 栗田哲男　736頁　20,000円

現代民法研究（2） 栗田哲男　506頁　15,000円

現代民法研究（3） 栗田哲男　426頁　12,000円

現代民法研究（全3巻）　栗田哲男　426頁　47,000円

放送の自由 増補版　鈴木秀美著　近刊　9,000円

報道の自由 西土彰一郎著　9,800円

報道の自由 山川洋一郎　著　9,800円

皇室典範 本巻001　芦部信喜　600頁　36,893円

皇室経済法 本巻007　芦部信喜　740頁　48,544円

皇室典範講義・皇室典範増補講義 別巻264　穂積八束　772頁　50,000円

明治皇室典範〔明治22年〕（上） 本巻016　小林　宏　520頁　35,922円

明治皇室典範〔明治22年〕（下） 本巻17　小林　宏　634頁　45,000円

立憲主義と市民 浦田一郎　著　10,000円

浅野一郎・杉原泰雄　監修

浅野善治・岩崎隆二・植村勝慶・浦田一郎・川﨑政司・只野雅人　編集

憲法答弁集〔1947〜1999〕 5,600円

政府の憲法九条解釈（第2版） 浦田一郎　7,600円

政府の憲法九条解釈 浦田一郎　6,000円

議会の役割と憲法原理 総叢3　浦田一郎　7,800円

議会の役割と憲法原理 浦田一郎・只野雅人　編　7,800円

成年年齢引下げ（若年成年）と若年消費者保護立法

加賀山 茂 著 （明治学院大学法学部教授）

民法条文100選
100ヵ条で学ぶ民法（ひゃくみん）

A5変・並製・260頁　2,600円（税別）　ISBN978-4-7972-7048-8　C3332

効果的な学習のために必要な条文から学ぶ

どの条文が判例で使われているか、使用頻度を精査し、全1044条から100条を選別。裁判所による適用頻度という客観的な基準から、最初に学習し暗記すべきは「民法条文・適用頻度ベスト10」であることを明らかにする。さらに「学習到達度チェック問題」「議論課題」に挑戦することで、最初の学習レベルに到達。効果的な学習のために、必要な条文から学ぶ「加賀山式学習術ひゃくみん」

【目　次】
1. 本書（民法条文100選・ひゃくみん）のねらい
2. 民法の学習の対象を100の条文に限定する理由
3. 民法条文100選の選定基準
4. 民法の分野別の条文数と適用される条文の頻度との乖離
5. 民法条文・適用頻度ベスト100の選定とベスト20の図式化
6. 民法条文・適用頻度ベスト100の適用領域（分野カバー率）
7. 民法条文・適用頻度ベスト100の読み方

第Ⅰ部　民法条文・適用頻度ベスト100の概要
　第1章　民法条文・適用ベスト10の紹介と学習方法
　第2章　民法条文・適用頻度ベスト100の概観（頻度順）
　第3章　民法条文・適用頻度ベスト100の概観（条文順）

第Ⅱ部　民法条文・適用頻度ベスト100の内容（条文順）
　第4章　民法通則
　第5章　民法総則
　第6章　物権
　第7章　優先弁済権としての債権の物的担保（実は物権ではない）
　第8章　債権・債務の総論
　第9章　契約
　第10章　不当利得
　第11章　不法行為
　第12章　婚姻
　第13章　親子

〈著者紹介〉
加賀山　茂（かがやま・しげる）
1948年　愛媛県宇和島生まれ
1972年　大阪大学法学部卒業
1992年　大阪大学法学部教授
1996年　名古屋大学法学部教授・大阪大学法学部教授
2005年　明治学院大学大学院法務職研究科教授
2014年　明治学院大学法学部教授
2017年　明治学院大学法学部法律学科教授

下記にご記入の上、FAXまたはメールにてお申し込みください!!

加賀山 茂 著
■ **民法条文100選** 100ヵ条で学ぶ民法　　　　冊

お名前：
ご所属：
　　　　〒
お届先：
お電話番号：
e-mail：

〒113-0033　東京都文京区本郷6-2-9-102　東大正門前
TEL：03(3818)1019　FAX：03(3811)3580　E-mail：order@shinzansha.co.jp

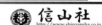
信山社
http://www.shinzansha.co.jp

成年年齢引下げ(若年成年)と若年消費者保護立法

立法の動向

民法の成年年齢の引下げについて

（2017 年 1 月 10 日現在）

【解説】 成年年齢の引下げと若年消費者保護［河上正二］

＊　　　＊　　　＊

1　民法の成年年齢の引下げについての最終報告書

（平成 21 年 7 月 19 日　法制審議会民法成年年齢部会第 15 回会議）

2　「民法の成年年齢の引下げの施行方法に関する意見募集」に対して寄せられた意見の概要

（平成 28 年 11 月　法務省民事局）

3　成年年齢に関する提言

（平成 27 年 9 月 17 日　自由民主党政務調査会）

4　民法の成年年齢の引下げに関する意見書

（2016〔平成 28〕年 2 月 18 日　日本弁護士連合会）

5　成年年齢引下げ対応検討ワーキング・グループ報告書

（平成 29 年 1 月　内閣府消費者委員会）

6　成年年齢引下げ対応検討ワーキング・グループ報告書の概要

（平成 29 年 1 月　消費者委員会事務局）

（内閣府 HP：消費者委員会資料より）

[消費者法研究 第2号 (2017.1)]

【解説】 成年年齢の引下げと若年消費者保護

河上　正二

　1　日本国憲法 15 条 3 項は「公務員の選挙については，成年者による普通選挙を保障する」と定めるが，ここにいう「成年者」についての定義はなく，1945 年の衆議院議員選挙法改正によって選挙年齢を 25 歳から 20 歳として以来，2015 年の公職選挙法改正で 18 歳に引き下げられるまでは満 20 歳以上が「成年者」とされてきた。2015 年の選挙権年齢引き下げの直接のきっかけは，2007 年に成立した「日本国憲法の改正手続に関する法律」（いわゆる「国民投票法」）第 3 条であり，同法附則 3 条 1 項で「国は，この法律が施行されるまでの間に，年齢 18 年以上 20 年未満の者が国政選挙に参加できること等となるよう，選挙権を有する者の年齢を定める公職選挙法，成年年齢を定める民法その他の法令の規定について検討を加え，必要な法制上の措置を講ずるものとする」とされていたことによる。公職選挙法改正の実質的提案理由は，18 歳選挙権を既に実現している世界的趨勢があったようである（世界 199 カ国・地域の約 9 割が 18 歳選挙権を定めている）。

　他方，私法上の成年年齢については，民法 4 条が「年齢 20 歳をもって，成年とする」と規定し，年齢の唱え方に関する法律によって，「満 20 歳」の誕生日迎えると「成年」に達するものと定めている。ちなみに，「私法上の成年」と「公法上の成年」は必ずしも一致させる必然性はなく，憲法上の「成年」を私法上の「成年」より低く設定することは理論上可能であり（逆に高く設定すると憲法違反となる），公法上の成年年齢を何歳とするかは国家の統治機構の在り方にかかわる特殊な問題であって，私法上のそれとは異なると考えられている点には注意を要する(東京地判平成 25・3・14 判時 2178 号 3 頁も参照)。喫煙や飲酒，自動車運転，パチンコ屋への入店などの例を挙げるまでもなく，個々の法律ごとに，その立法目的に照らして成年としての年齢設定を異にすることが合理的であることも少なくない。しかしながら，その両者が一致していることが望ましいとの漠然とした感覚は存在していたであろうことは，法制審議会の最終意見や 1945 年の選挙法改正からも推測できる。

　2　実は，民法 4 条の成年「満 20 歳以上」という基準は，1898 年の民法施行以来のものであるが，これは明治 9 年(1876 年)の太政官布告第 41 号「自今満二十年ヲ以テ丁年ト相定候」に由来し，この「丁年」を「成年」に改めたものである。「丁年」は，「強壮の時にあたる[丁る]年齢」を意味した。わが国に於いて，社会的に「一人前=大人」とされる年齢は，その労働能力・戦闘能力などに鑑みて，伝統的に，もう少し早く，概ね 13 歳から 15 歳前後であったとされ，15 歳程度で「成年式・元服」を迎えていた例が多いが，太政官布告は，さらに民法上の「成年」に，より成熟した判断力を求めたのであろう。

〈立法の動向〉【解説】成年年齢の引下げと若年消費者保護〔河上正二〕

2　先にも述べたように，2007年成立の「日本国憲法の改正手続に関する法律」
3条は，「日本国民で年齢満18年以上の者は，国民投票の投票権を有する」としたう
えで，その附則3条1項において，「国は，この法律が施行されるまでの間に，年齢
満18年以上満20年未満の者が国政選挙に参加することができること等となるよう，
選挙権を有する者の年齢を定める公職選挙法，成年年齢を定める民法その他の法令の
規定について検討を加え，必要な法制上の措置を講ずるものとする」との法制上の措
置を求め，2014年の同法一部改正の際に改正法附則3項で，この点が繰り返された。
公職選挙法改正は2015年6月に成立し，同法改正法附則11条でも，「国は，国民投
票（日本国憲法の改正手続に関する法律第一条に規定する国民投票をいう。）の投票
権を有する者の年齢及び選挙権を有する者の年齢が満18年以上とされたことを踏ま
え，選挙の公正その他の観点における年齢満18年以上満20年未満の者と年齢満20
年以上の者との均衡等を勘案しつつ，民法，少年法その他の法令の規定について検討
を加え，必要な法制上の措置を講ずるものとする」とされた。

3　これを受け，民法上の成年年齢の引下げに関し，2008年2月に法務大臣から
法制審議会に対し，「若年者の精神的成熟度及び若年者の保護の在り方の観点から，
民法の定める成年年齢を引き下げるべきか否か等について」の意見を問う諮問があり，
法制審議会では「民法成年年齢部会」を設置して審議が行われた。法制審議会での議
論は難航したが，2009年7月に，民法の成年年齢を18歳に引き下げるのが適当とす
る最終報告書をとりまとめ，2009年10月の総会において，次のような「民法の成年
年齢の引下げについての意見」がとりまとめられ，法務大臣に答申された（資料参
照）。すなわち，
「1　民法の定める成年年齢について
　　民法が定める成年年齢を18歳に引き下げるのが適当である。
　　ただし，現時点で引下げを行うと，消費者被害の拡大など様々な問題が生じ
　るおそれがあるため，引下げの法整備を行うには，若年者の自立を促すような
　施策や消費者被害の拡大のおそれ等の解決に資する施策が実現されることが必
　要である。
　　民法の定める成年年齢を18歳に引き下げる法整備を行う具体的時期について
　は，関連施策の効果等の若年者を中心とする国民への浸透の程度やそれについ
　ての国民の意識を踏まえた，国会の判断に委ねるのが相当である。
2　養子をとることができる年齢（養親年齢）について
　　養子をとることができる年齢（養親年齢）については，民法の成年年齢を引
　き下げる場合であっても，現状維持（20歳）とすべきである。」
この意見では，「若年者の自立を促すような施策や消費者被害の拡大のおそれ等の
解決に資する施策」の実現が求められているが，それを引き下げの条件とまではせず，
法整備の具体的時期は国会の判断に委ねるという玉虫色のものとなっている。
法務省は，その後，成年年齢の引下げに向けた民法改正を行うことを前提に，改正
法の具体的な施行方法，施行日，経過措置等に関しパブリックコメント実施したが，

多数意見の多くは，消費者教育などの消費者保護施策の効果を生じさせることや成年年齢が引き下がることを社会全体に浸透させるには相当長期の周知期間（少なくとも5年程度）が必要であること，施行に伴う具体的な支障として，養育費の支払の終期が事実上繰り上がるとの問題を指摘するもの，新成年者がローン契約を締結することが可能となる結果多重債務者となる危険性を指摘するもの，そして，最も多かったのは，新成年者が消費者被害に遭う危険性が増大することを指摘するものであった。消費者被害に対する対策としては，若年者の知識・経験の不足に乗じた契約からの救済措置を設けるべきとの意見や，消費者教育を充実させるべきとの意見であったと報じられている（資料参照）。

　法務省は，最終的に，引き下げに伴う弊害への危惧を払拭するための制度整備をすすめるとともに，成人年齢を18歳に引き下げる民法改正案を，早ければ2017年の通常国会に提出する可能性を視野に収めつつ検討中といわれる。新成年者の消費者被害の拡大を最小限に食い止めるためには，小さい頃からの消費者教育を充実させることが何より重要であるが，成年年齢の引下げとこれに伴う若年消費者の支援・保護のための制度的施策については，後者を先行させるか，出来る限り近接した時期に実施に移されることが望ましい。

　4　2016年9月の消費者庁長官からの意見紹介に応じて内閣府消費者委員会に設置された，成年年齢引下げ対応検討ワーキング・グループでは，要請に応じて，年内の意見の取りまとめをめざして集中的なヒヤリングや審議を積み重ね，12月27日に報告書の素案をまとめ，2017年1月10日に，報告書をまとめて委員会本会議に提出した。これを受けた消費者委員会は本会議で報告書を承認し，答申として発出した（その内容は，資料編に掲載）。

　成年年齢の問題は，様々な観点からの検討を要するが（「特集 18歳選挙権のインパクト」法学セミナー744号の諸論稿も参照），その一つとして，人の「能力」についての基本的分析が欠かせない（本誌の諸論稿はそのための基礎的研究である）

　人の「能力(capacity, fähigkeit, capacité)」は，これまでも様々な観点から語られ，それを制度に反映させようとする試みが古くから存在する。能力は，身体的能力（活動能力）と精神的能力から観察できるが，これまた多様である。認知能力を支えるには，視力・聴力をはじめ嗅覚・触覚のような身体的能力に対する配慮も必要である。また，人間が社会的に見て「一人前・大人」になったかどうかについて，古くは，その「生殖能力」や「戦闘能力」が問われたことはよく知られている。しかし，現在では，身体的能力よりも精神的能力，つまり自分の独立した意思を形成する能力に重心を移して私法上の能力が問題とされている。民法は，基本的に，「能力」を一定の「法的資格」と考え，そのうちの「精神的能力・判断能力」に着目した制度を用意することで，判断能力に問題のある者を支援・保護しているが，これに尽きない。能力は，個別に判定される場合もあれば，一律に，一定の「年齢」によって推定されていることもある。いうまでもなく，人間の能力は様々であり，その判断力，とくに財産管理能力に焦点を合わせた場合においても，置かれた環境や判断対象によって，一定

〈立法の動向〉【解説】成年年齢の引下げと若年消費者保護〔河上正二〕

の幅を持って観察されるべきものであり，20歳あるいは18歳という年齢で画一的に論ずることは困難である。しかし，少なくとも新成年がこれまでの未成年者取消権を失い，親権者からの支援を失うとした場合，早い段階からの消費者教育の充実を含め，新たな代替措置が検討されるべきことについては大方の賛同を得られよう。若者を回復不能なダメージから保護しつつ，段階的に経験を積んで，成熟した成人に成長することができる社会環境を整備し，若者の成長を社会全体が支える必要がある。行為能力が，市場という公道を自動車で自分で走るための「資格」であるとすれば，新たに市場に参入したばかりの若者に，いわば「若葉マーク」を付けて，みんなで見守ってやろうという配慮が必要である（このことは単に若年者ばかりではなく，高齢者や障害者などについても語ることが可能である）。

高齢者に比して，未成年者・若年者はまとまった財産を有しないことが多いために，これまで欺瞞的取引のターゲットになる可能性は比較的小さく，専ら，安全面での配慮の必要が中心に考慮されてきたが，親のカード利用に伴う損害額の増大をはじめ，今日では，必ずしも財産的被害から無縁ではなくなっている。また，若年者ならではの被害の拡大も観察されている。そこで，さしあたって制度的には，①インターネット被害やマルチ取引被害，エステティック・サービス被害，サイドビジネス商法など，若年者に特有の被害状況に対処するための特別法上の手当(特商法上の手当など)と，②年齢に配慮しつつ，高齢者・子供・若年者を含めて判断力や知識・経験不足につけ込まれた脆弱な消費者一般を保護する形での手当や，③こうした脆弱な消費者を念頭に置いた説明義務・情報提供義務の強化が求められよう。

若年者に対する消費者教育の充実や若年消費者に対する制度的支援は，将来の力強い「消費者市民」を育てあげることにつながる重要な課題である。若年層を支え，賢明な市民・消費者に育て，消費者被害から自らを守るとともに，社会や環境にも配慮できる力強い消費者市民を育て上げることは，おそらく経済政策以上に重要な国家的課題である（以上につき，法時89巻2号の「法律時評」も参照）。

5　最後に，消費者契約法に「適合性原則」の考え方を明示することに対して，様々な意見があることから，筆者の基本的な考え方を簡単に述べておきたい

（1）　**広狭2義の適合性原則**　「狭義の適合性原則」は，ある特定の不適合と判断される利用者に対しては，どんなに説明を尽くしても一定の商品の販売・勧誘をしてはならないというルールと言われる。そこでは，民事効が問題になるとすれば，特定利用者に対する一定の金融商品の勧誘に基づく販売は，如何なる場合も無効であるとみなされ，リスクも移転しない。利用者に対する一定の金融商品の勧誘行為あるいは販売行為を禁止するものである。ただ，特定の利用者かどうか判断するために，一定のしかるべき査定情報を必要とする。これに対し，「広義の適合性原則」といわれるものは，業者が利用者の知識・経験，財産力，あるいは投資目的に適合した形で勧誘あるいは販売をしなければならないというルールである。これは，やや一般的な要請として，市場適合性を前提とした上での勧め方を問題にしている。広義の適合性原則は，説明義務と結びつけられて今日に至っている。

219

［消費者法研究 第2号(2017.1)］

　有名な最高裁の平成17年7月14日判決は，証券会社の担当者が，顧客の意向と実情に反し，明らかに過大な危険を伴う取引を積極的に勧誘するなど，適合性の原則から著しく逸脱した証券取引の勧誘をしてこれを行わせたときは，当該行為は不法行為法上も違法となるとして，これまで業法ルールとされてきた同原則違反に民事効を架橋したが，そのインパクトは必ずしも投資被害者救済に期待されたような展開をもたらしておらず，同判決の射程には大いに反省が求められている。

　（2）　適合性原則の中核にある思想　　この「適合性原則」の背後にある中核的な思想あるいはアイデアは，人間があるものを他人に対して適合的なものであるとして勧めるときは，そのことについて一定の合理的な根拠を持つべきであるという，ごく常識的な要請である。さもなければ，彼の行動は極めて無責任かつ恣意的で不誠実，信義に反する言動としての非難を浴びるからである。この発想は，金融分野における目的物がハイリスク商品であるということや，顧客の能力や耐性に対する事業者のパターナリスティックな配慮，あるいは専門家としての業者の厳格責任や当事者間のフィデューシャリーな関係にも由来するという側面で幾分増幅されてはいるものの，一般的には取引社会において要請される事業者の活動態様に対する基本的な行為規範と考えてよいように思われる。

　適合性原則では，一般的に，当事者の理解力や判断力といった能力適合性に関連させて，年齢・経験・知識・判断能力など，目的適合性との関連で，顧客の有する契約締結目的・必要性，さらに状況適合性との関連で，顧客の財産状況・資力などが議論されている。これは金融投資取引の領域では，リスクと顧客の理解力・財産状況などのリスク対応能力という問題になっているが，それに尽きるわけではない。

　適合性原則を大きな中核的思想としてとらえなおし，それが例えば金融分野におけるコロラリー(派生的命題)として幾つかのルールが展開していると考えることができるのではないかというのが昨年の消費者法学会における私の報告の趣旨であった。コロラリーの第1準則は，金融業者は，自己の販売する商品の性質について認識・理解し，誰に対しても，およそ市場適合性を有しない金融商品を販売してはいけないというもの。第2準則は，金融取扱事業者は，当該商品の特性に照らし，それが当該顧客に適合的でないときには，これを勧誘してはならない。第3準則は，業者は，当該顧客にとって適合的な商品のみを提供し，勧誘・販売すべきである。第4準則は，業者は，取引が当該顧客にとって過剰または過当取引とならないように配慮しなければならないという，量的適合性。第5準則は，業者は，当該商品の勧誘・販売に際して，適合性原則に従い，相手方顧客が商品内容やリスクを適切に理解できるようにしなければならないという，説明・情報提供のあり方に着目したルール。最後に，以上の行為規範を遂行するため，業者は，従業員・販売担当者によって適合性原則に従った勧誘・販売活動がなされるよう，その事業体制を構築しなければならないというものである。以上のような形でコロラリーが存在すると理解できるのではないか。

　（3）　治癒可能な不適合　　もっとも，「適合性」の有無と言っても，それが何らかの追加的な措置によって治癒できる治癒可能な不適合と，もともと例えば全く判断力のない人に向かって販売勧誘する場合のように，その人の属性として治癒不可能な

ものがあろう。治癒不可能な不適合と治癒可能な不適合には，さまざまなグラデーションがあるということを前提にして議論を組み立てる必要があるように思われる。その意味では，不適合者排除のための適合性原則か支援のための適合性原則かといった二分論はあまり生産的ではない。むしろ治癒可能な不適合の存在を認めて，果たして当事者のいずれがその治癒のためにいかなる努力をなすべき義務を負っているかといった観点から問題を検証するということにしてはどうであろう。適切な形での情報提供や説明義務，さらに助言・警告義務といった行動の意味が問われるのも，こうした場面のように思われる。

（4）　**消費者法における適合性原則**　　消費者法の中で，適合性原則がいかなる意味を持つかは，もはや多言を要しない。それは，消費者基本法が平成16年改正に際し，第5条1項3号で，事業者の義務として消費者との取引に際し，消費者の知識，経験，財産の状況に配慮せよと要請したところに端的に示されている。消費者の実質的な選択権を守り，被害から遠ざけるために，適合性原則の考え方は，特定商取引法における過量販売，あるいは割賦販売法や貸金業法における過剰与信といったようなところでも見出され，相手方顧客の属性や状況に配慮しない，そういう商品・サービスの提供に対して一定の規制を掛けるという形で，既に展開しているといってよい。

　適合性原則が捕捉すべき問題は，投資リスクに限らず，さまざまな消費者トラブルにかかわる事項に及ぶ。個人・人間の尊厳の尊重といった要請からも，適合性に配慮した事業者の取引活動が問題にされるべき時代になっている。マスとしての平均的消費者のみならず，個としての消費者への配慮を語る考え方として「適合性原則」は，今後の消費者法にとって貴重な考え方を提供しているように思われる。問題は，個別ルールの要件・効果の策定である。要件は，事業者の行為規制となる規律，あるいは情報提供義務が認められる場合の提供方法の具体化，そして適合性原則違反があった場合の無効・取消事由，損害賠償責任などの効果によって異なり得よう。少なくとも，著しく優良誤認・有利誤認を引き起こす表示をなした場合の損害賠償責任，相手の状況・属性につけ込んだ「つけ込み型勧誘」での取消権を考える際の考慮要素とすることができないかが重要な課題である。消費者の判断不足等を利用して不必要な契約を締結させるという事例について，何らかの手当てが必要であることには，おそらく異論がないからである。

（5）　　この思想を個々の規律の中，例えば情報提供義務や説明義務，「つけ込み型勧誘」の禁止といったようなところの要件に落とし込むということが制度的には重要であるが，この思想の普遍的価値に鑑みると，一般条項の一部として，消契法の冒頭で高らかに宣言してみる価値があるのではなかろうか。市場における各当事者は，自ら相手方に対する意見を表明するに当たっては，そのことについて合理的根拠を有しているべきである。それ故，事業者は消費者に一定の商品・サービスを有利・優良なものとして推奨し，契約締結へと勧誘しようとする場面では，相手方の顧客の年齢・知識・経験・財産状況，そして契約意図に照らして，当該勧誘が合理的であると考えるだけの根拠を有しているべきだからである。

　消費者契約法に適合性原則の考え方が導入されることで，一方では，金融取引にお

［消費者法研究 第2号(2017.1)］

ける従来の適合性原則の内容が希釈化されて弱体化するのではないかとの危惧がある
ようであるが，恐らく，この心配は当たらない。むしろ，かかる思想に裏打ちされて，
高度のリスク商品を扱う金融取引におけるヨリ強力な「適合性原則」の貫徹を求める
梃子になるのではあるまいか。逆に，事業者の間には，かかるルールや考え方が拡大
適用されて通常の営業活動に必要以上の負荷を及ぼすのではないかとの警戒感がある
ようであるが，この心配も，当たらない。通常の営業活動は，顧客の属性に配慮しつ
つ行われなければ成り立たないものであり，調査義務等が課せられていない限り，こ
れまで通りの事業活動に大きな変化をもたらすものではないからである。

　選挙権年齢の引き下げに伴って，民法の成人年齢の引き下げが具体的な立法課題と
なっている現在，これに逆行するような「若年者取消権」を同時に提出することは困
難かもしれないが，少なくとも，「高齢者・若年者・障害者」といった，「脆弱な消費
者」を守る趣旨で，年齢・知識・経験等に配慮した法の適用を求めることはあって良
いセーフティーネットの在り方であるように思われる。民法の成年年齢の引き下げを
機に，新時代における消費者契約法の基準策定態度として，検討を期待したい。

〈立法の動向〉 1 民法の成年年齢の引下げについての最終報告書

1 民法の成年年齢の引下げについての最終報告書

平成21年7月19日
法制審議会民法成年年齢部会第15回会議

〔 目 次 〕

第1 検討の経緯等
第2 国民投票の投票年齢，選挙年齢等との関係
 1 国民投票法附則第3条の趣旨
 2 選挙年齢等との関係
第3 民法の成年年齢の引下げの意義
 1 民法の成年年齢の意義
 2 将来の国づくりの中心となるべき若年者に対する期待
 3 契約年齢の引下げの意義
 4 親権の対象となる年齢の引下げの意義
 5 まとめ
第4 民法の成年年齢を引き下げた場合の問題点及びその解決策
 1 契約年齢を引き下げた場合の問題点
 2 親権の対象となる年齢を引き下げた場合の問題点
 3 民法の成年年齢を引き下げた場合の問題点を解決するための施策
 4 民法の成年年齢を引き下げる時期
第5 その他の問題点
 1 民法の成年年齢を引き下げる場合の成年に達する日
 2 養子をとることができる年齢
 3 婚姻適齢
第6 結論

〔参考資料〕
 参考資料1 〔ヒアリングの結果について〕
 参考資料2 〔高校生等との意見交換会の結果について〕

第1 検討の経緯等

　民法（明治29年法律第89号）は，成年年齢を20歳と定めているところ，平成19年5月に成立した日本国憲法の改正手続に関する法律（平成19年5月18日法律第51号。以下「国民投票法」という。）[1]の附則第3条第1項では，「満十八年以上満二十年未満の者が国政選挙に参加することができること等となるよう，選挙権を有する者の年齢を定める公職選挙法，成年年齢を定める民法その他の法令の規定について検討を加え，必要な法制上の措置を講ずるものとする。」と定められた。

　そして，この附則を受けて内閣に設置された「年齢条項の見直しに関する検討委員会」（構成員は各府省の事務次官等）において，平成19年11月，各府省において必要に応じて審議会等で審議を行い，平成21年の臨時国会又は平成22年の通常国会へ

223

［消費者法研究 第2号(2017.1)］

の法案提出を念頭に，法制上の措置について対応方針を決定することができるよう検討を進めるものとするとの決定が行われた。

この国民投票法附則第3条第1項を前提として，平成20年2月13日に開催された法制審議会第155回会議において，法務大臣から，民法の定める成年年齢の引下げに関する諮問第84号が発出された。

法制審議会は，この諮問を受けて，民法成年年齢部会（以下「部会」という。）を設置し，部会は，平成20年3月から民法の成年年齢引下げについて調査審議を開始した(2)。

部会では，平成20年3月から12月までの間，調査審議を行い，「成年年齢の引下げについての中間報告書」（以下「中間報告書」という。）の取りまとめを行った。そして，部会は，中間報告書に対してパブリック・コメント等において寄せられた意見も参考にしつつ，平成21年2月から同年7月までの間，更に調査審議を行い，合計15回の会議の結果，本報告書の取りまとめを行った。

本報告書は，諮問第84号に対する部会におけるこれまでの調査審議の結果を明らかにするものである。

なお，部会では，各種専門家，有識者から，民法の成年年齢を引き下げた場合に生ずる問題及びその解決策等に関して意見を聴取する機会を設けた。また，部会のメンバーが高校や大学に赴き，高校生，大学生（外国人留学生を含む。）と民法の成年年齢の引下げについて意見交換を行うなど，幅広い意見を聴取しつつ調査審議を行ってきた。このヒアリングの結果及び高校生等との意見交換会の結果については，本報告書の末尾に参考として掲げてあるので，適宜参照していただきたい。

第2　国民投票の投票年齢，選挙年齢等との関係

1．国民投票法附則第3条の趣旨

日本国憲法（以下「憲法」という。）の改正手続等を定める国民投票法は，その第3条において，国民投票の投票権者の範囲を18歳以上と定めているところ，その附

（1）　国民投票法は，日本国憲法（以下「憲法」という。）第96条に定める憲法の改正について，国民の承認に係る投票に関する手続を定めるとともに，憲法改正の発議に係る手続の整備を行うものである（国民投票法第1条）。なお，国民投票法により国会法の一部改正が行われ，憲法及び憲法に密接に関連する基本法制について広範かつ総合的に調査等を行うため，衆議院及び参議院に，憲法審査会が設置された（国会法第102条の6）。

（2）　なお，部会では，民法の成年年齢の引下げのみの検討を行い，その他の法令（未成年者飲酒禁止法，少年法等）については，年齢条項の見直しに関する検討委員会の決定に沿って，それぞれの法令を所管する府省庁・部局において検討が行われることと考えている。したがって，部会においては，民法の成年年齢の引下げがその他の法令に及ぼす影響については検討の対象としておらず，ここでいう民法の成年年齢の引下げは，未成年者飲酒禁止法や少年法等の年齢の引下げを合意するものではない。

則第3条第1項において，「満十八年以上満二十年未満の者が国政選挙に参加することができること等となるよう，選挙権を有する者の年齢を定める公職選挙法，成年年齢を定める民法その他の法令の規定について検討を加え，必要な法制上の措置を講ずるものとする。」と定めている[3]。

この附則第3条第1項が設けられた理由については，国民投票法案の国会審議における同法案の提出者の答弁等において，①公職選挙法（昭和25年法律第100号）の選挙年齢を戦後20歳に引き下げた理由として，民法の成年年齢が20歳であることが挙げられており，民法上の判断能力と参政権の判断能力とは一致すべきであること，②公職選挙法の選挙年齢と国民投票の投票権年齢（以下「国民投票年齢」という。）は同じ参政権であることから，一致すべきであること，また，③諸外国においても，成年年齢に合わせて18歳以上の国民に投票権・選挙権を与える例が非常に多いことが挙げられている。

国会における法案審議の際に，同法案の提出者から上記のような説明が行われたという事実は，重く受け止める必要がある。

2．選挙年齢等との関係

そこで，国民投票法附則第3条第1項で，「満十八年以上満二十年未満の者が国政選挙に参加することができること等となるよう」，選挙年齢の引下げの検討及び民法の成年年齢の引下げの検討が求められていることを踏まえ，まず，民法の成年年齢と選挙年齢が一致する必要があるのかについて議論を行った。

この点，憲法は「公務員の選挙については，成年者による普通選挙を保障する。」と規定している（第15条第3項）ところ，この「成年」の意義については，民法の成年を指すのか，それとは別の公法上の「成年」を指すのか，憲法の学説上も対立が見られる（なお，公職選挙法は，その第9条において，「日本国民で年齢満二十年以上の者は，衆議院議員及び参議院議員の選挙権を有する。」と規定している。）[4]。しかしながら，いずれの立場に立つとしても，憲法は成年者に対して選挙権を保障しているだけであって，それ以外の者に選挙権を与えることを禁じてはおらず，民法の成年年齢より低く選挙年齢を定めることが可能であることは，学説上も異論はないようである[5]。そうすると，民法の成年年齢を引き下げることなく，選挙年齢を引き下げることは，理論的には可能であり，選挙年齢と民法の成年年齢とは必ずしも一致す

（3）　国民投票法附則第3条第2項は，「前項の法制上の措置が講ぜられ，年齢満十八年以上満二十年未満の者が国政選挙に参加すること等ができるまでの間，第三条（注:国民投票年齢を定めるもの），第二十二条第一項，第三十五条及び第三十六条第一項の規定の適用については，これらの規定中「満十八年」とあるのは，「満二十年」とする。」と定めている。

（4）　憲法第15条第3項の「成年者」が，民法上の成年を意味するという学説には，宮沢俊義（『法律学金集4　憲法Ⅱ〔新版〕』〔1971〕452頁），民法上の成年を意味しないという学説には，佐藤功（『ポケット注釈全書憲法（上）〔新版〕』〔1987〕260頁），浦部法穂（『全訂　憲法学教室』〔2000〕506頁）などがある。

［消費者法研究　第2号（2017. 1）］

る必要がないという結論に至った(6)。

　次に，理論的には必ずしも一致する必要がないとしても，選挙年齢と民法の成年年齢は，一致していることが望ましいのかについても議論を行った。この点，民法上の成年に達すると，自らの判断のみで，完全な権利義務を生じさせることができ，また，結婚もすることができることからすると，私法上，経済的にも社会的にも「大人」という立場に立つこととなるが，①選挙年齢が引き下げられる場合に，このような民法の成年年齢を選挙年齢と一致させることは，選挙年齢の引下げにより新たに選挙権を取得する18歳，19歳の者にとって，政治への参加意欲を高めることにつながり，また，より責任を伴った選挙権の行使を期待することができること，②社会的・経済的にフノルメンバーシップを取得する年齢は一致している方が，法制度としてシンプルであり，また，若年者に，社会的・経済的に「大人」となることの意味を理解してもらいやすいこと，③大多数の国において私法上の成年年齢と選挙年齢を一致させていること(7)，④前記1のとおり，国民投票法の法案審議の際の提出者の答弁等において，民法上の判断能力と参政権の判断能力とは一致すべきであるとの説明が行われていることなどからすると，特段の弊害がない限り，選挙年齢と民法の成年年齢とは一致していることが望ましいという結論に達した。

　そこで，第3以下では，民法の成年年齢と選挙年齢は必ずしも一致する必要はないものの，両者は特段の弊害のない限り一致していることが望ましいという観点を踏まえながら，民法の成年年齢の引下げの意義，引き下げた場合の問題点及びその解決策等について検討をする。

（5）　前掲・佐藤260頁，前掲・浦部506頁，樋口陽一ほか（『注釈日本国憲法上巻』〔1984〕344頁）など。一方，民法の成年年齢より高く選挙年齢を定めることは，憲法第15条第3項の「成年」を民法の成年と解する立場に立てば同項に反することとなるし，民法の成年と解する立場をとらないとしても，広く選挙権を保障するとした憲法の趣旨に反するとして違憲と解する立場が有力のようである（前掲・佐藤260頁）。

（6）　また，選挙年齢と民法の成年年齢とを一致させる恨拠として，戦後選挙年齢が20歳に引き下げられた際の改正理由に，民法の成年年齢が20歳であることが挙げられているという事実がしばしば指摘される（堀切善次郎国務大臣による衆議院・衆議院議員選挙法中改正法律案外1件委員会における説明（昭和20年12月4日）等）。しかし，これは選挙年齢を引き下げる理由の一つとされたにすぎず，被保佐人・被補助人に選挙権が付与されていること（行為能力が制限される成年者のうち，成年被後見人のみについて，選挙権を有しないものとされている（公職選挙法第11条第1項第1号）。）に照らせば，民法上の行為能力が制限されている者に対する選挙権付与を禁止する趣旨ではないものと考えられる。

（7）　成年年齢のデータがある国・地域（187か国（地域を含む。））のうち，成年年齢と選挙年齢が一致している国は134か国である（出典は，部会第13回会議で配布した参考資料27「世界各国・地域の選挙権年齢及び成人年齢」）。

〈立法の動向〉 1 民法の成年年齢の引下げについての最終報告書

第3 民法の成年年齢の引下げの意義

1．民法の成年年齢の意義

　民法は，成年年齢を20歳と定め（第4条），①「未成年者が法律行為をするには，その法定代理人の同意を得なければならない。」（第5条第1項），「前項の規定に反する法律行為は，取り消すことができる。」（同条第2項）とし，20歳未満の者（＝未成年者）は，行為能力が制限されることによって取引における保護を受けることとしている。また，②「成年に達しない子は，父母の親権に服する。」（第818条第1項）と定め，20歳未満の者（＝未成年者）は，父母の親権の対象となるとしている。

　したがって，民法の成年年齢は，①行為能力が制限されることによって取引における保護を受けることができる者の年齢（以下「契約年齢」という。）及び②父母の親権の対象となる者の年齢（以下「親権の対象となる年齢」という。）の範囲を画する基準となっている。さらに，民法が成年年齢としている年齢20歳は，民法以外の多数の法令において，各種行為の基準年齢とされていることや，我が国において成人式が20歳に達した年に執り行われているという慣行等に鑑みれば，法律の世界のみならず，一般国民の意識においても，大人と子どもの範囲を画する基準となっているものと思われる。

　そうすると，民法の成年年齢を20歳から18歳に引き下げることは，①民法上，契約年齢及び親権の対象となる年齢を18歳に引き下げることを意味すると同時に，②一般国民の意識の上でも，20歳までを子どもとしてきた現在の扱いを変え，18歳をもって「大人」として扱うことを意味する。

　そこで，これらがどのような意義を有するかについて検討を行った。

2．将来の国づくりの中心となるべき若年者に対する期待

　まず，民法の成年年齢を引き下げ，18歳をもって「大人」として扱うことは，若年者が将来の国づくりの中心であるという国としての強い決意を示すことにつながると考えられる。

　すなわち，現在の日本社会は，急速に少子高齢化が進行しているところ，我が国の将来を担う若年者には，社会・経済において，積極的な役割を果たすことが期待されている。民法の成年年齢を20歳から18歳に引き下げることは，18歳，19歳の者を「大人」として扱い，社会への参加時期を早めることを意味する。これらの者に対し，早期に社会・経済における様々な責任を伴った体験をさせ，社会の構成員として重要な役割を果たさせることは，これらの者のみならず，その上の世代も含む若年者の「大人」としての自覚を高めることにつながり，個人及び社会に大きな活力をもたらすことになるものと考えられる。我が国の将来を支えていくのは若年者であり，将来の我が国を活力あるものとするためにも，若年者が将来の国づくりの中心であるという強い決意を示す必要がある。

　しかしながら，その一方で，これまで実施したヒアリングによれば，近年の若年者

227

［消費者法研究 第2号（2017. 1）］

の特徴として，精神的・社会的自立が遅れている，人間関係をうまく築くことができ
ない，自分の人生に夢を持てない，いわゆるモラトリアム傾向が強くなり，進学も就
職もしようとしない若年者が増加していることなどが指摘された。そして，これらの
原因としては様々なものが考えられるところ，我が国の産業社会においては，伝統的
には，いわゆる終身雇用制度のもと，企業や家族が若年者の自立を支えてきたが，近
年の社会の変革により，企業や家族が若年者の自立を支えきれなくなっていることな
どが指摘されている。

　このような若年者を取り巻く社会状況にかんがみれば，若年者の自立の遅れ等の問
題については，民法の成年年齢を引き下げるだけでは自然に解決するとは考えられず，
社会全体が若年者の自立を支えていくような仕組みを採用し，若年者の自立を援助す
る様々な施策も併せて実行していく必要があるものと考えられる。

　若年者の自立を援助する施策としては種々のものが考えられ，その具体的内容は所
管府省庁において詰められるべきものであるが，部会における調査審議の過程におい
ては，①若年者がキャリアを形成できるような施策の充実[8]，②いわゆるシティズ
ンシップ教育[9]の導入，充実，③欧米諸国のように，若年者が必要な各種情報提供
や困ったときに各種相談を受けられるようなワン・ストップ・サービスセンター[10]
の設置，④青少年が早期に社会的経験を積み，社会人としての知識やスキルを獲得す
ることができるような社会参画プログラム[11]の提供，⑤虐待を受ける子や虐待を受
けた結果社会的自立が困難となる者を減らす必要があることから，児童福祉施設の人

（8）　部会においては，若年者の就労支援や教育訓練制度などキャリアを形成できるよう
　　　な施策の充実や，インターンシップ等の労働実践教育，仕事の探し方さらには労働の
　　　意義（働くことの尊さ，喜び等）などに関する教育を充実させることが重要であると
　　　の指摘がされた。
　　　　なお，キャリア教育とは，「児童生徒人一人のキャリア発達を支援し，それぞれにふ
　　　さわしいキャリアを形成していくために必要な意欲・態度や能力を育てる教育」ととら
　　　え，端的には，「児童生徒一人一人の勤労観，職業観を育てる教育」と定義されてい
　　　る（文部科学省「キャリア教育の推進に関する総合的調査研究協力者会議報告書（平
　　　成16年1月）」）。
（9）　シティズンシップ教育とは，多様な価値観や文化で構成される現代社会において，
　　　個人が自己を守り，自己実現を図るとともに，よりよい社会の実現のために寄与する
　　　という目的のために，社会の意思決定や運営の過程主において，個人としての権利と
　　　義務を行使し，多様な関係者と積極的に関わろうとする資質を獲得することができる
　　　ようにするための教育とされ，学校教育のみならず，地域社会や家庭における教育も
　　　含むとされている（詳細は部会第5回会議における配布資料である参考資料15「シ
　　　ティズンシップ教育宣言」（経済産業省「シティズンシップ教育と経済社会での人々の
　　　活躍についての研究会」）を参照。）。
（10）　イギリスでは，13歳から19歳までの者を失業者や無職者にしないための総合的な
　　　自立支援サービスとして，コネクションズという機関を各地に設けている。また，就
　　　労，健康，金銭相談，家族問題など若者が抱える悩みなどを気軽に相談できる窓口が
　　　各地にあり，家庭や学校で担いきれない若者のニーズを満たすものとなっている。

〈立法の動向〉　1　民法の成年年齢の引下げについての最終報告書

的，物的資源の充実や，子育てを社会全体で支え合っていく仕組みの充実が必要であるといった意見が示された[12]。

　なお，諸外国の多くでは18歳成年制を採用しており[13][14]，特に欧米諸国においては1960年代から70年代にかけ，選挙年齢とともに私法上の成年年齢も引き下げてきた。そして，欧米諸国においては，成年年齢等を18歳に引き下げるとともに，若年者の自立を援助するような様々な施策を導入してきた[15]。部会における調査審議の過程でも，我が国における民法の成年年齢の引下げも，若年者の自立を援助する施策を欧米諸国並みに充実させてこそ，グローバルスタンダードに合わせることの意義があるということができるのであるから，これらの施策の充実が期待されるとの意見が示された。

3．契約年齢の引下げの意義

　民法の成年年齢が20歳から18歳に引き下げられることによって，契約年齢が引き下げられると，18歳，19歳の者でも，親の同意なく一人で契約をすることができるようになる。

　現在の日本社会においては，大学等で教育を受けている者も多くがアルバイトをするなどして働いており，高校卒業後に就職して正規の労働者となる者も含めると，18歳に達した大多数の者は，何らかの形で就労し，金銭収入を得ている。そして，18歳に達した者が就労して得た金銭については，通常，親権者がその使途を制限しているとは考えられず，通常の取引行為については，自らの判断のみで行っているという現実がある。これらの点を考慮するならば，18歳に達した者が就労して得た金銭については，法律上も，これを親権者の管理下に置くよりも，自らの判断で費消することができることにしてもよいと思われる。

　そうすると，契約年齢を18歳に引き下げることには，18歳に達した者が，自ら就

---

(11)　例えば，スウェーデンでは，①学校の授業や運営について，生徒の意見を反映させたり，②市街地の公共交通，駐車場，街灯の設置，改善に関して，若者の意見を聴取するなどし，大人が若者に対して約束したことについては実現するよう努めるものとされている。

(12)　なお，フランスでは，1974年に私法上の成年年齢を21歳から18歳に引き下げた際，社会への統合に重大な困難があることを証明した21歳未満の成年者等は，司法的保護の措置の延長等を裁判官に請求することができるという若年成年者保護制度を設けるなどの措置を併せて講じている。

(13)　成年年齢のデータがある国・地域のうち（187か国（地域を含む）），成年年齢を18歳以下としている国の数は141か国である（出典は，部会第13回会議で配布した参考資料27）。

　　なお，成年年齢を19歳（アメリカ・カナダの一部の州），20歳（韓国）又は21歳（アメリカの一部の州，インドネシアなど）としている国もある。

(14)　なお，民法の成年年齢を18歳に引き下げる理由として，単に，諸外国の多くで18歳成年制を採用しているからというのでは説得力がないという意見も出された。

(15)　注10から注12までを参照。

労して得た金銭などを，法律上も自らの判断で費消することができるようになるという点で，メリットがあるということができる(16)。

4．親権の対象となる年齢の引下げの意義

親権の対象となる年齢の引下げの意義については，親権の対象となる年齢を引き下げることによって，親から不当な親権行使を受けている子を解放することができるという意見がある。

すなわち，近年，親から虐待を受ける子が増加しており，また，ニート対策を行政機関が行おうとしても，親から拒まれて適切な対策がとれないことがあるとの指摘があるところ，親権の対象となる年齢の引下げは，18歳に達した者を親の不当な親権行使から解放することにつながり，18歳までの者を保護対象とする児童福祉領域との整合性もはかられるというのである。

しかし，児童虐待の対象となっているのは主に低年齢児であり，また，虐待を受けたことにより脆弱性を抱えた18歳，19歳の者を支援することは，親権から解放することによって解決される問題ではない。児童虐待等の問題については，別途早急に対応策を検討すべきであり，親の不当な親権の行使に対しては，社会が介入し，当該親の親権を喪失させることなどで対応すべきであると考えられる。

したがって，親権の対象となる年齢を引き下げ，親から不当な親権行使を受けている子を解放するという点は，民法の成年年齢を引き下げることによるメリットとは言い難い。

5．まとめ

以上検討してきたとおり，民法の成年年齢の引下げは，若年者を将来の国づくりの中心としていくという，国としての強い決意を示すことにつながる。また，18歳に達した者が，自ら就労して得た金銭などを，法律上も自らの判断で費消することができるようになるなど社会・経済的に独立した主体として位置づけられるといった点で，有意義であるということができる。

国民投票年齢が18歳と定められたことに伴い，選挙年齢が18歳に引き下げられることになるのであれば，18歳，19歳の者が政治に参加しているという意識を責任感をもって実感できるようにするためにも，取引の場面など私法の領域においても，自己の判断と責任において自立した活動をすることができるよう，特段の弊害のない限り，民法の成年年齢を18歳に引き下げるのが適当である。

---

(16) その他，親から独立した18歳，19歳の者が，親の同意なく様々な取引をすることができるようになり，これらの者の経済活動を促進することになるというメリットもある。

なお，平成17年の国勢調査の結果によれば，働いていて（アルバイト等を含む），親と同居していない者の比率は，18歳，19歳の総人口（274万7,668人）の約6.7%（18万3,516人）であった（平成17年国勢調査・第3次基本集計・報告書掲載表第25表）。

〈立法の動向〉 1 民法の成年年齢の引下げについての最終報告書

第4 民法の成年年齢を引き下げた場合の問題点及びその解決策

次に，民法の成年年齢の引下げによってどのような問題が生ずるのか，そしてこれらの問題を解決するためにはどのような対策を講ずるべきか検討を行った。

1．契約年齢を引き下げた場合の問題点

契約年齢を引き下げると，18歳，19歳の者の消費者被害が拡大するおそれがあると考えられる。

すなわち，若年者の消費者トラブルの現状については，消費者問題を専門にしている弁護士や国民生活センターの理事等のヒアリングを通じて，①消費生活センター等に寄せられる相談のうち，契約当事者が18歳から22歳までの相談件数は，全体から見ると割合は少ないものの，20歳になると相談件数が急増するという特徴があること[17]，②悪質な業者が，20歳の誕生日の翌日を狙って取引を誘いかける事例が多いこと，③携帯電話やインターネットの普及により，若年者が必要もないのに高額な取引を行ってしまうリスクが増大していること，④若年者の消費者被害は学校などで連鎖して広がるという特徴があること等が示された。これらの特徴のうち，特に，①，②の事情からすると，未成年者取消権（民法第5条第2項）の存在は，悪質業者に対して，未成年者を契約の対象としないという大きな抑止力になっているものと考えられる。

そうすると，民法の成年年齢が引き下げられ，契約年齢が引き下げられると，18歳，19歳の者が，悪質業者のターゲットとされ，不必要に高額な契約をさせられたり，マルチ商法などの被害が高校内で広まるおそれがあるなど，18歳，19歳の者の消費者被害が拡大する危険があるものと考えられる。

2．親権の対象となる年齢を引き下げた場合の問題点

（1）自立に困難を抱える18歳，19歳の者の困窮の増大

教育関係者，若年者の研究をしている社会学者，発達心理学者，精神科医師等から若年者の現状等についてヒアリングを行ったところ，現代の若年者の中には，いわゆるニート，フリーター，ひきこもり，不登校などの言葉に代表されるような，経済的に自立していない者や社会や他人に無関心な者，さらには親から虐待を受けたことにより健康な精神的成長を遂げられず，自傷他害の傾向がある脆弱な者等が増加しており，これらの者に対しては，経済的自立や社会に適応できるような自立に向けた様々な援助をする必要があることが示された。

このような状況のもとで，民法の成年年齢を引き下げ，親権の対象となる年齢が引

---

(17) 平成18年度のデータによれば，契約当事者が18歳から22歳までの消費生活相談の件数（かっこ内は全体の割合）は，以下のとおりである（国民生活センター調べ）。
18歳：7,061件（0.64％），19歳：8,624件（0.78％），20歳：21,708件（1.95％），
21歳：16,151件（1.45％），22歳：15,740件（1.42％）

き下げられると，自立に困難を抱える18歳，19歳の者が，親などの保護を受けられにくくなり，ますます困窮するおそれがあるものと考えられる。

また，前記第3の2のとおり，現在の若年者は，精神的・社会的な自立が遅れていること等が指摘されているが，このような状況において民法の成年年齢を引き下げると，法律上の成年年齢と精神的な成熟年齢が現在よりも乖離することになり，若年者のシニシズム（法律上の成年年齢を迎えても，どうせ大人にはなれないという気持ち）が蔓延し，「成年」の有する意義が損なわれるおそれがあるとの懸念が示された[18]。

さらに，親権の対象となる年齢を引き下げた場合の問題点としては，離婚の際の未成年者の子の養育費が，早期に打ち切られる可能性があるという意見も出された。民法上，成年に達した子についても，親は扶養義務を負うとされているが，親権の対象となる年齢の引下げが，関係者の意識に与える影響という側面においては，上記のような意見にも留意する必要がある。

（2）高校教育における生徒指導が困難化するおそれ

また，親権の対象となる年齢を18歳に引き下げると，高校3年生で成年（18歳）に達した生徒については，親権の対象とならないこととなり，生徒に対する指導が困難になるおそれもあると考えられる。

すなわち，現在の高校における生徒に対する生活指導は，原則として親権者を介して行っているところ，民法の成年年齢を18歳に引き下げると，高校3年生で成年（18歳）に達した生徒については，親権者を介しての指導が困難となり，教師が直接生徒と対峙せざるを得なくなり，生徒指導が困難になるおそれがある。高校3年生という時期は，大学進学や就職など生徒にとって重要な時期であり，このような時期に適切な指導ができなくなるとすれば，大きな問題であるということができる。

3．民法の成年年齢を引き下げた場合の問題点を解決するための施策

前記1及び2で検討したとおり，民法の成年年齢を引き下げると，18歳19歳の者の消費者被害を拡大させるなど様々な問題を生じさせることが懸念される。

そこで，どのような施策を講じ，これらの問題を解決していくべきか検討を行った。

（1）消費者被害が拡大しないための施策の充実について

前記1で検討したとおり，民法の成年年齢を引き下げると，18歳，19歳の者でも，

---

(18)　なお，ヒアリングで意見を聴取した精神科医師によれば，精神医学的には，成熟度は「コミュニケーション能力（情報伝達能力のみならず，相手の情緒を読みとったり，自分の情緒を適切に表現・伝達する能力を含む。）」と「欲求不満耐性（欲望や欲求の実現を待てる能力）」によってはかることができ，何者のバランスがとれた状態が成熟の最低条件であるものと考えられるところ，我が国の若年者については，非社会化の傾向が指摘されていることから，コミュニケーション能力が低く，欲求不満耐性が高いものと思われるが，成年年齢を引き下げ，自己責任を強調することは，欲求不満耐性が高い我が国の若年者を追い込むことになり，突発的な犯罪を犯すなど暴発の危険性があるとの報告がされた。

〈立法の動向〉 1 民法の成年年齢の引下げについての最終報告書

親の同意なく一人で契約をすることができるようになることから，18歳，19歳の者が悪徳商法などに巻き込まれるなど，消費者被害が拡大するおそれがある。

そこで，18歳，19歳の者が，怒徳商法などに巻き込まれ，消費者被害を被らないような施策を講ずる必要があると考えられる。

　ア　消費者保護施策の充実

まず，民法の成年年齢を引き下げても18歳，19歳の者の消費者被害が拡大しないよう，消費者保護施策の更なる充実を図る必要があると考えられる。

その具体的な施策の内容は，所管府省庁において詰められるべきものであるが，部会における調査審議の過程においては，①若年者の社会的経験の乏しさにつけ込んで取引等が行われないよう，取引の類型や若年者の特性（就労の有無，収入の有無等）に応じて，事業者に重い説明義務を課したり，事業者による取引の勧誘を制限する[19][20]，②若年者の社会的経験の乏しさによる判断力の不足に乗じて取引が行われた場合には，契約を取り消すことができるようにする[21][22]，③若年者が消費者被害

---

(19)　消費者契約法（平成12年法律第61号）は，「事業者は，消費者契約の条項を定めるに当たっては，消費者の権利義務その他の消費者契約の内容が消費者にとって明確かつ平易なものになるよう配慮するとともに，消費者契約の締結について勧誘をするに際しては，消費者の理解を深めるために，消費者の権利義務その他の消費者契約の内容についての必要な情報を提供するよう努めなければならない。」（第3条第1項）と定めている。書面交付等も含めて，事業者からの消費者に対する情報提供義務等を規定した法律としては，旅行業法（昭和27年法律第239号）第12条の4，宅地建物取引業法（昭和27年法律第176号）第35条，第37条，割賦販売法（昭和36年法律第159号）第3条，特定商取引に関する法律（昭和51年法律第57号）第4条等がある。

(20)　例えば，18歳，19歳の者が，一定額以上の契約を行う場合や，特定商取引に関する法律に定める一定の類型の取引を行う場合には，事業者に対し，年齢，職業，収入等について証明書類の提示等を受けさせるなどの調査義務を課し，これに違反した場合には契約を取り消すことができるようにするという意見も出された。

(21)　消費者契約法第4条第1項は，「消費者は，事業者が消費者契約の締結について勧誘をするに際し，当該消費者に対して次の各号に掲げる行為をしたことにより当該各号に定める誤認をし，それによって当該消費者契約の申込み又はその承諾の意思表示をしたときは，これを取り消すことができる。（以下略）」と規定している。

(22)　取消権を付与することについては，①一般的に，消費者の軽率さや，経験不足に乗じて取引を行って事業者が利得した場合には，契約を取り消すことができるという規定を設けることと，②一定の年齢層（例えば，18歳から20歳まで）の者が，契約締結によって見過ごすことができない不利益を被った場合には，当該契約を取り消すことができるようにすることが考えられるが，②案については，一定の年齢層の者に契約の取消権を付与すると，若年者の取引が必要以上に制限されかねないことから，このような取消権は，その付与を望む者のみに認めることが妥当であるという意見も出された。

　　なお，相手方の窮迫・軽率・無経験に乗じて，過大な利益を獲得する行為については，公序良俗に反し，無効であると解されており（大審院昭和9年5月1日判決（民集13巻875頁）），上記①案は，これを取消権という形で，明文化するものといえる。

にあった場合に気軽に相談できる若年者専用の相談窓口を消費生活センター等に設ける(23)。④18歳，19歳の者には契約の取消権がないということを18歳，19歳の者に自覚させるような広報活動をする，⑤特定商取引に関する法律（昭和51年法律第57号）第7条第3号，特定商取引に関する法律施行規則（昭和51年通商産業省令第89号）第7条第2号では，老人その他の者の判断力の不足に乗じて一定の取引をした場合には，主務大臣が販売業者に対し，必要な措置を指示することができる旨の規定が置かれているが，ここに「若年者」を付け加えるなどの意見が出された。民法の成年年齢を引き下げても，若年者の消費者被害が拡大しないよう，消費者保護施策が実効的に行われることが望まれる。

なお，本年5月29日，消費者庁及び消費者委員会設置法が国会において成立し（平成21年法律第48号），今秋にも消費者庁が発足する見込みであるが，消費者庁による消費者行政の一元化が実現すれば，若年者の消費者被害に関する対策も含め，消費者が安心して安全で豊かな消費生活を営むことができる社会の実現に向けた関係施策の充実（同法第3条）を期待することができる。

イ　消費者関係教育の充実

また，民法の成年年齢を引き下げても消費者被害が拡大しないようにするため，若年者が消費者被害から身を守るために必要な知識等を習得できるよう消費者関係教育を充実させることも必要であると考えられる。具体的には，①法教育の充実(24)，②消費者教育の充実(25)，③金融経済教育の充実(26)が必要であると考えられる。

そして，これらの教育については，単に知識を与えるのでは不十分であり，ロールプレイングや生徒相互間の議論を行うなどして，契約をすることの意味を実感をもって学習させ，若年者の一人一人が自らが本当に望む契約をするにはどうしたらよいかなどについて，自立した判断ができるように行っていく必要がある。

この点について，改訂前の学習指導要領において，消費者教育等について盛り込まれているものの，実際には十分に行われていないのではないかという意見も出された

---

(23)　なお，相談窓口の設置場所，相談員の人員の配置については，適切に行われるよう配慮すべきであるとの意見も出された。

(24)　法教育とは「法律専門家ではない一般の人々が，法や司法制度，これらの基礎になっている価値を理解し，法的なものの考え方を身に付けるための教育を特に意味する」とされている（平成16年11月・法教育研究会報告書）。法教育の中身には様々なものが考えられるが，ここでは，消費者被害の拡大が問題となっていることから，契約に関する様々な教育（契約の意義，成立の要件，解消することができる場合とできない場合などの理解）を行う必要があるものと考えられる。

(25)　部会においては，クーリングオフの制度や国民生活センターの役割等消費者保護制度の基本や悪徳商法の特徴，対策などを教える必要があるとの指摘がされた。

(26)　金融庁金融経済教育懇談会第8回会合資料によれば，金融経済教育とは，「国民一人一人に，金融やその背景となる経済についての基礎知識と，日々の生活の中でこうした基礎知識に立脚しつつ自立した個人として判断し意思決定する能力（＝金融経済リテラシー）を身につけ，充実するための機会を提供すること」と定義されている。

〈立法の動向〉 1 民法の成年年齢の引下げについての最終報告書

が，平成20年3月に改訂された小中学校学習指導要領（小学校については平成23年度から，中学校については平成24年度から全面実施），平成21年3月に改訂された高等学校学習指導要領（平成25年度から全面実施）においては，社会科・公民科や家庭科等において，消費者教育や法教育，金融経済教育等の充実が図られたところである。今後は改訂された学習指導要領の趣旨が学校現場で着実に実施されるよう，教科書の充実，教材の関発，教員の研修，先進事例の開発・収集・発信等の施策を一層充実させ，若年者の一人一人が自らが本当に望む契約をするにはどうしたらよいかなどについて，自立した判断ができるよう教育の充実が図られることが期待される。

（2）若年者の自立を援助するための施策の充実について

前記2（1）で検討したとおり，民法の成年年齢の引下げにより，自立に困難を抱える18歳，19歳の者がますます困窮したり，若年者のシニシズムが蔓延し，「成年」の有する意義が損なわれるおそれがあると考えられることから，若年者の自立を援助するための施策を充実させる必要があるものと考えられる。

そして，若年者の自立を援助するための施策には様々なものが考えられ，その具体的内容は所管府省庁において詰められるべきものであるが，部会における調査審議の過程においては，前記第3の2の①から⑤までの各施策が必要であるとの意見が示された。

この点について，平成20年12月，青少年育成に係る政府の基本理念及び中長期的な施策の方向性を示した新しい「青少年育成施策大綱」の策定が行われ，ニートやひきこもりなど自立に困難を抱える青少年を総合的に支援するための取組として，地域における支援ネットワークの整備や，情報を関係機関間で共有するための仕組の整備等についての検討を行うこと等が盛り込まれた。そして，本年7月1日，子ども・若者育成支援施策の総合的推進のための枠組み整備を行うことや，ニート等の社会生活を円滑に営む上での困難を抱える子ども・若者を支援するためのネットワーク整備を行うこと等を定めた子ども・若者育成支援推進法（平成21年法律第71号）が国会において成立した。青少年育成施策大綱等の内容を踏まえた，若年者の総合的な支援に向けた一層の取組が期待されるところである。

（3）高校教育の生徒指導上の問題点の解決策

前記2（2）のとおり，民法の成年年齢を18歳に引き下げると，高校3年生で成年（18歳）に達した生徒についての指導が困難になるおそれもある。

この問題の解決策としては，高校入学時に，在学中の指導等は親権者を介して行う旨の約束をするなどの方策が考えられるが，学校における学習指導のみならず，学校外における行動や生活に関する指導までも行っている現在の学校教育の現状にかんがみると，教師，生徒及びその親権者の意識改革はもちろんのこと，成年に達した生徒に対してどのような指導を行っていくかについてのルール作りも必要になるものと考えられる。

（4）一般国民への周知徹底等

民法の成年年齢は，契約年齢及び親権の対象となる年齢を定めているとともに，民法以外の多数の法令において，各種行為の基準年齢とされており，その引下げは，国

［消費者法研究 第2号（2017. 1）］

民生活に重大な影響を与えることになる。

　現在，関係府省庁において，年齢条項の引下げについて検討が行われているところ，民法以外の法令の中には，民法の成年年齢と連動する方針のものと，そうでないものとが混在している。民法の成年年齢の引下げが行われる場合，何が変わることになるのか，国民生活にどのような影響を及ぼすのかなど，一般国民，特に大きな影響を受ける若年者にとって理解しやすい形で，周知徹底を図る必要がある。

4．民法の成年年齢を引き下げる時期

　以上検討してきたとおり，民法の成年年齢の引下げを行う場合の問題点の解決に資する施策は，関係府省庁において検討され，実施に向けた取組が行われているところであり，その効果が十分に発揮され，若年者を中心とする国民に浸透していくことが近い将来期待されるものの，これらの施策はその性質上，直ちに効果が現れるというものではなく，その効果が実際に現れ，国民の間に浸透するのには，ある程度の期間を要するものと考えられる。

　そうすると，現時点で直ちに民法の成年年齢の引下げの法整備を行うことは相当ではないと考えられ，民法の成年年齢の引下げの法整備を行う具体的時期は，関係府省庁が行う各施策の効果等の若年者を中心とする国民への浸透の程度を見極める必要がある。そして，上記各施策の効果等の若年者を中心とする国民への浸透の程度については，国民の意識を踏まえて判断をする必要があると考えられる。このように考えることは，世論調査において，契約年齢を18歳に引き下げることに約8割の国民が反対をしている一方，一定の条件整備を行えば契約年齢の引下げに賛成という者が6割を超えるという結果[27]が出ていることとも整合的であり，一般国民の意識にも合致している。

　そして，現在の20歳という民法の成年年齢は，法律の世界のみならず，社会の様々な局面において，一般国民の意識として，大人と子どもの範囲を画する基準となっていることに照らせば，国民の意識は，民法の成年年齢の引下げの法整備を実施するタイミングを決する上で，重要な要素というべきであり，それを最も適切に判断できるのは，国民の代表者からなる国会であるということができる。

　以上によれば，現時点で直ちに民法の成年年齢の引下げを行うことは相当ではなく，民法の成年年齢引下げの法整備の具体的時期は，関係施策の効果等の若年者を中心とする国民への浸透の程度やこれについての国民の意識を踏まえた，国会での判断に委ねるのが相当である。

---

(27)　平成20年7月，内閣府により「民法の成年年齢に関する世論調査」が実施され，同年9月，その結果が公表された。内閣府のホームページに世論調査の調査票及び詳細な結果が掲載されている（URL:http://www8.cao.go.jp/survey/h20/h20-minpou/in-dex.html）ので，参照されたい。

〈立法の動向〉 1 民法の成年年齢の引下げについての最終報告書

第5 その他の問題点

1．民法の成年年齢を引き下げる場合の成年に達する日

　民法の成年年齢を引き下げる場合，いつをもって成年に達する日とすべきかについて，部会の調査審議において，満18歳になる日とする考え方（A案），18歳に達した直後の3月の一定の日（例えば3月31日など）に一斉に成年とする考え方（B案），満19歳になる日とする考え方（C案）が提示された。

　そこで，いずれの案を採用すべきか議論を行ったところ，前記第2で検討したとおり，選挙年齢と民法の成年年齢は，特段の弊害のない限り一致させることが適当であると考えられることから，選挙年齢が国民投票年齢と一致するよう「満18歳以上」に引き下げられるとすれば，民法の成年年齢を引き下げた場合に生ずる問題点を解決した上，民法の成年年齢も18歳に引き下げるのが適当であり，その場合，満18歳に達する日をもって成年とするA案が相当であると考えられる。

　したがって，民法の成年年齢の引下げを行う場合は，選挙年齢が国民投票年齢と同じく「満18歳以上」に引き下げられるのであれば，満18歳に達する日に成年とすべきである。

2．養子をとることができる年齢

　現在の民法においては，養子をとることができる年齢（以下「養親年齢」という。）は，成年と定められており（民法第792条），契約年齢，親権の対象となる年齢と一致している。

　しかしながら，契約年齢と親権の対象となる年齢については，若年者自らが親の保護を離れて契約をしたり，その他の行動を行うのに適した年齢を定めているのに対し，養親年齢は，他人の子を法律上自己の子とし，これを育てるのに適した年齢を定めており，必ずしも両者を一致させる必要はない。諸外国の立法例をみても，私法上の成年年齢（契約を一人ですることができる年齢）より上に養親年齢を設定している国も多くみられる[28]。

　そこで，民法の成年年齢を引き下げる場合，養親年齢についても引き下げるべきか（甲案），現状のままとすべきか（乙案），それとも現状より引き上げるべきか（丙案）について議論を行ったところ，養子をとるということは，他人の子を法律上自己の子として育てるという相当な責任を伴うことであり，民法の成年年齢を引き下げたとしても，養親年齢は引き下げるべきではなく，また，20歳で養子をとることができるという現状で特段不都合は生じていないことからすると，現状維持（20歳）とすべきである（乙案）という結論に達した[29]。

---

(28) イギリスでは成年年齢を18歳，養親年齢を21歳と，ドイツ，スペインでは成年年齢を18歳，養親年齢を25歳，フランスでは成年年齢を18歳，養親年齢を28歳と設定している。

したがって，民法の成年年齢を引き下げる場合でも，養親年齢については，現状維持（20歳）とすべきである。

3．婚姻適齢

現在の民法においては，婚姻適齢は男子は18歳，女子は16歳とされており，未成年者は父母の同意を得て婚姻をすることができるとされている（民法第731条，第737条）。

民法の成年年齢を18歳に引き下げた場合，男子は成年にならなければ婚姻することができないのに対し，女子は未成年（16歳，17歳）でも親の同意を得れば婚姻をすることができることになる。

そこで，民法の成年年齢を18歳に引き下げた場合，婚姻適齢について，現状のまま（男子18歳，女子16歳）とするか（X案），男女とも18歳にそろえるか（Y案），男女とも16歳にそろえるか（Z案）について議論を行ったところ，婚姻適齢については，以前，法制審議会において検討を行い，男女とも婚姻適齢を18歳とすべきであるという答申を出しており[30]，これを変更すべき特段の事情は存しないことから，男女とも18歳にそろえるべきである（Y案）という結論に達した。

したがって，民法の成年年齢を引き下げる場合には，婚姻適齢については男女とも18歳とすべきである。

第6　結　　論

民法の成年年齢を18歳に引き下げることは，18歳に達した者が，自ら就労して得た金銭などを，法律上も自らの判断で費消することができるなど社会・経済的に独立の主体として位置づけられることを意味する。国民投票年齢が18歳と定められたことに伴い，選挙年齢が18歳に引き下げられることになるのであれば，18歳，19歳の者が政治に参加しているという意識を責任感をもって実感できるようにするためにも，取引の場面など私法の領域においても自己の判断と責任において自立した活動をすることができるよう，民法の成年年齢を18歳に引き下げるのが適当である。このようにして，18歳以上の者を，政治面のみならず，経済活動の場面においても一人前の「大人」として処遇することは，若年者が将来の国づくりの中心であるという国としての強い決意を示すことにつながり，若年者及び社会にとって大きな活力をもたらすことが期待される。

とはいえ，現代の若年者は「大人」としての自覚に欠けているという指摘があり，民法の成年年齢を18歳に引き下げれば自然にこのような問題が克服されるとは考えられない。また，民法の成年年齢を引き下げると，消費者被害の拡大など様々な問題

---

(29)　なお，養親年齢については，養子制度全体を見直す機会があれば，その際に改めて検討をすべきであるとの意見も出された。

(30)　平成8年2月26日法制審議会総会決定（民法の一部を改正する法律案要綱）

〈立法の動向〉 1 民法の成年年齢の引下げについての最終報告書

が生ずるおそれもある。したがって，民法の成年年齢の引下げの法整備を行うには，若年者の自立を促すような施策や消費者被害の拡大のおそれ等の問題点の解決に資する施策が実現されることが必要である。現在，関係府省庁においてこれらの施策の実現に向け，鋭意取組が進められているが，民法の成年年齢の引下げの法整備は，これらの施策の効果が十分に発揮され，それが国民の意識として現れた段階において，速やかに行うのが相当である。

そして，国民の意識を最も適切に判断できるのは，国民の代表者からなる国会であるということができるので，民法の成年年齢の引下げの法整備を行うべき具体的時期については，これらの施策の効果等の若年者を中心とする国民への浸透の程度やそれについての国民の意識を踏まえた，国会の判断にゆだねるのが相当である。

〔参考資料1〕 ヒアリングの結果について

1．ヒアリングの概要

部会では，以下のとおり，平成20年4月から同年9月までの間，6回にわたり，教育関係者，消費者関係者，労働関係者，若年者の研究をしている社会学者・発達心理学者・精神科医師，親権問題の関係者等から，民法の成年年齢を引き下げた場合の問題点の有無及びその内容，引下げの是非等に関する意見を聴取した。

ヒアリングの結果，成年年齢の引下げの是非に関する意見は，賛否両論に分かれたが（後記3，4を参照），現在の若年者は様々な問題を抱えており（後記2を参照），成年年齢を引き下げるためには，一定の環境整備をする必要がある（後記5を参照）との点では，ほぼ認識を共通にしていた。

（ヒアリングの内容）
（1） 第2回部会（平成20年4月15日） 教育編
　　　商業高校及び普通高校の学校長，教育学者
（2） 第3回部会（同年5月13日） 消費者編
　　　国民生活センターの理事，日本弁護士連合会消費者問題対策委員会及び子どもの権利委員会に所属する弁護士
（3） 第4回部会（同年6月3日） 雇用・労働編
　　　労働政策の研究者，企業の法務担当者，労働組合の執行委員
（4） 第5回部会（伺年7月1日） その他1
　　　発達心理学者，社会学者，精神科医師
（5） 第6回部会（同年7月22日） その他2
　　　発達心理学者，教育実務家，認知神経科学者
（6） 第7回部会（同年9月9日） 親権編
　　　児童養護施設の長，日本弁護士連合会家事法制委員会に所属する弁護士，民法学者

239

［消費者法研究　第2号（2017. 1）］

2．若年者が抱える問題点について

　ヒアリングでは，現在の若年者は，以下のような問題点を抱えているという指摘があった。

（全体的な特徴）
- 　自主自律的に行動することができず，指示待ちの姿勢をとる若年者が多い。
- 　服装の乱れ，公共交通機関における乗車マナーの悪化，万引き等の増加などに表れているように，規範意識が低下している。
- 　感情を抑制する力や，根気強さが不足している。
- 　身体的には，早熟傾向があるにもかかわらず，精神的・社会的自立が遅れる傾向にある。これは，幼少期からの様々な直接体験の機会や異年齢者との交流の場が乏しくなったこと，豊かで成熟した社会のもとで人々の価値観や生き方が多様化したことが理由であると考えられる。
- 　ゲームや携帯電話の影響により，人間関係をうまく築くことができない若者や，バブル崩壊の影響で，自分の人生に夢を見ることができないなど将来に希望を持つことができない若年者が増加している。
- 　いわゆるモラトリアム傾向が強くなり，進学も就職もしようとしない若年者や，進路意識や目的意識が希薄なままとりあえず進学をするなどの若年者が増加している。
- 　ニート，フリーター，ひきこもり，不登校など，若者の非社会化（社会や他人に無関心な状態）が進みつつある。
- 　リストカットや自傷行為など心の病を持つ若年者が増加している。

（消費者関係の問題）
- 　若年者に関する消費者関係事件の相談としては，パソコン及び携帯電話の購入に関するもの並びにキャッチセールスに関するものなどが多く，「無料」，「格安」，「儲かる」などの言葉を安易に信じ，騙されやすい。
- 　アルバイトをするなどして稼いだお金を，本来は貯蓄をするなど計画的に管理をしなければならないのに，外食や遊興費などに費やしてしまうなど，財産管理能力が低い。

（労働関係の問題）
- 　従前は高校などを通じて若年者にも適切な職業紹介が行われ，正社員として就職しキャリア形成が行われてきたが，近年，若年者がパートやアルバイトなど非正規雇用に就く機会が増加している。非正社員と正社員の待遇格差は，年齢上昇とともに拡大し，10代で非正社員になることはキャリア形成上大きなリスクがある。また，非正規雇用は，学校斡旋の仕組みとは異なり，応募内容と実際の労働内容が異なっていたり，劣悪な労働条件が隠されていたりする危険性が高い。

（親権関係の問題）
- 　高度経済成長の結果，核家族化が進行し，子育ての負担が父母のみにかかるようになったことなどから，両親から虐待を受ける子が増加している（なお，虐待を受けた子を保護する児童養護施設等は，大人数を収容する施設が多く，また，

〈立法の動向〉 1 民法の成年年齢の引下げについての最終報告書

ほぼ満床状態であり，個別的な援助を十分にすることができない。）。

・ 親から虐待を受けた結果，自分を大切な存在であると思えなくなり，自傷他害などの問題行動や，他者とのコミュニケーションに問題を抱え，社会的自立が困難な若年者が増加している。

3．引下げに賛成の意見の概要

・ 高校3年生で成人を迎えるとすることによって，高校教育の場で，成人の意味や大人になるための教育を，現実味をもって指導することが可能になる。

・ 高学歴化が進む中，大人への移行期が長期化しているが，だからこそ成年年齢を引き下げ，若年者が早期に社会の一人前の構成員になるという意識付けを行うべきである。

・ 従前の我が国の若者政策は雇用対策が中心で，若年者の自立を促すためにはどうしたらよいのかという視点が希薄であり，若年者が経済的，社会的，職業的に自立を果たせるよう若者に関する施策を充実させる必要がある。成年年齢の引下げを，日本の若者政策の転換の契機とすべきである。

・ 両親が離婚した場合，その子の親権の帰属をめぐって争いがしばしば生ずるが，このような争いから18歳，19歳の子が解放されることになる。

・ 親からの虐待を受けている18歳，19歳の子が親権から解放され，自由に居所等を定めることができる（なお，児童虐待の対象は低年齢児であり，成年年齢の引下げによって得られる効果は小さいとの指摘もあった。）。

4．引下げに反対の意見の概要

・ 現在の消費者トラブルの状況（国民生活センター等に寄せられる相談件数は20歳になると急増する。また，20歳になった誕生日の翌日を狙う悪質な業者も存在する。）からすると，民法第5条（未成年者取消権）が，悪質な業者に対する抑止力になっていると考えられるが，成年年齢を18歳に引き下げると，消費者トラブルが若年化するおそれがある。

・ 若年者の消費者被害の特徴として，被害が学校などで連鎖して広がるという特徴が挙げられるが，成年年齢を18歳に引き下げると，マルチ商法などが高校内で広まる危険性がある。

・ 消費者被害が生じないような環境ができれば，成年年齢の引下げも可能ではあるが，悪質な業者は，法の規制の間隙を狙うはずであり，そのような環境整備が実際にできるか疑問である。

・ 成年年齢を引き下げると，高校生でも契約をすることができるようになり，借金をしたり，借金を返すために劣悪な労働に従事する若者が出てくるおそれがある。

・ 現在でも親の保護を十分に受けられていない層の若者が，益々保護を受けられず，困窮するおそれがある。

・ 精神医学の世界では，若者が成熟する年齢は，30歳であるとか，35歳から40歳くらいであるという意見があり，法律上の成年年齢を引き下げると，法律上の

成年年齢と実際上の成熟年齢が現在よりも乖離することになり，若者のシニシズム（成年年齢に達したとしても，どうせ子どもだし，自立できないという意識）が進む可能性がある。

・　精神医学的には，成熟度を「コミュニケーション能力（会話能力のみならず，相手の感情を読みとったり，それに応じて行動できる能力）」と「欲求不満耐性（欲求や欲望の実現を待てる能力）」により測ることができ，両者がバランスよく取れていることが大切であるが，日本の若者は，引きこもりなど非社会化の傾向が進んでいることを考えると，「欲求不満耐性」は強いが，「コミュニケーション能力」を欠く若者が多いと思われる。このような若者に対しては，成年年齢の引下げをして，自己責任を強調することは，若者たちを追い込むことになり，突発的に凶悪犯罪を敢行するなどの暴発を起こす危険性がある。

・　近年の研究によると，脳に機能的な障害があり，数に対するセンスが欠けている算数障害（明らかに経済的に破綻すると分かっていながら，闇金融から借金を繰り返すなど欲望をコントロールできない）や注意欠陥障害（ある物事に注意が集中してしまうと，他の物事に気づかない）など発達障害を抱えている者が6％から10％ほど存在することが分かったが，発達障害者に対する理解や社会の対策が不十分なままで成年年齢の引下げをすると，発達障害者の生きづらさが激化し，キレたり，凶惑犯罪を敢行したりする若者が増える危険性がある。

・　成年年齢の引下げに必要となる教育の充実は，授業時間数の制約から困難であり，若者の自立を促すための政策も後回しになる可能性が強い。

・　離婚後の養育費の支払期間は20歳までとするのが一般的であるところ，成年年齢の引下げに伴い，養育費の支払期間も18歳までに短縮されるおそれがあり，その結果，子の大学進学機会が狭められたり，経済的に困窮する家庭のもとで子が虐待を受けることが増加するおそれがある。

5．必要となる環境整備についての提言

・　経済活動の基本である民法や商法の基本や，電子契約のシステム，ルールなどに関する教育の充実

・　若年者が消費者トラブルに巻き込まれないように，お金や契約の問題に関する教育の充実

・　インターンシップ等の労働実践教育や，仕事の探し方，さらには労働の意義（働くことの尊さ，喜び等）などに関する労働教育，成人教育（いわゆるキャリア教育）の充実

・　多様な価値観や文化で構成される現代社会において，個人が自己を守り，自己実現を図るとともに，よりよい社会の実現のために寄与することができるよう，社会の仕組みを学び，また，社会における自己の権利や義務などを学ぶことができる教育（いわゆるシティズンシップ教育）の導入，充実

・　若者の「自立」に関する世間・親の意識改革（通常のレールに乗れなかったニート，ひきこもり等の人々に対して周囲が寛容になること等）

〈立法の動向〉　1　民法の成年年齢の引下げについての最終報告書

・　（虐待を受ける子や，虐待を受けた結果社会的自立が困難となった者を減らす
　必要があることから）児童福祉施設の人的，物的資源の充実，子育てを社会が支
　え合って行うという仕組みの充実

6．その他の意見

・　高校生が18歳になるとともに順に成人になるというのでは，高校における指
　導・教育に支障をきたすおそれがあるので，高校卒業時から4月1日までの間の
　適切な日をもって，一斉に成人になるものとするか，あるいは，19歳を成人と
　すべきである。
・　欧米諸国で成年年齢が引き下げられた主な理由として，日本には存在しない徴
　兵制が影響していることや，成年年齢が引き下げられた1960年代，70年代は，
　児童虐待が深刻化する前であったことも考慮する必要がある。
・　選挙年齢を引き下げることは，若年者に選挙権を付与するだけであるが，民法
　の成年年齢の引下げは，18歳，19歳の若年者に契約を一人ですることができる
　権利等を付与する一方，親の同意を得ないでした契約が取り消せなくなるなど保
　護の切下げにもつながる。したがって，選挙年齢の引下げと民法の成年年齢の引
　下げは，切り離して議論すべきである。

〔参考資料2〕　高校生等との意見交換会の結果について

1．概　　要

　平成20年5月から7月までの間，3回にわたり，部会のメンバーが，高校，大学
に赴き，高校生，大学生（留学生を含む。）との間で，成年年齢の引下げについて意
見交換を行った。
　これは，成年年齢の引下げを検討するに当たり，成年年齢の引下げによって一番影
響を受けることになる18歳，19歳前後の若者の率直な意見を聞きたいという意見が
部会で出されたことから実施されたものである。この意見交換会は，ある特定の高校
及び大学の生徒・学生と意見交換を実施したものであり，必ずしも若者全体の意見を
集約したものではないが，その中でもなるべく幅広い意見を聴取できるよう，高校に
おける意見交換会については，普通高校のみならず商業高校も対象に含め，また，大
学における意見交換会については，特定の学部及び出身国に偏らないよう配慮しつつ，
日本人学生及び外国人留学生との意見交換会を実施した。
　なお，本意見交換会は，対象者が高校生や大学生であり，議事を記録すると自由な
発言が阻害されるおそれが高いことや，意見交換会の目的が若者の意見を集約するこ
とにはなく逐語の議事録を残す必要がないことなどから，議事録の作成はしないこと
とし，その代わりに，意見交換会に出席した部会の委員，幹事から，部会において，
その結果，感想等の報告を受けた。
　それぞれの意見交換会における結果，感想等の概要は，以下のとおりである。

243

［消費者法研究　第 2 号（2017. 1 ）］

2．商業高校における意見交換会について

（日　時）

　平成 20 年 5 月 30 日（金）午後 3 時 30 分〜午後 4 時 30 分

（参加者）

　部会の委員・幹事・関係官　10 名

　高校生　15 名（16 歳から 18 歳の高校 2 年生，高校 3 年生）

（高校生の意見の概要等）

　部会の委員・幹事・関係官は 3 ， 4 名を，高校生は 5 名を 1 組として， 3 組に分かれて意見交換を実施した。意見交換会の結果，感想等の報告の概要は，以下のとおりである。

・　成年年齢の引下げの議論は，大半の高校生が知らなかった。

・　成年年齢の引下げについては，まだ高校生なのに急に大人といわれでも困る，社会のことをもっと学んだ上でないと成人という自覚は生じないなどと，多くの高校生が反対であった。

　　もっとも，すぐに自分が大人になることについては，不安があるが，数年前（自分が高校に入る前後）から 18 歳で成人であると言われていれば，心の準備はできると思う，18 歳で成人となっても対応できるし，自覚も持てるので賛成であるという意見もあった。

・　どのような節目で大人になると感じるかについては，大学を出て就職したとき，給料を得て生活をまかなえるようになったとき，他者の迷惑にならないよう仕事ができるようになったときなどの意見があった。

・　大人になることについては，大変そう，夢が持てないなど否定的なイメージを持っているが，身近な大人である親や学校の先生などについては好意的な印象を抱いている高校生が多かった。これから入っていかなければならない「社会」に対して，不安を抱いていたり，夢が持てないのではないかと考えられる。

・　契約については，成年年齢が下がると高校 3 年生でも契約をすることができるようになるが，マルチ商法に巻き込まれたりするのではないかという不安があるという意見があった一方，20 歳でも騙される人は騙されるし，18 歳でも賢い人はいるのであって，成年年齢の引下げにはあまり関係がないのではないかという意見もあった。

・　アルバイトをしている高校生も多く，中には月に 8 万円も稼いでいる生徒もいたが，アルバイトをしていることは，必ずしも自立をしていることにはつながらないという意見があった。なお，アルバイトをして稼いだお金については，親の同意なく使っているのが現実であり，法律上も親の同意なく使えるようにしたらどうかという意見があった。

・　高校を卒業したら一人暮らしをしたいという高校生はほとんどいなかった。高校生の多くが，豊かな家庭の中で，居心地がよいと感じており，その関係の中から出て行くことに不安があるのではないかと思われる。

・　選挙については，選挙権が与えられれば投票に行くと思うという意見が多かっ

〈立法の動向〉 1 民法の成年年齢の引下げについての最終報告書

た。民法の成年年齢の引下げについては，経済的な自立をしなければいけないということで高校生の多くは強い不安を抱いているようだが，選挙年齢の引下げについては，特段不利益を受ける話ではないので受け入れやすいのかもしれない。

３．普通高校における意見交換会について

（日　時）

平成 20 年 6 月 2 日（月）午後 3 時 40 分〜午後 4 時 40 分

（参加者）

部会の委員・幹事・関係官　7 名

高校生　17 名（17 歳から 18 歳の高校 3 年生）

（高校生の意見の概要等）

部会の委員・幹事・関係官は 2，3 名を，高校生は 5，6 名を 1 組として，3 組に分かれて意見交換を実施した。意見交換会の結果，感想等の報告の概要は，以下のとおりである。

・　成年年齢の引下げの議論については，大半の高校生が知らなかった。

・　成年年齢の引下げについては，社会を知らないので 18 歳で急に大人だと言われても困る，同じ高校生に成年者と未成年者が混じるのはよくないのではないか，受験の最中に成人式を行うのは困るなど，多くの高校生が反対であった。また，日本は戦争をしない国で徴兵制もないのであるから，そのあかしとして，成年年齢は 20 歳のままでよいのではないかとの意見もあった。

一方，悪い人に騙されないように勉強するなどの十分な準備期間があれば 18 歳でもよい，制度を変える場合には，分かりやすい制度にしてほしいという意見もあった。

・　何歳ぐらいで大人になると思うかという質問に対しては，大学を卒業した時，親から自立して仕送りするようになった時などの意見があった。

・　契約に関しては，携帯電話を購入するなど簡単なものであればよいが，土地取引など難しいものについては，18 歳は無理ではないかとの意見が出された。また，現実問題として，小遣いの範囲内であれば親に相談せず洋服などを購入しているが，高額な商品を購入する場合は親と相談しないとできない，契約は親にしてもらっているので自分でする必要性を感じないとの意見が出された。

・　アルバイトをしている高校生も多く，稼いだお金は洋服の購入や飲食に使っている者が多かったが，なかには進学後の学資を貯めている者もいた。

・　結婚については，法律上 18 歳で親の同意なく結婚できるようになったとしても，18 歳では家庭を養っていけないし，そもそも親から祝福されないで結婚しても嬉しくない，むしろ婚姻適齢に男女差があることを是正するべきではないかとの意見があった。

・　政治については，選挙年齢が 18 歳になったら必ず投票するという意見もあった一方で，よく分からないので棄権すると思う，人気投票になってしまう危険性がないかとの意見もあった。

245

［消費者法研究　第2号(2017.1)］

4．大学における留学生との意見交換会について

（日　時）

　平成20年7月3日（木）午後3時～午後4時

（参加者）

　部会の委員・幹事・関係官　10名

　留学生13名（20歳から25歳。出身国は，アメリカ，ブラジル，中国，カナダ，韓国，イタリア，フランス，ブルネイ，ウガンダ）

（留学生の意見の概要等）

　部会の委員・幹事・関係官は3，4名を，留学生は4，5名を1組として，3組に分かれて意見交換を実施した。意見交換会の結果，感想等の報告の概要は，以下のとおりである。

・　大人のイメージについては，何でも自分で決められる，自由である，大人に早くなりたかったと肯定的なイメージを抱いている留学生が多かったが，大人になると自分で働いて稼がなければならないのでなりたいとは思わなかったと否定的なイメージを抱いている留学生もいた。

・　日本人学生のイメージとしては，同世代と比較して大人に見えるという意見もあったが，日本ではいい大学に入れば就職することが難しくないため，やりたいことがはっきりせず，自立心が足りない学生が多いという意見もあった。

・　日本において成年年齢を引き下げることについては，大半の留学生が問題がないという意見であったが，成年になる前にいろいろチャレンジして失敗しても許される期間を保障するという意味で，引き下げることには反対であるという意見もあった。

・　選挙年齢については，18歳が妥当であると思うが，選挙年齢と成年年齢は必ずしも一致する必要はないのではないかという意見もあった。

5．大学における日本人大学生との意見交換会について

（日　時）

　平成20年7月3日（木）午後4時30分～午後5時30分

（参加者）

　部会の委員・幹事・関係官　10名

　日本人大学生　17名（18歳から21歳まで）

（大学生の意見の概要等）

　部会の委員・幹事・関係官は3，4名を，大学生は5，6名を1組として，3組に分かれて意見交換を実施した。意見交換会の結果，感想等の報告の概要は，以下のとおりである。

・　成年年齢の引下げの議論については，大半の学生が知っていた。

・　成年年齢の引下げについては，どちらかといえば反対の学生が多く，高校を卒業しただけでは社会も知らないので成年といわれても無理である，高校では大学受験のための教育しか行われておらず高校教育だけでは判断能力を身に付けられ

246

〈立法の動向〉 1 民法の成年年齢の引下げについての最終報告書

ないという意見があった。一方，引下げによって判断力や自立心が醸成される，18歳にしてもそれほど問題は起こらないのではないかとして，引下げに賛成する者もいた。

　なお，賛成，反対いずれの立場の者も，成年年齢を引き下げるためには，契約に関する教育や責任感を醸成するための教育など教育を充実させる必要があるとの点では，共通していた。ただし，現状の高校教育は受験一辺倒であり，そのような教育を行う余裕があるのか疑問であるという意見もあった。

・　大人になるということについては，自分の稼いだお金で自分で生活できることである，何でも自分で決定できることである，自分の行動について自分で責任をとることができることであるという意見があった。

・　将来の就職については，明確な希望を持っている学生もいたが，やりがいがあってお金がもうかる仕事に就きたい，有名企業で収入が多いところに就職したいなどと漠然とした回答をする学生も多かった。

・　大半の学生がアルバイトをしていたが，アルバイト代は，趣味や遊興費に費消するという学生も多かった。

・　選挙年齢については，成年年齢と一致させた方が明確で分かりやすいという意見があった一方，年齢条項をどうするかは事柄ごとに考えればよく，必ずしも一致させる必要はないのではないかという意見もあった。

・　諸外国の流れは，成年年齢を18歳にするということかもしれないが，日本は文化も価値観も違うので，必ずしも従う必要はないのではないかという意見もあった。

・　大学生との意見交換会には，18歳から21歳の学生が参加したが，成熟度にばらつきがあると感じられ，これは年齢による差というよりも，それまでの生活体験の内容や，異文化体験の有無などが影響しているのではないかと思われる。

・　高校生との意見交換会では，大人に対して否定的なイメージをもっている生徒が多かったが，大学生との意見交換会では，自分の意見で何事も決定できるので楽しみであるなどと肯定的な意見を述べた学生も多かった。

247

[消費者法研究 第2号(2017.1)]

---

2 「民法の成年年齢の引下げの施行方法に関する意見募集」に対して寄せられた意見の概要

平成 28 年 11 月
法務省民事局

(前注)
1 「民法の成年年齢の引下げの施行方法に関する意見募集」をした結果，21 の団体，173 名の個人から意見が寄せられた。
2 この資料では，原則として以下の略語を用いている。
「最終報告書」：平成 21 年 9 月に法制審議会成年年齢部会が取りまとめた「民法の成年年齢引下げについての最終報告書」
3 この資料では，意見募集事項として掲げた個々の項目について寄せられた意見を，【賛成】，【反対】，【その他の意見】等の区分に整理し，意見を寄せた団体の名称及び個人の人数を記載するとともに，理由等が付されているものについては，その要旨を紹介している。
4 寄せられた意見の中で，表現が異なっていても同趣旨であると判断したものについては，同一の意見として取りまとめている。
5 意見募集事項として掲げた個々の項目と関係がないと判断された意見（単に成年年齢の引下げの是非を述べるだけの意見を含む。）や趣旨が不明であった意見などについては，この資料で紹介していない。
　また，意見中には，現時点での民法改正に慎重であるべき又は反対である旨の考えを述べた上で，仮に引下げを行うのであればとの留保を付して意見募集事項に回答したものも複数あったが，これらの意見のうち民法改正の是非を述べる部分は，意見募集事項ではないことから，この資料で紹介していない。

第1　意見募集事項 1 について

改正法施行時点で既に 18 歳，19 歳に達している者は，改正法の施行日に一斉に成年に達するとすることによる支障の有無

改正法施行時点で既に 18 歳，19 歳に達している者は，施行日に一斉に成年に達するとすることを予定しています。そうすると，およそ 200 万人の者が施行日に一斉に成年に達することとなりますが，このような方法を採用することによる支障の有無など，ご意見をお聞かせ下さい。

【支障は無い】全国高等学校長協会，一般社団法人全国銀行協会，個人 7 名
・　仮に，年齢別に成人となる日をばらばらにした場合，18 歳・19 歳の国民の中には，誕生日の関係でどちらの日付で成人となるのかわからない人が出てきてしまう恐れがあり，そのような国民がいることは日本社会全体の混乱にもつながりかねない。（一般社団法人全国銀行協会）

〈立法の動向〉 2 「民法の成年年齢の引下げの施行方法に関する意見募集」に対して寄せられた意見の概要

【支障が有る】日本弁護士連合会，日本司法書士会連合会，愛媛県司法書士会，クレジット・リース被害対策弁護団，個人 21 名

1 支障が生じないよう段階的施行とすべきとする意見

愛媛県司法書士会，クレジット・リース被害対策弁護団，個人 12 名

・ 先ずは，19 歳まで成年年齢を引下げ，若者の消費者被害の状況や福祉的な側面等を精査し，その後 18 歳にまで引下げるべきかどうかを検討すべきであり，一斉ではなく，段階的な施行とすべきである。（愛媛県司法書士会）
・ 18 歳，19 歳の者が施行日まで親権・未成年後見下におかれていたことについて法的安定性を保護すべきであり，また，養育費の打ち切りの懸念などへの事実上の波及効果も考慮すべきであるから，一度に 18 歳にまで引き下げるのではなく 19 歳から段階的に引き下げるべきである。（個人）
・ 成年に達する者のみならず，社会の方も，想定外の混乱に見舞われる可能性があることから，改正法の施行日以降最初に到来する誕生日に成年に達することとした方がよいのではないか。（個人）
・ 一斉に成人とする場合には悪質業者による狙い撃ちが発生するおそれがあり，当該者の次の誕生日をもって成人とする等の扱いとすべきである。（個人）

2 施行日前後に悪徳業者による勧誘が集中する弊害が生ずることが懸念されるとの意見

日本弁護士連合会，日本司法書士会連合会，個人 10 名

・ ある特定の施行日に 200 万人以上の若年者が一斉に契約年齢に達するということは，悪質業者に対して，このような若年者と契約を締結しても支障がない日を事前に教えるようなものであり，施行日前後にこのような業者による勧誘が集中することが予想されることから，これを前提に，十分な消費者教育をする必要がある。（日本弁護士連合会，日本司法書士会連合会）
・ 若年者に対して施行日から数か月は契約をしないよう呼び掛けることも必要ではないか。（個人）

第 2 意見募集事項 2 について

施行までの周知期間

民法の成年年齢については，その改正による社会的影響の大きさを踏まえ，改正法の成立後 3 年程度の周知期間を設けることを予定しています。

このような周知期間を設けることによる支障の有無について，ご意見をお聞かせ下さい。

【3 年程度の周知期間が相当】一般社団法人全国銀行協会，個人 4 名

・ 契約の相手方への周知徹底及びシステム対応等の観点から，例えば 3 年程度の周知期間を設けるべきである。（一般社団法人全国銀行協会）

［消費者法研究 第2号（2017.1）］

・ 学校教育においても色々なシステムが変わる可能性があり，全ての組織の準備が整うようにするためにも3年は最低限必要である。（個人）

【3年より短い周知期間が相当】個人3名
・ 周知期間は2年程度で足る。（個人）
・ 改正から施行までの期間が長いと，改正されることへの国民の関心が他の話題へと移り変わり，改正することが国民の記憶から薄らいでいってしまう。そうなることを防ぐために，短い期間で断続的に成人年齢引下げに関する話題を持ち出し，各種メディア（特にテレビ）を中心に国民全体で「成人年齢が引き下がるぞ」，という雰囲気を作り出すことが重要であり，1年以上2年以下の期間が妥当である。（個人）

【3年では短きに失することから，より長い周知期間が相当】日本司法書士会連合会，愛媛県司法書士会，公益社団法人全国消費生活相談員協会関西支部，公益社団法人日本消費生活アドバイザー・コンサルタント・相談員協会消費者提言特別委員会，日本弁護士連合会，適格消費者団体特定非営利活動法人消費者支援機構福岡，クレジット・リース被害対策弁護団，出会い系・SNS被害対策弁護団，個人27名

1　周知期間は5年程度とすべきとの意見

日本司法書士会連合会，愛媛県司法書士会，公益社団法人全国消費生活相談員協会関西支部，個人6名
・ 18歳，19歳の者が十分に自立した判断ができるように，早い段階からキャリア教育やシティズンシップ教育等を推進すべきである。また，選挙権年齢が18歳に引き下げられたことに鑑みて，他者と連携・協同しながら社会生活を営む力や地域における問題の解決を社会の一員として主体的に担うことができる力を涵養するための主権者教育の充実を図っていくことが望ましいといえる。18歳で成年を迎え，親の保護なく社会で自立して生活していくためには，このような教育を十分な時間をかけて行う必要がある。また，成年年齢の引下げは，あくまで契約締結が可能となる等の親権から解放される年齢であって，飲酒や喫煙あるいは馬券等の購入ができる年齢とは異なるということを社会全体の認識として共有するためにも，5年程度の長期の周知期間が必要である。（日本司法書士会連合会）
・ より幅広い周知と法教育などの消費者保護施策の実現のためには，5年程度の周知期間は必要である。（愛媛県司法書士会，公益社団法人全国消費生活相談員協会関西支部）
・ 少なくとも義務教育である中学校において，18歳から成人として扱われることの意味をきちんと教えることが必要であり，また，18,19歳の若者に消費者被害が拡大することを防ぐため，未成年者取消権に代わる特別法による手当が十分に講じられる必要があることから，少なくとも5年の周知期間が必要である。

250

〈立法の動向〉 2 「民法の成年年齢の引下げの施行方法に関する意見募集」に対して寄せられた意見の概要

（個人）

・　20歳で成人になるのが当たり前である私たちにとって，18歳に引き下げるには心構えが必要である。もし私が当事者だったら多感な高校生の時期に3年後に成人になるといわれても心構えができないと思う。周知期間を5年間にすることで，当事者を義務教育である中学生のうちから教育することができる。また，教育面で，中高生に指導することが増えると思うので，そのマニュアルを作成したり，教師自身が準備したりする時間が十分に必要であることからも，周知期間は5年間必要だと考える。（個人）

2　周知期間は5年より長い期間とすべきとする意見（できるだけ長い期間とすべきとする意見を含む。）

日本弁護士連合会，適格消費者団体特定非営利活動法人消費者支援機構福岡，クレジット・リース被害対策弁護団，出会い系・SNS被害対策弁護団，個人20名

・　成年年齢の引下げに伴い，様々な支障が生ずることから，なるべく長期の周知期間を設定すべきである。（日本弁護士連合会）

・　消費者教育と共に若年者の消費者被害防止のための施策を講じた上で，この施策の実施状況を勘案して，消費者被害防止の施策が整備されたと十分言える状況となった際に国会の判断で（まずは19歳より）施行すべきである。具体的な施行日については公布後5年を目途に「この法律は，別に法律で定める日から施行する」とし，上記のような若年者の消費者被害の防止のための必要な措置を講じた上で，当該措置の実施の状況等を勘案して定めるものとすべきである。（出会い系・SNS被害対策弁護団）

・　消費者保護施策の効果が見られてから5年経過後に施行するものとすべきである（クレジット・リース被害対策弁護団）

・　今の若者に，消費生活センターやクーリング・オフが周知されてきたのは，やはり学校教育の中で，取り上げられるようになったからである。しかし，消費者教育推進法はできたが，まだ，個々が自身の契約に責任をもつということまで，しっかり教育されているとは思えない。高校が義務教育でない中，中学校3年間で，しっかりその教育を受けた者が，18歳に達するまでの期間，すなわち6年間は準備期間（周知期間）としてもらいたい。（個人）

・　成年年齢は未成年者やその両親等にとって，将来の予定を決定するために重要な要素であるため，最低でも5年以上，できれば10年程度の期間が必要である。（個人）

第3　意見募集事項3について

改正法の施行日

改正法の具体的な施行日については，次のような案があり得ます。

①　1月1日から施行する

［消費者法研究 第2号（2017．1）］

② 4月1日から施行する
③ 上記以外の日（例えば改正法の公布から3年が経過した日）から施行する
以上の各案に対するご意見をお聞かせ下さい。

【①1月1日に賛成】個人6名
・ 成人式のことを考えると，1月1日がよい。（個人）
・ 暦年で分かりやすいし，制度改正前後の対策が単年度でできる。（個人）
・ 年を見るだけではっきりし，わかりやすい。（個人）

【①に反対】個人2名
・ 新年を迎えることは，若者にとって大きなイベントであると受け止められている。実際に，18歳から20歳くらいの若者の一部は，12月31日夜から1月1日朝にかけて，睡眠を取らずに街（東京都の渋谷等）に繰り出し，同年代を中心とする友人等とお祭り騒ぎをしている。仮に1月1日から施行すると，法施行で一斉に成年を迎える2世代分が参加する“成人お祭り騒ぎ”が起こり，思わぬ暴動，建物の破壊行為を誘発するおそれがある。（個人）
・ 1月は，4月から始まる新生活に向けた準備段階であり，学校休暇中でもある。また，各種受験期であり，18歳，19歳の若者が精神的に不安定な時期であるため，消費者被害に遭った場合のリカバリーも困難である。（個人）

【②に賛成】全国高等学校長協会，日本弁護士連合会，日本司法書士会連合会，愛媛県司法書士会，クレジット・リース被害対策弁護団，出会い系・SNS被害対策弁護団，個人31名
・ 高等学校の学年構成から見て，同じクラスの中に成人と非成人が混在する結果，指導の整合性などの面で混乱が生ずる可能性があり，これを避けることが望ましいことなどから，施行日については，年度替わりの4月1日からが相当である。（全国高等学校長協会，日本弁護士連合会，日本司法書士連合会）
・ 国民に影響が及ぶことや，施行するためのシステムの構築や改善，対策が円滑に行わなければならないことを考えると，新年度の区切りになる4月1日に施行する案が現実的なのではないか。（個人）

【②に反対】一般社団法人全国銀行協会，個人1名
・ ①期初であること，入進学や就職等のイベントにより，各種申込が通常時期よりも多く，銀行実務上の混乱が生ずるおそれがあること，②ジュニアNISAがNISAに切り替わるタイミング等，税法に係る事項は「1月1日」を基準日としているものが多いが，これらと平仄が合わず，混乱が生じるおそれがあること，③4月1日は平日に該当する可能性が高いが，システム対応等が必要な事項について，リリースを平日に行うことはリスクおよび負荷が大きいことから，4月1日は避けるべき。（一般社団法人全国銀行協会）

〈立法の動向〉 2 「民法の成年年齢の引下げの施行方法に関する意見募集」に対して寄せられた意見の概要

・ 月初は，大学生や社会人として新生活を開始する時期であり，それに伴い，不動産賃貸借，家具や家電等の購入，インターネット通信，ローン等様々な契約を締結するタイミングである。このようなタイミングで引下げを施行すると，これらの契約の中に紛れて不当・違法な契約をさせられてしまうリスクが高まる。しかも，学校休暇中であり，学校での管理監督ができない時期であるから，尚更リスクは高まる。（個人）

【③に賛成】公益社団法人日本消費生活アドバイザー・コンサルタント・相談員協会消費者提言特別委員会，個人４名
・ 18歳を成年とする場合に１月１日や４月１日で区切ることは，その日を境に，悪質な契約の勧誘を受けることもあり，未熟な成年が，飲酒・喫煙について，自ら解禁することにつながりかねない。（公益社団法人日本消費生活アドバイザー・コンサルタント・相談員協会消費者提言特別委員会）
・ 改正法の公布から３年が経過した日がよい。（個人）
・ 改正法の公布から３年が経過してから最初の成人の日に施行することにより，成人となる自覚をより一層芽生えさせることが期待される。（個人）
・ 18歳になる学年のはじめであり，教育の面でも連携しやすく，またキリがよいので，４月２日を施行日としたらよいと思う。（個人）
・ 施行日は，学校教育の現場が最も落ち着く時期がよく，具体的な時期については，学校関係者との十分な協議が必要であるが，学校での管理監督が必要であることからすると，学期中であることが望ましいのではないか。（個人）

【③に反対】個人１名
・ 改正法の公布の日がはっきりしないため，例えば各月の初日以外の日から施行されると，国民の多くがその施行日を覚えていないことが予想され，非常に分かりにくい。（個人）

【その他の意見】一般社団法人全国銀行協会
・ 18歳・19歳の契約者に係る手続き等の変更に対して契約者や事業者がスムーズに対応する観点及びシステムで成年到達を管理している事項についてはシステム対応を円滑に行う観点から，施行日については，一般的な平日に設定するのではなく，年末年始等の連休を挟んだ設定にしてほしい。（一般社団法人全国銀行協会）

第４ 意見募集事項４について

施行に伴う支障の有無

(1) 民法の成年年齢の引下げの改正の効果については，原則として，改正法の施行前には遡及させず，18歳，19歳の者が，改正法施行前に成年に達していたとす

[消費者法研究 第2号(2017.1)]

る取扱いはしないことを予定しています。

　例えば，18歳，19歳の者が改正法の施行前に契約をした場合には，当該契約時には，これらの者は未成年者であったことから，改正法施行後もこれらの者を保護する必要があると考えられます。そこで，当該契約を改正法施行後も取り消すことができる行為と扱うことができるようにする必要があると考えられます。

(2)　以上のように，民法の成年年齢の引下げの法律上の効力については，改正法の施行前に既に生じている法律上の効果に影響が生じないように一定の対応を行うことを予定していますが，実際の契約実務等において，このような対応を行ったとしてもなお支障が生ずるおそれがあるか，生ずるとすれば，どのような対応を採る必要があるのかについて，ご意見をお聞かせ下さい。

【支障は無い】一般社団法人全国銀行協会，個人4名

・　民法の成年年齢の引下げの効果を，原則として，改正法の施行前には遡及させないこととしても，成年後の追認規定（民法第125条）により対応可能であり，大きな支障はないと思われる（ただし，同条の追認は継続的取引（ローン契約における約定返済，賃貸借契約における家賃支払い）には馴染むものの，一回的取引（典型的にはモノの購入）の場合は追認行為を想定しづらいとも思われる。）。（一般社団法人全国銀行協会）

・　民法の成年年齢の引下げの法律上の効力について，改正法の施行前に既に生じている法律上の効果に影響が生じないように一定の対応を行うことで支障はない。（個人）

【支障がある】日本弁護士連合会，仙台弁護士会，日本司法書士会連合会，愛媛県司法書士会，全国高等学校長協会，日本貸金業協会，全日本教職員組合，公益社団法人全国消費生活相談員協会，公益社団法人全国消費生活相談員協会関西支部，公益社団法人全国消費生活相談員協会関東支部，公益社団法人日本消費生活アドバイザー・コンサルタント・相談員協会消費者提言特別委員会，全国クレサラ・生活問題対策協議会，一般社団法人消費者のみらいを考える会，クレジット・リース被害対策弁護団，出会い系・SNS被害対策弁護団，適格消費者団体特定非営利活動法人消費者支援機構福岡，埼玉県教育局，個人155名

1　自立のための施策を行う必要性を指摘する意見

日本弁護士連合会，全日本教職員組合，愛媛県司法書士会，個人12名

・　最終報告書では，現代の若年者の中には，いわゆるニート，フリーター，ひきこもり，不登校など，経済的に自立していない者が増加しているとし，このような状況の下で民法の成年年齢を引き下げ，親権の対象となる年齢が引き下げられると，自立に困難を抱える若年者が親の保護を受けられなくなり，ますます困窮するおそれがあることが指摘されている。また，法律上の成年年齢と精神的な成熟年齢が乖離し，若年者のシニシズム（法律上の成年年齢を迎えてもどうせ大人

254

〈立法の動向〉 2 「民法の成年年齢の引下げの施行方法に関する意見募集」に対して寄せられた意見の概要

になれないという気持ち）が蔓延し，「成年」の有する意義が失われる懸念も示されている。最終報告書は，①若年者がキャリアを形成できるような施策の充実（例えば，若年者の就労支援，教育訓練制度，インターンシップ等の充実），②いわゆるシティズンシップ教育の導入，③若年者が情報提供や相談を受けられるワンストップサービスセンターの設置（例えば，イギリスでは13歳から19歳までの者を失業者や無職者にしないための総合的な支援サービスとしてコネクションズという機関を各地に設けている。），④青少年が早期に社会的経験を積むための社会参画プログラムの提供（例えば，スウェーデンでは，学校の授業の運営に生徒の意見を反映させる制度がある。），⑤児童福祉施設の人的，物的資源の充実や子育てを社会全体で支えていく仕組みの充実（フランスでは，1974年に私法上の成年年齢を21歳から18歳に引き下げた際，司法的保護の措置の延長等を裁判官に請求できるという若年成年者保護制度などの措置をあわせて講じている。）を挙げているが，これらの施策が，今日まで十分実行されているとはいいがたく，自立支援の実効的な施策が必要である。（日本弁護士連合会）

・ 18歳で成人するということを15歳頃からの教育課程に取り込むなど，若年者の自立を促す教育を実施すべき。（個人）

・ 社会的な支援が必要である若年者が，成年年齢の引下げによって社会保障や教育などの支援等が打ち切られるなど，虐げられるおそれがある。（愛媛県司法書士会）

2 法教育の必要性を指摘する意見

個人3名

・ 行為能力があるというためには，契約書を読解し，その意味を真に理解する能力が必要であり，そのためには民法全般についての学習が必要である。しかし，高等学校卒業までに民法を学校で学習する機会は現状皆無であり，学校等において民法全般の学習を行うなど若年者に対して法教育を実施すべき。（個人）

3 主権者教育の必要性を指摘する意見

全国高等学校長協会，個人1名

・ 現在教育現場で行われている主権者教育の効果は未だ不十分であり，このような状況で成年年齢を引下げた場合，主権者教育が中途半端に陥る可能性がある。（全国高等学校長協会）

4 教育現場において混乱が生ずる可能性を指摘する意見

日本弁護士連合会，全国高等学校長協会，全日本教職員組合，埼玉県教育局，個人3名

・ 高校生の保護者に成人となった子供を監護及び教育する権利と義務が消失した場合，教師が直接生徒と対峙せざるを得なくなり，学校がこれまでのように生活や学習等に課題のある生徒への指導を保護者の理解と協力を得て行うことが困難となる可能性が生ずる。最終報告書は，高校入学時に在学中の指導等は親権者を

［消費者法研究　第2号（2017.1）］

介して行う旨の約束をするなどの対策を挙げているが，最終報告書自身が指摘しているとおり，現在，学校では学校内での学習指導に留まらず学校外での生活の指導等も行っており，成人に達した生徒に対してどのような指導をするかという問題にはなお困難が残るため，これらに対する十分な施策が必要である。（日本弁護士連合会，全国高等学校長協会，全日本教職員組合）

・　授業料や学校徴収金等の高校生活に必要な費用も保護者に依存している状況の中で，現在は未納者については保護者に督促を行っており，成年年齢の引下げにより，この部分に課題が生ずる可能性がある。（全国高等学校長協会，埼玉県教育局）

・　18才に達した生徒の生徒異動（転学，編入学，休学，留学，復学，再入学及び退学）について，保護者の同意が必要なくなり，本人と保証人（保証人の資格については，「独立した生計を営む成年者」と規定されている。現行制度上，保証人の変更は在学保証書の再提出により行うことができ，18才に達した別の生徒に保証人を変更することも考えられる。）だけの意思で手続きができてしまうという事態が生ずる。（埼玉県教育局）

・　18才に達した生徒同士であれば，同じく18才に達した生徒2名が証人となることにより，生徒のみで婚姻が成立し得る。これを学校運営上制限する必要があるとして，法的に可能か，不可能である場合，どう対応するか問題となる。（埼玉県教育局）

・　18才に達した生徒への指導（成績不振の際の指導，アルバイトをする生徒への指導を含む生活指導等）に「保護者」の関与を求められないとした時に，保証人に関与してもらうことができるかが問題となる。（埼玉県教育局）

・　高校入学当初に保護者と締結していた在学契約の効力が，生徒が18才に達することでどうなるかが問題となる。（埼玉県教育局）

・　入学時に保護者・保証人の連名で提出させている「在学保証書」では，「在学中，授業料はもとより，学則その他の定めを守らせるとともに，本人の身上に関することは，一切引き受けます。」との文言で，保護者・保証人に責任を負わせている（入学時に成年者である場合には，「誓約書」により，本人の誓約と，保証人の保証を得ている。）。生徒が18才に達した場合，保護者の保証責任はどうなるか，また，「在学保証書」等について定めた教育委員会規則をどうすべきかが問題となる。（埼玉県教育局）

・　現行の高等学校奨学金の制度では，18才に達した生徒の場合には，所得審査の対象となる者が生徒本人になるが，制度を改める必要があるかが問題となる。（埼玉県教育局）

5　養育費の支払の終期が事実上繰り上がるとの問題やこれに対する対策を指摘する意見

日本弁護士連合会，仙台弁護士会，全国高等学校長協会，個人13名

・　裁判所等作成の申立書の定型書式では対象者を「未成年者」と表示していたり，

〈立法の動向〉　2　「民法の成年年齢の引下げの施行方法に関する意見募集」に対して寄せられた意見の概要

審判書や調停調書のひな型にある当事者目録や主文・条項の記載例でも「子」等
ではなく「未成年者」と表示されていたりすることがあるため，養育費に関する
合意や裁判の際，子がまだ幼少で将来の進学が全く未定の場合には，とりあえず
デフォルトとして成人までとされることが多いほか，子が大学在学中で無職の場
合であっても，「子が成年に達する日の属する月まで」等と，未成年者概念を用
いて定められる例が後を絶たない。こうした現状のままでは，成年年齢の引下げ
が養育費支払終期の繰上げに直結してしまうおそれを否定できない。本来，養育
費の支払終期については「未成熟子」概念を基準とすべきであり，成年年齢を基
準とすべきものでない。この基本的な考えが裁判実務の手続の中で実現されるよ
うにすべきであり，その一つとして裁判所に定型書式の見直しを求める対応がと
られるべきである。あわせて，国民全体にも上記の基本的な考え方を周知徹底す
る必要がある。（日本弁護士連合会，仙台弁護士会，全国高等学校長協会）

・　養育費については，18歳までは強制取立制度を先行して導入し，18歳までに
大学進学を子が希望し，進学した場合は，学費及び生活費を負担する義務を導入
する。18歳までに支払い義務が確立するならば養育費の一部と考えればよいが，
成年ということになれば養育費という用語が適切でなくなるとも考えられるから，
高度教育修学費用などと称するのがよいと考える。（個人）

6　労働契約に関する問題を指摘する意見

日本弁護士連合会，全日本教職員組合，個人2名

・　民法の成年年齢を引き下げた場合，18歳，19歳の若年者は，民法の未成年者
取消権による保護だけでなく，労働基準法第58条第2項の解除権による保護も
受けられなくなる可能性が高く，行政官庁の解除権による抑止力が働かなくなる
結果，労働条件の劣悪ないわゆるブラック企業等による労働者被害が18歳，19
歳の若年者の間で一気に拡大する可能性がある。労働基準法第58条第2項の解
除権を喪失することのデメリットを検証した上で，これに代わる若年者保護の具
体的制度を用意すべきである。労働契約における労働者被害を防ぐための権利
教育も実施する必要がある。また，根本的な解決として，ブラック企業のような
劣悪な労働環境下に労働者が陥ることを回避し，また，仮に陥ったとしても被害
回復を容易に実現できるような制度を用意することが必要である。（日本弁護士
連合会）

7　他の法律への悪影響が生ずる旨の問題を指摘する意見

日本弁護士連合会，個人3名

・　民法の成年年齢が引き下げられることにより，児童福祉法・児童扶養手当法な
どにおける児童福祉上の支援が後退するおそれがあり，また，少年法の成人年齢
や，未成年者喫煙禁止法等の成年年齢についても，その立法目的や保護法益を無
視した，安易な引下げ議論が強まることが懸念されるなど，他の法律に悪影響を
与える懸念がある。民法の成年年齢の引下げの是非を検討するに当たっては，民
法のみでなく他法に与える影響も検討の対象とすべきである。（日本弁護士連合

［消費者法研究　第 2 号（2017.1）］

会）

8　未成年後見が終了することに伴う弊害を指摘する意見

日本弁護士連合会，個人 7 名

・　18 歳・19 歳で成年となる未成年者のうち，両親がいないために未成年後見が開始されている未成年者，中でも専門職後見人のみが選任されている場合については，成年年齢引下げによって第三者の支援自体が打ち切られることになる。特に，被後見人（未成年者）が高校に通学していて大学進学を考えている場合，満18 歳に達する誕生日で後見が終了すると，高校卒業前に後見が打ち切られてしまい，その後の進学に関わる事務作業の継続的支援が断ち切られるという問題が生じる。（日本弁護士連合会）

9　多重債務問題について指摘する意見

仙台弁護士会，愛媛県司法書士会，全国クレサラ・生活問題対策協議会，クレジット・リース被害対策弁護団,個人 25 名

（1）新たに成人となる 18 歳・19 歳の者が多重債務者となるとの問題を指摘する意見

・　未成年者がクレジットカードを作成する際には親権者の同意が必要とされており，20 歳を境にクレジットカードの使用が大きく増加しているとの報告も存在していることを考えると，未成年の間はクレジットカードの作成，使用が抑制されていると推認される。また，フリーローンやサラ金からの借り入れについては，まさに未成年者取消権が存在するために，基本的に未成年者には貸付がされない運用となっている。しかし，成年年齢を引き下げた場合，新たに成年となった18 歳，19 歳の若者のクレジットカードの作成，使用の大幅な増加が予測される現代社会ではクレジット決済を利用した電子商取引により，非常に簡単に高額商品を購入することができるため，18 歳，19 歳の若者のクレジットカードの作成,使用が増加すれば，高額商品の購入により，高校生を含む若者の多重債務や，消費者被害の被害金額が増大する危険性が高い。（仙台弁護士会）

（2）多重債務問題に対する対策についての意見

・　18 歳，19 歳の多重債務被害等が懸念されるため，当該年齢における過剰融資規制や消費者保護法等を法定すべきである。（愛媛県司法書士会）
・　18 歳，19 歳の若年者が基本的に借入れをできないとする，又は，借入契約をできる場合を限定するなど，貸し金やクレジットに関する規制を設けるべきである。（クレジット・リース被害対策弁護団）
・　18 歳・19 歳の若年者の個別クレジット及び包括クレジットへの利用を原則として禁止すべきである。（全国クレサラ・生活問題対策協議会）
・　金融機関向けに新たなガイドラインを作成し，一定の年齢以下の者の借り入れの申込については必ず面談をして悪質商法に関する借り入れでないことを確かめることを貸し付けの前提条件にするということも考えられる。（個人）
・　若年者の消費者被害や破産を懸念して，法律にて 18 歳，19 歳のクレジット

258

〈立法の動向〉 2 「民法の成年年齢の引下げの施行方法に関する意見募集」に対して寄せられた意見の概要

カード利用限度を定める必要があると考える。（個人）

・ 割賦販売法・貸金業法の過剰融資・過剰与信規制を厳格化する（さらには安定的な収入がない「学生生徒」への貸付・立替を禁止する（旧競馬法等参照）），無規制である銀行による消費者向けカードローンについても貸金業法同様の規制下におくか，学生生徒への貸付を禁止するなどの法改正を行う。（個人）

10 消費者被害について指摘する意見

日本弁護士連合会，日本司法書士会連合会，仙台弁護士会，日本貸金業協会，全日本教職員組合，公益社団法人全国消費生活相談員協会，公益社団法人全国消費生活相談員協会関西支部，公益社団法人全国消費生活相談員協会関東支部，公益社団法人日本消費生活アドバイザー・コンサルタント・相談員協会消費者提言特別委員会，全国クレサラ・生活問題対策協議会，一般社団法人消費者のみらいを考える会，クレジット・リース被害対策弁護団，出会い系・SNS被害対策弁護団，適格消費者団体特定非営利活動法人消費者支援機構福岡，埼玉県教育局，個人142名

（1）新たに成人となる18歳・19歳の者が消費者被害に遭うとの問題を指摘する意見

・ 新たに成人となる18歳，19歳の者が未成年者取消権を失う結果，これらの者が消費者被害に遭う件数が増加すると考えられる。（日本弁護士連合会，日本司法書士会連合会，仙台弁護士会，日本貸金業協会，全日本教職員組合，公益社団法人全国消費生活相談員協会，公益社団法人全国消費生活相談員協会関西支部，公益社団法人全国消費生活相談員協会関東支部，公益社団法人日本消費生活アドバイザー・コンサルタント・相談員協会消費者提言特別委員会，全国クレサラ・生活問題対策協議会，一般社団法人消費者のみらいを考える会，クレジット・リース被害対策弁護団，出会い系・SNS被害対策弁護団，適格消費者団体特定非営利活動法人消費者支援機構福岡，埼玉県教育局）

（2）消費者被害に対する対策についての意見

消費者保護のための法制上の措置に関する意見

・ 最終報告書は，①取引の類型や若年者の特性に応じて，事業者に重い説明義務を課したり，取引の勧誘を制限したりすること，②一定の条件の下で取消権を付与すること，③専用相談窓口を設置すること，④若年者に未成年者取消権がなくなることを広報することを挙げる。この点，②一定の条件の下で若年者に取消権を付与することは考えられるが，実効性のある要件を定めることが不可欠であり，基本的に，現在と同程度の若年消費者保護の制度とする必要がある。なお，①事業者に取引の類型や若年者の特性に応じた重い説明義務を課したとしても，判断能力が十分でない18歳，19歳の若年者が説明を受けた旨の書類に不用意にサインすることで，事業者が義務違反を免れる旨主張してくることが予想されることに留意を要する。また，③専用相談窓口の設置も必要であるが，消費者問題における事後的な相談や救済は，あくまで個別的なものに留まり，限定的な効果しかない上，事後的には十分な被害回復がなされないことも少なくないことに留意す

べきである。さらに、④18歳、19歳の若年者に対して、未成年者取消権がなくなる可能性があることを自覚させるには至っておらず、今後の広報がありうるとしてもその効果は不明である。（日本弁護士連合会）

・ 未成年者取消権に代わる消費者保護のための新たな民事ルールが必要である。（公益社団法人全国消費生活相談員協会関西支部、公益社団法人日本消費生活アドバイザー・コンサルタント・相談員協会消費者提言特別委員会、全日本教職員組合、全国クレサラ・生活問題対策協議会、クレジット・リース被害対策弁護団、出会い系・SNS被害対策弁護団、適格消費者団体特定非営利活動法人消費者支援機構福岡）

・ 事業者の行為規制として、18歳、19歳を含む若者の判断力の不足に乗じた申込誘引又は契約を締結させること及びその知識、経験、資力に適合しない契約を締結させることを規律し、同違反行為に対しては取消権等の民事規定を創設すべきである。（日本司法書士会連合会）

・ 知識、経験、財産の適合性のない者への勧誘の規制強化及び、その民事効果として取消権の付与が必要と考える。（公益社団法人全国消費生活相談員協会）

・ 不招請勧誘による取引や連鎖販売取引などについては、若年者の経験不足につけ込んだものとして取消権を認めるなどの対応をすべきである。（クレジット・リース被害対策弁護団）

・ インターネット等の取引では身分証明書を偽造するなどの行為が無い限り、詐術とは認めないものとすべきである。（クレジット・リース被害対策弁護団）

・ 悪質ネット業者等に決済の手段を提供した業者に連帯責任を認めることなども考えられる。（クレジット・リース被害対策弁護団）

・ 消費者被害に関する専用相談窓口を各地（高校や大学・職場も含む）に設けるべきである。（公益社団法人日本消費生活アドバイザー・コンサルタント・相談員協会消費者提言特別委員会）

・ 取引する事業者に勧誘の制限や重い説明義務を課すべきである。（公益社団法人日本消費生活アドバイザー・コンサルタント・相談員協会消費者提言特別委員会）

・ 若年者の消費者被害防止のためには、例えば消費者契約法を改正し、若年者などの無知・軽率・未経験に乗じた勧誘による消費者契約（押しつけ勧誘）について無効・取消とする規定を設ける（なお民法90条を改正し、現代型暴利行為の規定を設けることも考えられる）、特定商取引法において若年者取消権を定めるなど、消費者被害防止のための施策を講じる必要がある。（個人）

・ 消費者取引において若年層が被害を受けないよう、いわゆるつけ込み型・威迫型勧誘による契約からの救済制度の確立（取消権の導入）が必要である。また、特定商取引法では、つけ込み勧誘を禁止する規則を法律上の禁止に格上げする必要がある。特定商取引法では、つけ込み勧誘を禁止する規則を法律上の禁止に格上げする必要がある。さらにつけ込み勧誘や威迫勧誘については、消費者取引一般のルールとしての行政ルールも必要であり、消費者安全法において、EU指令

〈立法の動向〉 2 「民法の成年年齢の引下げの施行方法に関する意見募集」に対して寄せられた意見の概要

や消費生活条例のように「不当な取引行為」を禁止する仕組みの創設も必要である。（個人）

・ 未成年者取消の潜脱を回避するために，勧誘が施行日前の場合はなお旧法が適用され取消がなされるべきである。（個人）

消費者教育の必要性に関する意見

・ 最終報告書は，契約の成立や取消等に関する法教育，クーリングオフ制度等消費者保護教育，金融リテラシー等金融経済教育の充実を挙げるが，消費者教育推進法が施行されてから十分な時間が経過しておらず，かつ，その効果が現れたことを示すデータ等も示されていない。消費者関係教育は未だ道半ばという状況にあり，契約年齢の引下げの問題点を解決する施策として十分な効果を上げる必要がある。（日本弁護士連合会，公益社団法人日本消費生活アドバイザー・コンサルタント・相談員協会）

・ これまで，すべての消費者は消費者教育を受ける機会が少なく，自らを守る，周りを見守る，適切な商品・サービスを選択するなどの意識が欠如していることが多く，それが消費者被害の原因の一つとなっている。若年層の消費者教育こそが今後の消費者被害の未然防止となる。消費者庁と文科省との連携，自治体と教育委員会との連携，行政と消費者団体と事業者団体等との連携による消費者教育を，早急に推進していく必要がある。（公益社団法人全国消費生活相談員協会）

11　その他の意見

・ 民法の成年年齢引下げに伴い，NISA の利用開始年齢を 18 歳に引き下げるとともに，ジュニア NISA から NISA への切り替え日を「18 歳となる年の 1 月 1 日」としてほしい。また，切り替えの際は，ジュニア NISA の運用管理人の取引権限を停止する等の対応が必要となるため，経過措置を要望したい。民法の成年年齢の引下げに伴い，他の制度の取扱いも変更になる場合，システム等の対応を行うための時間確保が必要となるため，配慮してほしい。例えば，NISA およびジュニア NISA において対象となる年齢が民法の成年年齢の引下げと同時に変更となるような場合や，旧法における未成年者のジュニア NISA 口座から NISA 口座への切り替え等，システム対応等に相応の時間を要するものと思料する。（一般社団法人全国銀行協会）

・ 教育資金贈与信託等，親権者が代理人として取引を行う未成年者口座は多数存在している。未成年者が成年に達すると親権者であった者の取引権限は失われ，口座名義人本人でなければ取引できなくなる。この際，口座名義人本人であっても，取引印鑑の届出等の手続き（インターネットバンキング取引を行う場合には，加えて，インターネットバンキングの申込み手続き）が完了しなければ，取引はできない。このため，改正法の施行日から，口座名義人本人も親権者であった者も取引できない口座が発生し，顧客に混乱が生じる恐れがあるので，配慮願いたい。（一般社団法人信託協会）

・ 収入がない成人が増加することで，年金未納付者が増加する懸念がある。（個

人）

- 子どもの医療同意を親権者が行う法的根拠は，身上監護権にあるとされているところ，成年年齢が18歳に引き下げられると，今日親権者が肩代わりしている医療上の決定に関する責任について，18歳時点から本人が引き受けることになると思われることから，年齢引下げに際し，医療同意の問題についても事前の周知が必要である。この周知は，移行期にかかる子ども側のみならず，医療者の理解・協力も重要である。18・19歳の子どもの医療上の決定は，支援付き意思決定のモデルを基本にするように医療界に協力を求めてはどうか。（個人）
- 成年年齢の引下げによって，親権に服する範囲が狭まれば，ぐ犯少年（保護者の正当な監督に服しない性癖がある少年等）や要保護児童の範囲を狭める議論につながる可能性が高いが，このことによって，少年法や児童福祉法による保護の対象が狭まり，非行少年の更生や要保護児童の保護等，児童に対する福祉が低下するおそれがある。（個人）
- 18歳以上20歳未満の児童を出演させるAV規制立法の施行が必要である。（個人）
- 児童福祉法が対象とする児童は，18歳未満の者であるが，成年年齢が20歳であることから，同法は，18歳，19歳の子どもの支援についても目配りをし，若年成人支援に関する規定を設けている。成人年齢が引下げられることにより，18歳・19歳の社会的養護を必要とする子どもの支援が後退するおそれがある。成年年齢の引下げが，困難を抱える十代後半の子どもの権利保障の推進を阻害し，社会的養護の制度や現場における混乱を引き起こすことが危惧される。（個人）

〈立法の動向〉 2 「民法の成年年齢の引下げの施行方法に関する意見募集」に対して寄せられた意見の概要

「民法の成年年齢の引下げの施行方法に関する意見募集」に対して寄せられた意見の概要

法務省民事局 平成28年11月

成年年齢の引下げ

法制審議会の答申等を踏まえ、民法の成年年齢について、20歳から18歳に引き下げる法改正の立案作業を実施中

意見聴取手続に至るまでの経過等

平成21年10月	法制審議会の答申
平成27年6月	公選法の選挙権年齢が18歳に引下げ
平成28年9月	成年年齢の引下げの施行方法に関する意見聴取手続（パブコメ）

意見募集の結果

194件（日本弁護士連合会、全国高等学校長協会、全国消費生活相談員協会等の団体のほか、個人の意見を含む。）

第1 改正法施行時点の18歳、19歳に達している者が改正法施行日に一斉に成年に達することによる支障の有無

○ 特段支障はないとの意見と一斉施行とすることによる消費者被害の集中への懸念等から段階的施行とすべきとの意見があった。

第2 施行までの周知期間

○ 3年より長い周知期間が相当であるとの意見が多数であり、3年又はより短い周知期間が相当であるとの意見は少数にとどまった。

○ 多数意見の多くは、消費者教育などの消費者保護施策の効果を生じさせることや成年年齢引き下げがあることとの相当長期の周知期間・社会全体に浸透させるには相当長期の周知期間が必要であることを理由とするものであった。

第3 改正法の施行日

○ 1月1日に賛成する意見もあったが、教育現場に混乱を生じさせないため、年度替わりの4月1日を施行日とするのが相当であるとの意見が多数を占めた。

第4 施行に伴う支障について

○ 施行に伴う具体的な支障はないとの意見もあったものの、支障があるとの意見が大多数を占めた。

○ 施行に伴う事実上繰り上げとなる養育費の支払の終期が事実上繰り上げとなることの問題を指摘するものや、新成年者がローン契約を締結することが可能となる結果多重債務となる危険性が増大することを指摘するものもあった。

○ 消費者被害に対する対策としては、若年者の知識・経験の不足に乗じた契約からの救済措置を設けるべきとの意見や、消費者教育を充実させるべきとの意見があった。

今後の予定

平成28年10月〜 意見募集の結果を踏まえ立案作業を継続
→ 民法改正案につき、適切な時期の国会提出を目指す

[消費者法研究 第 2 号(2017.1)]

3 成年年齢に関する提言

平成 27 年 9 月 17 日

自由民主党政務調査会

国民投票の投票権を有する者の年齢及び選挙権を有する者の年齢が満 18 歳以上とされたことを踏まえ，新たに大人となる年齢層を含めた我が国の国家像等を勘案しつつ，民法，少年法その他の法律の規定における成年年齢の在り方について，下記のとおり提言する。

記

1．民法（民法の成年概念を用いる法律を含む。）について

民法の成年年齢については，できる限り速やかに 20 歳から 18 歳に引き下げる法制上の措置を講じる。

ただし，法制審議会の答申（平成 21 年）にあるとおり，「若年者の自立を促すような施策や消費者被害の拡大のおそれ等の問題点の解決に資する施策が実現される」ことが必要であるから，現状の消費者教育等の施策の充実強化を図るとともに，国民への周知が徹底されるよう，その施行時期については，必要十分な周知期間が設けられるよう配慮する。

2．満 20 歳以上（未満）を要件とする法律についての基本的な考え方

国民投票の投票年齢及び公職選挙法の選挙年齢が一致して 18 歳以上の国民に参政権としての投票権（選挙権）を付与したことと併せて民法の成年年齢が 18 歳となることを前提とした場合，我が国においては 18 歳をもって「大人」として扱うこととなり，大人と子供の範囲を画する年齢は，それまで 20 歳であったものが 18 歳となる。

このことは，18 歳以上の国民が，現在及び将来の国つくりの担い手であることを意味し，大人としてその責任を分担し，大人としての権利，自由も付与されるべきこととなる。社会的にも国民意識においても「大人」は 18 歳からと移り変わる。

法は，社会規範として，分かりやすく社会活動の指針となることが求められることから，大人と子供の分水嶺を示す各種法令には国法上の統一性が必要である。併せて，我が国の将来を支えるのは 18 歳からの若者であり，将来の我が国を活力あるものとし，その決意を力強く示すためにも，満 20 歳以上（未満）を要件とする法律においては，その年齢要件を原則として 18 歳以上（未満）とすべきである。

3．満 20 歳以上（未満）を要件とする法律について

（1）少年法について

民法を始めとする各種法律において，我が国における「大人」と「子供」の範囲を画する基準となる年齢が満 18 歳に引き下げられることを踏まえ，国法上の統一性や分かりやすさといった観点から，少年法の適用対象年齢についても，満 18 歳

〈立法の動向〉 3　成年年齢に関する提言

未満に引き下げるのが適当であると考える。

　他方で，罪を犯した者の社会復帰や再犯防止といった刑事政策的観点からは，満
18歳以上満20歳未満の者に対する少年法の保護処分の果たしている機能にはなお
大きなものがあることから，この年齢層を含む若年者のうち要保護性が認められる
者に対しては保護処分に相当する措置の適用ができるような制度の在り方を検討す
べきであると考える。

　そこで，法務省においては，これら本委員会の考えを真摯に受け止め，若年者
（その範囲を含む。）に関する刑事政策の在り方について全般的に見直すことも視野
に入れて，刑事政策上必要な措置を講ずるための法制的検討を行うこと。

（2）諸法令について

　（3）又は以下に掲げる法律（条項）を除き，満20歳以上（未満）とされている
要件は，満18歳以上（未満）に引き下げる。

　　①養親になれる年齢
　　②猟銃の所持，銃を使用する狩猟免許
　　③暴力団員による加入強要の禁止対象年齢
　　④国民年金の支払義務
　　⑤船舶職員及び小型船舶操縦者法（船長及び機関長の年齢）
　　⑥児童福祉法に定める児童自立生活援助事業における対象年齢
　　⑦特別児童扶養手当等の支給に関する法律の対象年齢
　　⑧道路交通法上の中型免許及び大型免許等

　なお，公職選挙法等の一部を改正する法律において，「当分の間」の措置として
20歳以上を維持することとされた検察審査員，裁判員，民生委員及び人権擁護委
員となる資格については，少年法の適用対象年齢又は民法の成年年齢を踏まえたも
のとすること。

（3）税制関連について

　以下に掲げる法律（条項）は，民法上の「成年」を引用したり，民法上の成年年
齢を前提とした制度であるが，税制に関する事項であるため，我が党の税制調査会
における検討に委ねる必要がある。

　　①国税徴収法及び国税犯則取締法の捜索立会人
　　②関税法の臨検の立会人
　　③税理士法の税理士の欠格事由
　　④酒税法の酒の製造免許等の付与条件
　　⑤相続税法の20歳未満の者に係る控除制度等
　　⑥租税特別措置法の直系尊属から住宅取得等資金の贈与を受けた場合の贈与税
　　　の非課税年齢
　　⑦東日本大震災の被災者等に係る国税関係法律の臨時特例に関する法律の被災
　　　者が住宅取得等資金の贈与を受けた場合の贈与税の非課税年齢

265

［消費者法研究　第2号（2017.1）］

　　　　⑧その他税制関連事項
4．社会的に関心の高い事項について
　20歳未満の者の飲酒，喫煙を禁止している未成年者飲酒禁止法及び未成年者喫煙
禁止法について，成年年齢の引き下げに伴い禁止年齢を18歳未満とするか否かについ
ては，賛否にわたり様々な意見が認められた。
　生物学的な発達に応じた医学的影響を勘案し，健康被害の拡大を防ぐ必要があるこ
と，非行防止の観点からは飲酒，喫煙が非行の引き金となる側面があること等の理由
から，成年年齢が引き下げられても現行の禁止年齢を維持するべきとの意見があった。
　他方，現行法においても飲酒，喫煙は未成年者に制約を課し，大人は自制する判断
力ある者として自らの責任において摂取等が法律上許容されていること，現在でも一
定の免許取得等が法令上許容されていても校則で制限することが行われている等の理
由から，高等学校在学中は校則で飲酒，喫煙を制限する等の生徒指導による対応を前
提として，成年年齢の引き下げに応じて禁止年齢を18歳未満に引き下げるべきとの
意見があった。
　本委員会としては，これら意見や諸外国の状況を踏まえ，飲酒，喫煙に関する禁止
年齢を18歳未満に引き下げるべきかどうか，引き続き社会的なコンセンサスが得ら
れるよう国民にも広く意見を聞きつつ，医学的見地や社会的影響について慎重な検討
を加え，実施時期も含め民法改正時までに結論を得るものとする。
　また，公営競技が禁止される年齢についても様々な意見があったことから，引き続
き検討を行うものとする。
　被選挙権を有する者の年齢については，引き続き検討を行うものとする。
5．周知期間等の必要性について
　本委員会における検討に基づき，必要な法制上の措置を講じることとなるが，民法
（民法の成年概念を用いる法律を含む。）については，社会的影響の大きさや，教育面
の対応，施行までの準備作業に要する期間などを踏まえ，少なくとも3年程度の周知
期間とともに，必要な経過措置を設ける。
　また，その他の法律についても，民法に準じた周知期間及び経過措置を設ける。
　　　　　　　　　　　　　　　　　　　　　　　　　　　　　　　　　　以　上

〈立法の動向〉 4 民法の成年年齢の引下げに関する意見書

4 民法の成年年齢の引下げに関する意見書

2016年（平成28年）2月18日
日本弁護士連合会

第1 意見の趣旨

　民法の成年年齢を20歳から18歳に引き下げることについては，慎重であるべきである。

第2 意見の理由

1．はじめに

（1）民法の成年年齢引下げについての検討の経過

　民法（明治29年法律第89号）は長らく成年年齢を20歳と定めてきた（民法第4条）ところ，2007年5月に成立した日本国憲法改正手続に関する法律（国民投票法。平成19年5月18日法律第51号）は，満18歳以上が国民投票の投票権を有するとし，同法附則第3条第1項（現在では附則（平成26年6月20日法律75号）3項）では「満十八年以上満二十年未満の者が国政選挙に参加することができること等となるよう，選挙権を有する者の年齢を定める公職選挙法，成年年齢を定める民法その他の法令の規定について検討を加え，必要な法制上の措置を講ずるものとする。」と定められた。

　この附則を受けて，法制審議会は，第160回会議（2009年10月28日）で民法の成年年齢を18歳に引き下げるのが適当であるとする「民法の成年年齢引下げについての最終報告書」（以下「最終報告書」という。）を採択し，法務大臣に答申した[1]。

　そして，2015年6月17日，公職選挙法（昭和25年4月15日法律第100号）が改正され，選挙年齢を18歳に引き下げることとなった。そこで，同附則第3条第1項が選挙年齢とともに検討課題とした民法の成年年齢引下げの問題があらためてクローズアップされることとなった。

（2）成年年齢引下げの意義と問題点

　この問題に関し，当連合会は，2008年10月21日付け「民法の成年年齢引下げの是非に関する意見書」において「現時点での引下げには慎重であるべきである。」と意見し，2009年9月10日付け「民法の成年年齢の引下げの議論に関する会長声明」

（1） 法制審議会「民法の成年年齢引下げについての最終報告書」の全文については，法制審議会のホームページで確認できる（http://www.moj.go.jp/shingi1/shingi2_091028-1.html）。

［消費者法研究 第2号（2017. 1）］

においても「民法の成年年齢を引き下げるという結論をまとめるためには，いまだ多くの検討課題がある」と指摘した。

当連合会の上記意見書等にも述べているとおり，もとより未成年者であっても，人として，成人と同様の基本的人権を有しており，その自己決定権は十分に尊重されるべきである。特に，中学や高校の卒業後に働いている子どもたちにとっては，成人と同様の社会生活を営み，納税の義務を果たしていながら，未成年者として扱われる結果，居宅の賃貸借契約等の生活上必要な契約行為にも親権者の同意が必要となっており，その自己決定権が制約されていることは否定できない。成年年齢を18歳に引き下げることで，自己決定権を早期に十分に実現し，大人としての自覚を促すことができるなど，民法の成年年齢の引下げには積極的に評価できる面もある。

また，国際的にも，欧米諸国やロシア，中国等多くの国が，18歳を私法上の成年年齢としており，成年年齢の引下げは，かかる国際社会に適合する制度を実現する点においても意義がある。

しかしながら，現時点においては，以下に述べるとおり，成年年齢引下げによる多くの問題点（未成年者取消権の喪失，親権対象年齢の引下げ，養育費支払終期の繰り上げ等）があり，それに対する対応策も未だ十分に採られていない。本意見書では，法制審議会の2009年の「最終報告書」の内容を踏まえた上で，当連合会の2008年の上記意見書に続き，民法の成年年齢引下げについては引き続き慎重にすべきである旨意見する[2]。

2．民法の成年年齢と選挙年齢との関係

上記のとおり，民法の成年年齢の引下げの検討は，選挙年齢の引下げに伴って課題とされてきたものである。

しかしながら，憲法は成年者に選挙権を与えることを保障しているが（第15条），それが民法上の成年であるのか，公法上の成年であるのかは明記されておらず，これについては学説の一致も見ていない。さらに，憲法は成年者以外の者に選挙権を与えることは禁止しておらず，民法の成年年齢よりも低く選挙年齢を定めることが可能であることは，学説上も異論がないとされている。したがって，理論的には民法の成年年齢を選挙年齢と一致させる必然性はない。この点，「最終報告書」も，「選挙年齢と民法の成年年齢とは必ずしも一致する必要がないという結論に至った」と確認しているとおりである。

ただし，最終報告書は，民法の成年年齢と選挙年齢との関係について，民法の成年年齢の引下げが18歳，19歳の若年者の政治への参加意欲を高めること，両者をそろ

（2） 当連合会2008年10月21日付け「民法の成年年齢引下げの是非に関する意見書」は http://www.nichibenren.or.jp/library/ja/opinion/report/data/20081021.pdf に，2009年9月10日付け「民法の成年年齢の引下げの議論に関する会長声明」は http://www.nichibenren.or.jp/activity/document/statement/year/2009/090910_2.html に掲載。いずれも結論としては本意見書と同趣旨である。

268

〈立法の動向〉　4　民法の成年年齢の引下げに関する意見書

えるのが法制度としてシンプルであること等を理由に「両者は特段の弊害がない限り一致していることが望ましい」としている。

　しかし，若年者の政治への参加意欲を高めるためには，若年者への政治教育を充実させたり，若年者の政治へのアクセスを容易にする等の直接的な施策が講じられる必要があり，民法の成年年齢の引下げによって直ちにこれを達成することができるとは考え難い。

　また，成年年齢について定めた関係法令は民法の他にも 200 以上存在するとされていることから，民法と公職選挙法の選挙年齢のみを一致させても法制度がシンプルになるとは言い難い。特に，少年法，未成年者喫煙防止法，未成年者飲酒禁止法，競馬法等については成年年齢引下げに根強い反対論がある[3][4]。

　すなわち，少年法の「成人」年齢を 20 歳から 18 歳に引き下げることに関しては，当連合会も，2015 年 2 月 20 日付け「少年法の『成人』年齢引下げに関する意見書」において反対の意見を述べた。同意見書でも指摘しているとおり，「18 歳で自立している若者は少数である」上，少年法においては，家庭裁判所を経由した少年院送致や保護観察，保護的措置等を通じ，少年の更生のための働きかけが行われている。少年法の成人年齢の引下げによって，まだ可塑性の高い 18 歳，19 歳の年長少年に再犯防止の支援がなされなくなるとすれば極めて重大な問題であり，公職選挙法等他の法令における成人年齢の如何に関わらず，少年法の成人年齢は引き下げられるべきでない。

　また，若年者の健康被害の防止の観点から，未成年者喫煙防止法，未成年者飲酒禁止法は 20 歳を年齢区分としているほか，競馬法，自転車競技法等は，若年者の健全育成の観点から未成年者の勝馬投票券（馬券），車券等の購入を禁止しており，それぞれの目的に応じた年齢区分が設けられている。

　このように，法律における年齢区分はそれぞれの法律の立法目的や保護法益ごとに，子どもや若者の最善の利益と社会全体の利益を実現する観点から，個別具体的に検討されるべきであり，「国法上の統一性や分かりやすさ」といった単純な理由で安易に決められてはならない[5]。

（3）　当連合会は，2015 年 2 月 20 日付け「少年法の『成人』年齢引下げに関する意見書」において，少年法第 2 条の「成人」年齢の引下げに反対した。同意見書が反対の理由として挙げる「18 歳で自立している若者は少数である」という部分は民法の場合の議論にも当てはまる（http://www.nichibenren.or.jp/library/ja/opinion/report/data/2015/opinion_150220_2.pdf）。

（4）　自由民主党政務調査会の「成年年齢に関する提言」（2015 年 9 月 17 日）は，飲酒，喫煙については，健康被害の拡大や非行を防止する観点から，今後も慎重な検討を加えるとしている（http://jimin.ncss.nifty.com/pdf/news/policy/130566_1.pdf）。

（5）　自由民主党政務調査会の「成年年齢に関する提言」（2015 年 9 月 17 日）は「民法を始めとする各種法律において，我が国における「大人」と「子供」の範囲を画する基準となる年齢が満 18 歳に引き下げられることを踏まえ，国法上の統一性や分かりやすさといった観点から，少年法の適用対象年齢についても，満 18 歳未満に引き下げるのが適当であると考える。」としている。

そして，民法の成年年齢引下げについては，私法上の行為能力を付与するにふさわしい判断能力があるかという点が正面から論じられるべきである。例えば，成年被後見人について私法上の行為能力が制限されているが選挙権は認められていることからみても，民法の成年年齢や行為能力の有無と選挙年齢とは，別個に考えられるべきであることは明らかである[6]。

以上により，民法の成年年齢を選挙年齢と一致させることが望ましいとはいえず，民法の成年年齢の引下げについては，公職選挙法の選挙年齢の議論とは別個に，民法の成年年齢引下げの意義があるか，引き下げた場合の問題点，及び問題点を解決するための施策等について，慎重に検討して決する必要がある。

3．民法の成年年齢引下げの意義について

民法の成年年齢引下げの意義として「最終報告書」は，若年者が将来の国づくりの中心であるという国としての強い決意を示すという意義，契約年齢を引き下げる意義等を挙げている[7][8]。

（1）若年者が将来の国づくりの中心という国としての強い決意を示す意義

「最終報告書」は，「将来の国づくりの中心となるべき若年者に対する期待」があるとして，「民法の成年年齢を引下げ，18歳をもって『大人』として扱うことは，若年者が将来の国づくりの中心であるという国としての強い決意を示すことにつながる」とする。

しかし，戦後70年の我が国の状況を見れば，18歳で「大人」として自立している

（6）　2013年5月，成年被後見人の選挙権の回復等のための公職選挙法等の一部を改正する法律が成立，公布され（2013年6月30日施行），同年7月1日以後に公示・告示される選挙について，成年被後見人は，選挙権・被選挙権を有することとなった。

（7）　「最終報告書」は，民法の成年年齢の意義について，①「契約年齢」（民法は，成年年齢を20歳と定めた上で（第4条），未成年者の行為能力を制限して法律行為をするにあたって法定代理人の同意を要求する一方（第5条第1項），この同意なく行われた法律行為については取消権を付与することで未成年者に取引上の保護を与えている（第5条第2項）。このように，民法の成年年齢は，行為能力が制限されることによって取引における保護を受けることができる年齢を画する基準となっている。），②「親権の対象となる年齢の範囲を画する基準」（民法は，未成年者は父母の親権の対象となる旨定めている（第818条第1項）。このように，民法の成年年齢は，父母の親権の対象となる年齢の範囲を画する基準となっている。），③「大人と子どもを画する基準（国民の意識）」（「最終報告書」では「民法が成年年齢としている年齢20歳は，民法以外の多数の法令において，各種行為の基準年齢とされていることや，我が国において成人式が20歳に達した年に執り行われているという慣行等に鑑みれば，法律の世界のみならず，一般国民の意識においても，大人と子どもの範囲を画する基準となっているものと思われる。」と指摘し，これも成年年齢の意義として挙げている。）の三つに分析している。

（8）　民法ではこの他にも，養子を取ることができる年齢（民法第792条），婚姻適齢（民法第731条）を定めているが，「最終報告書」では，これらは今回の引下げ検討とは連動しないこととしている。

〈立法の動向〉 4 民法の成年年齢の引下げに関する意見書

者の数は多くない。1965年頃までは，中学卒業の者の多くが就職して，都会で一人で生活し，20代前半には結婚していた。しかし，現在，18歳の若者の多くは，高校卒業後に就職したり，大学等に進学するなどしても，親に扶養してもらっており，自立した生活を営んでいるとはいえない。

「最終報告書」も，若年者の精神的・社会的自立が遅れていること，人間関係をうまく築くことができず，進学も就職もしようとしない若年者が増加していること等を指摘し，その原因として，我が国では伝統的に終身雇用制度の下，企業や家族が若年者の自立を支えてきたが，近年の社会の変革により，企業や家族が若年者の自立を支えきれなくなっていることを挙げている。そして，「若年者の自立の遅れ等の問題については，民法の成年年齢を引き下げるだけでは自然に解決するとは考えられず，社会全体が若年者の自立を支えていくような仕組みを採用し，若年者の自立を援助する様々な施策も併せて実行していく必要があるものと考えられる。」としている。

こうした状況を反映し，内閣府の青少年育成推進本部が2003年10月にまとめた旧青少年育成施策大綱も，「青少年の社会的自立の遅れと不適応の増加」に鑑み，概ね30歳未満の者を対象に育成推進施策を推進すべきとしている。また，2010年7月に内閣府の子ども・若者育成支援推進本部が決定した「子ども・若者ビジョン」においても，非正規労働の増大が若者が将来に対し不安を抱く大きな原因となっており，フリーターやニートが増加し，経済的格差が子どもの貧困の問題ともなっている中，困難を有する子どもや若者を社会全体で見守り，育てる機能を果たしていかなければならないことが指摘されている。ここで言われる「若者」とは，施策によって40歳未満の者までも対象とされており，現在の若者の自立が困難となっている状況が反映されている。

上記のような若年者の問題を踏まえ，2010年4月，子ども・若者育成支援推進法が施行された。この法律は「子ども・若者をめぐる環境が悪化し，社会生活を円滑に営む上での困難を有する子ども・若者の問題が深刻な状況にあることを踏まえ，子ども・若者の健やかな育成，子ども・若者が社会生活を円滑に営むことができるようにするための支援」（同法第1条）等についての国や地方公共団体の責務や施策の基本事項等を定めるものである。

このように，若者の自立の遅れという近年の傾向に鑑みれば，まず若年者の自立を支えていく仕組み作りを先行させることが必須である。それがなされないまま民法の成年年齢を引き下げることは，自立が困難となっている若者に一層の支援の施策の法律を定めた国の姿勢と相反するものであるばかりか，自立が困難な若年者への保護や支援の必要性を見えにくくし，後述のとおり，若年者が更なる私法的責任を負わされることにより，より困難な状況に追いやられることが懸念される。

「最終報告書」は，民法の成年年齢を引き下げることは，「若年者が将来の国づくりの中心であるという国としての強い決意を示すことにつながる」とするが，国としての強い決意の対象は，成年年齢の引下げでなく，若者育成支援策の実現にこそ向けられるべきである。

［消費者法研究 第2号(2017.1)］

（2） 契約年齢を引き下げる意義

「最終報告書」は，契約年齢（行為能力が制限されることによって取引における保護を受けることができる者の年齢）の引下げについて，「大学等で教育を受けている者も多くがアルバイトをするなどして働いており，高校卒業時に就職して正規の労働者となる者も含めると，18歳に達した大多数の者は，何らかの形で就労し，金銭収入を得ている。（中略）そうすると，契約年齢を18歳に引き下げることには，18歳に達した者が，自ら就労して得た金銭などを，法律上も自らの判断で費消することができるようになるという点で，メリットがあるということができる」としている。

確かに，若年者の自己決定権は尊重されるべきであり，大学等で教育を受けつつアルバイトをしたり，高校卒業時に就職して正規の労働者となる者もいる以上，民法の成年年齢を引き下げ，親権者の同意なくして単独で生活に必要な契約を締結できるようにし，「18歳に達した者が就労して得た金銭」を自らの判断で費消できるようにすることは，積極的な側面として評価できる。

しかし，文部科学省が2015年8月6日に発表した「平成27年度学校基本調査（速報値）」によれば，高等学校卒業者のうち，大学・短大進学率は54.6%，専門学校進学率は16.6%であるのに，就職率は17.8%であり，2割に満たない(9)。1998年度に就職率が22.7%であったことと比べても就職率は高くなっておらず，「18歳に達した者が就労して得た金銭」の処分に着目することによって民法の成年年齢を引き下げる意義が増大しているとは言い難い。

また，現在までに「18歳に達した者が就労して得た金銭」を自らの判断で費消できないことによって生じる不都合の実態が不明であり，これを費消できることによるメリットと，そのことによって生じうるデメリット（後述の問題点）を丁寧に比較衡量することが出来ない。このように，契約年齢の引下げのメリットとデメリットについて十分に議論が出来ていない状況で民法の成年年齢の引下げを進めることは慎重であるべきである。

4．民法の成年年齢を引き下げた場合の問題点及びこれに対する施策の状況について

一方，民法の成年年齢引下げについては，以下に検討するとおり，（1）契約年齢の引下げに伴う未成年者取消権の喪失，（2）自立に困難を抱える若年者の困窮の増大及び高校教育における生徒指導の困難化のおそれ，（3）養育費支払終期の事実上の繰上げ，（4）労働基準法第58条による労働契約解除権の喪失，並びに他法との関係が問題となる（5）少年法適用年齢の引下げのおそれ，（6）児童福祉における若年者支援の後退のおそれ等の問題点がある。

民法の成年年齢を引き下げるためには，こうした問題点を解決する施策を実施し，

（9） 文部科学省「平成27年度学校基本調査（速報値）の公表について」(http://www.mext.go.jp/component/b_menu/other/__icsFiles/afieldfile/2015/08/18/1360722_01_1_1.pdf)

〈立法の動向〉　4　民法の成年年齢の引下げに関する意見書

かつ，その施策の効果が十分に発揮され，それが国民の意識として現れ，引下げへの国民のコンセンサスが得られることが必要である。

このことは，「最終報告書」も，「民法の成年年齢引下げの法整備を行うには，若年者の自立を促すような施策や消費者被害の拡大のおそれ等の問題点の解決に資する施策が実現されることが必要である。現在，関係府省庁においてこれらの施策の実現に向け，鋭意取組が進められているが，民法の成年年齢引下げの法整備は，これらの施策の効果が十分に発揮され，それが国民の意識として現れた段階において速やかに行うのが相当である。」と述べるとおりである。

そこで，以下に，民法の成年年齢を引き下げた場合の問題点，及びこれに対する施策の実施状況を検討する。

（1）契約年齢の引下げに伴う未成年者取消権の喪失の問題点と施策の実施状況

① 未成年者取消権の喪失による問題点

ア 未成年者取消権の重要性

契約年齢を18歳に引き下げた場合に最も大きな問題となるのは，18歳，19歳の若年者が未成年者取消権（民法第5条第2項）を喪失することである。

すなわち，現行民法においては，18歳，19歳の若年者を含む未成年者が単独で行った法律行為については，未成年者であることのみを理由として取り消すことが出来るため，この未成年者取消権は未成年者が違法もしくは不当な契約を締結するリスクを回避するに当たって絶大な効果を有しており，かつ，未成年者を違法もしくは不当な契約を締結するよう勧誘しようとする事業者に対しては強い抑止力となっている。

20歳になると消費者相談の件数が増加すること，悪質な業者が20歳の誕生日を狙って取引を誘いかける事例があることからすれば[10]，現行民法の下では20歳以上の者が消費者被害のターゲットとなっているとみられるところ，民法の成年年齢が引き下げられることにより未成年者取消権が喪失すれば，そのターゲットとなる層が18歳，19歳にまで拡大することは必至である。しかも，若年者の自立の遅れが指摘されている昨今においては，20歳の若年者の場合にも増して，18歳，19歳の若年者の間で消費者被害が蔓延してしまう可能性が極めて高いといえる。

この点については，「最終報告書」も「未成年者取消権（民法第5条第2項）の存在は，悪徳業者に対して，未成年者を契約の対象としないという大きな抑止力になっているものと考えられる。そうすると，民法の成年年齢が引き下げられ，契約年齢が引き下げられると，18歳，19歳の者が，悪徳業者のターゲットとされ，不必要に高額な契約をさせられたり，マルチ商法等の被害が高校内で広まるおそれがあるなど，18歳，19歳の者の消費者被害が拡大する危険があるものと考えられる。」と指摘しているとおりである。

イ 未成年者の消費者被害の現状

未成年者取消権の喪失に伴う問題点を検討するには，18歳，19歳を含む未成年者

---

(10) このような特徴があることは「最終報告書」でも認められている。

［消費者法研究 第2号（2017. 1 ）］

の消費者被害の現状を把握する必要がある。独立行政法人国民生活センター編「消費
生活年報（2014 年）」が発表した「全国消費生活情報ネットワーク・システム
（PIO-NET）」の統計によれば以下のとおりである(11)(12)。

（ア）「18～19 歳」の相談件数

国民生活センターの統計数値に基づき算出した結果によれば，全国の消費生活セン
ターに寄せられた「消費生活相談」のうち「18～19 歳」の1歳当たりの平均相談件
数(13)は，5000 件前後でほぼ横ばいで推移している(14)。また，全相談件数に占める
「18～19 歳」の1歳当たりの平均相談件数の割合は 1.2%前後で，こちらもほぼ横ば
いで推移している(15)(16)。

すなわち，「最終報告書」が取りまとめられた 2009 年以降，18 歳，19 歳の者には，
常に相当な数の消費者被害が生じており，その数は一向に減少しておらず，「18 歳，
19 歳の者の消費者被害が拡大する危険」は，2009 年当時と変わりなく存在している
といえる。

---

(11)　PIO-NET（Practical Living Information Online Network）とは，国民生活セン
ターと全国の消費生活センター等に設置した端末機をオンラインで結び，全国の消費
生活センターが受け付けた消費生活相談の中の「苦情相談（危害・危険を含む）」を収
集しているシステムである（消費生活年報 2014）。

(12)　国民生活センターが近時発表した情報のうち，若年者が契約当事者になる場合が多
いものとして，①「相談急増！　大学生に借金をさせて高額な投資用 DVD を購入さ
せるトラブル」（2014 年 5 月 8 日），②「プリペイドカードの購入を指示する詐欺業者
にご注意！！」（2015 年 3 月 26 日），③「20 代に増えている！　アフィリエイトやド
ロップシッピング内職の相談〜友人を騙すと儲かる！？　借金をさせてまで支払わせ
る事例も〜」（2015 年 7 月 16 日）等がある。

(13)　国民生活センターの統計は「18～19 歳」と「20～22 歳」という区分がなされてい
たため，「1歳当たりの平均」の相談件数を算出することとし，「18～19 歳」について
は 2 で除した数，「20～22 歳」については 3 で除した数を，それぞれ「1歳当たりの
平均」の相談件数とした。本意見書第 2,4（1）①イでは，同様に算出した1歳当た
りの数値を用いている。

(14)　国民生活センターによれば，全国の消費生活センターに寄せられた「消費生活相
談」のうち「18～19 歳」の1歳当たりの平均相談件数は，5,248.5 件（2009 年），
5,696.5 件（2010 年），5,221 件（2011 年），4,884 件（2012 年），5,729 件（2013 年），
5,885 件（2014 年），1,935.5 件（2015 年。但し 8 月 12 日迄（以下同じ））である。同
じく，「20～22 歳」の1歳当たりの平均相談件数は，9,943.7 件（2009 年），8,944 件
（2010 年），8,220.3 件（2011 年），7,899 件（2012 年），8,325.3 件（2013 年），9,052.7
件（2014 年），2,552 件（2015 年）である。

(15)　全相談件数に占める「18 歳〜19 歳」の割合は，約 1.16%（2009 年），約 1.27%
（2010 年），約 1.18%（2011 年），約 1.13%（2012 年），約 1.22%（2013 年），約 1.23%
（2014 年）である。

(16)　全相談件数に占める「18～19 歳」の割合とは，「18～19 歳」の相談件数を全年齢の
相談件数で除したものをいう。

〈立法の動向〉 4 民法の成年年齢の引下げに関する意見書

（イ）「18～19歳」と「20～22歳」の差異

　　a　相談件数

　また,「18～19歳」と「20～22歳」の１歳当たりの平均相談件数を比較すると, いずれの年においても,「20～22歳」は「18～19歳」に比して1.37倍～1.89倍となっており, 20歳になると明らかに相談件数が増加する[17]。

　この差異は, まさに, 未成年者取消権が, 消費者被害に対する防波堤になっていることを示すものである。

　　b　マルチ取引

　特に,「マルチ取引」の１歳当たりの平均相談件数は,「20～22歳」は「18～19歳」の約12.3倍となっている[18]。

　「マルチ取引」とは, 既存の人間関係のしがらみを利用した断りにくい勧誘方法を取ることを特徴とするところ,「20～22歳」の相談件数が突出して多いのは, 大学・短大等のクラスやサークル, 職場やアルバイト先の人間関係等を利用して, この年代を狙い打ちして勧誘が行われているからと考えられる。一方, 20歳未満の者の相談が少ないのは, まさに未成年者取消権が大きな抑止力となっているからと考えられる。

　以上からすると, 契約年齢を18歳に引き下げると, 18歳, 19歳の者を含む未成年者に対しても「マルチ取引」の勧誘が行われることになり, すぐにこの年代に対する消費者被害が拡大することが予想される。

　　c　既払金額

　また,「18～19歳」と「20～22歳」の消費生活相談における「既払金額」を比較すると,「20～22歳」の方が高額の消費者被害に遭っている傾向がみられる。すなわち「18～19歳」では既払金額１万円以上５万円未満がピークであるのに対し,「20～22歳」では10万円以上50万円未満がピークとなっている[19]。

　このことから, 契約年齢を18歳に引き下げることにより, 18歳, 19歳の被害額がより高額になることが予想される。

　　d　ローン・サラ金

　さらに「フリーローン・サラ金」の相談件数については,「20～22歳」が「18～19歳」に比して大幅に上回るという顕著な違いがみられた[20]。

　よって,「18～19歳」の若年者に対して契約締結の行為能力を認めることは, 経済的基盤を有しない若年者を債務過多の状態に陥らせ, その貧困を助長し, 経済的自立を妨げる可能性もある。

　　e　インターネット関連の相談の問題

─────────────

(17)　国民生活センターによれば, 注14のとおり「18～19歳」と「20～22歳」の１歳当たりの平均相談件数を比較すると, 後者は前者の約1.89倍（2009年）, 約1.57倍（2010年）, 約1.57倍（2011年）, 約1.62倍（2012年）, 約1.45倍（2013年）, 約1.54倍（2014年）, 約1.37倍（2015年）となっている。

(18)　国民生活センターによれば,「マルチ取引」の１歳当たりの平均相談件数は,「18～19歳」では661.5件であるのに対し,「20～22歳」では約8,156.3件である。

275

［消費者法研究 第2号（2017.1）］

　さらに，「20歳未満」の相談においては，「運輸・通信サービス」についての相談が70％以上を占めるという突出した傾向を示している（全年齢では25％前後）[21]。

　なかでも「20歳未満」のインターネット関連の相談は高い水準で推移している[22]。とりわけ，2014年には，インターネット通販の相談やオンラインゲームでの高額な課金決済等，インターネット関連の相談は増加する一方であることが指摘されている。

　このように，若年者は既に通信サービスに関する消費者被害の危険に晒されているが，これに対する有効な対策が見出されていない状態で成年年齢を引き下げることは，更に同様の被害を増加させることに繋がりかねない。

　ウ　小括

　以上，18歳，19歳の者を含む未成年者を取り巻く消費者被害の現状を概観してきたが，これらの現状によれば，契約年齢を引き下げることで，18歳，19歳の若年者から未成年者取消権を喪失せしめることは，これらの若年者に対する消費者被害を拡大することに繋がると考えられる。

---

(19)　「20〜22歳」と「18〜19歳」の1歳当たりの平均相談件数を比較すると，既払金額が多額になるほど両者の差は広がっている。国民生活センターによれば，2005年〜2015年8月12日の消費生活相談における「18〜19歳」の1歳当たりの平均相談件数66,406件のうち，既払金額が1千円未満の相談が244.5件，1万円未満が3,120.5件，5万円未満が4,229件，10万円未満が1,903件，50万円未満の相談が3,115.5件，100万円未満が759.5件，500万円未満が423.5件，1億円未満が7.5件，1億円以上が0件であった。これに対し，同じく「20〜22歳」の1歳当たりの平均相談件数約123,537.3件（「18〜19歳」に比して約1.86倍）のうち，既払金額が1千円未満の相談が約726.7件（約2.97倍。以下同じ），1万円未満が5,044件（約1.62倍），5万円未満が約7,846.7件（約1.86倍），10万円未満が約3,962.3件（約2.08倍），50万円未満が約9,110.3件（約2.92倍），100万円未満が3,111件（約4.1倍），500万円未満が1,302件（約3.07倍），1億円未満が約36.7件（約4.9倍），1億円以上が0件であった。

(20)　国民生活センターによれば，「フリーローン・サラ金」の相談件数は，2004年〜2008年において，18歳〜19歳では10位（平均すると1歳当たり102件／年）であるのに対し，20歳〜22歳では3位（同じく1,148件／年）と顕著な違いがみられた（なお，2009年〜2014年については，18〜19歳は10位以下（圏外）であったのに対し，20〜22歳については5位（同じく286件／年）であり，年齢による違いを検証すること自体が不可能であった）。

(21)　「消費生活年報」によれば，「20歳未満」の相談では，「運輸・通信サービス」が，75.7％（2011年度），71.5％（2012年度），70.1％（2013年度），70.6％（2014年度）と突出している。なお，全年代でみると，「運輸・通信サービス」の割合は，25.7％（2011年度），25.8％（2012年度），24.2％（2013年度），28.7％（2014年度）である。

(22)　「消費生活年報」によれば，『20歳未満』の相談件数のうち，『アダルト情報サイト』『デジタルコンテンツその他』『出会い系サイト』『移動通信サービス』『インターネット接続回線』（本稿では以上を「インターネット関連」とした）の合計は，21,474件（2011年），17,031件（2012年），20,001件（2013年），19,013件（2014年）である。

276

〈立法の動向〉 4 民法の成年年齢の引下げに関する意見書

② 契約年齢を引き下げた場合の問題点を解決するための施策の状況

上記のとおり，契約年齢を引き下げることによる問題点があることから，成年年齢の引下げのためには，問題点に対する施策が実施され，一定の効果を上げていることが必要である。

この点，「最終報告書」では，契約年齢を引き下げた場合の問題点を解決するための施策として，具体的には「消費者保護施策の充実」，「消費者関係教育の充実」を挙げている[23]。

ア 消費者保護施策の充実について

(ア)「最終報告書」では，消費者保護施策として，取引の類型や若年者の特性に応じて，事業者に重い説明義務を課したり，取引の勧誘を制限すること，一定の条件の下で取消権を付与することなどを提案している。

しかし，仮に一定の条件の下で若年者に取消権を付与するとしても，この条件の定め方如何では18歳，19歳の者に対する保護が有名無実化しかねない。現在の未成年者取消権制度は，上述のとおり，悪質業者に対する未成年者勧誘の強い抑止力になっている。こうした社会的事実を踏まえると，新たな取引の勧誘の規制は，少なくとも現在と同程度の若年消費者保護の制度である必要があるが，これは，18歳，19歳の者の行為能力を否定すると等しいものにならざるを得ないことになる。

---

(23) 「最終報告書」の提言抜粋

　ア 消費者保護施策の充実

　　① 若年者の社会的経験の乏しさにつけ込んで取引等が行われないよう，取引の類型や若年者の特性（就労の有無，収入の有無等）に応じて，事業者に重い説明義務を課したり，取引の勧誘を制限する。

　　② 若年者の社会的経験の乏しさによる判断力の不足に乗じて取引が行われた場合には，契約を取り消すことができるようにする。

　　③ 若年者が消費者被害にあった場合に気軽に相談できる若年者専用の相談窓口を消費生活センター等に設ける。

　　④ 18歳，19歳の者には契約の取消権がないということを18歳，19歳の者に自覚させるような広報活動をする。

　　⑤ 特定商取引法（昭和51年法律第57号）第7条第3号，同法施行規則（昭和51年通商産業省令大89号）第7条第2号では，老人その他の者の判断力の不足に乗じて一定の取引をした場合には，主務大臣が販売業者に対し，必要な措置を指示することができる旨の規定が置かれているが，ここに「若年者」を付け加える。

　イ 消費者関係教育の充実

　　① 法教育の充実。例えば，契約の意義，成立の要件，解消することができる場合とできない場合の理解など契約に関する様々な教育を行う。

　　② 消費者教育の充実。例えば，クーリングオフ制度や国民生活センターの役割等消費者保護基本制度の基本や悪徳商法の特徴・対策などを教える。

　　③ 金融経済教育の充実。例えば，金融リテラシー（金融やその背景となる経済についての基礎知識と，日々の生活の中でこうした基礎知識に立脚しつつ自立した個人として判断し意思決定する能力）を身につける機会を提供する。

また，たとえ「最終報告書」が提言するように，事業者に取引の類型や若年者の特性に応じた重い説明義務を課したとしても，判断能力が十分でない18歳，19歳の若年者が説明を受けた旨の書類に不用意にサインすることで，事業者が義務違反を免れる旨主張してくることが予想される。

18歳，19歳の者を取り巻く消費者被害の現状に鑑みれば，未成年者取消権に代わる有効な施策が見出せない現状では，やはり，同取消権による網羅的な抑止力を維持すべきといえる[24][25][26]。

（イ）「最終報告書」では，若年者の消費者保護施策として，専用相談窓口の設置を提言している。

しかし，消費者問題における事後的な相談や救済は，あくまで個別的なものに留まり，限定的な効果しかない上，事後的には十分な被害回復がなされないことも少なくない。

消費者相談に関しては，消費者庁及び各地の消費生活センターで若年者に対する啓発活動等を実施しているが[27][28]，若年者の間に蔓延する消費者被害に対する対処療法の域を出ておらず，契約年齢の引下げに対する懸念を払拭する程度には至っていないと考えられる。実際にも，「消費生活相談」のうち「20歳未満」の相談件数（概数）はほぼ横ばいの状態で推移しており，「20歳未満」の消費者被害は減少していない。

（ウ）「最終報告書」では，消費者保護施策として，若年者に取消権がなくなることを広報するとする。

しかし，民法の成年年齢の引下げの議論については，現在でもその認知度は極めて不十分である。内閣府が2013年12月14日に発表した「民法の成年年齢に関する世論調査」において，『民法の成年年齢の引下げの議論』についての認知度を質問した

---

(24) 「最終報告書」が紹介する消費者契約法第3条第1項は事業者の努力義務に過ぎず，同法第4条第1項は取消期間が短い（同法第7条第1項）などの問題点がある。

(25) 「最終報告書」では「18歳，19歳の者が，一定額以上の契約を行う場合や，特定商取引に関する法律に定める一定の類型の取引を行う場合には，事業者に対し，年齢，職業，収入等について証明書類の提示等を受けさせるなどの調査義務を課し，これに違反した場合には契約を取り消すことができるようにするという意見も出された。」とあるが（16頁＊20），そのような調査義務等は未だ立法化されていないし，調査義務の範囲の決め方如何では，18歳，19歳の者に対する保護が有名無実化しかねない。

(26) 「最終報告書」は，消費者保護施策として，特定商取引法第7条第4号（旧第3号），同法施行規則第7条第2号（老人等の判断力の不足に乗じ訪問販売で契約をさせた業者に対する行政の指示）につき，「老人等」に「若年者」を付加する改正をすべきと部会の審議過程での意見として挙げているが，現時点において改正されていない。

(27) 消費者庁「若年層に対する消費者教育」（衆議院・憲法調査会配付資料，http://www.shugiin.go.jp/internet/itdb_kenpou.nsf/html/kenpou/1860424shouhi.pdf/$File/1860424shouhi.pdf）

(28) 独立行政法人国民生活センターのホームページ「相談事例と解決結果　若者に多い相談」（http://www.kokusen.go.jp/jirei/j-top_wakamono.html）

〈立法の動向〉 4 民法の成年年齢の引下げに関する意見書

ところ，「18歳〜19歳」の回答は，「議論されていることを聞いたことがあり，議論の内容も知っている」が14.8%，「議論されていることを聞いたことがあるが，議論の内容までは知らない」が55.6%，「議論されていることを聞いたことがない」が29.6%であった。このように，議論の内容を知らない者の割合が85%を占めている。

以上の結果からすると，18歳，19歳の若年者に対して，少なくとも現在，未成年者取消権がなくなる可能性があることを自覚させるには至っていないことは明らかであり，仮に今後，政府が法改正の広報をしたとしても，どの程度の効果があるかは不明である。

イ　消費者関係教育について

「最終報告書」は，「消費者関係教育の充実」として，契約の成立や取消等に関する法教育の充実，クーリングオフ制度等消費者保護教育の充実，金融リテラシー等金融経済教育の充実を掲げている。

消費者関係教育については，消費者教育の推進に関する法律（以下「消費者教育推進法」という）が2012年12月から施行され，消費者教育として「消費者の自立を支援するために行われる消費生活に関する教育（消費者が主体的に消費者市民社会[29]の形成に参画することの重要性について理解及び関心を深めるための教育を含む）」がなされるべきとされており，同法下での施策の在り方が上記消費者関係教育の実現に大きく影響することとなる。

しかしながら，同法に基づく「消費者教育の推進に関する基本方針」は2013年6月に閣議決定されたばかりである。そのため，同法に基づく消費者教育は，関係各機関の努力にも関わらず，未だ十分に国民に浸透しているとは言い難い状況にある。

例えば，同法は，都道府県及び市町村に対して消費者教育推進計画の策定を求め，消費者教育推進地域協議会の設置を求めている。しかし，全47都道府県及び全20政令市のうち，消費者教育推進計画を策定したのは30都府県及び7政令市に留まり（2015年11月27日時点）[30]，消費者教育推進地域協議会を設置したのは42都道府県及び11政令市に留まる（2016年2月9日時点）[31]。

また，内閣府が2015年1月に実施した「消費者行政の推進に関する世論調査」によれば，「消費者教育の機会が確保されることについて守られていると感じるか。」と

---

(29)　消費者教育推進法によれば，消費者市民社会とは，「消費者が，個々の消費者の特性及び消費生活の多様性を相互に尊重しつつ，自らの消費生活に関する行動が現在及び将来の世代にわたって内外の社会経済情勢及び地球環境に影響を及ぼし得るものであることを自覚して，公正かつ持続可能な社会の形成に積極的に参画する社会」とされ，こうした社会に参画しうるようにするための教育が求められている。

(30)　消費者教育推進計画の策定状況については，消費者庁のホームページ「都道府県消費者教育推進計画等策定状況」で紹介されている（http://www.caa.go.jp/information/index18_1.html）。

(31)　消費者教育推進地域協議会の設置状況については，消費者庁のホームページ「消費者教育推進地域協議会設置状況」で紹介されている（http://www.caa.go.jp/information/index18_2.html）。

いう質問に対し，「感じる」「どちらかといえば感じる」の合計は 19.5%，「どちらかといえば感じない」と「感じない」の合計は実に 68.4% にも上った[32]。

消費者教育推進法が施行されてから十分な時間が経過しておらず，かつ，その効果が現れたことを示すデータ等も示されていない。したがって，「消費者関係教育」は未だ道半ばという状況にあり，契約年齢の引下げの問題点を解決する施策として十分な効果を挙げていないと言わざるを得ない[33]。

ウ　以上のとおり，「最終報告書」が紹介する施策は，いずれについても，未だ十分な実施がなされ，効果が浸透しているとは言い難い。現在，若年消費者保護の施策が十分に実施され，その効果が明らかになっているとはいえず，また，契約年齢を引き下げた上で若年者の消費者被害を防ぐ有効な対策が見いだせない段階であり，成年年齢の引下げにはなお慎重であるべきである。

（2）親権の対象となる年齢を引き下げた場合の問題点と施策の状況について

「最終報告書」は，「親権の対象となる年齢を引き下げた場合の問題点」について「自立に困難を抱える 18 歳，19 歳の者の困窮の増大」と「高校教育における生徒指導を困難化するおそれ」を挙げている[34][35]。

①　自立に困難を抱える若年者の困窮の増大とこれに対する施策の実施状況

ア　自立に困難を抱える若年者の困窮の増大

「最終報告書」には，現代の若年者の中には，いわゆるニート，フリーター，ひきこもり，不登校など，経済的に自立していない者が増加しているとし，このような状況の下で民法の成年年齢を引き下げ，親権の対象となる年齢が引き下げられると，自立に困難を抱える若年者が親の保護を受けられなくなり，ますます困窮するおそれがあることが指摘されている。また，法律上の成年年齢と精神的な成熟年齢が乖離し，若年者のシニシズム（法律上の成年年齢を迎えてもどうせ大人になれないという気持ち）が蔓延し，「成年」の有する意義が失われる懸念も示された。

---

(32)　内閣府「消費者行政の推進に関する世論調査」（2014 年 1 月調査）（http://survey. gov-online.go.jp/h25/h25-shohisha/index.html）

(33)　海外の先進的な消費者教育の例を紹介した文献として，財団法人消費者教育支援センター「海外の消費者教育 2011　韓国・スペイン・PERL」がある。

(34)　「最終報告書」では，「自立に困難を抱える 18 歳，19 歳の者の困窮の増大」として，現代の若年者は精神的・社会的な自立が遅れていること等が指摘されているが，このような状況において民法の成年年齢を引き下げると，親の保護を受けにくくなり，ますます困窮するおそれがあること，若年者のシニシズム（法律上の成年年齢を迎えても，どうせ大人にはなれないという気持ち）が蔓延し「成年」の有する意義が損なわれるおそれがあること，離婚の際の未成年者の子の養育費が早期に打ち切られる可能姓があること等が指摘されている（14 頁）。

(35)　「最終報告書」では，「高校教育における生徒指導を困難化するおそれ」として「現代の高校における生徒に対する生活指導は，原則として親権者を介して行っているところ，民法の成年年齢を 18 歳に引き下げると，高校 3 年生で成年（18 歳）に達した生徒については，親権者を介しての指導が困難となり，教師が直接生徒と対峙せざるを得なくなり，生徒指導が困難になるおそれがある。」と指摘されている（15 頁）。

〈立法の動向〉　4　民法の成年年齢の引下げに関する意見書

イ　自立支援に関する施策

「最終報告書」は，親権の対象となる年齢を引き下げた場合の問題点を解決する施策として「若年者の自立を援助するための施策の充実」(36)を指摘するが，今日までに十分実行されているとは言い難い状況にある。

例えば，若年者の自立を支援する施策として，2010年に子ども・若者育成支援推進法が施行され，地方公共団体は，子ども・若者支援地域協議会や，子ども・若者の相談に応じる子ども・若者総合相談センターの設置に努めるものとされたが，これらが設置された地方公共団体は未だ一部に留まっており，その効果は困難を抱える若年者に広く及ぶには至っていない(37)。

さらに，「最終報告書」には，部会の意見として，自立支援のためにシティズンシップ教育を行うことなども記載されているが，これも未だ十分な実施をされているとはいえない。例えば，消費者教育推進法で求められている，消費者市民社会に参画しうるための教育等の取組は緒に就いたばかりであり，十分に実施の効果を発揮しているといえないことは，前述のとおりである。

②　高校教育における生徒指導を困難化するおそれとこれに対する対策

さらに，「最終報告書」は，「民法の成年年齢を18歳に引き下げると，高校3年生で成年（18歳）に達した生徒については，親権者を介しての指導が困難となり，教師が直接生徒と対峙せざるを得なくなり，生徒指導が困難になるおそれがある。」という点も指摘しており，これについては，実際に教育現場に立つ高校教師や親，生徒からの事情聴取を綿密に行い，十分な議論を重ねる必要がある。

「最終報告書」は，この問題点に対し，高校入学時に在学中の指導等は親権者を介

---

(36)　「若年者の自立を援助するための施策の充実」について，「最終報告書」は部会での審議過程での意見として，以下の5項目を挙げる（8〜10頁）。

①　若年者がキャリアを形成できるような施策の充実。例えば，若年者の就労支援，教育訓練制度，インターンシップ等の充実。

②　いわゆるシティズンシップ教育（多様な価値観や文化で構成される現代社会において，個人が自己を守り，自己実現を図るとともに，よりよい社会の実現のために寄与するという目的のために，社会の意思決定や運営の過程において，個人としての権利と義務を行使し，多様な関係者と積極的に関わろうとする資質を獲得することができるようにするための教育）の導入。

③　若年者が情報提供や相談を受けられるワンストップサービスセンターの設置。例えば，イギリスでは13歳から19歳までの者を失業者や無職者にしないための総合的な支援サービスとしてコネクションズという機関を各地に設けている。

④　青少年が早期に社会的経験を積むための社会参画プログラムの提供。例えば，スウェーデンでは，学校の授業の運営に生徒の意見を反映させる制度がある。

⑤　児童福祉施設の人的，物的資源の充実や子育てを社会全体で支えていく仕組みの充実。なお，フランスでは，1974年に私法上の成年年齢を21歳から18歳に引き下げた際，司法的保護の措置の延長等を裁判官に請求できるという若年成年者保護制度などの措置をあわせて講じている。

(37)　内閣府「子ども・若者白書」平成27年版

して行う旨の約束をするなどの対策を挙げているが，最終報告書も指摘しているとおり，現在，学校では学校内での学習指導に留まらず学校外での生活の指導等も行っており，成人に達した生徒に対してどのような指導をしうるのかという問題にはなお困難が残る。

少なくともこのような問題点が明らかであり，これに対する十分な施策が見いだせていない状況においては，親権の対象となる年齢の引下げには慎重であるべきである。

（3）養育費の支払終期の繰上げのおそれとこれに対する施策の状況について

① 養育費の支払終期の繰上げのおそれ

現在，離婚において，母が親権者になる割合が高いが，母子家庭の平均所得は243万円（厚生労働省国民生活基盤調査（2013年））と低く，全世帯平均の半分に満たず，ひとり親家庭，特に母子家庭の貧困が問題となっている。母子家庭にとって，養育費は重要な収入である。

養育費の支払終期については，理論的には経済的に自立していない子，すなわち「未成熟子」概念を基準とすべきであり，成年年齢を基準とすべきでない（民法第766条第1項も「子の監護に要する費用」と規定し，「未成年者の監護に要する費用とは規定していない」）。したがって，仮に，民法の成年年齢の引下げがなされたとしても，本来未成熟子に対し負担すべき義務である養育費等の支払終期には影響を及ぼさないというべきである。

しかし，実際には，養育費に関する調停条項として，本来であれば，未成熟子概念を用いるべきであるにも関わらず，「子が成年に達する日の属する月まで」等と未成年者概念を用いて合意する例が後を絶たない。

そして，このような運用を前提とする場合には，少なくとも事実上は，成年年齢の引下げが養育費支払終期の繰上げに直結してしまうのではないか，という疑念を拭い去れない。それが離婚を契機として母子家庭となった家族の経済的事情を悪化させ，その貧困化の傾向に更に拍車をかけることになるのではないかという危惧が指摘される。

現在，高等教育においては奨学金等の公的助成制度が不十分であるため，高等教育の費用負担は親の経済力に依存せざるを得ない状況にある。民法の成年年齢の引下げにより，養育費の支払終期が早まるなどのケースが増える場合，母子家庭の子どもの進学率の低下，それに起因する学習意欲や学力の低下等が容易に想定される。そして，このような事態が，更に次の世代の経済格差に繋がることが懸念される。

② 養育費の支払終期が事実上早まる懸念に関する施策の実施状況

既に述べたとおり，本来，養育費の支払終期については「未成熟子」概念を基準とすべきであり，成年年齢を基準とすべきものでない。この基本的な考えが裁判実務の手続の中で実現されるようにすべきであるとともに，国民全体にも広く周知徹底する必要がある。民法の成年年齢引下げが養育費の支払終期が早まることに直結するような事態を生まないための施策を国が具体的に提案することも必要である。

しかし，未だこのような施策は実施されておらず，このような制度的担保のないところでの民法の成年年齢の引下げには，慎重であるべきである。

〈立法の動向〉　4　民法の成年年齢の引下げに関する意見書

（4）労働契約の解除権の喪失に伴う問題点とこれに対する施策の状況について
①　労働契約の解除権の喪失に伴う問題点
　労働基準法第58条第2項は「親権者若しくは後見人又は行政官庁は，労働契約が未成年者に不利であると認める場合においては，将来に向ってこれを解除することができる」と規定し，未成年者の労働契約について，民法の未成年者取消権とは別個に，未成年者にとって不利な労働契約（親権者等の同意に基づいて成立した契約も含む）の解除権を認めている。
　民法の成年年齢を引き下げた場合，18歳，19歳の若年者は，民法の未成年者取消権による保護だけでなく，労働基準法第58条第2項の解除権による保護も受けられなくなる可能性が高く，解除権による抑止力が働かなくなる結果，労働条件の劣悪ないわゆるブラック企業等による労働者被害が18歳，19歳の若年者の間で一気に拡大する可能性がある。
　この点については，2015年11月9日に厚生労働省が発表した「大学生等に対するアルバイトに関する意識等調査」が参考になる[38]。すなわち，上記調査によれば，回答者のうち60.5％の者が労働条件について何らかのトラブルがあったと回答し，そのうちには，賃金不払や，労働時間が6時間を超えても休憩がない等，法律違反のおそれがあるものもあったということである。
　上記のような若年者の労働の実態がある以上，民法の成年年齢を引き下げることにより，18歳，19歳の若年者が労働基準法第58条第2項の解除権を喪失すると，いわゆるブラック企業等による労働者被害が若年者の間で一気に拡大する可能性がある。
②　若年者の労働条件に関する施策
　従って，民法の成年年齢引下げをするに当たっては，労働基準法第58条第2項の解除権を喪失することのデメリットを検証した上で，これに代わる若年者保護の具体的制度を用意するべきである。労働契約における労働者被害を防ぐための権利教育も実施する必要がある。
　また根本的な解決として，ブラック企業のような劣悪な労働環境下に労働者が陥ることを回避し，また，仮に陥ったとしても被害回復を容易に実現できるような制度を用意することが必要である。
　しかし，このような労働に関する施策は現在，未だ採られておらず，労働基準法第58条第2項の解除権喪失を伴う成年年齢の引下げには，慎重を期すべきである。
（5）小　　括
　以上に述べたとおり，民法の成年年齢を引き下げた場合の上記の問題点を解決する施策は十分に実施されていない上，その効果が十分に浸透したとはいえない状況であり，このような状況の下で民法の成年年齢を引き下げることについては慎重であるべきである。

---

(38)　厚生労働省「大学生等に対するアルバイトに関する意識等調査」（2015年11月9
　　日，http://www.mhlw.go.jp/stf/houdou/0000103577.html）

［消費者法研究 第 2 号（2017. 1 ）］

5．民法の成年年齢引下げによる他法への影響について

　また，日本には，成年年齢を定めた法令が 200 以上存在すると言われているが，民法の成年年齢が引き下げられると，これらの関連法令についても成年年齢が引き下げられる可能性が高まることが予想される[39]。各法令にはそれぞれの立法趣旨があるところ，成年年齢の引下げによる混乱が生じることが懸念される。

（1）少年法の成人年齢の引下げへの影響について

　そもそも民法の成年年齢と少年法の成人年齢は，それぞれの立法目的は異なるのであるから同一でなければならないという関係にはないが，2015 年 9 月 17 日付けの自由民主党政務調査会の「成年年齢に関する提言」にあるように，民法の成年年齢を 18 歳に引き下げることにより，その影響を受け，少年法の「成人」年齢も 20 歳から 18 歳に引き下げられるべきとの議論が強まることが懸念される。

　前記のとおり，18 歳で自立している若者は少数である上，少年法においては，家庭裁判所を経由した少年院送致や保護観察，保護的措置等を通じ，少年の更生のための働きかけが行われている。少年法の成人年齢の引下げによって，まだ可塑性の高い 18 歳，19 歳の年長少年に再犯防止の支援がなされなくなるとすれば極めて重大な問題であり，公職選挙法等他の法令における成人年齢の如何に関わらず，少年法の成人年齢は引き下げられるべきでない。このことに関しては，当連合会も，2015 年 2 月 20 日付け「少年法の『成人』年齢引下げに関する意見書」において反対の意見を述べているとおりである。

（2）児童福祉における支援の後退のおそれ

　また，成年年齢の引下げによって，児童養護施設を退所したばかりの 18 歳，19 歳の若年者に対する支援が後退することが懸念される。

　すなわち，児童福祉法第 4 条第 1 項は「この法律で，児童とは，満十八歳に満たない者をいい」と規定しているため，例えば，18 歳に達した若年者は原則として児童養護施設を退所しなければならないなど，同法による保護を受けられないとされている。しかし，児童福祉法第 31 条等において，児童養護施設等の児童福祉施設での措置や里親委託等は 20 歳まで延長することができるとされている。仮に民法の成年年齢が引き下げられた場合，これに伴って 20 歳までの延長ができなくなるなどの影響が及ぶことが懸念される。

（3）その他関連法令について

　その他，民法の成年年齢が引き下げられると，成年年齢を定めた多くの関連法令についても成年年齢が引き下げられることが予想される。このことが社会に及ぼす影響は大きく，拙速な引下げを実施すれば大きな混乱が予想される。上記のほかにも，未

---

(39) 例えば，医師法第 3 条，宅地建物取引業法第 15 条，特許法第 7 条，少年法第 2 条，国民年金法第 7 条等で成年年齢を定めている。自由民主党政務調査会の「成年年齢に関する提言」（2015 年 9 月 17 日）によれば，関連法令についても，原則として 18 歳に引き下げることとされている（http://jimin. ncss. nifty. com/pdf/news/policy/130566_1.pdf）

成年者喫煙禁止法，未成年者飲酒禁止法のように，未成年者の健康被害を防止する法律について安易な引下げを実施すると，18歳，19歳の若年者の健康被害が増加する可能性があると指摘されている（公益社団法人日本医師会の2015年9月9日付け「飲酒及び喫煙年齢の引き下げに対する見解」）。競馬法，自転車競技法等のように，若年者の健全育成の観点の問題もある。

このように，民法の成年年齢の引下げの是非を検討するに当たっては，民法のみでなく他法に与える影響も検討の対象とすべきであるが，このような検討は未だ十分になされているとはいえない。

6．一般国民の議論や周知が十分でないこと
（1）国民のコンセンサスを得る必要性
① 国民的な議論の必要性
前述のとおり，民法の成年年齢を18歳に引き下げることについては，18歳，19歳の若年者に自己決定権を付与するという積極的な側面もある。しかしながら，それに伴う様々な影響も考慮されるべきであるところ，そのメリットとデメリットが国民の間で十分に検討議論されているとはいえない。前述のとおりの問題点もある状況である。このような問題については，若年者から高齢者まで全ての国民の間で十分に時間をかけて議論をし，国民のコンセンサスを得た上で慎重に進めるべきである。

この点，諸外国の例をみても，成年年齢を引き下げた理由として，1970年代に18歳以上の若年者の多くが徴兵制の下，ベトナム戦争に派兵されていたことなどを背景に，選挙年齢や民法の成年年齢を18歳に引き下げるべきという世論の高まりがあったことを挙げる国・地域が多い様である（アメリカの一部の州，オーストラリア，カナダの一部の州，ドイツ，ニュージーランド等）[40][41]。しかし，今日の日本においては，18歳，19歳の若年者に成年年齢を認めるという世論の高まりはみられない。

② 国民の意識
民法の成年年齢の引下げについて，読売新聞が全国世論調査（郵送方式）を実施したところ（2015年10月3日付け読売新聞），成年年齢を18歳に引き下げることには「反対」が53％で，「賛成」の46％を上回った。反対する理由（複数回答）は「18歳に引き下げても，大人としての自覚を持つと思えないから」の62％がトップで，「経

---

(40)　法制審議会民法成年年齢部会第7回会議（平成20年9月9日開催）で報告された「諸外国における成年年齢等の調査結果」には，「1960年代，多くの米国民の中で（中略）「戦うのに十分な年齢，投票するのに十分な年齢（old enough to fight, old enough to vote）がキャッチフレーズとされた。このような状況の中，連邦政府が憲法を改正し，選挙年齢を引き下げた。この社会的な流れを受けて，成年年齢の引き下げが行われた（ワシントンDC，ニューヨーク，ヒューストン）」との指摘がある。

(41)　「最終報告書」では，「成年データがある国・地域のうち（187か国（地域を含む）），成年年齢を18歳以下としている国は141か国である」ものの，「民法の成年年齢を18歳に引き下げる理由として，単に，諸外国の多くで18歳成年制を採用しているからというのでは説得力がないという意見も出された。」ことが紹介されている。

[消費者法研究　第2号(2017. 1)]

済的に自立していない人が多いから」(56%)，「精神的に未熟だから」(43%) などの順だった。なお，「反対」は 20 歳代で 66%，30 歳代で 59%，40 歳代でも 57% となり，成年に達したばかりの 20 代からの反対が最も多いという結果となった[42]。

　また，既に述べたとおり，内閣府が 2013 年に行った「民法の成年年齢に関する世論調査」の結果によれば，「18～19 歳」の回答では，民法の成年年齢の引下げの議論の内容を知らない者の割合が 85% を占めた。

　さらに，同世論調査によれば，「成年年齢引下げの議論」に関心があるかという質問に対して，「18～19 歳」の回答は，「関心がある」が 18.5%，「ある程度関心がある」が 29.6%，「わからない」が 1.9%，「あまり関心がない」が 40.7%，「関心がない」が 9.3% であった。このように，「関心がない」「あまり関心がない」を合計すると 50% に達し，「関心がある」と「ある程度関心がある」を合計しても 48.1% と半数に満たない。

　このように，民法の成年年齢引下げについての国民のコンセンサスが得られておらず，むしろ引下げに反対する意見が多数である上，この問題についての国民の関心が高まっているともいえない状況である。

(2) 問題点を克服するための施策の効果が国民に認識されているか

① 施策の効果が国民に認識されている必要があること

　さらに，「最終報告書」は，民法の成年年齢引下げの条件として，「施策が実現されること」，「これらの施策の効果が十分に発揮されること」に加えて，「それが国民の意識として現れた」ことを挙げている。その上で，「民法の成年年齢の引下げが行われる場合，何が変わることになるのか，国民生活にどのような影響を及ぼすのかなど，一般国民，特に大きな影響を受ける若年層にとって理解しやすい形で，周知徹底を図る必要がある。」(21 頁) としている。

② 施策の効果が国民に認識されていないこと

　しかしながら，現在，消費者教育等の施策の効果が，国民に認識されているとは言い難い。例えば，前述した 2015 年に内閣府が実施した「消費者行政の推進に関する世論調査」によれば，「消費者教育の機会が確保されていることについて守られていると感じるか」という質問に対し，「感じない」「どちらかといえば感じない」という回答者の合計は，68% にも上っている。

　そして，前述の読売新聞の世論調査では，契約年齢引下げの賛否に関して，「あなたは，18 歳，19 歳の者が，親などの同意がなくても一人で高額な商品を購入するなどの契約をできるようにすることに賛成ですか。それとも反対ですか。」という質問に対して，「18～19 歳」の回答は，「賛成である」と「どちらかといえば賛成である」を合計しても 33.3% でしかなく，「どちらかといえば反対である」と「反対である」を合計すると 64.8% にも上る。

---

(42)　2015 年 10 月 3 日付け読売新聞 (http://www.yomiuri.co.jp/politics/20151002-OYT1T50149.html)

なお，契約を一人ですることができる年齢を 18 歳にすることの賛否について「反対である」もしくは「どちらかと言えば反対である」と回答した者（全年齢）に対して「どのような条件を整備したら，契約を一人ですることができる年齢を 18 歳に引き下げてもよいとお考えですか。」という質問がなされたが，これに対しては，「どのような条件が整備されたとしても，年齢を引き下げることには反対である」と回答した者が最多（43.8％）であった。

このように，民法の成年年齢引下げに伴う問題点の解決のための施策の効果についても国民に認識されていない状況である。

7．結　語

以上のとおり，民法の成年年齢引下げについては，一定の積極的な意義が認められるが，引下げについて国民のコンセンサスは未だ得られておらず，世論の多くが契約年齢の引下げを望んでいない状況である。また，成年年齢の引下げに伴って様々な問題点があるにも関わらず，その解決のための施策は未だ十分でなく，その効果は十分に現れておらず，その効果が国民に認識されているとは言い難い。

成年年齢の引下げをするためには，それに伴う問題点を克服するための施策が十分に実施され，その効果が浸透し，国民がこれを認識するとともに，世論の多くが契約年齢の引下げを望んでいる状況になることが必要であり，これが達成されていない現状においては，民法の成年年齢の引下げにはなお慎重であるべきである。

［消費者法研究 第2号(2017.1)］

5 成年年齢引下げ対応検討ワーキング・グループ報告書

平成 29 年 1 月

消費者委員会 成年年齢引下げ対応検討ワーキング・グループ

（案）

（追加資料）

府 消 委 第 ● 号

平成 ● 年●月●日

消費者庁長官

　　岡村 和美 殿

消費者委員会

　　委員長 河上 正二

　　民法の成年年齢が引き下げられた場合の新たに成年となる者の消費
　者被害の防止・救済のための対応策について（回答）

　平成 28 年 9 月 1 日付け消政策第 431 号をもって当委員会に意見を求められ
た標記の件について、下記のとおり回答する。

記

　別添「成年年齢引下げ対応検討ワーキング・グループ報告書」の内容を踏
まえ、成年年齢を引き下げるものとする民法改正が実施される場合には、消
費者教育、制度整備及びその他の措置について、新たに成年となる者の消費
者被害の防止・救済の観点から、消費者庁において必要な取組を進めること
が適当である。

〈立法の動向〉 5 成年年齢引下げ対応検討ワーキング・グループ報告書

目次

はじめに……………………………………………………………………………1
第1　現状と課題……………………………………………………………………2
　1．若者の実態と課題……………………………………………………………2
　2．若年者の消費者被害の動向…………………………………………………3
　3．若年者保護のための具体的措置に関する制度の現状……………………4
　（1）民法（明治29年法律第89号）……………………………………………4
　（2）特定商取引法（昭和51年法律第57号）…………………………………4
　（3）貸金業法（昭和58年法律第32号）………………………………………4
　（4）割賦販売法（昭和36年法律第159号）…………………………………5
　4．消費者教育における現状と課題……………………………………………5
　5．本報告書が対象とする若者の範囲…………………………………………6
第2　望ましい対応策………………………………………………………………8
　1．若年成人の消費者被害の防止・救済のための制度整備…………………8
　（1）消費者契約法（平成12年法律第61号）…………………………………8
　（2）特定商取引法………………………………………………………………11
　2．処分等の執行の強化…………………………………………………………13
　（1）特定商取引法に係る契約またはその支払手段となる信用供与契約について虚偽
　　　記載を唆す行為の禁止及びその積極的な執行……………………………13
　（2）特定商取引法における若年成人の知識・判断力等の不足に乗じて契約させる事
　　　案に対する執行の強化………………………………………………………14
　（3）若年成人に被害の多い商品等に関する執行の強化……………………14
　3．消費者教育の充実……………………………………………………………15
　（1）小中高等学校………………………………………………………………15
　（2）大学・専門学校等…………………………………………………………20
　（3）法教育・金融経済教育……………………………………………………23
　4．若年成人に向けた消費者被害対応の充実…………………………………24
　（1）相談体制の強化・拡充……………………………………………………24
　（2）大学・専門学校等の有する情報の充実及び活用………………………26
　5．事業者の自主的取組の促進…………………………………………………28
　（1）各業界における未成年者及び若年成人に配慮した自主行動基準の堅持・強化……28
　（2）未成年者及び若年成人への配慮に着目した「消費者志向経営」の促進……………30
　（3）若年成人に対する健全な与信のための取組………………………………31
　6．その他…………………………………………………………………………34
　（参考資料1）民法の成年年齢が引き下げられた場合、新たに成年となる者の消費者
　　　　　　　被害の防止・救済のための対応策について（意見聴取）
　（参考資料2）消費者委員会ワーキング・グループ設置・運営規程
　（参考資料3）審議経過・構成員名簿

は じ め に

　民法の成年年齢が引き下げられた場合，新たに成年となる18歳，19歳の消費者被害の防止・救済のためには，本報告書を踏まえた消費者教育などの充実や制度整備等が検討されることが必要である。

まず，消費者教育・法教育・金融教育の充実などの施策が行われることが重要であり，かつ，消費者教育を担う教員の養成などの準備や，これらの効果が十分に行き渡るまでの準備期間が必要である。

この点，本年9月に法務省が実施した「民法の成年年齢の引下げの施行方法に関する意見募集」に対する意見としても，消費者教育や新たに成年となる18歳，19歳の消費者被害防止のための施策を講ずるために，少なくとも5年間[1]は周知期間を設定すべきという意見が多く寄せられている。

さらに，成年年齢が引き下げられるまでの間に新たに成年となる18歳，19歳の消費者被害の防止・救済のための消費者教育，制度整備及びその他の措置が整わない場合，これらの者が消費者被害に遭う危険性が高まる。そこで，新たに成年となる18歳，19歳の消費者被害の防止・救済のためには，例えば，後述する消費者教育の充実，相談体制の強化，第2の1．で指摘する制度整備などが必要である。

したがって，成年年齢を引き下げるものとする民法改正を実施する場合には，新たに成年となる18歳，19歳に対して，①十分な消費者教育がされるまでの準備期間を確保するとともに，②消費者被害の防止・救済のためのその他の措置が実施されるために必要な期間を確保することが重要である。なお，制度整備については，成年年齢が引き下げられるものとする改正民法が施行されることを踏まえ，国民的コンセンサスを得つつ検討が進められることを期待したい。

特に，第2の1．で指摘する制度整備については，国民的コンセンサスが得られておらず，その点を踏まえて取り扱う必要がある。

第1　現状と課題

1．若者の実態と課題

成熟した成人期へ移行する時期の課題として，①安定した職業生活の基礎固めをする，②親の家を出て，独立した生活基盤を築く，③社会のフルメンバーとしての権利を獲得し義務を果たすことができるようになる準備・トレーニングをする，④社会的役割を取得し社会に参画するといったことがあるとされ，現代の問題として，この移行プロセスが長期化し，かつ，個別化・多様化・流動化していることが指摘されている[2]。

また，家庭環境により，親が長期にわたって子どもを保護し，仕送りなどの経済的な援助をする家庭がある一方，家庭からそのような援助が受けられない若者が増加し

（1）「民法の成年年齢の引下げの施行方法に関する意見募集」に対して寄せられた意見の概要（法務省民事局平成28年11月）によれば，施行までの周知期間として，「3年より長い周知期間が相当であるとの意見が多数であり，3年又は3年より短い周知期間が相当であるとの意見は少数にとどまった。」としている。

（2）　宮本みち子放送大学副学長は，成人期への移行プロセスとして，思春期（後期中等教育）から30歳程度まで期間を指摘している（第2回WG・資料1）。

〈立法の動向〉 5 成年年齢引下げ対応検討ワーキング・グループ報告書

ているという実態や，子どもに経済的なトラブルが起こった場合に親が肩代わりをする親子関係がある一方，親が子どもに稼がせてそのお金を親が使ってしまう親子関係があるという問題も指摘されている。加えて，私生活の経済問題が原因で退学し不安定な状態に立たされてしまうケースや，高校を中途退学すると教育を受ける環境が減ってしまう状況なども指摘されている[3]。

このように，若者の保護の必要性といっても，若者の置かれている環境，その者の知識・経験・判断能力等によって必要な対策は様々であり，単純に年齢のみで画一的に処理することは若者の実態と合っていない面がある。18歳という年齢は多くの者にとって高校を卒業し，大学へ進学したり，就職したりするなど生活環境が大きく変わる時期である。例えば，大学へ進学し，親元を離れて一人暮らしを始めると，扱う金銭の額が大きくなるなど生活環境が変わるため，消費者トラブルに遭った場合の被害も大きくなる。また，クレジット等を利用することで，被害が大きくなるとの報告もある[4]。

さらに，知識としてクーリング・オフという言葉を知っていても，正確な知識がないためにかえって被害に遭ってしまうことや，「マルチ商法」は知っていても，「ネットワークビジネス」と言われるとその区別がつかず被害に遭ってしまうなど，適切な判断ができないことも指摘されている[5]。他方，この年代は，就職活動や教育実習など社会と接点を持つ活動を体験すると，急速に成長するという指摘もされている[6][7]。

このように大きく生活状況が変化するなかで，成熟した成人として十分な知識・経験・判断能力が身についているとはいえない若者に対して，成年になった時点で全て自己責任ということで責任を負わせるのではなく，社会人としての出発点あるいは助走期間とも言える時点で多額の負債を負い，また，その支払いのためのアルバイトで学業や就職活動がままならなくなるなどの回復不能なダメージから保護しつつ，段階的に経験を積んで成熟した成人に成長することができる社会環境を整備し，若者の成長を支える必要がある。

2．若年者の消費者被害の動向

独立行政法人国民生活センター（以下，「国民生活センター」という。）からの報告によると，若年者（18〜22歳）の消費者相談として，以下のような傾向が見られる[8]。

・18歳，19歳の相談件数と比べて，20歳以降の相談件数は増えている。被害事例としては，成年直後に勧誘を受けるなど，成年になることが消費者被害に遭う一つの

（3）　古賀正義中央大学文学部教授からのヒアリング（第2回WG）。
（4）　国民生活センターからのヒアリング（第1回WG）。
（5）　学生団体スマセレからのヒアリング（第7回WG）。
（6）　同志社生活協同組合からのヒアリング（第3回WG）。
（7）　工藤由貴子横浜国立大学教育人間科学部教授からのヒアリング（第3回WG）。
（8）　国民生活センターからのヒアリング（第1回WG）。

［消費者法研究 第2号（2017.1）］

転換点となっている事例がある。

・年齢別の販売購入形態の特徴は，18歳，19歳では通信販売（アダルト情報サイト等）が多く，20〜22歳では，店舗購入やマルチ取引[9]の被害の割合が増えている。特に，20〜22歳の男性ではマルチ取引の割合が高く，女性では店舗購入の割合が高くなっている。

・個別の商品・役務の内容をみると，18歳，19歳と比較して，20〜22歳で相談件数が増えているものとして，男性はマルチ取引，フリーローン・サラ金，内職・副業，教養娯楽教材（DVD），女性はエステ（脱毛エステ，痩身エステ，美顔エステなど），医療サービスが特徴的である。

・契約購入金額の平均は18歳（男性：約16万円，女性：約16万円），19歳（男性：約21万円，女性：約17万円）と比べ，20〜22歳以降は増えている（男性：約39万円，女性：約27万円）。これは，成年となり，親権者の同意なくクレジットやローン契約が利用できるようになることが被害を拡大させる原因の一つとなっていると考えられる。

また，東京都消費生活総合センターからの報告[10]では，20〜22歳に多い商品・役務として，教養娯楽教材，タレント・モデル養成教室，エステなどが上位にあがっている。具体的な相談事例としては，投資用教材の購入，就活支援塾，デート商法，スカウト詐欺などの事例が報告されている。このような若者の消費者被害の特徴として，法的知識や社会経験が乏しいところにつけ込まれる，契約についての知識が不足している，適正な金銭感覚が身についておらず安易な借金により高額な契約代金の支払をする，ソーシャルネットワーキングサービス（以下，「SNS」という。）がトラブルのきっかけになっているといったことが指摘されている。

3．若年者保護のための具体的措置に関する制度の現状

（1）民法（明治29年法律第89号）

民法では，未成年者が法定代理人の同意を得ずに行った法律行為については，未成年者取消権（民法第5条第2項）により取り消すことができる。

未成年者を対象とする制度であることから，成年年齢が引き下げられた場合，特段の措置がなされない限り，新たに成年となる18，19歳は，この未成年者取消権を行使することはできなくなる。

（2）特定商取引法（昭和51年法律第57号）

特定商取引に関する法律（以下，「特定商取引法」という。）第7条第4号，特定商取引法施行規則（昭和51年通商産業省令第89号）第7条第2号では「老人その他の

（9）　国民生活センターによると，マルチ取引は「商品・サービスを契約して，次は自分が買い手を探し，買い手が増えるごとにマージンが入る取引形態。買い手が次にその販売組織の売り手となり，組織が拡大していく」取引と定義されている（第1回WG資料2・参考資料12頁）。

（10）　東京都消費生活総合センターからのヒアリング（第7回WG）。

〈立法の動向〉 5 成年年齢引下げ対応検討ワーキング・グループ報告書

者の判断力の不足に乗じ，訪問販売に係る売買契約又は役務提供契約を締結させること」が指示対象行為とされている。しかし，若年成人が対象となるかは規定の文言上，明らかでない。また，解釈上も未成年者は含まれるが，成人となった直後の者が含まれているかは明示されていない[11]。

（3）貸金業法（昭和 58 年法律第 32 号）

貸金業者には，貸金業法第 13 条の 2 において，年収の 3 分の 1 を超える貸付契約の締結が禁止されているほか，同法第 13 条第 1 項において，顧客の収入又は収益その他の資力，信用，借入れの状況，返済計画その他の返済能力の調査をしなければならないこととされており，同条第 3 項において，当該顧客に対する当該貸金業者の貸付金額の合算額が 50 万円を超える場合等においては源泉徴収票その他の当該顧客の資力を明らかにする書面の提出等を受けなければならないこととされている。

（4）割賦販売法（昭和 36 年法律第 159 号）

包括クレジットでは割賦販売法第 30 条の 2，個別クレジットでは同法第 35 条の 3 において，年収等の確認による支払可能見込額の調査が義務付けられている。

しかし，年収額は自己申告によるものとされている（同法施行規則（昭和 36 年通商産業省令第 95 号）第 40 条第 2 項，第 72 条第 2 項）。また，包括クレジットの場合，極度額が 30 万円以下のクレジットカードを発行する場合には，原則として支払可能見込額の調査義務が免除されるなどの例外が定められている（同規則第 43 条第 1 項第 1 号）。

4．消費者教育における現状と課題

消費者教育は，消費者教育の推進に関する法律（平成 24 年法律第 61 号）に位置付けられ，児童・生徒に対して，その発達段階に応じて，小中高等学校において，家庭科，社会科（公民科）などを中心に実施されており，平成 20 年及び 21 年の学習指導要領改訂においてもその内容の充実が図られている。具体的には，例えば小学校家庭科において，物や金銭の大切さに気付き，計画的な使い方を考えることや，身近な物の選び方，買い方を考え，適切に購入できることなどを指導することとしている。また，中学校では，社会科（公民的分野）において，金融の仕組みや働き，消費者の自立の支援なども含めた消費者行政を指導するほか，技術・家庭科（家庭分野）において，自分や家族の消費生活に関心を持ち，消費者の基本的な権利と責任について理解させることや，販売方法の特徴について知り，生活に必要な物資・サービスの適切な選択，購入及び活用ができることなどを指導することとしている。さらに，高等学校では，公民科において，消費者に関する問題を指導するほか，家庭科において，消費生活の現状と課題や消費者の権利と責任，消費生活と生涯を見通した経済の計画，契

---

(11) 消費者庁の逐条解説によれば「老人その他の者」には「老人，未成年者，知的障害者，認知障害が認められる者」が一般的に該当すると解説されており（「特定商取引に関する法律の解説 平成 24 年版」82 頁），成人となった直後の者が含まれるかは明示されていない。

約，消費者信用及びそれらをめぐる問題や消費者の自立と支援などを指導することとしている。

これらの科目においては，実際に消費者教育に割かれている授業時間が少ないとの指摘がなされるとともに，学校教育での学習がどの程度効果があったか明確でないといった指摘もなされている。また，消費者被害防止に係る学習に関しては，悪質商法や消費者保護に係る制度など消費生活の分野は変化が早く，教育を担当する学校教員にとっても指導への負担が大きく，適切な教材に関する情報提供も十分ではないとの指摘もある。

他方，大学においては，新入生ガイダンスでの啓発や在校生に対する消費者トラブルに係る被害喚起に取り組むとともに，消費生活センターによる講義を取り入れた授業科目の開設，学生相談室等における消費者トラブルへの相談対応も行っているが，大学等によってバラつきが大きく，全体的に言えばその取組は十分とは言い難い状況にある。

さらに，大学では将来の消費者教育の担い手である教員の養成課程を有しているが，消費者教育の指導の主力となっている家庭科教員の大学教員養成課程においては，履修者が「消費者教育」に関する成果が確実に身についているとは言い難い状況にある。

また，「学校における消費者教育の充実に向けて」（平成28年4月28日消費者教育推進会議）によれば，大学等において開講されている教員免許更新講習に関しても，消費者教育を取り扱うものはごく僅かとなっており，都道府県教育委員会等が公立の小学校等の教諭等に対して実施することとなっている初任者研修及び10年経験者研修においても，消費者教育が必須となっている割合は低い状況となっている。

5．本報告書が対象とする若者の範囲

本ワーキング・グループは，本年9月1日付で消費者庁長官から，民法の成年年齢が引き下げられた場合，新たに成年となる者の消費者被害の防止・救済のための対応策についての意見を求められたことを受け，9月8日に設置され，その後，有識者，関係団体，関係省庁等からヒアリングを行ってきた。そのヒアリングにおいて，若者の実態や若年者の消費者被害の動向，若年者の消費者保護のための制度整備の在り方や消費者教育などの現状等についての報告を受けた。その結果，18歳，19歳について消費者契約における新たな取消権を設けるなど年齢のみによって画一的に処理するのではなく，個人の知識・経験・判断力等に応じた対応をしつつ，若者が成熟した成人として社会に参画することができるようになるための支援の必要性が確認された。

若者は，社会との接点を持つようになると急速に成長するが，現在，大学進学率は5割に達し，専門学校等への進学者を加えると7割以上の者が18歳を超えても学業を継続している状態にある。このような社会状況を踏まえると，成熟した成人期に移行する準備段階として，仮に成年年齢が引き下げられた場合，特に成年になって間もない18歳から20代初めにかけての若者は「若年成人」として，成熟した成人期とは異なる配慮が必要な年齢層といえる。そのため，社会全体で若年成人が成熟した成人になることができるよう支援していく必要がある。

〈立法の動向〉 5 成年年齢引下げ対応検討ワーキング・グループ報告書

そこで，本報告書では 18 歳から 22 歳を念頭に「若年成人」とし，「若年成人」の消費者被害の防止・救済の観点から望ましい対応策について以下述べる。

具体的な制度整備や消費者教育などの実施にあたっては，個々の制度や施策等の実態に応じて対象とする「若年成人」の年齢，属性（学生等）を検討し，各々に則した対応をすべきである。

なお，「若年成人」を（18 歳及び 19 歳の範囲を越えて）18 歳から 22 歳として対応策を検討することや，後述する第 2 の 1. において，対象が 18 歳及び 19 歳を超えていることなど，その内容については，前述の消費者庁長官からの意見の求めの範囲を越えるものであり，関係者との調整が未了であるため，国民的コンセンサスが得られておらず，その点を踏まえて，取り扱う必要がある。

第 2 望ましい対応策

1. 若年成人の消費者被害の防止・救済のための制度整備
（1）消費者契約法（平成 12 年法律第 61 号）

若年成人は，成熟した成人に比して，契約についての知識・経験・交渉力等が十分とはいえないことがあるため，若年成人の消費者被害の防止・救済のためには，事業者が，若年成人に配慮すべき義務を明らかにするとともに，事業者が，若年成人の知識・経験等の不足その他の合理的な判断をすることができない事情につけ込んで締結した不当な契約を取り消すことができる規定を設けることが考えられる[12]。

ア 若年成人に対する配慮に努める義務
　提案内容
➤ 事業者は，消費者契約を締結するに際しては，消費者の年齢，消費生活に関する知識及び経験並びに消費生活における能力に応じて，適切な形で情報を提供するとともに，当該消費者の需要及び資力に適した商品及び役務の提供について，必要かつ合理的な配慮をするよう努めるものとすることが考えられる。

　理由
　　消費者契約においては，事業者と消費者との間の情報の質及び量並びに交渉力の構造的格差があるが，若年成人の場合，成熟した成人に比して，知識・経験・交渉力等が十分でないことがあり，事業者との格差が一層顕著となる。その格差を解消するためには事業者から若年成人に対する適切な情報提供をすることを検討すべきであり，このことは消費者基本法（昭和 43 年法律第 78 号）

---

(12) 法制審議会民法成年年齢部会の平成 21 年 10 月付け「民法の成年年齢の引下げについての最終報告書」において，若年者の特性に応じて事業者に重い説明義務を課すこと，若年者の社会的経験の乏しさによる判断力不足に乗じた契約の取消権を付与することなどが消費者保護施策の具体例として掲げられている。

295

第2条第2項に「消費者の年齢その他の特性に配慮」しなければならないと定められ，年齢を配慮すべき要素として掲げていることからも要請される。このような情報提供における配慮については，適合性原則[13]からのアプローチ[14]として，事業者との情報力及び交渉力格差が顕著にみられる若年成人という顧客属性に着目しつつ，年齢等に配慮した情報提供が考えられる。また，事業者による情報の提供，意見・判断の提供が，消費者の知的・社会的・経済的成熟度の不足（年齢等）のゆえに，事業者・消費者間の構造的な情報格差・交渉力格差を介して，消費者の意思決定に影響を及ぼすことがあり得るという点[15]からは，事業者が若年成人の知的・社会的・経済的成熟度（年齢等）に応じた情報の提供，意見・判断を提供することが考えられる。

さらに，事業者から説明がなされた場合にも，若年成人は安易に友人や知り合いの説明により，高額商品の購入や役務の提供の契約を締結してしまうといった被害が報告されている[16]。そのため，消費者の年齢，消費生活に関する知識及び経験，消費生活における能力に応じて，当該消費者の需要及び資力に適した商品及び役務の提供がなされることが考えられる。

なお，事業者は事業形態上，上述の事項について把握することが困難であることもあり，こうした点に留意する必要がある。

そこで，若年成人が真に自由な自己決定をする前提として，また，社会全体で若年成人が成熟した成人になるよう支援するため，消費者の年齢や消費生活に関する知識・経験・能力に応じて，適切な形で情報を提供するとともに，当該消費者の需要や資力に適した商品・役務の提供に配慮するよう事業者が努める規定の必要性等については，消費者契約法専門調査会等において，別途検討することが望まれる。

イ　不当勧誘に対する取消権
　提案内容
➤ 事業者が若年成人の知識，経験不足等の合理的な判断をすることができない事情に乗じることにより締結させた，当該若年成人にとって合理性・必要性を欠く消費者契約を取り消すことができる制度を検討することが考えられる。

---

(13) 特に投資取引において，顧客の知識・経験・投資目的・財産状況等に照らして，当該顧客にとって不適当な勧誘を行ってはならないという原則。

(14) 宮下修一中央大学大学院法務研究科教授からのヒアリング（第4回 WG）。

(15) 潮見佳男京都大学大学院法学研究所教授・法学研究科長からのヒアリング（第7回 WG）。

(16) 国民生活センターからのヒアリング（第1回 WG），東京都消費生活総合センターからのヒアリング（第6回 WG）。

〈立法の動向〉 5 成年年齢引下げ対応検討ワーキング・グループ報告書

理由

　事業者が，消費生活に係る知識・経験・能力が乏しいこと等を原因とした，相手方消費者が合理的な判断をすることができない事情を利用し，当該消費者の需要や資力等に照らして不合理な商品・役務を提供する等の契約をすることは，事業者が消費者の合理的な判断をすることができない事情につけ込んで，消費者の意思決定を侵害する不当な取引である。消費者契約では，事業者と消費者の情報力及び交渉力の格差が不当に利用される取引が発生する可能性を構造的に内包しているが，成熟した成人と比べ，若年成人については，その危険性がより増幅されていると考えられる。

　このような危険性に対応するアプローチとして，適合性原則からのアプローチと暴利行為のルールからのアプローチが考えられる。

　適合性原則からのアプローチ(17)として，若年成人の知識・経験，契約目的・意向，財産状況などに適合しない場合に当該契約を取り消すことができるとすることが考えられる。

　また，暴利行為のルールからのアプローチ(18)として，情報力及び交渉力格差の存在が，消費者の脆弱性へのつけ込みによる取引を招来するリスクを構造的に内包している点に鑑み，暴利行為のルール(19)を消費者契約法に導入することが考えられる。

　具体的には，若年成人の知的・社会的・経済的成熟度の不足等に乗じて事業者がした行為の結果として若年成人の自己決定権が侵害されたと評価される場合には，当該契約の効力を否定するルールを設けることが考えられる。

　適合性原則からのアプローチや暴利行為のルールからのアプローチのいずれからも，事業者が若年成人の脆弱性につけ込んで契約を締結した場合にその効力を否定するという結論部分では，同様の制度の導入が示唆されている。

　そこで，若年成人に対して，事業者が当該若年成人の知識，経験不足等の合理的な判断をすることができない事情につけ込んで締結した契約を取り消すことができるとする規定を設けることが考えられる。

　一例としては，年齢，消費生活に関する知識及び経験並びに消費生活における能力に照らして消費生活上特に配慮を要する若年成人は，事業者が消費者契約の締結について勧誘をするに際し，成熟した成人に比して当該若年成人の消費生活に関する知識若しくは経験又は消費生活における能力が不十分であることを利用した場合において，その勧誘により当該消費者契約の申込み又はその承諾の意思表示をしたときは，これを取り消すことができるものとし，ただし，

---

(17)　宮下教授からのヒアリング（第4回 WG）。

(18)　潮見教授からのヒアリング（第7回 WG）。

(19)　潮見教授によると，この場合の暴利行為のルールが意味するものは「他方当事者の不当な介入により，意思決定過程がコントロールされた結果として，表意者の自己決定権が侵害されたゆえに，当該取引の効力を否定する」ことをいう。

当該消費者契約の目的となるものが当該若年成人の需要及び資力に応じ合理的に必要と判断されるときはこの限りでないものとすることが考えられる。

この場合，考慮するにあたっての重要な要素としては，①若年成人の知識・経験・消費生活における能力の不十分性，②事業者が①を利用したこと，③消費者契約の目的が当該若年成人の需要及び資力との関係で合理性・必要性を欠くことが考えられる。

また，合理的な判断をすることができない事情につけ込んだことを「困惑」の一つとして取り消すことができる規定を設けることも考えられる。そこで，対象を若年成人に限定しない場合も含め，消費者契約法専門調査会において更に検討すべきである。

（2）特定商取引法

特定商取引法の対象となっている取引類型については，消費者被害が多く発生している商品等もある。これに対応するためには，2．で後述するとおり，これらの事案について積極的に執行を行うことが重要であるが，制度面においても，成年年齢が引き下げられるまでに少なくとも以下の点を整備すべきと考えられる。

その上で，積極的な執行を行うなど可能な手段を尽くしても若年成人に対する広範な消費者被害が確認される場合は，更なる制度整備を含め，必要な対策を検討すべきである。

ア　連鎖販売取引における若年成人の判断力の不足に乗じて契約を締結させる行為を行政処分の対象とすること

　提案内容

➤　連鎖販売取引において，若年成人の判断力の不足に乗じて契約を締結させることを行政処分の対象行為とすべきである。

　理由

　　国民生活センターからのヒアリングでもみられるように，マルチ取引は，成年となった直後に被害が急激に増える取引類型である[20]。特に大学でのサークル内などで勧誘被害が急速に広まるケースや契約に際し，事業者が消費者に対し，貸金業者から借入れをした上で代金を支払うよう指示するなど，支払能力を超える債務を負わせるケースなどもみられ，消費者被害を生じさせている。

　　特に，成年年齢が18歳に引き下げられた場合，高校3年生で成年となる者が現れることになるが，学校生活において集団で行動し，日常的に接触する時間が多い高校生の間で被害が拡大することが懸念される。

　　そこで，「未成年者」（特定商取引法施行規則第31条第6号）に加えて，若

---

(20)　国民生活センターからのヒアリング（第1回WG）。なお，「マルチ取引」は，特定商取引法の「連鎖販売取引」とは必ずしも一致しない。

〈立法の動向〉　5　成年年齢引下げ対応検討ワーキング・グループ報告書

年成人についても判断力の不足に乗じて，連鎖販売取引の契約を締結させることが行政処分の対象行為となることを明らかにすべきである。それによって，知識・経験・財産状況等に照らして客観的にみて不適当と認められる勧誘を行政処分の対象行為とする適合性原則の規定（同条第7号）と併せて，知識，経験，資力に乏しい学生等のビジネス活動をするのにふさわしくない者への特定商取引法に違反するような不適切な勧誘行為や契約締結行為が行政処分の対象行為となることを明らかにすべきである。

イ　若年成人の知識・判断力等の不足に乗じて契約を締結させる行為を行政処分の対象として明確化すること

　　提案内容

➤　訪問販売において，若年成人の判断力の不足に乗じて売買契約または役務提供契約を締結させることが行政処分の対象行為となることを規定上，明確にすべきである。

　　理由

　　現状，特定商取引法施行規則第7条第2号では「老人その他の者の判断力の不足に乗じ，訪問販売に係る売買契約又は役務提供契約を締結させること」が指示対象行為とされており，若年成人が対象となるか規定上明らかでない。したがって，「老人」と並べて若年成人についても，判断力の不足に乗じて販売契約又は役務提供契約を締結させることが行政処分の対象行為となることを明らかにすべきである[21]。

２．処分等の執行の強化

　特定商取引法の対象となっている取引類型については，若年成人に消費者被害が多く発生している商品等もあるため，若年成人保護のための制度整備の検討を進めるとともに，若年成人の消費者被害の予防のためには特定商取引法に違反した事業者に対する処分等の執行を強化することが重要である。

（1）特定商取引法に係る契約またはその支払手段となる信用供与契約について虚偽記載を唆す行為の禁止及びその積極的な執行

　　提案内容

➤　販売契約の支払手段としてのクレジット契約または貸金契約について，主務省令を改正した上で，指示の対象行為として明確に位置付けるとともに，販売業者が若年成人に収入等の虚偽記載を唆す行為に対して，積極的に処分等の執行をすべきである。

---

(21)　法制審議会民法成年年齢部会の「民法の成年年齢の引下げについての最終報告書」17頁にも同様の指摘がなされている（第2回WG・参考資料1）。

[消費者法研究　第 2 号（2017. 1）]

理由

　特定商取引法第 7 条第 4 号，特定商取引法施行規則第 7 条第 4 号では，訪問販売に係る売買契約又は役務提供契約を締結するに際し，当該契約に係る書面に年齢，職業その他の事項について虚偽の記載をさせる行為を禁止している。

　また，平成 27 年 12 月に消費者委員会特定商取引法専門調査会で取りまとめられた報告書において，「事業者が消費者に支払いのために金融機関等に対して虚偽の申告を行うように唆す行為については，主務省令を改正し，これを行政庁による指示の対象とするべきである。」（同報告書 17 頁）と提言しており，平成 28 年法改正に伴う主務省令改正により導入される見込みである。このように，収入等の虚偽申告により，支払能力を超える与信契約及び販売契約を締結させる行為は悪質性が高い行為である。

　国民生活センター及び東京都消費生活総合センターから報告された事例にもあるように，事業者が若年成人に対し，クレジット契約や貸金契約を利用して契約代金を支払うことを勧め，かつ，クレジット契約や貸金契約を締結する際に収入等について虚偽の申告をするよう唆す事例が存在している。このように，事業者が虚偽の申告を唆すことで返済能力調査，支払可能見込額調査が十分に機能せず，若年成人に支払能力を超える貸金契約やクレジット契約や利用させることで，消費者被害を助長している。このような被害を防止するため，今後主務省令が改正され施行された後は，積極的に処分等の執行をすべきである。

（2）特定商取引法における若年成人の知識・判断力等の不足に乗じて契約させる事案に対する執行の強化

提案内容

➢　若年成人の判断力の不足に乗じて売買契約又は役務提供契約を締結した事例について執行を強化すべきである。

理由

　現状，特定商取引法施行規則第 7 条第 2 号では「老人その他の者の判断力の不足に乗じ，訪問販売に係る売買契約又は役務提供契約を締結させること」が指示対象行為とされているが，近年の国の執行においては若年成人の判断力の不足に乗じて契約を締結させたことを理由とする処分事例はないとのことであるが(22)，若年成人の判断力の不足に乗じて契約を締結させる事例を注視し，そういった事例が確認されれば執行を強化すべきである。

（3）若年成人に被害の多い商品等に関する執行の強化

提案内容

➢　若年成人に被害の多い商品等に関する執行を強化すべきである。

---

(22)　消費者庁からのヒアリング（第 9 回 WG）。

〈立法の動向〉 5 成年年齢引下げ対応検討ワーキング・グループ報告書

理由

　　国民生活センターや東京都消費生活総合センターからの報告によると，若年成人に多い消費者被害として，連鎖販売取引における不実告知や断定的判断の提供，継続的役務提供（エステ関連）における不実告知や迷惑勧誘など特定商取引法の適用対象となる取引類型の違反行為に該当すると思われる事例がみられる。そこで，これらの事例を注視し，特定商取引法に違反する行為が確認されれば，それに対して厳正な執行をすべきである。

3．消費者教育の充実

　消費者教育については，学校，地域，家庭の場において連携して取り組むことが重要である。成熟した成人期への移行に至るまでの消費者教育の中核となるのは学校教育であるが，消費生活センターをはじめとする地域からの支援，保護者（PTA）からの家庭支援等を得ることにより，学びの相乗効果が格段に図られることとなる。

（1）小中高等学校

　若者は消費者問題に係る知識や社会経験の乏しさから，様々な消費者トラブルに巻き込まれる可能性がある。成年年齢が18歳に引き下げられた場合，多くの若者が成年を迎える高等学校までの間に，特に中学校に入った早い段階から，成年となることを意識させるような学びが必要との指摘もあり，意思決定のスキルや批判的思考力，判断力など消費者教育にて育成すべき資質・能力を高める消費者教育が一層推進される必要がある。このため，以下の取組を早急に進めるべきである。

　ア　消費者教育の機会の充実

提案内容

➤ 家庭科，社会科等において，また，教科横断的な視点から教育課程を編成するなど消費者教育を系統的，体系的に着実に取り組むべきである。新科目「公共（仮称）[23]」につき，消費者教育に関する内容充実を図るべきである。さらに，学校における消費者教育の効果測定を行うための必要な調査を行うべきである。

➤ 消費者被害防止の取組など，社会の一員として果たすべき役割や責任に関する指導の充実を図るべきである。

➤ 「学校家庭クラブ活動[24]」を活用し，消費者教育を積極的に推進すべきである。

理由

　　現在，消費者教育に関しては，小中高等学校において，家庭科，社会科（公

---

(23)　国家及び社会の責任ある形成者となるための教養と行動規範や，主体的に社会に参画し自立して社会生活を営むために必要な力を，実践的に身に付けることを目的とするとされている。

(24)　家庭科の学習方法の一つで，授業で習った知識を生かしてグループや学校単位で，学校や地域生活の充実・向上をめざす実践活動。家庭科の学習を生かして，クラブ員が主体となり顧問の家庭科教諭の指導や助言を受けて行う学習活動。

301

民科）などを中心に実施されており，平成20年及び21年の学習指導要領改訂においてもその内容の充実が図られている。児童・生徒を取り巻く状況や発達段階に応じて，小中高の各段階において体系的・組織的に消費者教育を実施していくことは，成人として安心・安全で豊かな消費生活を営むためにも何よりも重要であることから，これに着実に取り組むべきである。

　しかしながら，これらの科目において。実際に消費者教育に割かれている授業時間が少ないとの指摘もある。このため，高等学校での次期学習指導要領においてにおいて新たに検討され，共通必履修となる予定の新科目「公共（仮称）」においては，文部科学省は，主体的に社会に参画し自立して社会生活を営むために必要な力を習得する観点から，消費者教育の位置付けを重視し，その科目内での消費者教育の充実を図るべきである。また，消費者教育は，教科横断的に相互を関連付けて行うことが効果的であることから，その充実に当たっては，各学校において教科横断的な視点から教育課程を編成し，消費者教育の推進を図るべきである。このため，消費者庁は，文部科学省と連携し，効果的な取組事例の紹介を行うべきである。

　学校においては，各教科・科目の学習評価は行われているものの，消費者教育に関して，どの程度効果があったのか効果測定は行われていない。例えば高校を卒業した大学生からは，授業で聞いたことと実生活がつながっていないとの指摘もされていることから，さらに，学校における消費者教育の効果測定を行うための必要な調査を行うべきである。消費者庁は，文部科学省等の関係行政機関と調整の上，これまでの学校教育における消費者教育により，国民が消費者問題等に関する知識をどの程度身につけているかだけでなく，その知識に基づき取った行動内容についても把握するなど，消費者教育の効果測定を行うための必要な調査を行うべきである。

　また，成年年齢が引き下げられた場合には，高等学校段階においてクラスの中で成年に達する生徒が出てくる。このため，消費者被害防止の取組など，集団や社会の一員として果たすべき役割や責任に関する指導の充実を図るべきである。

　さらに，高等学校家庭科における「学校家庭クラブ活動」といった場を活用し，消費者教育を積極的に推進し，生徒に消費者問題を考えてもらう機会の増加を図るべきであり，消費者庁及び文部科学省は，その支援策を講じるべきである。

イ　消費者教育推進のための人材開発
　提案内容

➤　初任者・中堅教諭等資質向上研修などの研修等において，自治体消費者行政部局等が作成する消費者教育に係る資料の活用を促すなど，教員に消費者教育の実施の重要性につき認識してもらうよう教育委員会等へ働きかけるべきである。
➤　幅広い分野から外部講師，消費者教育コーディネーターの人材を求め，学校現

〈立法の動向〉 5 成年年齢引下げ対応検討ワーキング・グループ報告書

場での活動の支援を行うべきである。

理由

　消費者教育を効果的・効率的に実践するためには，教員の指導力の向上が不可欠である。しかしながら，例えば現状の初任者研修及び10年経験者研修においては，消費者教育が必須となっている割合は低いものとなっている。また，教員免許更新時に実施される免許状更新講習についても，「学校における消費者教育の充実に向けて」（平成28年4月28日消費者教育推進会議）によれば，大学等において開講されている講習のうち，消費者教育を取り扱うものはごく僅かとなっている。こうしたことを踏まえ，消費者庁は文部科学省と協力しながら，成年年齢引下げ対応の重要性に鑑み，初任者・中堅教諭等資質向上研修などの研修等において，自治体消費者行政部局等で作成する消費者教育に係る資料の活用を促すなど，教員へ消費者教育の実施の重要性につき認識してもらうよう教育委員会等へ働きかけるべきである。あわせて，消費者庁は文部科学省と協力しながら，独立行政法人教員研修センター主催の研修等や都道府県教育委員会における独自研修において，消費生活センターと連携して，消費者教育を取り入れることを働きかけるべきである。

　消費生活相談員等が外部講師として日々の相談事例を活用することは，「消費者問題は高齢者，又は自分とは遠い世界の問題」と捉えがちな児童・生徒に身近で現実的な問題として体感してもらう面で極めて効果が高いが，学校現場の中では外部講師として適当な者を見つけにくく実施ができないといった課題が指摘されている。このため，消費生活相談員，元教職員，元行政職員，消費者団体・NPO法人・民間企業で消費者教育に携わっていた者等の幅広い分野から人材を求め，その者に対して外部講師や消費者教育に係るコーディネーター(25)として活動してもらうため，消費者庁及び文部科学省は学校への情報提供や研修等をより積極的に推進すべきである。特にこれらコーディネーターについては，学校の中で科目担当教員と協働した上で，教科横断的な学習プログラム開発をしてもらうといった役割が期待される。

ウ　手法の高度化や実効性確保・教材の開発

提案内容

➤ 消費者教育におけるアクティブ・ラーニング（参加型授業・模擬体験）の視点から学習・指導方法を改善することは重要であり，例えばe-Learningを含む

---

(25) コーディネーターについて，「地域連携推進小委員会取りまとめ」（平成27年3月消費者教育推進会議地域連携推進小委員会）では「コーディネーターは，担当地域における日々の消費者教育を実践面・実績面において全般的に企画・調整し推進する。消費者教育の拠点等で，地域全体の消費者教育の実践を支援する専門職として環境の整備などを担う。」とされている。

［消費者法研究 第2号（2017.1）］

ICT に対応した教材の優良事例を情報提供したり，手法の高度化や教材開発に対して調査研究を進めたりするなど，積極的な支援を行うべきである。
➢ 消費者教育推進地域協議会(26)の枠組みの活用を通じた，学校現場と消費生活センターとの積極的な連携を図るべきである。
➢ 地域や学校の実態に応じた消費者教育プログラムや，高校生自身が啓発活動に参加するなど，工夫を凝らした教育プログラムを開発すべきである。

理由

今後の学校教育においては，児童・生徒の主体的な学びを引き出し，資質・能力を育むことを目的とした「アクティブ・ラーニング(27)」の視点からの学習・指導方法の改善が求められている。消費者教育はまさに主体的な学びの実施により効果を持つ分野であることから，学校現場においては，買物や借入れ，あるいは広告表示に係る消費者トラブルを例にとって被害者と加害者の役割を演じるロールプレイや，実際に地域のお年寄りに商品販売をするといった参加型授業・模擬体験等，様々な取組を駆使してこれを推進していく必要がある。また，若者の興味を惹きつけ，学習効果を高めるためには，e-Learning，動画等の ICT を活用した教材の提供が効果的である。このため，こうした学びの手法や教材について，消費者庁，文部科学省は，例えば消費者教育のエッセンスが現場の担当教員に端的に分かるような教材など積極的な優良事例の情報提供をしていくとともに，手法の高度化や教材開発に係る調査研究などを含む積極的な支援を行うべきである。さらに，地方自治体が設立する消費者教育推進地域協議会の枠組みを積極的に活用し，学校現場と消費生活センターとの積極的な連携を図り，学校現場のニーズと消費生活センターが提供できる教材や出前講座の活用を含む外部人材のマッチング，地元商店街等といった主体も参画し，地域全体を巻き込むような学びの場の創出等を実現していくべきである。

高校生においては，進学や就職等の今後の将来の方向性により，効果的な消費者教育の内容等は異なってくることから，地域や学校の実態に応じた消費者教育学習プログラムや，さらには高校生自身による中学生・小学生に対しての啓発などを組み入れるなど工夫を凝らしたプログラムについて，学校現場やノウハウを持つ NPO 等と連携した開発が行われるよう，消費者庁及び文部科学省は支援していくべきである。

---

(26)　消費者教育の推進に関する法律第20条第1項の規定（「都道府県及び市町村は，その都道府県又は市町村の区域における消費者教育を推進するため，消費者，消費者団体，事業者，事業者団体，教育関係者，消費生活センターその他の当該都道府県又は市町村の関係機関等をもって構成する消費者教育推進地域協議会を組織するよう努めなければならない」）に基づくものを指す。
(27)　伝統的な教員による一方向的な講義形式の教育とは異なり，学習者の能動的な学習への参加を取り入れた教授・学習法の総称。

〈立法の動向〉　5　成年年齢引下げ対応検討ワーキング・グループ報告書

エ　その他
　　提案内容
➤　主権者教育，キャリア教育との連携を推進すべきである。
➤　児童養護施設等での消費者教育支援に関するプログラムを検討すべきである。

　　理由
　　　これまで消費者教育は，法教育などと連携してきたが，主権者教育との具体
　　的なつながりは不十分であった。今後は，主権者教育の一環として，消費者の
　　権利学習を明確に位置付けていく必要があるとともに，キャリア教育[28]との
　　連携を推進していく必要がある。
　　　消費者教育においては，学校教育のみならず，家庭教育や地域教育と連携を
　　とった取組が重要である。このような状況の中，児童養護施設等を出て社会生
　　活を営み始めていく子どもたちには，家庭教育に係る消費者教育に関して親の
　　支援等が期待できない面もあることから，消費者庁においては，例えば生活設
　　計や金銭管理などに力点に置いた児童養護施設等での消費者教育支援に関する
　　プログラムを検討すべきである。

（2）大学・専門学校等
　成年年齢が18歳に引き下げられた場合，大学や専門学校等において学生は成人に
より構成されることとなり，消費者トラブルに巻き込まれる可能性は従前に増して高
まることとなる。
　また，大学においては，将来の消費者教育の担い手となる教員養成課程を抱える側
面もあり，養成課程履修生が消費者教育について触れる機会があるか否かの影響力は
非常に大きいと考えられる。このため，以下の取組を早急に進めるべきである。

ア　消費者教育推進のための人材開発
　　提案内容
➤　教員養成課程における「消費者教育」につき，成年年齢引下げの対応の重要性
　　に鑑み，教員養成課程を有する大学等に消費者教育の重要性を認識してもらう
　　よう働きかけるべきである。

　　理由
　　　消費者教育の担い手の主力となっている家庭科教員の大学教員養成課程にお
　　いては，現行の教育職員免許法施行規則（昭和29年文部省令第26号）におい
　　て単位取得が必須とされている「教科に関する科目」にて，中学校教員免許で
　　は，「家庭経営学」，「被服学」，「食物学」，「住居学」，「保育学」の5分野から

────────────
(28)　一人一人の社会的・職業的自立に向け，必要な基盤となる能力や態度を育てること
　　を通して，キャリア発達を促す教育（中央教育審議会答申「今後の学校におけるキャ
　　リア教育・職業教育の在り方について」（平成23年1月）より）。

305

構成され，高等学校教員免許では，これらに，「家庭電気・機械及び情報処理」が加わっている。消費者教育に関しては，この中の「家庭経営学」に含まれているとされている。家族関係論を含む幅広い問題を扱う「家庭経営学」においては，消費者教育がその重要性を増しており，教職課程の関係科目において消費者問題について適切に取り扱うことが社会的に求められている。また，家庭科教員においては，食物や被服の分野に比して消費生活分野は得意でないとする者が相対的に多いとの調査結果もある[29]。このため，成年年齢引き下げ対応の重要性に鑑み，消費者庁は文部科学省と協力しながら，教員養成課程を有する大学等へ現行の「家庭経営学」内において「消費者教育」の重要性を認識してもらうよう働きかけるべきである。

イ　自治体と大学等との連携枠組みの強化
　　提案内容
➤　地方自治体と大学・専門学校等との若者の消費者被害防止のための連携の枠組みを構築すべきである。

　　理由

　　公立学校を中心に教育委員会を通じたチャネルを有する小中高等学校とは異なり，地方自治体には地元大学や専門学校等に対してアプローチするチャネルがないのが現状である。若者の消費者被害防止のためには，地元の大学・専門学校等と消費生活センターとの間で情報共有の仕組みが円滑に構築できれば，効率的に大学等の実情に応じた出前講座の活用等を含むきめ細かな対応を図ることが可能となる。このため，消費者庁及び文部科学省は，大学・専門学校等教員及び職員に消費者教育・啓発の重要性を認識してもらった上で，地方自治体が設立する消費者教育推進地域協議会の枠組みに大学・専門学校等に参画してもらうよう，大学・専門学校等関係団体等を通じて要請し，大学・専門学校等との連携枠組みの構築を図るべきである。

ウ　学生相談室等を通じた大学・専門学校等での消費者教育・啓発強化
　　提案内容
➤　大学において在校生に対してメール・SNSなどICTを活用した消費者トラブルに係る被害喚起に取り組むとともに，大学学生相談室等における消費者トラブル対応の強化を図るため，国民生活センターや独立行政法人日本学生支援機構（JASSO）での研修の機会を活用し，消費者被害対応の充実を図るべきである。

----

(29)　「家庭科及び家庭科教員養成に関する調査-これからのくらしに家政学が果たすべき役割を考えるために ── 」（日本学術会議健康・生活科学委員会家政学分科会平成26年8月）。

〈立法の動向〉 5 成年年齢引下げ対応検討ワーキング・グループ報告書

➤ 新入生ガイダンスの機会などを活用し，大学における初年次教育における消費者啓発・教育の取組を強化すべきである。また，大学関係団体と大学当局とが協力して，消費者啓発・教育に取り組むべきである。

➤ 専門学校等における消費者啓発・教育の取組につき実態把握を行い，今後の対応策を検討すべきである。

理由

大学においては，個々の実情により対応は様々ではあるが，在校生の消費者トラブル防止のために，奨学金や学費，心理的な悩みに関する相談に対応している学生相談室等が中心となって消費者相談や消費者啓発・教育に取り組んでいるところである。

成年年齢が18歳に引き下げられた場合，消費者トラブルに巻き込まれる可能性は従前に増して高まることから，大学当局は学生に対してメールやSNSなどICTを活用した注意喚起に取り組むとともに，文部科学省は，こうした学生相談室等における消費者トラブル対応の強化を図るため，国民生活センターや日本学生支援機構（JASSO）での研修の機会を活用し，消費者被害対応の充実を図るべきである。

また，学生に対して効果的にアナウンスできる新入生ガイダンスは，消費者啓発・教育に係る絶好の機会である。この際，大学等の協力の下，保護者の出席も得て消費者被害の実情につき実例を交えながら説明することが有効である。消費者庁及び文部科学省は，高大接続の観点から，こうした初年次教育における消費者教育の取組強化を大学当局に対して要請すべきである。また，大学関係団体に関しても，消費者啓発・教育につき大学当局と協力して取り組んでもらえるよう要請をすべきである。

一方，専門学校等での消費者啓発・教育については，その取組の重要性は認識されているものの，大学と比較すると進んでいないと考えられ，早急な強化のため方策につき検討することが必要である。このため，消費者庁及び文部科学省は，まずは，専門学校等における消費者啓発・教育の取組につき実態把握を行い，今後の対応策を早急に検討すべきである。

エ その他

提案内容

➤ 消費者庁は，いわゆるマルチ商法について，大学生等が被害に陥りやすい心理的な背景（例えば「マインドコントロール」等）につき，社会心理学や臨床心理学等の知見を得た調査研究を行うべきである。

理由

いわゆるマルチ商法の被害に関しては，単に金銭的な被害のみならず，被害意識がないまま加害者となり，友人・知人関係を損なうといった社会的被害を大

307

［消費者法研究 第2号(2017.1)］

学生等の若者にもたらすとの指摘がある。このため，消費者庁は，いわゆるマルチ商法の被害における，例えば「マインドコントロール」等の心理的な背景につき，社会心理学や臨床心理学等の知見を得た調査研究を行うべきである。

（3）法教育・金融経済教育

提案内容

➤ 法教育・金融経済教育に取り組む関係省庁・機関との連携を通じて，消費者教育の取組強化を図るべきである。

理由

　法教育・金融経済教育は，生活全般や消費者の視点を通じて消費者教育と重なる部分が多い[30]。成年年齢引下げに伴い，若者の消費者被害防止のためには，各教育の推進主体である法務省や，金融庁及び金融広報中央委員会との連携が不可欠である。このため，消費者庁は，文部科学省及び法教育・金融経済教育に取り組む関係省庁・機関との連携を通じて，消費者教育のための取組を強化すべきである。

4．若年成人に向けた消費者被害対応の充実
（1）相談体制の強化・拡充

　知識や社会経験に乏しい若年成人が消費者トラブルに遭った場合，それをすぐに専門家に相談することができれば，適切な対応につながる。そのためには，若年者の消費者被害に関する相談窓口が整備され，その存在と役割が若年成人に対して十分に認知される必要がある。成年年齢が18歳に引き下げられた場合，消費者被害に関する相談窓口の存在やその利用方法について，若年成人に対し，より一層の周知徹底を図るとともに，若年者のための相談体制を強化・拡充することにより，若年成人が被害に遭った際に気軽に相談できる環境の整備を進めるべきである。

ア　消費生活センターの周知

---

(30)　法教育の内容の一部として，日常生活を支える私法の基本的な考え方を実感として理解し，身に付けることが挙げられる。自立した消費生活を営むためには，消費活動の前提となる身近な法律である私法の基本的な考え方（契約自由の原則，私的自治の原則など）を理解する必要がある。この点で，法教育は，選択し，契約することの理解と考える態度を身に付け，消費者契約の適正化を目指す消費者教育と整合する。
　　また，金融経済教育の意義・目的は，金融リテラシー（金融に関する知識・判断力）の向上を通じて，国民一人一人が，経済的に自立し，より良い暮らしを送っていくことを可能とするとともに，健全で質の高い金融商品の提供の促進や家計金融資産の有効活用を通じ，公正で持続可能な社会の実現に貢献していくことにある。
　　これらの金融リテラシーは，自立した消費生活を営む上で，必要不可欠であり，消費者教育の重要な要素であることから，金融経済教育の内容を消費者教育の内容に盛り込むとともに，金融経済教育と連携した消費者教育を推進することが重要である（消費者教育の推進に関する基本的な方針（平成25年6月閣議決定）。

〈立法の動向〉 5 成年年齢引下げ対応検討ワーキング・グループ報告書

提案内容
➢ 消費生活センターの存在と役割，消費者ホットライン（188）の利用方法等について，Facebook や twitter 等の SNS や動画の配信などインターネットその他の多様な媒体を利用した広報を積極的に行うべきである。
➢ 高等学校と連携するなどして，高校生が消費者問題に関する取組等を行う際に，地元の消費生活センターの協力の下でこれを実施することを推進すべきである。

理由
　若者に対する消費生活センターの相談窓口の周知はまだ十分に進んでおらず，消費者トラブルに遭った若者が，相談窓口を知らないために，適切な対応ができないばかりか，不適切な選択を重ねる悪循環に陥る例が多いとの指摘もある[31]。相談窓口の広報に関する取組は各自治体において行われているが，従来の紙媒体を利用した周知啓発は若年層には届きにくいのが実態である。若年成人に対し，より一層の周知を図るためには，若年層に届きやすい媒体を利用した情報発信を積極的に行うべきである。また，高校生が消費者問題に関する取組等を行う際に，地域の消費生活センターが積極的に協力し，消費生活センターを身近なものとすることも，高等学校卒業後に地元で就職し，あるいは地元で進学する若年成人に対する消費生活センターの周知策になり得ると考えられる。

イ　相談体制の強化策
提案内容
➢ 定期的に若者消費者相談 110 番を実施すべきである。
➢ 高等学校，大学，専門学校等や成人式，若者向け健康診断等，若年成人が足を運びやすい場所や機会に消費生活センターによる出張相談窓口を開設すべきである。
➢ 地方消費者行政推進交付金の活用等により，SNS やメール等インターネットを利用した消費生活相談体制を整備すべきである。
➢ 高等学校，大学，専門学校等において，自校の学生の消費者トラブルにつき校内での情報共有を徹底し，必要に応じて相談窓口につなぐことができる体制を作る。

理由
　消費者トラブルに遭った若年成人に対し，相談窓口への相談を促すためには，それを周知するだけではなく，若者が利用しやすいように整備することが不可欠である。地域の消費生活センターにおいて，出張相談の実施などにより若年

————————————

(31)　古賀教授からのヒアリング（第 2 回 WG）。

［消費者法研究　第 2 号（2017. 1）］

成人が足を運びやすい相談窓口を拡充するとともに，相談体制においても若年層に届きやすい媒体の利用を積極的に推進すべきである。

　また，高等学校，大学，専門学校等においても，自校の学生の消費者トラブルにつき適切に対応するため，教職員等による校内での情報共有を徹底することが望まれる。

ウ　若者支援機関との連携
　提案内容
➢　「地域若者サポートステーション(32)」等の若者支援機関と連携し，若年成人が直面し得る課題に対し，ワンストップで対応する仕組みを作るべきである。

　理由

　　知識や社会経験に乏しい若年成人がトラブルに遭った際に，その相談先を適切に選択するためには，そのトラブルの性質を見極める必要がある。家庭や学校等において適切な相談先につなぐ助言がなされればよいが，親元を離れて一人暮らしをする若年成人(33)や学校に通っていない若年成人にとっては，そうした助言を得られる機会は極めて少ないと考えられる。また，トラブルに遭っても，どこからがいわゆる悪質クレームになるのかという判断ができないために相談しない若者が多いとの指摘もある(34)。さらに，知識や社会経験に乏しい若年成人にとって，消費者トラブルに巻き込まれることは，金銭面だけでなく精神的なダメージにもつながりやすく，経済的な解決に向けた支援にとどまらず，心理的なサポートが必要となる場合もある。

　　支援を必要とする若年成人に適切な支援を行うためには，若者が何でも気軽に相談できるよう，若年成人と顔の見える関係を築くことが重要である(35)。EU では，2000 年代から各国において若者の課題に対する取組が強化され，思春期から 20 代程度までの若者に関する就労，教育，職業訓練，消費者問題等に関する相談・支援をワンストップで引き受けるセンターが各地に設置された(36)。こうした取組をモデルとし，我が国においても，消費生活センターが

----

(32)　厚生労働省が委託した若者支援の実績やノウハウのある NPO 法人，株式会社などにより全国 160 箇所で実施され，働くことに悩みを抱えている 15 歳〜39 歳までの若者に対し，就労に向けた支援を行っている。就労支援機関のほか，教育機関や自治体など様々な機関とネットワークを結び，地域における若者支援ネットワークの拠点として機能している。
(33)　同志社生活協同組合の五藤専務理事は，親元を離れて大学に通う「自宅外生」の多くはワンルームマンションに住んでおり，いわゆる「下宿生」とは異なり身近に相談相手がいないと指摘する（第 3 回 WG）。
(34)　学生団体スマセレからのヒアリング（第 7 回 WG）。
(35)　古賀教授からのヒアリング（第 2 回 WG）。
(36)　宮本副学長からのヒアリング（第 2 回 WG）。

〈立法の動向〉　5　成年年齢引下げ対応検討ワーキング・グループ報告書

「地域若者サポートステーション」等の若者支援機関と連携することにより，消費者トラブルを含めた若年期におけるあらゆる課題について包括的に対応できるプラットフォームを学校外に設け，トラブルに遭った若年成人が相談先に迷うことなく相談できる環境を整えることが考えられる。

（2）大学・専門学校等の有する情報の充実及び活用

各地の消費生活センターには地域における消費者トラブルの情報が集積されるが，大学や専門学校等においても，学生相談室等を通じ，自校の学生が遭った消費者トラブルに関する情報を把握しており，こうした情報を交換し，若年成人の消費者被害の防止のために活用すべきである。

　ア　消費生活センターと大学・専門学校等との情報交換
　　　提案内容
➤　消費生活センターと大学・専門学校等の学生相談室等との間で定期的に連絡会議を行うほか，時機に応じた連絡等により，学生等の被害事例に関する情報交換を行う。

　　　理由
　　大学・専門学校等の学生相談室等は，学生にとって，消費生活センターよりも身近な相談窓口と考えられる。大学・専門学校等の学生相談室等と消費生活センターとの間で定期的に連絡会議を行い，消費生活センターが有する消費者トラブルにおける最新の手口などの情報が学生相談室等に提供されれば，そうした情報を学生のサポートに活用することができる。また，学生の消費者被害事例においては，例えば，いわゆるマルチ商法による類似のトラブルが特定の鉄道沿線上の大学で増加しているといった事象が見られることがある[37]。消費生活センターにおいてこうした情報に接した場合，当該沿線上の大学に対して情報を提供することで，当該大学において早期にトラブルの拡大防止に関する対応をとることができる。

　　なお，消費生活センターからの情報提供は，トラブル防止の実効性や啓発・教育の訴求力確保の観点から，できる限り具体的にされるべきである。

　イ　大学・専門学校等の間での消費者被害に係る情報交換
　　　提案内容
➤　大学・専門学校等の間で定期的に連絡会議を開催し，若年成人の消費者被害等に係る情報交換を行う。

---

(37)　国民生活センターからのヒアリング（第1回WG）。

311

［消費者法研究 第 2 号（2017. 1）］

理由

　　大学における消費者被害に関する情報交換の取組として，関東の私学 6 大学
（明治大学，早稲田大学，慶應義塾大学，法政大学，中央大学及び立教大学）
による学生相談連絡会議や同 6 大学に関西の 4 大学（関西大学，関西学院大学，
同志社大学及び立命館大学）を加えた関東・関西学生問題懇談会等が実施され
ており，各大学が事例報告と検討を行うなど定期的な情報共有を図っている。
また，日本学生支援機構（JASSO）や日本学生相談学会で行われる研修会等
の機会にも大学間での情報交換が行われており，こうした情報が各大学におい
て被害対策に役立てられている(38)。

　　大学・専門学校等では，その実情に応じ，それぞれ自校の学生のトラブルへ
の対応を行っていると考えられるが，自校の情報だけではなく，近隣の学校の
被害情報や他校で実施している対応策などに関する情報を得ることができれば，
より有効な対応が可能になる。そこで，他の大学や専門学校等と連携して連絡
会議を定期的に開催するなどして，若年成人の消費者被害に係る情報提供・交
換を行うことが望まれる。

5．事業者の自主的取組の促進
（1）各業界における未成年者及び若年成人に配慮した自主行動基準の堅持・強化

　事業者においては，法令により一定の消費者保護が担保されているが，それに加え，
未成年者や成人になったばかりの若年成人に配慮した自主行動基準の制定・遵守等の
取組が各業界において行われている。基準が制定・遵守されることは，法の枠組みを
超え，当該事業の特徴により的確に対応した形での消費者保護につながることから，
成年年齢が 18 歳に引き下げられた場合，そうした取組が堅持され，更に強化される
ことが望ましい。

提案内容

➢　各業界の自主行動基準等において，必要に応じ，未成年者及び若年成人に配慮
　した消費者保護の工夫を堅持・強化する。

理由

　　未成年者及び若年成人に配慮した自主行動基準の制定・遵守等の取組は，各
業界において行われている。また，未成年者との契約については，法定の枠組
みに加え，各業界の自主行動基準においても特に慎重な姿勢をとっている例が
みられる。こうした取組は，契約内容が複雑であるとか，契約期間が長期にわ
たるとか，高額になりがちであるといった各業界における取引の特徴等を踏ま
え，想定し得るトラブルの未然防止のため，必要に応じて各業界が自主的に工
夫して実施しているものであり，その内容は業界により様々であるが，基準に

─────────────

(38)　明治大学からのヒアリング（第 3 回 WG）。

312

〈立法の動向〉　5　成年年齢引下げ対応検討ワーキング・グループ報告書

違反することで当該業界における事実上の制裁措置が取られる例もあり，一定
の効果を期待し得る[39]。

　成年年齢が18歳に引き下げられた場合，現行の自主行動基準によれば，新
たに成年となる18歳，19歳の若者は未成年者としての保護の対象から外れる
ことになるとみられる。しかし，仮に消費者教育の充実が図られ十分に行われ
たとしても，成年になって間もない若年成人が社会経験に乏しいことは従来の
未成年者と変わらないのであり，若年成人を直ちに保護の対象外とすることは，
トラブルの増加に直結しかねない。他方，事業者にとっても，若年成人との取
引において必要な配慮を行うことは，将来に向けて顧客となるべき若年成人と
の健全な取引の継続につながる[40]。

　事業者からのヒアリングでは，各業界の自主的な取組の例として，下記が紹
介された。

・当該消費者の判断力不足を認識しながら，それに乗じて勧誘活動を行っては
　ならない（判断力の不足している場合の例として，老人又は未成年者等で判
　断力が不足している場合等)[41]。
・未成年者との契約に際しては，親権者の同席及び同意を必要とする[42]。
・成年・未成年の別や，職業の有無，雇用形態等に基づき契約上限金額を定め
　ている[43]。
・学生に対して与信額の上限を設けることに加えて，返済能力や借入目的の審
　査について，申込みの段階で厳密なチェックを実施している[44]。

　事業者においては，これらの取組を参考に，各業界における取引の特徴や実
態等を踏まえ，未成年者あるいは若年成人に配慮した消費者保護の取組を堅持
し，更には強化していくことが望まれる。

（2）若年成人への配慮に着目した「消費者志向経営」の促進

ア　優良経営認証制度等の推進

　提案内容

➤　事業者において，基準や規格に適合した商品やサービスを消費者に分かりやす
　く示すことで若年成人が安心して商品やサービスを利用できるよう，優良経営
　認証制度等の設置及び推進を図る。

---

(39)　関係団体からのヒアリング（第5回WG）。
(40)　特定非営利活動法人日本エステティック機構の高橋事務局長は，18，19歳が成年と
　　なることで購入意欲が高まる可能性を指摘し，若年成人が20歳になるまで，いわば
　　「初心者マーク」のような形で契約金額に上限を設けることは，社会としても，また事
　　業者としても長く利用してもらうために，必要なのではないかと指摘する（第5回
　　WG）。
(41)　日本訪問販売協会からのヒアリング（第5回WG）。
(42)　日本エステティック機構からのヒアリング（第5回WG）。
(43)　日本エステティック機構からのヒアリング（第5回WG）。
(44)　日本貸金業協会からのヒアリング（第5回WG）。

313

［消費者法研究　第2号（2017.1）］

> ［理由］
>
> 　業界団体において，業界内で優良経営認証制度等を設け，基準や規格に適合した商品やサービスを消費者に明示する例がある[45]。こうした制度による認証は，若年成人にとっても安心して商品やサービスを選択するための有用な情報になり得ることから，各業界において，制度の設置やその推進を図ることが考えられる。

イ　若年成人に配慮した顧客対応窓口の強化

> ［提案内容］
>
> ➤　事業者において設置する顧客対応窓口につき，若年成人に配慮した取組を強化する。

> ［理由］
>
> 　事業者や業界団体において，独自に消費者相談室を設置し，当該事業に関する消費者等からの苦情相談に応じ，助言，調査，あっせん等を行っている例がある[46]。こうした取組を若年成人に配慮する形で強化することも考えられる。

ウ　事業者による従業員研修の徹底と消費者教育の推進

> ［提案内容］
>
> ➤　事業者において，従業員に対する研修を徹底し，従業員の資質向上を図る。
> ➤　事業者において実施されている消費者教育を新たに成年になる18歳，19歳の者の保護も想定した形で更に推進する。

> ［理由］
>
> 　事業者や業界団体において行われている従業員の教育・研修等[47]の徹底により，その資質向上を図ることも重要である。
>
> 　また，消費者に対する教育も各事業者や業界団体において行われているところであるが，成年年齢が18歳に引き下げられた場合には，新たに成人になる18歳，19歳の者の保護も想定した消費者教育が更に推進されるべきである。

（3）若年成人に対する健全な与信のための取組

　一般に収入が少なく経済力に乏しい若者が多額の消費者被害に遭う事例があり，中には経済力に見合わない過剰な消費者信用取引の利用が原因となっているものもみら

---

(45)　日本エステティック機構からのヒアリング（第5回WG）。

(46)　関係団体からのヒアリング（第5回WG）。

(47)　例えば，公益社団法人日本訪問販売協会では，販売員の資質の向上を図り，取引の公正・適正化に資するため，訪問販売員を教育・評価し，試験に合格した販売員に登録証を発行するＪＤＳＡ教育登録制度を設けている（第5回WG）。また，従業員に対し，若年層には事情の確認なくして高額商品を勧めないよう指導するといった取組例も挙げられている（消費者団体ほか関係団体等との意見交換会）。

〈立法の動向〉　5　成年年齢引下げ対応検討ワーキング・グループ報告書

れる[48]。事業者においては，若年成人に対する健全な与信のための取組を推進することが望まれる。

ア　若年成人に対する貸付・信用供与に係る健全性確保
　提案内容
➢　貸金業を営む事業者の自主的な取組として，若年成人（特に18歳，19歳の成人）に対する貸付に際しては，貸付額に一定の利用限度額を設けることや，借入目的や勤務実態の確認を電話連絡等で実施するなど，返済能力の調査を一層適切に行う取組を推進する。
➢　クレジット取引における事業者の自主的な取組として，若年成人に対するクレジットカードの極度額に一定の制限を設けることや，若年成人からの個別クレジット契約の申込みに対しては収入源や収入額の確認を電話連絡等で実施するなど，支払可能見込額調査をより一層丁寧に行う取組を推進する。

　理由
　　国民生活センター及び東京都消費生活総合センターからのヒアリングにおいて，収入の少ない20歳前後の若者に特徴的な消費者トラブルの事例として，高額な契約金額を支払うために貸金やクレジットが利用されていることが多いことが指摘されている。さらに，若者が事業者に収入等につき，虚偽の申告をするよう唆され，結果として，返済能力を超える過剰な貸付や信用供与を受けているケースも報告されており[49]，若者の社会経験の未熟さゆえに事業者の指示に従い，事実と異なる収入等を申告することにより被害が拡大するトラブルがみられる。
　　貸金業法では，貸金業者は年収の3分の1を超える貸付契約の締結が禁止されているほか（第13条の2），顧客の返済能力の調査をしなければならないとし（第13条第1項），当該顧客に対する当該貸金業者の貸付金額の合算額が50万円を超える場合等においては，源泉徴収票その他の当該顧客の資力を明らかにする書面の提出等を受けなければならないとしている（同条第3項）。それに加えて，これまでも貸金業を営む事業者の自主的な取組として，借入目的の確認等返済能力の調査が行われている。また，収入の乏しい若者は貸付を受けた場合，返済が困難となる場合もあることから，未成年者に対する貸付は行わず，若年層に対しては，貸付額を低く抑えるといった取組も行われているところである。成年年齢が18歳に引き下げられた場合には，新たに成年となる18歳，19歳の者に対しては，勤務実態の確認を電話連絡等で実施するなど返済能力調査を一層適切に行うことや，20歳以上の者に比して貸付額を低く

_____

(48)　国民生活センターからのヒアリング（第1回WG）。
(49)　国民生活センターからのヒアリング（第1回WG），東京都消費生活総合センターからのヒアリング（第6回WG）。

［消費者法研究 第 2 号（2017. 1 ）］

抑えるなどの取組を一層推進することが望まれる[50]。

また，割賦販売法は，クレジット契約申込者の年収等の情報を基にした支払可能見込額調査を義務づけ，支払可能見込額を超える極度額のクレジットカードの交付及び個別クレジット契約を禁止している（割賦販売法第 30 条の 2，第 30 条の 2 の 2，第 35 条の 3 の 3，第 35 条の 3 の 4）。年収額は自己申告によるものとされており（同法施行規則第 40 条第 2 項，第 72 条第 2 項），包括クレジットの場合，極度額が 30 万円以下のクレジットカードを発行する場合には，支払可能見込額の調査義務が免除されているが（同規則第 43 条第 1 項第 1 号），包括クレジット業者においては，学生に発行するクレジットカードの極度額の上限を 10 万円程度に設定するといった自主的な取組が行われている。

販売業者が販売契約とクレジット契約を一体的に勧誘する取引形態である個別クレジットでは，特定商取引法で規制する取引（通信販売を除く。）においてクレジット契約を締結しようとする場合，個別クレジット業者は販売業者による不適切な勧誘行為の有無を確認しなければならないとしている（同法第 35 条の 3 の 5）。

また，これらの義務の対象外である店舗等での個別クレジット取引であっても，個別クレジット業者においては，申込者に電話連絡等により申込者の本人確認や申込内容の確認を行っているところ，若年成人からの申込みについては，クレジットカードの極度額に一定の制限を設ける取組や，個別クレジット事業者において直接電話等で若年成人に収入源や収入額についても確認を行うなど，より一層丁寧な支払可能見込額調査を実施する取組の推進が望まれる。

事業者におけるこれらの自主的取組が奏功しない場合，若年成人に過剰な消費者信用取引を利用させる悪質事業者による消費者被害を防止するため，更なる必要な対策を検討すべきである。

イ 消費者トラブルに遭った場合の生活再建支援等の取組の推進
　提案内容
➢ 消費者信用取引にかかる業界団体等において，当該事業に関して消費者トラブルに遭った場合の相談窓口を設置し，相談内容に応じた助言のみならず，生活再建カウンセリング等の支援を行う取組を推進する。

　理由
　日本貸金業協会においては，相談・紛争解決センターを設置し，多重債務問題，あるいは金融トラブルに対して同センターで資金需要者からの相談や苦情

---

(50) なお，事業活動を行うための借入れについては，若年成人であっても利用限度制限の対象外とすべきであるが，この場合も，連鎖販売取引に関連した借入れについては，被害事例が多いことに鑑み，制限額を超える貸付は行わないことが望ましい。

〈立法の動向〉 5 成年年齢引下げ対応検討ワーキング・グループ報告書

を受け付け，生活再建支援等を実施している[51]。若年成人が消費者被害に遭った場合，収入が少ない場合が多く，また知識や社会経験にも乏しいことから，その被害額の多寡にかかわらず生活に大きなダメージを受け，その回復が困難となることがある。被害に遭った若年成人をこうした事態から救済するため，消費者信用取引にかかる業界団体等において相談窓口等を設置し，トラブルの解決に向けた支援を行うとともに，被害に遭った若年成人の生活再建に向けた支援等も実施するなどの取組を推進することが望まれる。

6．その他

提案内容

➤ 消費者被害防止のための啓発活動を実施する若者団体の活動につき，大学等による施設貸与等の承認も含む支援を行うべきである。

➤ 成年年齢引下げに伴う，若年消費者被害防止の社会的周知のための国民キャンペーンを実施すべきである。

理由

　若年消費者被害は，年長者等には相談しにくい面もあり，その防止のためには，同年代の若者らの同世代の仲間が集まった上で主体的にピア・ラーニングし共感の輪を広げていくことが重要であり効果も高い。このため，こうした啓発活動を実施する若者団体の活動につき，それを支える大学施設貸与等の承認も含む各種の支援が重要である。消費者庁及び文部科学省は，大学当局への要請を含む各種の支援を行うべきである。

　成年年齢の引下げに伴う若年消費者の被害防止のためには，その社会的周知が不可欠である。国民全体に対する大規模なキャンペーン的活動を文部科学省，消費者庁，法務省等，関連する省庁の連携の下で展開するとともに，各地において，教育委員会や消費生活センター等が中心となり，高校生を巻き込みながら地域の実態に応じたイベントを展開するなどして，この問題を社会的なムーヴメントに高めていくべきである。その際，消費者教育を学ぶべき場所は学校施設等に限定されるものではなく，成人式や企業の新人研修といった地域・職場，あるいは家庭においても保護者が加わって学ぶべき喫緊の課題であるとの呼びかけを行うことが重要である。

（以上）

---

(51)　日本貸金業協会からのヒアリング（第5回WG）。

［消費者法研究　第 2 号（2017. 1）］

（参考資料 1）

消 政 策 第 431 号
平成 28 年 9 月 1 日

消費者委員会
　　委員長　河上　正二　殿

　　　　　　　　　　　消費者庁長官　岡村　和美

　　民法の成年年齢が引き下げられた場合、新たに成年となる者の消費者
　被害の防止・救済のための対応策について（意見聴取）

上記について、貴委員会の意見を求めます。

（参考資料 2）

消費者委員会 ワーキング・グループ設置・運営規程

平成 26 年 3 月 25 日
消費者委員会決定
最終改正 平成 28 年 9 月 6 日

　消費者委員会令（平成 21 年政令第 216 号）第四条の規定に基づき、この規程を定める。

（総則）
第一条　消費者委員会（以下「委員会」という。）のワーキング・グループ（以下同じ）の設置、所掌事務、構成、会議及び議事録の作成等については、この規程の定めるところによる。

（ワーキング・グループの設置）
第二条　委員会に別紙のとおりワーキング・グループを置く。

（ワーキング・グループの所掌）
第三条　ワーキング・グループは、個別分野における委員会の主要検討課題について、当該課題に専門的知見を有する有識者等の協力を得つつ、集中的に調査審議を行い、その結果を委員会に報告する。

（ワーキング・グループの構成）
第四条　ワーキング・グループに属すべき構成員は、別紙のとおりとする。
2　ワーキング・グループには座長を置き、当該ワーキング・グループに属する委員から委員長が指名し、座長は、当該ワーキング・グループの事務を掌理する。
3　座長に事故があるときは、当該ワーキング・グループに属する委員のうちから委員長があらかじめ指名する者が、その職務を代理する。

（ワーキング・グループの会議）

〈立法の動向〉　5　成年年齢引下げ対応検討ワーキング・グループ報告書

第五条　座長（座長に事故があるときはその職務を代理する者。以下同じ。）
　は、ワーキング・グループの会議を招集し、その議長となる。
2　ワーキング・グループの会議への出席には、会議の開催場所への出席のほ
　か、座長が必要と認めるときには、テレビ会議システムを利用した出席を含
　めるものとする。
3　ワーキング・グループに属さない委員は、あらかじめ座長に届け出ること
　により、会議にオブザーバーとして出席し、発言することができる。
4　座長は、必要により、臨時委員又は専門委員をオブザーバーとして会議に
　出席させ、関係事項について説明を求めることができる。
5　座長は、必要により、当該審議事項に関して識見を有する者を参考人とし
　て会議に出席させ、関係事項について説明を求めることができる。

（審議の公開）
第六条　ワーキング・グループの開催予定に関する日時・開催場所等について
　は、公開する。
2　ワーキング・グループは、会議を公開することにより、当事者若しくは第
　三者の権利若しくは利益又は公共の利益を害するおそれがある場合その他座
　長が非公開とすることを必要と認めた場合を除き、公開する。非公開とすべ
　き事由が終了したときは、公開するものとする。
3　前項の規定により座長が会議を非公開とすることを認めた場合は、ワーキ
　ング・グループはその理由を公表する。
4　会議の議事録については、第2項の規定により座長が会議を非公開とする
　ことを必要と認めた場合を除き、公開する。
5　第2項の規定により座長が会議を非公開とすることを必要と認めた場合は、
　議事要旨をすみやかに作成し、公表するものとする。

（議事録の作成）
第七条　ワーキング・グループの議事については、次の事項を記載した議事録
　を作成する。
　一　会議の日時及び場所
　二　出席した構成員の氏名及びこのうちテレビ会議システムを利用した出席
　　者の氏名
　三　議題となった事項
　四　審議経過
　五　審議結果

（消費者庁の協力）
第八条　ワーキング・グループは、調査審議に当たって、消費者庁の協力を得
　ることができる。

（雑則）
第九条　この規程に定めるもののほか、ワーキング・グループの運営に関し必
　要な事項は、座長が委員会に諮って定める。

　　　　附　則
　この規程は、平成26年3月25日から施行する。
　この規程は、平成27年3月24日から改正施行する。
　この規程は、平成28年9月6日から改正施行する。

319

［消費者法研究 第2号（2017. 1）］

（別紙）

ワーキング・グループの名称・目的・構成員

（◎：座長、○：座長代理）

ワーキング・グループ名称	目的	構成員
成年年齢引下げ対応検討ワーキング・グループ	民法の成年年齢が引き下げられた場合、新たに成年となる者の消費者被害の防止・救済のための対応策について検討すること	○ 池本 誠司 委員 　 大森 節子 委員 　 河上 正二 委員長 ◎ 樋口 一清 委員 　 増田 悦子 委員

（参考資料3）

審 議 経 過

（個人名は敬称略）

開催日・議事内容
第1回　平成28年9月20日
○ 関係機関から若年者層（18歳～22歳）の消費者トラブルの実態についてのヒアリング 　■ 国民生活センター 　　「若者の消費者トラブルの実態 ── 相談現場からの報告 ── 」
第2回　平成28年10月4日
○ 有識者から若者の実態についてのヒアリング 　■ 宮本みち子 放送大学副学長 　　「成年年齢引き下げによる『消費者としての若者』をどう位置づけるか？」 　■ 古賀正義 中央大学文学部教授 　　「消費者としての若者 ── 成年年齢引き下げにかかわって ── 」
第3回　平成28年10月25日
○ 有識者等から大学・高校、学生団体における消費者啓発・消費者教育の推進についてのヒアリング 　■ 明治大学学生支援部学生相談室 　　「明治大学における消費者意識啓発と相談体制」 　■ 同志社生活協同組合、大学生協関西北陸ブロック京滋・奈良エリア消費者教育タスクチーム 　　「同志社生協における消費者教育の実践報告」 　　「大学入学後のトラブル・相談相手」 　　「大学生協関西北陸ブロック京滋・奈良エリア」 　　「消費者教育タスクチームの活動について」 　■ 村上睦美 茨城県立神栖高等学校家庭科教諭 　　「神栖高等学校 学校家庭クラブの取組と高校生の消費者に関する意識調査」

〈立法の動向〉　5　成年年齢引下げ対応検討ワーキング・グループ報告書

■ 工藤由貴子 横浜国立大学教育人間科学部教授
　「家庭科教育の立場から」

第4回　平成28年11月1日
○ 有識者から若者の知識や判断力の不足等につけ込む事業者の行為に対する規制の在り方についてのヒアリング

■ 宮下修一 中央大学大学院法務研究科教授
　「若年者の契約締結における適合性の配慮について」
■ 坂東俊矢 京都産業大学大学院法務研究科教授
　「未成年者取消権が果たしてきた役割と若年消費者保護の課題」
■ 中田邦博 龍谷大学法科大学院教授
　「不公正取引方法指令における『攻撃的取引方法（aggressive commercial practices)』の意義について —— ドイツの UWG を参考にしながら」

第5回　平成28年11月8日
○ 関係団体から若年者保護のための事業者団体の取組についてのヒアリング

■ 公益社団法人日本訪問販売協会
　「訪問販売協会の自主的取組み」
　「訪問販売協会の自主行動基準・連鎖販売取引に係る自主行動基準について」
■ 特定非営利活動法人日本エステティック機構
　「エステティックサロン認証制度における未成年者との取引における対応」
　「特定非営利活動法人日本エステティック機構組織概要」
　「エステティック認証制度ガイドブック」
■ 日本貸金業協会
　「日本貸金業協会の消費者啓発活動について〜出前講座・講師派遣等の推進〜」
　「ローン・キャッシング Q&A Book」

第6回　平成28年11月15日
○ 関係省庁・関係機関から若者の被害が多い分野における現状・対策及び消費者教育・消費者啓発の取組についてのヒアリング

■ 消費者庁
　「特定商取引法の執行状況について」
■ 東京都消費生活総合センター
　「消費者被害防止のための若者啓発・教育事業」
　「相談事例から見た若者の消費者被害の状況」
　「消費者注意情報」
■ 国民生活センター
　「学校現場への直接的・間接的な教育研修について」

第7回　平成28年11月16日
○ 学識者等から若者の知識や判断力の不足等につけ込む事業者の行為に対する規制の在

り方について及び学生団体における消費者啓発・消費者教育の推進についてのヒアリング

■ 潮見佳男 京都大学大学院法学研究所教授・法学研究科長

(適合性の原則について、消費者基本法2条2項と適合性の原則、年齢に対する配慮と消費者契約法 ── 勧誘行為に対する規制ほか)

■ 学生団体スマセレ

「学生団体スマセレの活動と若者の消費トラブルについて」

第8回　平成28年11月22日

○ 関係省庁から若者の被害が多い分野、高額被害の発生を助長する与信等分野おける現状・対策及び高校・大学における消費者教育の取組、教員養成課程における消費者教育の取組についてのヒアリング

■ 経済産業省

「クレジット分野における若年者層向けの消費者被害対策の実施状況について」

■ 金融庁

(多重債務問題の現状、多重債務問題と平成18年の貸金業法改正、多重債務問題への対応、顧客等に対する被害防止に係る監督指針の定めについて、苦情・相談等に対する監督当局の取組について)

■ 文部科学省

「文部科学省における消費者教育の取組」

「教員免許制度について」

■ 消費者庁

「消費者教育の推進について」

第9回　平成28年11月29日

○ 関係省庁・関係団体から法教育・金融教育の取組、成年年齢の引下げに対する考え方についてのヒアリング

■ 金融庁

(金融経済教育研究会・金融経済教育推進会議について、多様な担い手による様々な取組、金融庁の取組、金融行政方針について)

■ 金融広報中央委員会事務局

「若者の消費者トラブル防止への取り組み」

■ 法務省

(法教育の概要、法教育の普及・推進に向けた法務省の取組、法教育と消費者教育)

■ 一般社団法人全国消費者団体連絡会

「民法の成年年齢引き下げに伴う消費者課題について」

■ 一般社団法人日本経済団体連合会

(消費者政策に関する経団連の取り組み、成年年齢が引き下げられた場合の対応について)

■ 日本司法書士会連合会

〈立法の動向〉 5 成年年齢引下げ対応検討ワーキング・グループ報告書

「成年年齢の引下げに伴う消費者被害への対応について」
■ 日本弁護士連合会
（成年年齢引下げと若年消費者の保護に関する施策（案）等について）

第10回　平成28年12月6日
○ 有識者からの若者の被害が多い分野における現状と対策についてのヒアリング 　■ 山本正行 山本国際コンサルタンツ代表 　　「若年層向けクレジット等決済サービスについて」 　■ 堺次夫 悪徳商法被害者対策委員会会長、元信州大学客員教授 　　（マルチ商法被害問題からの提言等）
第11回　平成28年12月13日
○ 取りまとめに向けた検討
第12回　平成28年12月20日
○ 取りまとめに向けた検討（2）
第13回　平成28年12月27日
○ 取りまとめに向けた検討（3）
第14回　平成29年1月10日
○ 取りまとめに向けた検討（4）

構 成 員 名 簿

（座長）　　　樋口　一清　法政大学大学院政策創造研究科教授
（座長代理）　池本　誠司　弁護士
　　　　　　　大森　節子　NPO法人C・キッズ・ネットワーク理事長
　　　　　　　河上　正二　東京大学大学院法学政治学研究科教授
　　　　　　　増田　悦子　公益社団法人全国消費生活相談員協会専務理事
オブザーバー　後藤　巻則　早稲田大学大学院法務研究科教授

（敬称略）

6 成年年齢引下げ対応検討ワーキング・グループ報告書の概要

平成29年1月
消費者委員会事務局

民法の成年年齢引下げに関する
消費者被害の防止・救済のための対応策の検討について

経緯

○消費者庁長官から消費者委員会に対する意見聴取（平成28年9月）

平成28年9月に、消費者庁長官から消費者委員会宛に、
民法の成年年齢が引き下げられた場合、新たに成年となる者の消費者被害の
防止・救済のための対応策について、意見の求めを受ける。

○成年年齢引下げ対応検討ワーキング・グループの設置～消費者庁への回答

・消費者委員会に、成年年齢引下げ対応検討ワーキング・グループを設置（平成28年9月）
・平成28年9月以降、計14回の会議において、計31の、有識者・関係団体・関係機関・関係省庁等
からヒアリングを実施した後、報告書を取りまとめ（平成29年1月）
・消費者委員会本会議で、報告書の内容を踏まえ、消費者庁長官宛に回答（平成29年1月）

＜主なヒアリング先＞
有識者等：大学教授・教諭等
関係団体：同志社生活協同組合、公社社団法人日本訪問販売協会、
特定非営利活動法人日本エステティック機構、
日本貸金業協会、一般社団法人全国消費者団体連絡会、
一般社団法人日本経済団体連合会、日本司法書士会連合会、
日本弁護士連合会
関係機関：国民生活センター、東京都消費生活センター、
金融広報中央委員会事務局、金融庁、経済産業省、文部科学省、法務省 等
関係省庁：消費者庁、経済産業省、

＜成年年齢引下げ対応検討WG構成員＞
（座長）　　　樋口　一清
（座長代理）　池本　誠司
　　　　　　　大森　節子
　　　　　　　河上　正二
　　　　　　　増田　悦子
（オブザーバー）
　　　　　　　後藤　巻則

〈立法の動向〉 6　成年年齢引下げ対応検討ワーキング・グループ報告書の概要

成年年齢引下げ対応検討WG報告書の概要

はじめに

成年年齢を引下げるものとする民法改正を実施する場合、新たに成年となる18歳、19歳の消費者被害の防止・救済のためには、本報告書を踏まえた消費者教育などの充実や制度整備等の検討が必要。新たに成年となる者に対して、①十分な消費者教育がなされるまでの準備期間を確保するとともに、成熟した消費者と比較して十分な知識・経験・判断能力が身に付いていない、新たに成年となる者に対し、②消費者被害の防止・救済のための相談体制の強化、制度整備などの必要な措置が実施されるために必要な期間を確保すべき。

（制度整備については、国民的なコンセンサスを得つつ検討が進められることを明記）

第1　現状と課題

1．若年者の実態と課題

- 成熟した成人への移行プロセスの長期化・個別化・多様化・流動化
- 18歳を境目に生活環境が大きく変わる（進学・就職）
- 成熟した成人と比較して十分な知識・経験・判断能力が身に付いているとはいえない。
- 社会人としての出発点での回復不能なダメージから保護しつつ、段階的に経験を積んで成熟した人へと成長できる社会環境を整備し、若者の成長を支える必要がある。

2．若年者の消費者被害の動向

- 18歳・19歳と比べて20歳以降の相談件数が増加している
- 20〜22歳で相談件数が増える商品・役務

  男性：マルチ取引、フリーローン・サラ金など
  女性：エステ、医療サービスなど

- 契約購入金額の平均も20歳以降に増加

  18歳　男性：約16万円、女性：約16万円
  19歳　男性：約21万円、女性：約17万円
  20〜22歳　男性：約39万円、女性：約27万円

3．若年者保護のための具体的措置に関する制度の現状

- 民法（第5条第2項：未成年者取消権）
- 特定商取引法（第7条第1項第2号：老人その他の者の判断力の不足に乗じた契約の締結を指示対象行為）
- 貸金業法（第13条第1項及び第3項：返済能力の調査、第13条の2：過剰貸付け等の禁止）
- 割賦販売法（第30条の2、第35条の3：年収等の確認による支払可能見込額の調査）

4．小中高等学校における現状と課題

- 小中高等学校：家庭科・社会科（公民科）を中心に実施。

  ↑授業時間が少ない、その効果が不明確、消費者教育の変化が早く教員の指導の負担大、悪質商法・消費者保護制度に関する教材提供も十分ではないとの指摘。

- 大学：新入生ガイダンスでの啓発授業科目の開設等を実施。

  ↑対応にバラつきが大きく、全体的に取組は十分ではない。大学の教員養成課程で、消費者教育を履修することはない。教員免許更新講習で消費者教育を取り扱うものはごく僅かな状況。

5．本報告書が対象とする若年者の範囲

- 消費者被害の防止・救済のための対応策については、年齢のみによって画一的に処理するのではなく、個人の知識・経験・判断能力等に応じた対応をしつつ、若者が成熟した成人として社会に参画できるための支援の必要性を確認。
- 現在の大学等進学率は5割に達し、専門学校等への進学を加えると7割以上が18歳を超えても学業を継続している状況。

  ↑18歳から22歳を念頭に「若年成人」とし、社会全体で「若年成人」が成熟した人になることを支えるよう支援が必要

（なお、具体的な制度整備や消費者教育の実施にあたっては、その実施に応じて対象とする「若年成人」の年齢、属性に則して対応）

このような状況を踏まえて、「若年成人」の消費者被害の防止・救済の観点から望ましい対応策を検討

325

第2 望ましい対応策

1. 制度整備

○消費者契約法 （具体的には消費者契約法専門調査会で検討）

・若年成人に対する配慮に努める義務：
事業者は、消費者契約を締結するに際しては、消費者の年齢、消費生活に関する知識及び経験並びに消費生活における能力に応じて、適切な形で情報を提供するとともに、当該消費者の需要及び資力に適した商品及び役務の提供について、必要かつ合理的な配慮をするよう努めるものとする。

・不当勧誘に対する取消権：
事業者が若年成人の知識、経験不足等に乗じて合理的な判断をすることができない事情に乗じることにより締結させた、当該若年成人にとって合理的・必要性を欠く消費者契約を取り消すことができる制度を検討すること。
（考慮する要素として、①若年成人の知識・経験・消費生活に対する能力の不十分、②事業者が①を利用したこと
③消費者契約の目的が当該若年成人の需要及び資力との関係で合理性・必要性を欠くこと）
(特定商取引法施行規則第31条第6号関係)（同第7条第2号関係）

○特定商取引法
省令改正により若年成人に対する以下の行為を行政処分の対象として明確化
・連鎖販売取引において若年成人の判断力の不足に乗じて契約を締結させる行為
・訪問販売取引において若年成人の需要及び資力に乗じて契約を締結させる行為

2. 処分等の執行の強化

○特定商取引法に違反した事業者に対する処分等の積極的な執行
・支払手段となる信用供与契約について虚偽記載を喚起する行為
・若年成人の知識、判断力等の不足に乗じて契約させる事案
・若年成人に被害の多い商品等

3. 消費者教育の充実

・小中高等学校：
消費者教育の機会充実・推進のための人材開発（研修等）、ガイドブック等、施設等からの学習・指導方法の高度化や実効性確保・教材の開発・施設等での消費者教育支援に関するプログラムの検討等
・大学、専門学校等：
人材開発・教員養成課程における消費者教育の重要性を認識させる働きかけ、自治体と大学等における消費者被害防止のための連携枠組み強化、学生相談室等を通じた消費者教育（大学）・啓発（専門学校）等
取組についての実態把握
法教育・金融経済教育：関係省庁・機関との連携を通じた取組の強化

4. 若年成人に向けた消費者被害対応の充実

・相談体制の強化・拡充（消費生活センターの周知、相談窓口の拡充等、若者支援機関（地域若者サポートステーション等）との連携）
・大学・専門学校等の有する情報の充実及び活用（被害事例に関する消費生活センター等間の情報交換等）
・「消費者志向経営」の促進

5. 事業者の自主的取組の促進

未成年者及び若年成人に配慮した自主行動基準の堅持・強化
・若年成人への配慮に着目した「消費者志向経営」の促進
・若年成人に対する健全な与信の取組

6. その他

・消費者被害防止のための啓発活動を実施する若者団体の活動支援
・成年年齢引き下げに伴い、若年消費者被害防止の社会的周知のための国民キャンペーンの実施

成年年齢引下げ（若年成年）と若年消費者保護立法

⑦　付録／
少年法 18 歳未満引下げ＝
法務省勉強会報告書/

法制審議会＝少年法・刑事法
（少年年齢・犯罪者処遇関係）部会
新設ほか

・諮問に至る経緯

○平成 19 年 5 月　日本国憲法の改正手続に関する法律（平成 19 年法律第 51 号）が成立

○平成 21 年 10 月　法制審議会において，民法の成年年齢の引下げに関する諮問第 84 号に対する答申

○平成 26 年 6 月　日本国憲法の改正手続に関する法律の一部を改正する法律（平成 26 年法律第 75 号）が成立

○平成 27 年 6 月　公職選挙法等の一部を改正する法律（平成 27 年法律第 43 号）が成立

○平成 27 年 11 月〜平成 28 年 12 月「若年者に対する刑事法制の在り方に関する勉強会」/28 年 12 月取りまとめ報告書を公表

　＊平成 29 年 2 月 9 日第 178 回法制審開催→

　　法制審議会「少年法・刑事法（少年年齢・犯罪者処遇関係）部会」（新設）に付託審議→部会報告→総会審議→（決定）

（平成 29 年 2 月 9 日開催）

成年年齢引下げ(若年成年)と若年消費者保護立法

⑦　付録／少年法 18 歳未満引下げ＝法務省勉強会報告書／法制審＝少年法・刑事法
　　（少年年齢・犯罪者処遇関係）部会新設ほか　細目次

〈参考〉法制審議会　平成 29 年 2 月開催　予定表
法制審議会第 178 回会議（平成 29 年 2 月 9 日開催）＝議題／議事概要／議事録等

配布資料　1　法制審議会第 178 回会議配付資料　（刑 1）　(134)
①－諮問第 103 号（国民投票法・公選法選挙権年齢 18 歳以上・民法の成年年齢検討状況等を
ふまえ少年法年齢 18 歳未満とすることなどの充実のため刑事法の実体法及び手続法の整備の在
り方についてのご意見を賜りたい。）

配布資料　2　法制審議会第 178 回会議配付資料　（刑 2）　(136)
　　・諮問に至る経緯
○平成 19 年 5 月　日本国憲法の改正手続に関する法律（平成 19 年法律第 51 号）が成立
○平成 21 年 10 月　法制審議会において，民法の成年年齢の引下げに関する諮問第 84 号に対す
　　　　　　　　る答申
○平成 26 年 6 月　日本国憲法の改正手続に関する法律の一部を改正する法律（平成 26 年法律第
　　　　　　　　75 号）が成立
○平成 27 年 6 月　公職選挙法等の一部を改正する法律（平成 27 年法律第 43 号）が成立
○平成 27 年 11 月〜平成 28 年 12 月　「若年者に対する刑事法制の在り方に関する勉強会」/28 年
　　　　　　　　12 月取りまとめ報告書を公表
　　＊平成 29 年 2 月 9 日第 178 回法制審開催→法制審議会　「少年法・刑事法（少年年齢・犯罪者処遇関係）部
　　　　　　　　　会」（新設）に付託審議→部会報告→総会審議→（決定）

配布資料　3　法制審議会第 178 回会議配付資料　（刑 3）　(139)
　　・民法の成年年齢の引下げに関する諮問第 84 号に対する答申
　　　　○民法成年年齢引下げについての意見
　　　　　1　民法の定める成年年齢について
　　　　　2　養子をとることができる年齢（養親年齢）について
　　　　○民法成年年齢引下げについての最終報告書　目次〜（本文参照）
　　　　　＊契約年齢の引下げの意義・問題点・解決策/消費者被害拡大の危険/消費者保護施策の充実/消費者関係教育
　　　　　の充実/など（本文参照）
　　　　○〔参考資料〕ヒヤリングの結果（消費者関係の問題など）/高校生との意見交換会（本文参照）

配布資料　4　法制審議会第 178 回会議配付資料　（刑 4）　(182)
　　・「若年者に対する刑事法制の在り方に関する勉強会」取りまとめ報告書
　　　　目次　第 1　「若年者に対する刑事法制の在り方に関する勉強会」の実施について‥‥‥‥‥‥‥‥‥‥‥‥‥‥184
　　　　　1「若年者に対する刑事法制の在り方に関する勉強会」の趣旨‥‥‥‥‥‥‥‥‥‥‥‥‥‥‥‥‥‥184
　　　　　2　本勉強会の実施状況‥‥‥‥‥‥‥‥‥‥‥‥‥‥‥‥‥‥‥‥‥‥‥‥‥‥‥‥‥‥‥‥‥185
　　　　　　(1) ヒアリング‥‥‥‥‥‥‥‥‥‥‥‥‥‥‥‥‥‥‥‥‥‥‥‥‥‥‥‥‥‥‥‥‥‥185
　　　　　　(2) 若年者に対する刑事法制の在り方全般に関する意見募集‥‥‥‥‥‥‥‥‥‥‥‥‥‥‥‥186
　　　　　　(3) 資料調査‥‥‥‥‥‥‥‥‥‥‥‥‥‥‥‥‥‥‥‥‥‥‥‥‥‥‥‥‥‥‥‥‥‥‥186
　　　　　　(4) 内部検討等‥‥‥‥‥‥‥‥‥‥‥‥‥‥‥‥‥‥‥‥‥‥‥‥‥‥‥‥‥‥‥‥‥‥186
　　　　第 2　本勉強会における検討結果の概要‥‥‥‥‥‥‥‥‥‥‥‥‥‥‥‥‥‥‥‥‥‥‥‥‥‥‥186
　　　　　1　少年法適用対象年齢の在り方について‥‥‥‥‥‥‥‥‥‥‥‥‥‥‥‥‥‥‥‥‥‥‥‥‥187
　　　　　　(1) 現行法（20 歳未満）を維持すべきであるという考え方の主な理由‥‥‥‥‥‥‥‥‥‥‥187
　　　　　　(2) 18 歳未満に引き下げるべきであるという考え方の主な理由‥‥‥‥‥‥‥‥‥‥‥‥‥‥187
　　　　　2　若年者に対する刑事政策的措置‥‥‥‥‥‥‥‥‥‥‥‥‥‥‥‥‥‥‥‥‥‥‥‥‥‥‥191
　　　　　　(1) 受刑者に対する施設内処遇を充実させる刑事政策的措置‥‥‥‥‥‥‥‥‥‥‥‥‥‥‥191
　　　　　　(2) 施設内処遇と社会内処遇との連携を強化するための刑事政策的措置‥‥‥‥‥‥‥‥‥‥193
　　　　　　(3) 社会内処遇を充実させるための刑事政策的措置‥‥‥‥‥‥‥‥‥‥‥‥‥‥‥‥‥‥‥194
　　　　　　(4) 罰金又は起訴猶予となる者に対する再犯を防止するための刑事政策的措置‥‥‥‥‥‥‥198
　　　　　　(5) 若年者に対する新たな処分の導入‥‥‥‥‥‥‥‥‥‥‥‥‥‥‥‥‥‥‥‥‥‥‥‥199
　　　　　　(6) 「若年者」の範囲‥‥‥‥‥‥‥‥‥‥‥‥‥‥‥‥‥‥‥‥‥‥‥‥‥‥‥‥‥‥‥200
　　　　　　(7) 手続の在り方‥‥‥‥‥‥‥‥‥‥‥‥‥‥‥‥‥‥‥‥‥‥‥‥‥‥‥‥‥‥‥‥‥200

成年年齢引下げ(若年成年)と若年消費者保護立法

(8) その他 ··200

第3 おわりに ··201

（添付資料）（202）

資料1 若年者に対する刑事法制の在り方に関する勉強会構成員等名簿 （203）

資料2 ヒアリングの実施日，対象者及び各意見の要旨

資料3 一般保護事件の終局人員－終局時年齢（14歳から19歳まで）ごとの非行別，終局決定別（平成26年）

資料4 刑事事件（略式請求事件を除く。）の終局人員－終局時年齢（14歳から25歳まで）ごとの罪名別・量刑分布別（終局区分別を含む。）（平成26年）

資料5 保護処分に付された原則逆送事件及び少年院送致・公判請求された年長少年に係る事件の概況

資料6 少年院出院者及び刑事施設出所者の予後調査について

資料7 保護観察対象者（保護観察処分少年・少年院仮退院者）の現状調査及び保護観察処分少年の予後調査

配布資料 5 法制審議会第178回会議配付資料 （**刑5**）（275）

　・少年法における年齢による取扱の差異

配布資料 6 法制審議会第178回会議配付資料 （**刑6**）（277）

　・主要国の法定年齢

配布資料 7 法制審議会第178回会議配付資料 （**刑7**）（279）

　・少年法改正の経過

【平成12年改正】（平成12年法律第142号）

　○少年事件の処分等の在り方の見直し／・刑事処分可能年齢の引下げ（16歳以上から14歳以上に）

　　・少年院における懲役又は禁錮の執行を可能とすること（16歳未満）

　　・いわゆる原則逆送制度の導入等

　○少年審判の事実認定手続の適正化

　　・検察官及び弁護士である付添人が関与した審理の導入等

　○被害者への配慮の充実

　　・被害者等による記録の閲覧・謄写制度の導入

　　・被害者等の申出による意見の聴取制度の導入等

【平成19年改正】（平成19年法律第68号）

　○いわゆる触法少年（14歳未満で刑罰法令に触れる行為をした少年をいう。）に係る事件の調査手続の整備

　○14歳未満の少年の少年院送致を可能とすること

　○保護観察に付された者に対する指導を一層効果的にするための措置等の整備

　○国選付添人制度の導入

【平成20年改正】（平成20年法律第71号）

　○被害者等の申出による意見の聴取の対象者の拡大

　○被害者等による記録の閲覧・謄写の範囲の拡大

　○一定の重大事件の被害者等が少年審判を傍聴することができる制度の導入

　○家庭裁判所が被害者等に対し審判の状況を説明する制度の導入

　○成人の刑事事件の管轄の移管等

【平成26年改正】（平成26年法律第23号）

　○家庭裁判所の裁量による国選付添人制度及び検察官関与制度の対象事件の範囲拡大

　○少年の刑事事件に関する処分の規定の見直し

　・不定期刑に関する規定の見直し

　・いわゆる無期刑の緩和刑に関する規定の見直し

配布資料 8 法制審議会第178回会議配付資料 （**刑8**）（281）

　・**統計資料**

配布資料 9 法制審議会第178回会議配付資料 （**刑9**）（288）

　・**参照条文**

（配布資料 10 －会社法制（企業統治等関係）の見直しについて）…省略

　・**会議用資料** －法制審議会委員名簿 （316）

131

成年年齢引下げ(若年成年)と若年消費者保護立法

〈参考〉 法制審議会 平成29年2月開催 予定表

〔法制審議会〕
2月開催予定表

会議名	年 月 日	議 題
法制審議会総会第178回会議	平成29年2月9日	少年法における少年の年齢及び犯罪者処遇を充実されるための刑事法の整備に関する諮問について 会社法制（企業統治等関係)の見直しに関する諮問について
法制審議会民事執行法部会第4回会議	平成29年2月10日	民事執行法の見直しについて
法制審議会信託法部会第38回会議	平成29年2月21日	信託法の見直しについて
法制審議会民法(相続関係)部会第18回会議	平成29年2月28日	民法(相続関係)の規律の見直しについて

成年年齢引下げ(若年成年)と若年消費者保護立法

法制審議会第178回会議(平成29年2月9日開催) =議題/議事概要/議事録等

法制審議会第178回会議(平成29年2月9日開催)

○ 議題

1　少年法における少年の年齢及び犯罪者処遇を充実させるための刑事法の整備に関する諮問について
2　会社法制(企業統治等関係)の見直しに関する諮問について

○ 議事概要

　法務大臣から新たに発せられた「少年法における少年の年齢及び犯罪者処遇を充実させるための刑事法の整備に関する諮問第103号」及び「会社法制(企業統治等関係)の見直しに関する諮問第104号」に関し,事務当局から諮問に至った経緯,趣旨等について説明があった。
　これらの諮問について,その審議の進め方等に関する意見表明があり,諮問第103号については,「少年法・刑事法(少年年齢・犯罪者処遇関係)部会」(新設)に,また,諮問第104号については,「会社法制(企業統治等関係)部会」(新設)に付託して審議することとし,部会から報告を受けた後,改めて総会において審議することとされた。

○ 議事録等

議事録
(準備中)
資　料
　配布資料1　諮問第103号【PDF】
　配布資料2　諮問に至る経緯【PDF】
　配布資料3　民法の成年年齢の引下げに関する諮問第84号に対する答申【PDF】
　配布資料4　「若年者に対する刑事法制の在り方に関する勉強会」取りまとめ報告書【PDF】
　配布資料5　少年法における年齢による取扱いの差異【PDF】
　配布資料6　主要国の法定年齢【PDF】
　配布資料7　少年法改正の経過【PDF】
　配布資料8　統計資料【PDF】
　配布資料9　参照条文【PDF】
　配布資料10　会社法制(企業統治等関係)の見直しについて【PDF】
　会議用資料　法制審議会委員等名簿【PDF】

133

成年年齢引下げ(若年成年)と若年消費者保護立法

配布資料1　法制審議会第178回会議配付資料（刑1）

| 法制審議会第１７８回会議配布資料 | 刑１ |

諮問第１０３号

成年年齢引下げ(若年成年)と若年消費者保護立法

配布資料 1　法制審議会第 178 回会議配付資料（刑 1）

諮問第百三号

日本国憲法の改正手続に関する法律における投票権及び公職選挙法における選挙権を有する者の年齢を十八歳以上とする立法措置、民法の定める成年年齢に関する検討状況等を踏まえ、少年法の規定について検討が求められていることのほか、近時の犯罪情勢、再犯の防止の重要性等に鑑み、少年法における「少年」の年齢を十八歳未満とすること並びに非行少年を含む犯罪者に対する処遇を一層充実させるための刑事の実体法及び手続法の整備の在り方並びに関連事項について御意見を賜りたい。

成年年齢引下げ(若年成年)と若年消費者保護立法

配布資料2　法制審議会第178回会議配付資料（刑2）

法制審議会第１７８回会議配布資料　｜　刑2

諮問に至る経緯

成年年齢引下げ（若年成年）と若年消費者保護立法

配布資料2　法制審議会第178回会議配付資料（刑2）

諮問に至る経緯

○　平成19年　5月　日本国憲法の改正手続に関する法律（平成19年法律第51号）が成立

（投票権）
第3条　日本国民で年齢満18年以上の者は、国民投票の投票権を有する。

（法制上の措置）
附則第3条　国は、この法律が施行されるまでの間に、年齢満18年以上満20年未満の者が国政選挙に参加することができること等となるよう、選挙権を有する者の年齢を定める公職選挙法、成年年齢を定める民法（明治29年法律第89号）その他の法令の規定について検討を加え、必要な法制上の措置を講ずるものとする。
2　前項の法制上の措置が講ぜられ、年齢満18年以上満20年未満の者が国政選挙に参加すること等ができるまでの間、第3条、第22条第1項、第35条及び第36条第1項の規定の適用については、これらの規定中「満18年以上」とあるのは、「満20年以上」とする。

○　平成21年10月　法制審議会において，民法の成年年齢の引下げに関する諮問第84号に対する答申

・　民法が定める成年年齢を18歳に引き下げるのが適当である。

○　平成26年　6月　日本国憲法の改正手続に関する法律の一部を改正する法律（平成26年法律第75号）が成立

・　本法により，制定附則第3条は削除され，国民投票の投票権を有する者の年齢は，平成30年6月20日までは満20年以上，　同月21日以降は満18年以上とされた。

（法制上の措置）
附則第3項　国は、この法律の施行後速やかに、年齢満18年以上満20年未満の者が国政選挙に参加することができること等となるよう、国民投票の投票権を有する者の年齢と選挙権を有する者の年齢との均衡等を勘案し、公職選挙法（昭和25年法律第100号）、民法（明治29年法律第89号）その他の法令の規定について検討を加え、必要な法制上の措置を講ずるものとする。

成年年齢引下げ（若年成年）と若年消費者保護立法

配布資料２　法制審議会第178回会議配付資料（刑２）

○ 平成27年　6月　公職選挙法等の一部を改正する法律（平成27年法律第43号）が成立

- 衆議院議員及び参議院議員の選挙権を有する者の年齢を満20年以上から満18年以上に引き下げる。

公職選挙法（昭和25年法律第100号）
（選挙権）
第9条　日本国民で年齢満18年以上の者は、衆議院議員及び参議院議員の選挙権を有する。

（法制上の措置）
附則第11条　国は、国民投票（日本国憲法の改正手続に関する法律（平成19年法律第51号）第1条に規定する国民投票をいう。）の投票権を有する者の年齢及び選挙権を有する者の年齢が満18年以上とされたことを踏まえ、選挙の公正その他の観点における年齢満18年以上満20年未満の者と年齢満20年以上の者との均衡等を勘案しつつ、民法（明治29年法律第89号）、少年法その他の法令の規定について検討を加え、必要な法制上の措置を講ずるものとする。

○ 平成27年11月～平成28年12月　「若年者に対する刑事法制の在り方に関する勉強会」

- 法務省刑事局，矯正局及び保護局による検討。
- 基礎的知見の収集のため，ヒアリング，意見募集，資料調査等を実施。
- 平成28年12月　取りまとめ報告書を公表。

平成29年2月9日　法制審議会へ諮問

成年年齢引下げ(若年成年)と若年消費者保護立法

配布資料3　法制審議会第178回会議配付資料（刑3）

法制審議会第１７８回会議配布資料	刑３

民法の成年年齢の引下げに関する
諮問第８４号に対する答申

成年年齢引下げ（若年成年）と若年消費者保護立法

配布資料3　法制審議会第178回会議配付資料（刑3）

民法の成年年齢の引下げについての意見

当審議会は，平成20年2月開催の第155回会議において，民法の成年年齢の引下げに関する諮問第84号を受け，機動的・集中的に審議を行う必要があるとして，専門の部会である民法成年年齢部会（部会長：鎌田薫早稲田大学教授）（以下「部会」という。）を設置し，部会での調査審議に基づき更に審議することとした。

そして，当審議会は，平成21年2月の第158回会議において，部会長から部会の調査審議の経過について説明（中間報告）を聴取し，また，同年9月の第159回会議において，部会長から，部会が取りまとめた別添「民法の成年年齢の引下げについての最終報告書」（以下「最終報告書」という。）に基づき，部会における調査審議の結果の報告を聴取した上，答申に向けて2回にわたり審議をするなど，合計4回にわたり審議を重ねた。

審議の過程においては，最終報告書の結論を是とする意見のほか，民法の成年年齢引下げの法整備の時期が明確ではないのではないかとの意見や，多数の法令が関係している年齢条項の見直しに関する問題は，国民生活に大きな影響を及ぼすものであり，その検討状況を適時・適切に国民に開示するとともに，若年者やその親権者を含む国民に理解されるよう，国民的関心を高めるなど周知徹底に努めるべきではないか等の意見が出された。

これらの意見を受け，議論の結果，以下のとおりの結論に至った（なお，婚姻適齢については，平成8年2月に答申済みである。）。

1　民法の定める成年年齢について

民法が定める成年年齢を18歳に引き下げるのが適当である。

ただし，現時点で引下げを行うと，消費者被害の拡大など様々な問題が生じるおそれがあるため，引下げの法整備を行うには，若年者の自立を促すよ

成年年齢引下げ(若年成年)と若年消費者保護立法

配布資料3　法制審議会第178回会議配付資料（刑3）

うな施策や消費者被害の拡大のおそれ等の問題点の解決に資する施策が実現されることが必要である。

　民法の定める成年年齢を18歳に引き下げる法整備を行う具体的時期については，関係施策の効果等の若年者を中心とする国民への浸透の程度やそれについての国民の意識を踏まえた，国会の判断に委ねるのが相当である。

2　養子をとることができる年齢（養親年齢）について

　養子をとることができる年齢（養親年齢）については，民法の成年年齢を引き下げる場合であっても，現状維持（20歳）とすべきである。

成年年齢引下げ(若年成年)と若年消費者保護立法

配布資料 3　法制審議会第 178 回会議配付資料（刑 3）
（別添）

民法の成年年齢の引下げについての最終報告書

〔 目　次 〕

第 1　検討の経緯等　　　　　　　　　　　　　　　　　　　…2頁
　1　国民投票の投票年齢，選挙年齢等との関係　　　　　　…3頁
第 2　国民投票の投票年齢，選挙年齢等との関係　　　　　　…3頁
　1　国民投票法附則第 3 条の趣旨
　2　選挙年齢等との関係
第 3　民法の成年年齢の引下げの意義　　　　　　　　　　　…7頁
　1　民法の成年年齢の意義
　2　将来の国づくりの中心となるべき若年者に対する期待
　3　契約年齢の引下げの意義
　4　親権の対象となる年齢の引下げの意義
　5　まとめ
第 4　民法の成年年齢を引き下げた場合の問題点及びその解決策　…12頁
　1　契約年齢を引き下げた場合の問題点
　2　親権の対象となる年齢を引き下げた場合の問題点
　3　民法の成年年齢を引き下げた場合の問題点を解決するための施策
　4　民法の成年年齢を引き下げる時期
第 5　その他の問題点　　　　　　　　　　　　　　　　　　…22頁
　1　民法の成年年齢を引き下げる場合の成年に達する日
　2　養子をとることができる年齢
　3　婚姻適齢
第 6　結論　　　　　　　　　　　　　　　　　　　　　　　…24頁

〔参考資料〕
　参考資料 1〔ヒアリングの結果について〕　　　　　　　…26頁
　参考資料 2〔高校生等との意見交換会の結果について〕　…33頁

成年年齢引下げ（若年成年）と若年消費者保護立法

配布資料3　法制審議会第178回会議配付資料（刑3）

第1　検討の経緯等

　　民法（明治29年法律第89号）は，成年年齢を20歳と定めているところ，平成19年5月に成立した日本国憲法の改正手続に関する法律（平成19年5月18日法律第51号。以下「国民投票法」という。）*1の附則第3条第1項では，「満十八年以上満二十年未満の者が国政選挙に参加することができること等となるよう，選挙権を有する者の年齢を定める公職選挙法，成年年齢を定める民法その他の法令の規定について検討を加え，必要な法制上の措置を講ずるものとする。」と定められた。

　　そして，この附則を受けて内閣に設置された「年齢条項の見直しに関する検討委員会」（構成員は各府省の事務次官等）において，平成19年11月，各府省において必要に応じて審議会等で審議を行い，平成21年の臨時国会又は平成22年の通常国会への法案提出を念頭に，法制上の措置について対応方針を決定することができるよう検討を進めるものとするとの決定が行われた。

　　この国民投票法附則第3条第1項を前提として，平成20年2月13日に開催された法制審議会第155回会議において，法務大臣から，民法の定める成年年齢の引下げに関する諮問第84号が発出された。

　　法制審議会は，この諮問を受けて，民法成年年齢部会（以下「部会」という。）を設置し，部会は，平成20年3月から民法の成年年齢引下げについて調査審議

---

*1　国民投票法は，日本国憲法（以下「憲法」という。）第96条に定める憲法の改正について，国民の承認に係る投票に関する手続を定めるとともに，憲法改正の発議に係る手続の整備を行うものである（国民投票法第1条）。なお，国民投票法により国会法の一部改正が行われ，憲法及び憲法に密接に関連する基本法制について広範かつ総合的に調査等を行うため，衆議院及び参議院に，憲法審査会が設置された（国会法第102条の6）。

成年年齢引下げ(若年成年)と若年消費者保護立法

配布資料3　法制審議会第178回会議配付資料（刑3）

を開始した[*2]。

　部会では，平成20年3月から12月までの間，調査審議を行い，「成年年齢の引下げについての中間報告書」（以下「中間報告書」という。）の取りまとめを行った。そして，部会は，中間報告書に対してパブリック・コメント等において寄せられた意見も参考にしつつ，平成21年2月から同年7月までの間，更に調査審議を行い，合計15回の会議の結果，本報告書の取りまとめを行った。

　本報告書は，諮問第84号に対する部会におけるこれまでの調査審議の結果を明らかにするものである。

　なお，部会では，各種専門家，有識者から，民法の成年年齢を引き下げた場合に生ずる問題及びその解決策等に関して意見を聴取する機会を設けた。また，部会のメンバーが高校や大学に赴き，高校生，大学生（外国人留学生を含む。）と民法の成年年齢の引下げについて意見交換を行うなど，幅広い意見を聴取しつつ調査審議を行ってきた。このヒアリングの結果及び高校生等との意見交換会の結果については，本報告書の末尾に参考として掲げてあるので，適宜参照していただきたい。

第2　国民投票の投票年齢，選挙年齢等との関係

1　国民投票法附則第3条の趣旨

　日本国憲法（以下「憲法」という。）の改正手続等を定める国民投票法は，その第3条において，国民投票の投票権者の範囲を18歳以上と定めているところ，

[*2]　なお，部会では，民法の成年年齢の引下げのみの検討を行い，その他の法令（未成年者飲酒禁止法，少年法等）については，年齢条項の見直しに関する検討委員会の決定に沿って，それぞれの法令を所管する府省庁・部局において検討が行われることと考えている。したがって，部会においては，民法の成年年齢の引下げがその他の法令に及ぼす影響については検討の対象としておらず，ここでいう民法の成年年齢の引下げは，未成年者飲酒禁止法や少年法等の年齢の引下げを含意するものではない。

成年年齢引下げ（若年成年）と若年消費者保護立法

配布資料 3 　法制審議会第 178 回会議配付資料 （刑 3 ）

　その附則第 3 条第 1 項において，「満十八年以上満二十年未満の者が国政選挙に参加することができること等となるよう，選挙権を有する者の年齢を定める公職選挙法，成年年齢を定める民法その他の法令の規定について検討を加え，必要な法制上の措置を講ずるものとする。」と定めている[*3]。

　この附則第 3 条第 1 項が設けられた理由については，国民投票法案の国会審議における同法案の提出者の答弁等において，①公職選挙法（昭和 2 5 年法律第 1 0 0 号）の選挙年齢を戦後 2 0 歳に引き下げた理由として，民法の成年年齢が 2 0 歳であることが挙げられており，民法上の判断能力と参政権の判断能力とは一致すべきであること，②公職選挙法の選挙年齢と国民投票の投票権年齢（以下「国民投票年齢」という。）は同じ参政権であることから，一致すべきであること，また，③諸外国においても，成年年齢に合わせて 1 8 歳以上の国民に投票権・選挙権を与える例が非常に多いことが挙げられている。

　国会における法案審議の際に，同法案の提出者から上記のような説明が行われたという事実は，重く受け止める必要がある。

2　選挙年齢等との関係

　そこで，国民投票法附則第 3 条第 1 項で，「満十八年以上満二十年未満の者が国政選挙に参加することができること等となるよう」，選挙年齢の引下げの検討及び民法の成年年齢の引下げの検討が求められていることを踏まえ，まず，民法の成年年齢と選挙年齢が一致する必要があるのかについて議論を行った。

　この点，憲法は，「公務員の選挙については，成年者による普通選挙を保障す

[*3]　国民投票法附則第 3 条第 2 項は，「前項の法制上の措置が講ぜられ，年齢満十八年以上満二十年未満の者が国政選挙に参加すること等ができるまでの間，第三条（注：国民投票年齢を定めるもの），第二十二条第一項，第三十五条及び第三十六条第一項の規定の適用については，これらの規定中「満十八年」とあるのは，「満二十年」とする。」と定めている。

145

成年年齢引下げ(若年成年)と若年消費者保護立法
配布資料3　法制審議会第178回会議配付資料（刑3）

る。」と規定している（第15条第3項）ところ，この「成年」の意義について
は，民法の成年を指すのか，それとは別の公法上の「成年」を指すのか，憲法の
学説上も対立が見られる（なお，公職選挙法は，その第9条において，「日本国
民で年齢満二十年以上の者は，衆議院議員及び参議院議員の選挙権を有する。」
と規定している。）[*4]。しかしながら，いずれの立場に立つとしても，憲法は成
年者に対して選挙権を保障しているだけであって，それ以外の者に選挙権を与え
ることを禁じてはおらず，民法の成年年齢より低く選挙年齢を定めることが可能
であることは，学説上も異論はないようである[*5]。そうすると，民法の成年年齢
を引き下げることなく，選挙年齢を引き下げることは，理論的には可能であり，
選挙年齢と民法の成年年齢とは必ずしも一致する必要がないという結論に至った
[*6]。

[*4]　憲法第15条第3項の「成年者」が，民法上の成年を意味するという学説には，宮沢俊義
　　　（『法律学全集4　憲法Ⅱ〔新版〕』〔1971〕452頁），民法上の成年を意味しないという
　　　学説には，佐藤功（『ポケット注釈全書憲法（上）〔新版〕』〔1987〕260頁），浦部法穂
　　　（『全訂　憲法学教室』〔2000〕506頁）などがある。

[*5]　前掲・佐藤260頁，前掲・浦部506頁，樋口陽一ほか（『注釈日本国憲法上巻』〔198
　　　4〕344頁）など。一方，民法の成年年齢より高く選挙年齢を定めることは，憲法第15条
　　　第3項の「成年」を民法の成年と解する立場に立てば同項に反することとなるし，民法の成年
　　　と解する立場をとらないとしても，広く選挙権を保障するとした憲法の趣旨に反するとして違
　　　憲と解する立場が有力のようである（前掲・佐藤260頁）。

[*6]　また，選挙年齢と民法の成年年齢とを一致させる根拠として，戦後選挙年齢が20歳に引き下
　　　げられた際の改正理由に，民法の成年年齢が20歳であることが挙げられているという事実が
　　　しばしば指摘される（堀切善次郎国務大臣による衆議院・衆議院議員選挙法中改正法律案外1
　　　件委員会における説明（昭和20年12月4日）等）。しかし，これは選挙年齢を引き下げる理
　　　由の一つとされたにすぎず，被保佐人・被補助人に選挙権が付与されていること（行為能力が
　　　制限される成年者のうち，成年被後見人のみについて，選挙権を有しないものとされている
　　　（公職選挙法第11条第1項第1号）。）に照らせば，民法上の行為能力が制限されている者に
　　　対する選挙権付与を禁止する趣旨ではないものと考えられる。

成年年齢引下げ(若年成年)と若年消費者保護立法

配布資料3　法制審議会第178回会議配付資料（刑3）

　　次に，理論的には必ずしも一致する必要がないとしても，選挙年齢と民法の成
年年齢は，一致していることが望ましいのかについても議論を行った。この点，
民法上の成年に達すると，自らの判断のみで，完全な権利義務を生じさせること
ができ，また，結婚もすることができることからすると，私法上，経済的にも社
会的にも「大人」という立場に立つこととなるが，①選挙年齢が引き下げられる
場合に，このような民法の成年年齢を選挙年齢と一致させることは，選挙年齢の
引下げにより新たに選挙権を取得する18歳，19歳の者にとって，政治への参
加意欲を高めることにつながり，また，より責任を伴った選挙権の行使を期待す
ることができること，②社会的・経済的にフルメンバーシップを取得する年齢は
一致している方が，法制度としてシンプルであり，また，若年者に，社会的・経
済的に「大人」となることの意味を理解してもらいやすいこと，③大多数の国に
おいて私法上の成年年齢と選挙年齢を一致させていること[7]，④前記1のとおり，
国民投票法の法案審議の際の提出者の答弁等において，民法上の判断能力と参政
権の判断能力とは一致すべきであるとの説明が行われていることなどからする
と，特段の弊害がない限り，選挙年齢と民法の成年年齢とは一致していることが
望ましいという結論に達した。

　　そこで，第3以下では，民法の成年年齢と選挙年齢は必ずしも一致する必要は
ないものの，両者は特段の弊害のない限り一致していることが望ましいという観
点を踏まえながら，民法の成年年齢の引下げの意義，引き下げた場合の問題点及
びその解決策等について検討をする。

---

[7]　成年年齢のデータがある国・地域（187か国（地域を含む。））のうち，成年年齢と選挙年
　　齢が一致している国は134か国である（出典は，部会第13回会議で配布した参考資料27
　　「世界各国・地域の選挙権年齢及び成人年齢」）。

成年年齢引下げ(若年成年)と若年消費者保護立法

配布資料3　法制審議会第178回会議配付資料（刑3）

第3　民法の成年年齢の引下げの意義

1　民法の成年年齢の意義

　　民法は，成年年齢を20歳と定め（第4条），①「未成年者が法律行為をする
には，その法定代理人の同意を得なければならない。」（第5条第1項），「前項
の規定に反する法律行為は，取り消すことができる。」（同条第2項）とし，2
0歳未満の者（＝未成年者）は，行為能力が制限されることによって取引におけ
る保護を受けることとしている。また，②「成年に達しない子は，父母の親権に
服する。」（第818条第1項）と定め，20歳未満の者（＝未成年者）は，父
母の親権の対象となるとしている。

　　したがって，民法の成年年齢は，①行為能力が制限されることによって取引に
おける保護を受けることができる者の年齢（以下「契約年齢」という。）及び②
父母の親権の対象となる者の年齢（以下「親権の対象となる年齢」という。）の
範囲を画する基準となっている。さらに，民法が成年年齢としている年齢20歳
は，民法以外の多数の法令において，各種行為の基準年齢とされていることや，
我が国において成人式が20歳に達した年に執り行われているという慣行等に鑑
みれば，法律の世界のみならず，一般国民の意識においても，大人と子どもの範
囲を画する基準となっているものと思われる。

　　そうすると，民法の成年年齢を20歳から18歳に引き下げることは，①民法
上，契約年齢及び親権の対象となる年齢を18歳に引き下げることを意味すると
同時に，②一般国民の意識の上でも，20歳までを子どもとしてきた現在の扱い
を変え，18歳をもって「大人」として扱うことを意味する。

　　そこで，これらがどのような意義を有するかについて検討を行った。

2　将来の国づくりの中心となるべき若年者に対する期待

　　まず，民法の成年年齢を引き下げ，18歳をもって「大人」として扱うことは，
若年者が将来の国づくりの中心であるという国としての強い決意を示すことにつ

成年年齢引下げ（若年成年）と若年消費者保護立法

配布資料3　法制審議会第178回会議配付資料（刑3）

ながると考えられる。

　すなわち，現在の日本社会は，急速に少子高齢化が進行しているところ，我が国の将来を担う若年者には，社会・経済において，積極的な役割を果たすことが期待されている。民法の成年年齢を20歳から18歳に引き下げることは，18歳，19歳の者を「大人」として扱い，社会への参加時期を早めることを意味する。これらの者に対し，早期に社会・経済における様々な責任を伴った体験をさせ，社会の構成員として重要な役割を果たさせることは，これらの者のみならず，その上の世代も含む若年者の「大人」としての自覚を高めることにつながり，個人及び社会に大きな活力をもたらすことになるものと考えられる。我が国の将来を支えていくのは若年者であり，将来の我が国を活力あるものとするためにも，若年者が将来の国づくりの中心であるという強い決意を示す必要がある。

　しかしながら，その一方で，これまで実施したヒアリングによれば，近年の若年者の特徴として，精神的・社会的自立が遅れている，人間関係をうまく築くことができない，自分の人生に夢を持てない，いわゆるモラトリアム傾向が強くなり，進学も就職もしようとしない若年者が増加していることなどが指摘された。そして，これらの原因としては様々なものが考えられるところ，我が国の産業社会においては，伝統的には，いわゆる終身雇用制度のもと，企業や家族が若年者の自立を支えてきたが，近年の社会の変革により，企業や家族が若年者の自立を支えきれなくなっていることなどが指摘されている。

　このような若年者を取り巻く社会状況にかんがみれば，若年者の自立の遅れ等の問題については，民法の成年年齢を引き下げるだけでは自然に解決するとは考えられず，社会全体が若年者の自立を支えていくような仕組みを採用し，若年者の自立を援助する様々な施策も併せて実行していく必要があるものと考えられる。

　若年者の自立を援助する施策としては種々のものが考えられ，その具体的内容は所管府省庁において詰められるべきものであるが，部会における調査審議の過

成年年齢引下げ(若年成年)と若年消費者保護立法

配布資料3　法制審議会第178回会議配付資料（刑3）

程においては，①若年者がキャリアを形成できるような施策の充実[8]，②いわゆるシティズンシップ教育[9]の導入，充実，③欧米諸国のように，若年者が必要な各種情報提供や困ったときに各種相談を受けられるようなワン・ストップ・サービスセンター[10]の設置，④青少年が早期に社会的経験を積み，社会人としての知識やスキルを獲得することができるような社会参画プログラム[11]の提供，⑤虐待を受ける子や虐待を受けた結果社会的自立が困難となる者を減らす必要があることから，児童福祉施設の人的，物的資源の充実や，子育てを社会全体で支え合っ

---

[8]　部会においては，若年者の就労支援や教育訓練制度などキャリアを形成できるような施策の充実や，インターンシップ等の労働実践教育，仕事の探し方さらには労働の意義（働くことの尊さ，喜び等）などに関する教育を充実させることが重要であるとの指摘がされた。
　　なお，キャリア教育とは，「児童生徒一人一人のキャリア発達を支援し，それぞれにふさわしいキャリアを形成していくために必要な意欲・態度や能力を育てる教育」ととらえ，端的には，「児童生徒一人一人の勤労観，職業観を育てる教育」と定義されている（文部科学省「キャリア教育の推進に関する総合的調査研究協力者会議報告書（平成16年1月）」）。

[9]　シティズンシップ教育とは，多様な価値観や文化で構成される現代社会において，個人が自己を守り，自己実現を図るとともに，よりよい社会の実現のために寄与するという目的のために，社会の意思決定や運営の過程において，個人としての権利と義務を行使し，多様な関係者と積極的に関わろうとする資質を獲得することができるようにするための教育とされ，学校教育のみならず，地域社会や家庭における教育も含むとされている（詳細は部会第5回会議における配布資料である参考資料15「シティズンシップ教育宣言」（経済産業省「シティズンシップ教育と経済社会での人々の活躍についての研究会」）を参照。）。

[10]　イギリスでは，13歳から19歳までの者を失業者や無職者にしないための総合的な自立支援サービスとして，コネクションズという機関を各地に設けている。また，就労，健康，金銭相談，家族問題など若者が抱える悩みなどを気軽に相談できる窓口が各地にあり，家庭や学校で担いきれない若者のニーズを満たすものとなっている。

[11]　例えば，スウェーデンでは，①学校の授業や運営について，生徒の意見を反映させたり，②市街地の公共交通，駐車場，街灯の設置，改善に関して，若者の意見を聴取するなどし，大人が若者に対して約束したことについては実現するよう努めるものとされている。

成年年齢引下げ（若年成年）と若年消費者保護立法

配布資料3　法制審議会第178回会議配付資料（刑3）

ていく仕組みの充実が必要であるといった意見が示された[12]。

　なお，諸外国の多くでは18歳成年制を採用しており[13][14]，特に欧米諸国においては1960年代から70年代にかけ，選挙年齢とともに私法上の成年年齢も引き下げてきた。そして，欧米諸国においては，成年年齢等を18歳に引き下げるとともに，若年者の自立を援助するような様々な施策を導入してきた[15]。部会における調査審議の過程でも，我が国における民法の成年年齢の引下げも，若年者の自立を援助する施策を欧米諸国並みに充実させてこそ，グローバルスタンダードに合わせることの意義があるということができるのであるから，これらの施策の充実が期待されるとの意見が示された。

3　契約年齢の引下げの意義

　民法の成年年齢が20歳から18歳に引き下げられることによって，契約年齢が引き下げられると，18歳，19歳の者でも，親の同意なく一人で契約をすることができるようになる。

　現在の日本社会においては，大学等で教育を受けている者も多くがアルバイトをするなどして働いており，高校卒業後に就職して正規の労働者となる者も含め

---

*12　なお，フランスでは，1974年に私法上の成年年齢を21歳から18歳に引き下げた際，社会への統合に重大な困難があることを証明した21歳未満の成年者等は，司法的保護の措置の延長等を裁判官に請求することができるという若年成年者保護制度を設けるなどの措置を併せて講じている。

*13　成年年齢のデータがある国・地域のうち（187か国（地域を含む）），成年年齢を18歳以下としている国の数は141か国である（出典は，部会第13回会議で配布した参考資料27）。

　　なお，成年年齢を19歳（アメリカ・カナダの一部の州），20歳（韓国）又は21歳（アメリカの一部の州，インドネシアなど）としている国もある。

*14　なお，民法の成年年齢を18歳に引き下げる理由として，単に，諸外国の多くで18歳成年制を採用しているからというのでは説得力がないという意見も出された。

*15　注10から注12までを参照。

成年年齢引下げ(若年成年)と若年消費者保護立法

配布資料3　法制審議会第178回会議配付資料（刑3）

ると，１８歳に達した大多数の者は，何らかの形で就労し，金銭収入を得ている。
そして，１８歳に達した者が就労して得た金銭については，通常，親権者がその
使途を制限しているとは考えられず，通常の取引行為については，自らの判断の
みで行っているという現実がある。これらの点を考慮するならば，１８歳に達し
た者が就労して得た金銭については，法律上も，これを親権者の管理下に置くよ
りも，自らの判断で費消することができることにしてもよいと思われる。

　そうすると，契約年齢を１８歳に引き下げることには，１８歳に達した者が，
自ら就労して得た金銭などを，法律上も自らの判断で費消することができるよう
になるという点で，メリットがあるということができる[16]。

4　親権の対象となる年齢の引下げの意義

　親権の対象となる年齢の引下げの意義については，親権の対象となる年齢を引
き下げることによって，親から不当な親権行使を受けている子を解放することが
できるという意見がある。

　すなわち，近年，親から虐待を受ける子が増加しており，また，ニート対策を
行政機関が行おうとしても，親から拒まれて適切な対策がとれないことがあると
の指摘があるところ，親権の対象となる年齢の引下げは，１８歳に達した者を親
の不当な親権行使から解放することにつながり，１８歳までの者を保護対象とす
る児童福祉領域との整合性もはかれるというのである。

　しかし，児童虐待の対象となっているのは主に低年齢児であり，また，虐待を
受けたことにより脆弱性を抱えた１８歳，１９歳の者を支援することは，親権か

---

*16　その他，親から独立した１８歳，１９歳の者が，親の同意なく様々な取引をすることができ
　るようになり，これらの者の経済活動を促進することになるというメリットもある。
　　なお，平成１７年の国勢調査の結果によれば，働いていて（アルバイト等を含む），親と同居
　していない者の比率は，１８歳，１９歳の総人口（２７４万７６６８人）の約６．７％（１８
　万３５１６人）であった（平成１７年国勢調査・第３次基本集計・報告書掲載表第２５表）。

成年年齢引下げ(若年成年)と若年消費者保護立法

配布資料3　法制審議会第178回会議配付資料（刑3）

　ら解放することによって解決される問題ではない。児童虐待等の問題については，別途早急に対応策を検討すべきであり，親の不当な親権の行使に対しては，社会が介入し，当該親の親権を喪失させることなどで対応すべきであると考えられる。

　したがって，親権の対象となる年齢を引き下げ，親から不当な親権行使を受けている子を解放するという点は，民法の成年年齢を引き下げることによるメリットとは言い難い。

5　まとめ

　以上検討してきたとおり，民法の成年年齢の引下げは，若年者を将来の国づくりの中心としていくという，国としての強い決意を示すことにつながる。また，１８歳に達した者が，自ら就労して得た金銭などを，法律上も自らの判断で費消することができるようになるなど社会・経済的に独立した主体として位置づけられるといった点で，有意義であるということができる。

　国民投票年齢が１８歳と定められたことに伴い，選挙年齢が１８歳に引き下げられることになるのであれば，１８歳，１９歳の者が政治に参加しているという意識を責任感をもって実感できるようにするためにも，取引の場面など私法の領域においても，自己の判断と責任において自立した活動をすることができるよう，特段の弊害のない限り，民法の成年年齢を１８歳に引き下げるのが適当である。

第4　民法の成年年齢を引き下げた場合の問題点及びその解決策

　次に，民法の成年年齢の引下げによってどのような問題が生ずるのか，そしてこれらの問題を解決するためにはどのような対策を講ずるべきか検討を行った。

1　契約年齢を引き下げた場合の問題点

　契約年齢を引き下げると，１８歳，１９歳の者の消費者被害が拡大するおそれがあると考えられる。

　すなわち，若年者の消費者トラブルの現状については，消費者問題を専門にし

153

成年年齢引下げ(若年成年)と若年消費者保護立法

配布資料3　法制審議会第178回会議配付資料（刑3）

ている弁護士や国民生活センターの理事等のヒアリングを通じて，①消費生活セ
ンター等に寄せられる相談のうち，契約当事者が１８歳から２２歳までの相談件
数は，全体から見ると割合は少ないものの，２０歳になると相談件数が急増する
という特徴があること[17]，②悪質な業者が，２０歳の誕生日の翌日を狙って取引
を誘いかける事例が多いこと，③携帯電話やインターネットの普及により，若年
者が必要もないのに高額な取引を行ってしまうリスクが増大していること，④若
年者の消費者被害は学校などで連鎖して広がるという特徴があること等が示され
た。これらの特徴のうち，特に，①，②の事情からすると，未成年者取消権（民
法第５条第２項）の存在は，悪質業者に対して，未成年者を契約の対象としない
という大きな抑止力になっているものと考えられる。

　そうすると，民法の成年年齢が引き下げられ，契約年齢が引き下げられると，
１８歳，１９歳の者が，悪質業者のターゲットとされ，不必要に高額な契約をさ
せられたり，マルチ商法などの被害が高校内で広まるおそれがあるなど，１８歳，
１９歳の者の消費者被害が拡大する危険があるものと考えられる。

2　親権の対象となる年齢を引き下げた場合の問題点

(1)　自立に困難を抱える18歳，19歳の者の困窮の増大

　　教育関係者，若年者の研究をしている社会学者，発達心理学者，精神科医師
等から若年者の現状等についてヒアリングを行ったところ，現代の若年者の中
には，いわゆるニート，フリーター，ひきこもり，不登校などの言葉に代表さ
れるような，経済的に自立していない者や社会や他人に無関心な者，さらには

---

[17]　平成１８年度のデータによれば，契約当事者が１８歳から２２歳までの消費生活相談の件数
（かっこ内は全体の割合）は，以下のとおりである（国民生活センター調べ）。
　１８歳：７０６１件（０．６４％），１９歳：８６２４件（０．７８％），２０歳：２１７０
８件（１．９５％），２１歳：１６１５１件（１．４５％），２２歳：１５７４０件（１．４２
％）

成年年齢引下げ(若年成年)と若年消費者保護立法

配布資料3　法制審議会第178回会議配付資料（刑3）

　親から虐待を受けたことにより健康な精神的成長を遂げられず，自傷他害の傾向がある脆弱な者等が増加しており，これらの者に対しては，経済的自立や社会に適応できるような自立に向けた様々な援助をする必要があることが示された。

　このような状況のもとで，民法の成年年齢を引き下げ，親権の対象となる年齢が引き下げられると，自立に困難を抱える18歳，19歳の者が，親などの保護を受けられにくくなり，ますます困窮するおそれがあるものと考えられる。

　また，前記第3の2のとおり，現在の若年者は，精神的・社会的な自立が遅れていること等が指摘されているが，このような状況において民法の成年年齢を引き下げると，法律上の成年年齢と精神的な成熟年齢が現在よりも乖離することになり，若年者のシニシズム（法律上の成年年齢を迎えても，どうせ大人にはなれないという気持ち）が蔓延し，「成年」の有する意義が損なわれるおそれがあるとの懸念が示された[18]。

　さらに，親権の対象となる年齢を引き下げた場合の問題点としては，離婚の際の未成年者の子の養育費が，早期に打ち切られる可能性があるという意見も出された。民法上，成年に達した子についても，親は扶養義務を負うとされているが，親権の対象となる年齢の引下げが，関係者の意識に与える影響という側面においては，上記のような意見にも留意する必要がある。

---

[18]　なお，ヒアリングで意見を聴取した精神科医師によれば，精神医学的には，成熟度は「コミュニケーション能力（情報伝達能力のみならず，相手の情緒を読みとったり，自分の情緒を適切に表現・伝達する能力を含む。）」と「欲求不満耐性（欲望や欲求の実現を待てる能力）」によってはかることができ，両者のバランスがとれた状態が成熟の最低条件であるものと考えられるところ，我が国の若年者については，非社会化の傾向が指摘されていることから，コミュニケーション能力が低く，欲求不満耐性が高いものと思われるが，成年年齢を引き下げ，自己責任を強調することは，欲求不満耐性が高い我が国の若年者を追い込むことになり，突発的な犯罪を犯すなど暴発の危険性があるとの報告がされた。

成年年齢引下げ(若年成年)と若年消費者保護立法

配布資料3　法制審議会第178回会議配付資料（刑3）

(2)　高校教育における生徒指導が困難化するおそれ

　　また，親権の対象となる年齢を18歳に引き下げると，高校3年生で成年（18歳）に達した生徒については，親権の対象とならないこととなり，生徒に対する指導が困難になるおそれもあると考えられる。

　　すなわち，現在の高校における生徒に対する生活指導は，原則として親権者を介して行っているところ，民法の成年年齢を18歳に引き下げると，高校3年生で成年（18歳）に達した生徒については，親権者を介しての指導が困難となり，教師が直接生徒と対峙せざるを得なくなり，生徒指導が困難になるおそれがある。高校3年生という時期は，大学進学や就職など生徒にとって重要な時期であり，このような時期に適切な指導ができなくなるとすれば，大きな問題であるということができる。

3　民法の成年年齢を引き下げた場合の問題点を解決するための施策

　　前記1及び2で検討したとおり，民法の成年年齢を引き下げると，18歳，19歳の者の消費者被害を拡大させるなど様々な問題を生じさせることが懸念される。

　　そこで，どのような施策を講じ，これらの問題を解決していくべきか検討を行った。

(1)　消費者被害が拡大しないための施策の充実について

　　前記1で検討したとおり，民法の成年年齢を引き下げると，18歳，19歳の者でも，親の同意なく一人で契約をすることができるようになることから，18歳，19歳の者が悪徳商法などに巻き込まれるなど，消費者被害が拡大するおそれがある。

　　そこで，18歳，19歳の者が，悪徳商法などに巻き込まれ，消費者被害を被らないような施策を講ずる必要があると考えられる。

成年年齢引下げ(若年成年)と若年消費者保護立法

配布資料3　法制審議会第178回会議配付資料（刑3）

ア　消費者保護施策の充実

　　まず，民法の成年年齢を引き下げても18歳，19歳の者の消費者被害が拡大しないよう，消費者保護施策の更なる充実を図る必要があると考えられる。

　　その具体的な施策の内容は，所管府省庁において詰められるべきものであるが，部会における調査審議の過程においては，①若年者の社会的経験の乏しさにつけ込んで取引等が行われないよう，取引の類型や若年者の特性（就労の有無，収入の有無等）に応じて，事業者に重い説明義務を課したり，事業者による取引の勧誘を制限する[19][20]，②若年者の社会的経験の乏しさによる判断力の不足に乗じて取引が行われた場合には，契約を取り消すことがで

---

[19]　消費者契約法（平成12年法律第61号）は，「事業者は，消費者契約の条項を定めるに当たっては，消費者の権利義務その他の消費者契約の内容が消費者にとって明確かつ平易なものになるよう配慮するとともに，消費者契約の締結について勧誘をするに際しては，消費者の理解を深めるために，消費者の権利義務その他の消費者契約の内容についての必要な情報を提供するよう努めなければならない。」（第3条第1項）と定めている。書面交付等も含めて，事業者からの消費者に対する情報提供義務等を規定した法律としては，旅行業法（昭和27年法律第239号）第12条の4，宅地建物取引業法（昭和27年法律第176号）第35条，第37条，割賦販売法（昭和36年法律第159号）第3条，特定商取引に関する法律（昭和51年法律第57号）第4条等がある。

[20]　例えば，18歳，19歳の者が，一定額以上の契約を行う場合や，特定商取引に関する法律に定める一定の類型の取引を行う場合には，事業者に対し，年齢，職業，収入等について証明書類の提示等を受けさせるなどの調査義務を課し，これに違反した場合には契約を取り消すことができるようにするという意見も出された。

成年年齢引下げ(若年成年)と若年消費者保護立法

配布資料3　法制審議会第178回会議配付資料（刑3）

きるようにする[21][22]，③若年者が消費者被害にあった場合に気軽に相談できる若年者専用の相談窓口を消費生活センター等に設ける[23]，④18歳，19歳の者には契約の取消権がないということを18歳，19歳の者に自覚させるような広報活動をする，⑤特定商取引に関する法律（昭和51年法律第57号）第7条第3号，特定商取引に関する法律施行規則（昭和51年通商産業省令第89号）第7条第2号では，老人その他の者の判断力の不足に乗じて一定の取引をした場合には，主務大臣が販売業者に対し，必要な措置を指示することができる旨の規定が置かれているが，ここに「若年者」を付け加えるなどの意見が出された。民法の成年年齢を引き下げても，若年者の消費者被害が拡大しないよう，消費者保護施策が実効的に行われることが望まれる。

なお，本年5月29日，消費者庁及び消費者委員会設置法が国会において成立し（平成21年法律第48号），今秋にも消費者庁が発足する見込みで

---

*21　消費者契約法第4条第1項は，「消費者は，事業者が消費者契約の締結について勧誘をするに際し，当該消費者に対して次の各号に掲げる行為をしたことにより当該各号に定める誤認をし，それによって当該消費者契約の申込み又はその承諾の意思表示をしたときは，これを取り消すことができる。（以下略）」と規定している。

*22　取消権を付与することについては，①一般的に，消費者の軽率さや，経験不足に乗じて取引を行って事業者が利得した場合には，契約を取り消すことができるという規定を設けることと，②一定の年齢層（例えば，18歳から20歳まで）の者が，契約締結によって見過ごすことができない不利益を被った場合には，当該契約を取り消すことができるようにすることが考えられるが，②案については，一定の年齢層の者に契約の取消権を付与すると，若年者の取引が必要以上に制限されかねないことから，このような取消権は，その付与を望む者のみに認めることが妥当であるという意見も出された。

なお，相手方の窮迫・軽率・無経験に乗じて，過大な利益を獲得する行為については，公序良俗に反し，無効であると解されており（大審院昭和9年5月1日判決（民集13巻875頁）），上記①案は，これを取消権という形で，明文化するものといえる。

*23　なお，相談窓口の設置場所，相談員の人員の配置については，適切に行われるよう配慮すべきであるとの意見も出された。

成年年齢引下げ(若年成年)と若年消費者保護立法

配布資料3　法制審議会第178回会議配付資料（刑3）

あるが，消費者庁による消費者行政の一元化が実現すれば，若年者の消費者被害に関する対策も含め，消費者が安心して安全で豊かな消費生活を営むことができる社会の実現に向けた関係施策の充実（同法第3条）を期待することができる。

イ　消費者関係教育の充実

また，民法の成年年齢を引き下げても消費者被害が拡大しないようにするため，若年者が消費者被害から身を守るために必要な知識等を習得できるよう消費者関係教育を充実させることも必要であると考えられる。具体的には，①法教育の充実[24]，②消費者教育の充実[25]，③金融経済教育の充実[26] が必要であると考えられる。

そして，これらの教育については，単に知識を与えるのでは不十分であり，ロールプレイングや生徒相互間の議論を行うなどして，契約をすることの意味を実感をもって学習させ，若年者の一人一人が自らが本当に望む契約をするにはどうしたらよいかなどについて，自立した判断ができるように行っていく必要がある。

---

[24]　法教育とは，「法律専門家ではない一般の人々が，法や司法制度，これらの基礎になっている価値を理解し，法的なものの考え方を身に付けるための教育を特に意味する」とされている（平成16年11月・法教育研究会報告書）。法教育の中身には様々なものが考えられるが，ここでは，消費者被害の拡大が問題となっていることから，契約に関する様々な教育（契約の意義，成立の要件，解消することができる場合とできない場合などの理解）を行う必要があるものと考えられる。

[25]　部会においては，クーリングオフの制度や国民生活センターの役割等消費者保護制度の基本や悪徳商法の特徴，対策などを教える必要があるとの指摘がされた。

[26]　金融庁金融経済教育懇談会第8回会合資料によれば，金融経済教育とは，「国民一人一人に，金融やその背景となる経済についての基礎知識と，日々の生活の中でこうした基礎知識に立脚しつつ自立した個人として判断し意思決定する能力（＝金融経済リテラシー）を身につけ，充実するための機会を提供すること」と定義されている。

成年年齢引下げ(若年成年)と若年消費者保護立法

配布資料3　法制審議会第178回会議配付資料（刑3）

　　この点について，改訂前の学習指導要領において，消費者教育等について
盛り込まれているものの，実際には十分に行われていないのではないかとい
う意見も出されたが，平成20年3月に改訂された小中学校学習指導要領（小
学校については平成23年度から，中学校については平成24年度から全面
実施），平成21年3月に改訂された高等学校学習指導要領（平成25年度
から全面実施）においては，社会科・公民科や家庭科等において，消費者教
育や法教育，金融経済教育等の充実が図られたところである。今後は改訂さ
れた学習指導要領の趣旨が学校現場で着実に実施されるよう，教科書の充実，
教材の開発，教員の研修，先進事例の開発・収集・発信等の施策を一層充実
させ，若年者の一人一人が自らが本当に望む契約をするにはどうしたらよい
かなどについて，自立した判断ができるよう教育の充実が図られることが期
待される。

(2)　**若年者の自立を援助するための施策の充実について**

　　前記2(1)で検討したとおり，民法の成年年齢の引下げにより，自立に困難を
抱える18歳，19歳の者がますます困窮したり，若年者のシニシズムが蔓延
し，「成年」の有する意義が損なわれるおそれがあると考えられることから，
若年者の自立を援助するための施策を充実させる必要があるものと考えられ
る。

　　そして，若年者の自立を援助するための施策には様々なものが考えられ，そ
の具体的内容は所管府省庁において詰められるべきものであるが，部会におけ
る調査審議の過程においては，前記第3の2の①から⑤までの各施策が必要で
あるとの意見が示された。

　　この点について，平成20年12月，青少年育成に係る政府の基本理念及び
中長期的な施策の方向性を示した新しい「青少年育成施策大綱」の策定が行わ
れ，ニートやひきこもりなど自立に困難を抱える青少年を総合的に支援するた

成年年齢引下げ(若年成年)と若年消費者保護立法

配布資料3　法制審議会第178回会議配付資料（刑3）

めの取組として，地域における支援ネットワークの整備や，情報を関係機関間
で共有するための仕組の整備等についての検討を行うこと等が盛り込まれた。
そして，本年7月1日，子ども・若者育成支援施策の総合的推進のための枠組
み整備を行うことや，ニート等の社会生活を円滑に営む上での困難を抱える子
ども・若者を支援するためのネットワーク整備を行うこと等を定めた子ども・
若者育成支援推進法（平成21年法律第71号）が国会において成立した。青
少年育成施策大綱等の内容を踏まえた，若年者の総合的な支援に向けた一層の
取組が期待されるところである。

(3)　高校教育の生徒指導上の問題点の解決策

　前記2(2)のとおり，民法の成年年齢を18歳に引き下げると，高校3年生で
成年（18歳）に達した生徒についての指導が困難になるおそれもある。

　この問題の解決策としては，高校入学時に，在学中の指導等は親権者を介し
て行う旨の約束をするなどの方策が考えられるが，学校における学習指導のみ
ならず，学校外における行動や生活に関する指導までも行っている現在の学校
教育の現状にかんがみると，教師，生徒及びその親権者の意識改革はもちろん
のこと，成年に達した生徒に対してどのような指導を行っていくかについての
ルール作りも必要になるものと考えられる。

(4)　一般国民への周知徹底等

　民法の成年年齢は，契約年齢及び親権の対象となる年齢を定めているととも
に，民法以外の多数の法令において，各種行為の基準年齢とされており，その
引下げは，国民生活に重大な影響を与えることになる。

　現在，関係府省庁において，年齢条項の引下げについて検討が行われている
ところ，民法以外の法令の中には，民法の成年年齢と連動する方針のものと，
そうでないものとが混在している。民法の成年年齢の引下げが行われる場合，

161

成年年齢引下げ（若年成年）と若年消費者保護立法

配布資料3　法制審議会第178回会議配付資料（刑3）

　　何が変わることになるのか，国民生活にどのような影響を及ぼすのかなど，一般国民，特に大きな影響を受ける若年者にとって理解しやすい形で，周知徹底を図る必要がある。

4　民法の成年年齢を引き下げる時期

　　以上検討してきたとおり，民法の成年年齢の引下げを行う場合の問題点の解決に資する施策は，関係府省庁において検討され，実施に向けた取組が行われているところであり，その効果が十分に発揮され，若年者を中心とする国民に浸透していくことが近い将来期待されるものの，これらの施策はその性質上，直ちに効果が現れるというものではなく，その効果が実際に現れ，国民の間に浸透するのには，ある程度の期間を要するものと考えられる。

　　そうすると，現時点で直ちに民法の成年年齢の引下げの法整備を行うことは相当ではないと考えられ，民法の成年年齢の引下げの法整備を行う具体的時期は，関係府省庁が行う各施策の効果等の若年者を中心とする国民への浸透の程度を見極める必要がある。そして，上記各施策の効果等の若年者を中心とする国民への浸透の程度については，国民の意識を踏まえて判断をする必要があると考えられる。このように考えることは，世論調査において，契約年齢を18歳に引き下げることに約8割の国民が反対をしている一方，一定の条件整備を行えば契約年齢の引下げに賛成という者が6割を超えるという結果[27]が出ていることとも整合的であり，一般国民の意識にも合致している。

　　そして，現在の20歳という民法の成年年齢は，法律の世界のみならず，社会の様々な局面において，一般国民の意識として，大人と子どもの範囲を画する基

---

[27]　平成20年7月，内閣府により，「民法の成年年齢に関する世論調査」が実施され，同年9月，その結果が公表された。内閣府のホームページに世論調査の調査票及び詳細な結果が掲載されている（URL: http://www8.cao.go.jp/survey/h20/h20-minpou/index.html）ので，参照されたい。

成年年齢引下げ(若年成年)と若年消費者保護立法

配布資料3　法制審議会第178回会議配付資料（刑3）

　準となっていることに照らせば，国民の意識は，民法の成年年齢の引下げの法整備を実施するタイミングを決する上で，重要な要素というべきであり，それを最も適切に判断できるのは，国民の代表者からなる国会であるということができる。

　以上によれば，現時点で直ちに民法の成年年齢の引下げを行うことは相当ではなく，民法の成年年齢引下げの法整備の具体的時期は，関係施策の効果等の若年者を中心とする国民への浸透の程度やこれについての国民の意識を踏まえた，国会での判断に委ねるのが相当である。

第5　その他の問題点

1　民法の成年年齢を引き下げる場合の成年に達する日

　民法の成年年齢を引き下げる場合，いつをもって成年に達する日とすべきかについて，部会の調査審議において，満18歳になる日とする考え方（A案），18歳に達した直後の3月の一定の日（例えば3月31日など）に一斉に成年とする考え方（B案），満19歳になる日とする考え方（C案）が提示された。

　そこで，いずれの案を採用すべきか議論を行ったところ，前記第2で検討したとおり，選挙年齢と民法の成年年齢は，特段の弊害のない限り一致させることが適当であると考えられることから，選挙年齢が国民投票年齢と一致するよう「満18歳以上」に引き下げられるとすれば，民法の成年年齢を引き下げた場合に生ずる問題点を解決した上，民法の成年年齢も18歳に引き下げるのが適当であり，その場合，満18歳に達する日をもって成年とするA案が相当であると考えられる。

　したがって，民法の成年年齢の引下げを行う場合は，選挙年齢が国民投票年齢と同じく「満18歳以上」に引き下げられるのであれば，満18歳に達する日に成年とすべきである。

成年年齢引下げ(若年成年)と若年消費者保護立法
配布資料3　法制審議会第178回会議配付資料（刑3）

2　養子をとることができる年齢

現在の民法においては，養子をとることができる年齢（以下「養親年齢」とい
う。）は，成年と定められており（民法第792条），契約年齢，親権の対象と
なる年齢と一致している。

しかしながら，契約年齢と親権の対象となる年齢については，若年者自らが親
の保護を離れて契約をしたり，その他の行動を行うのに適した年齢を定めている
のに対し，養親年齢は，他人の子を法律上自己の子とし，これを育てるのに適し
た年齢を定めており，必ずしも両者を一致させる必要はない。諸外国の立法例を
みても，私法上の成年年齢（契約を一人ですることができる年齢）より上に養親
年齢を設定している国も多くみられる[28]。

そこで，民法の成年年齢を引き下げる場合，養親年齢についても引き下げるべ
きか（甲案），現状のままとすべきか（乙案），それとも現状より引き上げるべ
きか（丙案）について議論を行ったところ，養子をとるということは，他人の子
を法律上自己の子として育てるという相当な責任を伴うことであり，民法の成年
年齢を引き下げたとしても，養親年齢は引き下げるべきではなく，また，20歳
で養子をとることができるという現状で特段不都合は生じていないことからする
と，現状維持（20歳）とすべきである（乙案）という結論に達した[29]。

したがって，民法の成年年齢を引き下げる場合でも，養親年齢については，現
状維持（20歳）とすべきである。

3　婚姻適齢

現在の民法においては，婚姻適齢は男子は18歳，女子は16歳とされており，

---

[28]　イギリスでは成年年齢を18歳，養親年齢を21歳と，ドイツ，スペインでは成年年齢を1
　8歳，養親年齢を25歳，フランスでは成年年齢を18歳，養親年齢を28歳と設定している。

[29]　なお，養親年齢については，養子制度全体を見直す機会があれば，その際に改めて検討をす
　べきであるとの意見も出された。

成年年齢引下げ(若年成年)と若年消費者保護立法

配布資料3　法制審議会第178回会議配付資料（刑3）

　未成年者は父母の同意を得て婚姻をすることができるとされている（民法第7 3
1条，第737条）。

　民法の成年年齢を18歳に引き下げた場合，男子は成年にならなければ婚姻す
ることができないのに対し，女子は未成年（16歳，17歳）でも親の同意を得
れば婚姻をすることができることになる。

　そこで，民法の成年年齢を18歳に引き下げた場合，婚姻適齢について，現状
のまま（男子18歳，女子16歳）とするか（X案），男女とも18歳にそろえ
るか（Y案），男女とも16歳にそろえるか（Z案）について議論を行ったとこ
ろ，婚姻適齢については，以前，法制審議会において検討を行い，男女とも婚姻
適齢を18歳とすべきであるという答申を出しており[30]，これを変更すべき特段
の事情は存しないことから，男女とも18歳にそろえるべきである（Y案）とい
う結論に達した。

　したがって，民法の成年年齢を引き下げる場合には，婚姻適齢については男女
とも18歳とすべきである。

第6　結論

　民法の成年年齢を18歳に引き下げることは，18歳に達した者が，自ら就労
して得た金銭などを，法律上も自らの判断で費消することができるなど社会・経
済的に独立の主体として位置づけられることを意味する。国民投票年齢が18歳
と定められたことに伴い，選挙年齢が18歳に引き下げられることになるのであ
れば，18歳，19歳の者が政治に参加しているという意識を責任感をもって実
感できるようにするためにも，取引の場面など私法の領域においても自己の判断
と責任において自立した活動をすることができるよう，民法の成年年齢を18歳
に引き下げるのが適当である。このようにして，18歳以上の者を，政治面のみ

---

[30]　平成8年2月26日法制審議会総会決定（民法の一部を改正する法律案要綱）

成年年齢引下げ(若年成年)と若年消費者保護立法

配布資料3　法制審議会第178回会議配付資料（刑3）

ならず，経済活動の場面においても一人前の「大人」として処遇することは，若年者が将来の国づくりの中心であるという国としての強い決意を示すことにつながり，若年者及び社会にとって大きな活力をもたらすことが期待される。

とはいえ，現代の若年者は「大人」としての自覚に欠けているという指摘があり，民法の成年年齢を18歳に引き下げれば自然にこのような問題が克服されるとは考えられない。また，民法の成年年齢を引き下げると，消費者被害の拡大など様々な問題が生ずるおそれもある。したがって，民法の成年年齢の引下げの法整備を行うには，若年者の自立を促すような施策や消費者被害の拡大のおそれ等の問題点の解決に資する施策が実現されることが必要である。現在，関係府省庁においてこれらの施策の実現に向け，鋭意取組が進められているが，民法の成年年齢の引下げの法整備は，これらの施策の効果が十分に発揮され，それが国民の意識として現れた段階において，速やかに行うのが相当である。

そして，国民の意識を最も適切に判断できるのは，国民の代表者からなる国会であるということができるので，民法の成年年齢の引下げの法整備を行うべき具体的時期については，これらの施策の効果等の若年者を中心とする国民への浸透の程度やそれについての国民の意識を踏まえた，国会の判断にゆだねるのが相当である。

成年年齢引下げ(若年成年)と若年消費者保護立法

配布資料3　法制審議会第178回会議配付資料（刑3）
　（別添）

〔参考資料1〕　ヒアリングの結果について

1　ヒアリングの概要

　　部会では，以下のとおり，平成20年4月から同年9月までの間，6回にわた
　り，教育関係者，消費者関係者，労働関係者，若年者の研究をしている社会学者
　・発達心理学者・精神科医師，親権問題の関係者等から，民法の成年年齢を引き
　下げた場合の問題点の有無及びその内容，引下げの是非等に関する意見を聴取し
　た。

　　ヒアリングの結果，成年年齢の引下げの是非に関する意見は，賛否両論に分か
　れたが（後記3，4を参照），現在の若年者は様々な問題を抱えており（後記2
　を参照），成年年齢を引き下げるためには，一定の環境整備をする必要がある（後
　記5を参照）との点では，ほぼ認識を共通にしていた。

　（ヒアリングの内容）
　　(1)　第2回部会（平成20年4月15日）　教育編
　　　　商業高校及び普通高校の学校長，教育学者
　　(2)　第3回部会（同年5月13日）　消費者編
　　　　国民生活センターの理事，日本弁護士連合会消費者問題対策委員会及び
　　　子どもの権利委員会に所属する弁護士
　　(3)　第4回部会（同年6月3日）　雇用・労働編
　　　　労働政策の研究者，企業の法務担当者，労働組合の執行委員
　　(4)　第5回部会（同年7月1日）　その他1
　　　　発達心理学者，社会学者，精神科医師
　　(5)　第6回部会（同年7月22日）　その他2
　　　　発達心理学者，教育実務家，認知神経科学者
　　(6)　第7回部会（同年9月9日）　親権編
　　　　児童養護施設の長，日本弁護士連合会家事法制委員会に所属する弁護士，
　　　民法学者

成年年齢引下げ(若年成年)と若年消費者保護立法

配布資料3　法制審議会第178回会議配付資料（刑3）

2　若年者が抱える問題点について

　　ヒアリングでは，現在の若年者は，以下のような問題点を抱えているという指摘があった。

（全体的な特徴）

・　自主自律的に行動することができず，指示待ちの姿勢をとる若年者が多い。

・　服装の乱れ，公共交通機関における乗車マナーの悪化，万引き等の増加などに表れているように，規範意識が低下している。

・　感情を抑制する力や，根気強さが不足している。

・　身体的には，早熟傾向があるにもかかわらず，精神的・社会的自立が遅れる傾向にある。これは，幼少期からの様々な直接体験の機会や異年齢者との交流の場が乏しくなったこと，豊かで成熟した社会のもとで人々の価値観や生き方が多様化したことが理由であると考えられる。

・　ゲームや携帯電話の影響により，人間関係をうまく築くことができない若者や，バブル崩壊の影響で，自分の人生に夢を見ることができないなど将来に希望を持つことができない若年者が増加している。

・　いわゆるモラトリアム傾向が強くなり，進学も就職もしようとしない若年者や，進路意識や目的意識が希薄なままとりあえず進学をするなどの若年者が増加している。

・　ニート，フリーター，ひきこもり，不登校など，若者の非社会化（社会や他人に無関心な状態）が進みつつある。

・　リストカットや自傷行為など心の病を持つ若年者が増加している。

（消費者関係の問題）

・　若年者に関する消費者関係事件の相談としては，パソコン及び携帯電話の購入に関するもの並びにキャッチセールスに関するものなどが多く，「無料」，「格安」，「儲かる」などの言葉を安易に信じ，騙されやすい。

・　アルバイトをするなどして稼いだお金を，本来は貯蓄をするなど計画的に管

成年年齢引下げ（若年成年）と若年消費者保護立法

配布資料3　法制審議会第178回会議配付資料（刑3）

理をしなければならないのに，外食や遊興費などに費やしてしまうなど，財産管理能力が低い。

（労働関係の問題）

・　従前は高校などを通じて若年者にも適切な職業紹介が行われ，正社員として就職しキャリア形成が行われてきたが，近年，若年者がパートやアルバイトなど非正規雇用に就く機会が増加している。非正社員と正社員の待遇格差は，年齢上昇とともに拡大し，１０代で非正社員になることはキャリア形成上大きなリスクがある。また，非正規雇用は，学校斡旋の仕組みとは異なり，応募内容と実際の労働内容が異なっていたり，劣悪な労働条件が隠されていたりする危険性が高い。

（親権関係の問題）

・　高度経済成長の結果，核家族化が進行し，子育ての負担が父母のみにかかるようになったことなどから，両親から虐待を受ける子が増加している（なお，虐待を受けた子を保護する児童養護施設等は，大人数を収容する施設が多く，また，ほぼ満床状態であり，個別的な援助を十分にすることができない。）。

・　親から虐待を受けた結果，自分を大切な存在であると思えなくなり，自傷他害などの問題行動や，他者とのコミュニケーションに問題を抱え，社会的自立が困難な若年者が増加している。

3　引下げに賛成の意見の概要

・　高校３年生で成人を迎えるとすることによって，高校教育の場で，成人の意味や大人になるための教育を，現実味をもって指導することが可能になる。

・　高学歴化が進む中，大人への移行期が長期化しているが，だからこそ成年年齢を引き下げ，若年者が早期に社会の一人前の構成員になるという意識付けを行うべきである。

・　従前の我が国の若者政策は雇用対策が中心で，若年者の自立を促すためには

169

成年年齢引下げ(若年成年)と若年消費者保護立法
配布資料3　法制審議会第178回会議配付資料（刑3）

どうしたらよいのかという視点が希薄であり，若年者が経済的，社会的，職業的に自立を果たせるよう若者に関する施策を充実させる必要がある。成年年齢の引下げを，日本の若者政策の転換の契機とすべきである。

・　両親が離婚した場合，その子の親権の帰属をめぐって争いがしばしば生ずるが，このような争いから18歳，19歳の子が解放されることになる。

・　親からの虐待を受けている18歳，19歳の子が親権から解放され，自由に居所等を定めることができる（なお，児童虐待の対象は低年齢児であり，成年年齢の引下げによって得られる効果は小さいとの指摘もあった。）。

4　引下げに反対の意見の概要

・　現在の消費者トラブルの状況（国民生活センター等に寄せられる相談件数は20歳になると急増する。また，20歳になった誕生日の翌日を狙う悪質な業者も存在する。）からすると，民法第5条（未成年者取消権）が，悪質な業者に対する抑止力になっていると考えられるが，成年年齢を18歳に引き下げると，消費者トラブルが若年化するおそれがある。

・　若年者の消費者被害の特徴として，被害が学校などで連鎖して広がるという特徴が挙げられるが，成年年齢を18歳に引き下げると，マルチ商法などが高校内で広まる危険性がある。

・　消費者被害が生じないような環境ができれば，成年年齢の引下げも可能ではあるが，悪質な業者は，法の規制の間隙を狙うはずであり，そのような環境整備が実際にできるか疑問である。

・　成年年齢を引き下げると，高校生でも契約をすることができるようになり，借金をしたり，借金を返すために劣悪な労働に従事する若者が出てくるおそれがある。

・　現在でも親の保護を十分に受けられていない層の若者が，益々保護を受けられず，困窮するおそれがある。

成年年齢引下げ（若年成年）と若年消費者保護立法

配布資料3　法制審議会第178回会議配付資料（刑3）

- 精神医学の世界では，若者が成熟する年齢は，３０歳であるとか，３５歳から４０歳くらいであるという意見があり，法律上の成年年齢を引き下げると，法律上の成年年齢と実際上の成熟年齢が現在よりも乖離することになり，若者のシニシズム（成年年齢に達したとしても，どうせ子どもだし，自立できないという意識）が進む可能性がある。

- 精神医学的には，成熟度を「コミュニケーション能力（会話能力のみならず，相手の感情を読みとったり，それに応じて行動できる能力）」と「欲求不満耐性（欲求や欲望の実現を待てる能力）」により測ることができ，両者がバランスよく取れていることが大切であるが，日本の若者は，引きこもりなど非社会化の傾向が進んでいることを考えると，「欲求不満耐性」は強いが，「コミュニケーション能力」を欠く若者が多いと思われる。このような若者に対しては，成年年齢の引下げをして，自己責任を強調することは，若者たちを追い込むことになり，突発的に凶悪犯罪を敢行するなどの暴発を起こす危険性がある。

- 近年の研究によると，脳に機能的な障害があり，数に対するセンスが欠けている算数障害（明らかに経済的に破綻すると分かっていながら，闇金融から借金を繰り返すなど欲望をコントロールできない）や注意欠陥障害（ある物事に注意が集中してしまうと，他の物事に気づかない）など発達障害を抱えている者が６％から１０％ほど存在することが分かったが，発達障害者に対する理解や社会の対策が不十分なままで成年年齢の引下げをすると，発達障害者の生きづらさが激化し，キレたり，凶悪犯罪を敢行したりする若者が増える危険性がある。

- 成年年齢の引下げに必要となる教育の充実は，授業時間数の制約から困難であり，若者の自立を促すための政策も後回しなる可能性が強い。

- 離婚後の養育費の支払期間は２０歳までとするのが一般的であるところ，成年年齢の引下げに伴い，養育費の支払期間も１８歳までに短縮されるおそれがあり，その結果，子の大学進学機会が狭められたり，経済的に困窮する家庭の

成年年齢引下げ(若年成年)と若年消費者保護立法

配布資料3　法制審議会第178回会議配付資料（刑3）

　　もとで子が虐待を受けることが増加するおそれがある。

5　必要となる環境整備についての提言
- 　経済活動の基本である民法や商法の基本や，電子契約のシステム，ルールなどに関する教育の充実
- 　若年者が消費者トラブルに巻き込まれないように，お金や契約の問題に関する教育の充実
- 　インターンシップ等の労働実践教育や，仕事の探し方，さらには労働の意義（働くことの尊さ，喜び等）などに関する労働教育，成人教育（いわゆるキャリア教育）の充実
- 　多様な価値観や文化で構成される現代社会において，個人が自己を守り，自己実現を図るとともに，よりよい社会の実現のために寄与することができるよう，社会の仕組みを学び，また，社会における自己の権利や義務などを学ぶことができる教育（いわゆるシティズンシップ教育）の導入，充実
- 　若者の「自立」に関する世間・親の意識改革（通常のレールに乗れなかったニート，ひきこもり等の人々に対して周囲が寛容になること等）
- 　（虐待を受ける子や，虐待を受けた結果社会的自立が困難となった者を減らす必要があることから）児童福祉施設の人的，物的資源の充実，子育てを社会が支え合って行うという仕組みの充実

6　その他の意見
- 　高校生が18歳になるとともに順に成人になるというのでは，高校における指導・教育に支障をきたすおそれがあるので，高校卒業時から4月1日までの間の適切な日をもって，一斉に成人になるものとするか，あるいは，19歳を成人とすべきである。
- 　欧米諸国で成年年齢が引き下げられた主な理由として，日本には存在しない

172

成年年齢引下げ(若年成年)と若年消費者保護立法

配布資料3　法制審議会第178回会議配付資料（刑3）

徴兵制が影響していることや，成年年齢が引き下げられた１９６０年代，７０年代は，児童虐待が深刻化する前であったことも考慮する必要がある。

・　選挙年齢を引き下げることは，若年者に選挙権を付与するだけであるが，民法の成年年齢の引下げは，１８歳，１９歳の若年者に契約を一人ですることができる権利等を付与する一方，親の同意を得ないでした契約が取り消せなくなるなど保護の切下げにもつながる。したがって，選挙年齢の引下げと民法の成年年齢の引下げは，切り離して議論すべきである。

成年年齢引下げ(若年成年)と若年消費者保護立法

配布資料3　法制審議会第178回会議配付資料（刑3）

〔参考資料２〕　高校生等との意見交換会の結果について

1　概要

　　平成２０年５月から７月までの間，３回にわたり，部会のメンバーが，高校，大学に赴き，高校生，大学生（留学生を含む。）との間で，成年年齢の引下げについて意見交換を行った。

　　これは，成年年齢の引下げを検討するに当たり，成年年齢の引下げによって一番影響を受けることになる１８歳，１９歳前後の若者の率直な意見を聞きたいという意見が部会で出されたことから実施されたものである。この意見交換会は，ある特定の高校及び大学の生徒・学生と意見交換を実施したものであり，必ずしも若者全体の意見を集約したものではないが，その中でもなるべく幅広い意見を聴取できるよう，高校における意見交換会については，普通高校のみならず商業高校も対象に含め，また，大学における意見交換会については，特定の学部及び出身国に偏らないよう配慮しつつ，日本人学生及び外国人留学生との意見交換会を実施した。

　　なお，本意見交換会は，対象者が高校生や大学生であり，議事を記録すると自由な発言が阻害されるおそれが高いことや，意見交換会の目的が若者の意見を集約することにはなく逐語の議事録を残す必要がないことなどから，議事録の作成はしないこととし，その代わりに，意見交換会に出席した部会の委員，幹事から，部会において，その結果，感想等の報告を受けた。

　　それぞれの意見交換会における結果，感想等の概要は，以下のとおりである。

2　商業高校における意見交換会について

（日　　時）

　　平成２０年５月３０日（金）午後３時３０分〜午後４時３０分

（参加者）

成年年齢引下げ(若年成年)と若年消費者保護立法

配布資料3　法制審議会第178回会議配付資料（刑3）

部会の委員・幹事・関係官　１０名

高校生　１５名（１６歳から１８歳の高校２年生，高校３年生）

（高校生の意見の概要等）

部会の委員・幹事・関係官は３，４名を，高校生は５名を１組として，３組に分かれて意見交換を実施した。意見交換会の結果，感想等の報告の概要は，以下のとおりである。

・　成年年齢の引下げの議論は，大半の高校生が知らなかった。

・　成年年齢の引下げについては，まだ高校生なのに急に大人といわれても困る，社会のことをもっと学んだ上でないと成人という自覚は生じないなどと，多くの高校生が反対であった。

　　もっとも，すぐに自分が大人になることについては，不安があるが，数年前（自分が高校に入る前後）から１８歳で成人であると言われていれば，心の準備はできると思う，１８歳で成人となっても対応できるし，自覚も持てるので賛成であるという意見もあった。

・　どのような節目で大人になると感じるかについては，大学を出て就職したとき，給料を得て生活をまかなえるようになったとき，他者の迷惑にならないよう仕事ができるようになったときなどの意見があった。

・　大人になることについては，大変そう，夢が持てないなど否定的なイメージを持っているが，身近な大人である親や学校の先生などについては好意的な印象を抱いている高校生が多かった。これから入っていかなければならない「社会」に対して，不安を抱いていたり，夢が持てないのではないかと考えられる。

・　契約については，成年年齢が下がると高校３年生でも契約をすることができるようになるが，マルチ商法に巻き込まれたりするのではないかという不安があるという意見があった一方，２０歳でも騙される人は騙されるし，１８歳でも賢い人はいるのであって，成年年齢の引下げにはあまり関係がない

成年年齢引下げ(若年成年)と若年消費者保護立法

配布資料3　法制審議会第178回会議配付資料（刑3）

のではないかという意見もあった。

- 　アルバイトをしている高校生も多く，中には月に8万円も稼いでいる生徒もいたが，アルバイトをしていることは，必ずしも自立をしていることにはつながらないという意見があった。なお，アルバイトをして稼いだお金については，親の同意なく使っているのが現実であり，法律上も親の同意なく使えるようにしたらどうかという意見があった。

- 　高校を卒業したら一人暮らしをしたいという高校生はほとんどいなかった。高校生の多くが，豊かな家庭の中で，居心地がよいと感じており，その関係の中から出て行くことに不安があるのではないかと思われる。

- 　選挙については，選挙権が与えられれば投票に行くと思うという意見が多かった。民法の成年年齢の引下げについては，経済的な自立をしなければいけないということで高校生の多くは強い不安を抱いているようだが，選挙年齢の引下げについては，特段不利益を受ける話ではないので受け入れやすいのかもしれない。

3　普通高校における意見交換会について

（日　時）

　　平成20年6月2日（月）午後3時40分～午後4時40分

（参加者）

　　部会の委員・幹事・関係官　7名

　　高校生　17名（17歳から18歳の高校3年生）

（高校生の意見の概要等）

　　部会の委員・幹事・関係官は2，3名を，高校生は5，6名を1組として，3組に分かれて意見交換を実施した。意見交換会の結果，感想等の報告の概要は，以下のとおりである。

- 　成年年齢の引下げの議論については，大半の高校生が知らなかった。

成年年齢引下げ(若年成年)と若年消費者保護立法

配布資料3　法制審議会第178回会議配付資料（刑3）

- 成年年齢の引下げについては，社会を知らないので18歳で急に大人だと言われても困る，同じ高校生に成年者と未成年者が混じるのはよくないのではないか，受験の最中に成人式を行うのは困るなど，多くの高校生が反対であった。また，日本は戦争をしない国で徴兵制もないのであるから，そのあかしとして，成年年齢は20歳のままでよいのではないかとの意見もあった。

　一方，悪い人に騙されないように勉強するなどの十分な準備期間があれば18歳でもよい，制度を変える場合には，分かりやすい制度にしてほしいという意見もあった。

- 何歳ぐらいで大人になると思うかという質問に対しては，大学を卒業した時，親から自立して仕送りするようになった時などの意見があった。

- 契約に関しては，携帯電話を購入するなど簡単なものであればよいが，土地取引など難しいものについては，18歳は無理ではないかとの意見が出された。また，現実問題として，小遣いの範囲内であれば親に相談せず洋服などを購入しているが，高額な商品を購入する場合は親と相談しないとできない，契約は親にしてもらっているので自分でする必要性を感じないとの意見が出された。

- アルバイトをしている高校生も多く，稼いだお金は洋服の購入や飲食に使っている者が多かったが，なかには進学後の学資を貯めている者もいた。

- 結婚については，法律上18歳で親の同意なく結婚できるようになったとしても，18歳では家庭を養っていけないし，そもそも親から祝福されないで結婚しても嬉しくない，むしろ婚姻適齢に男女差があることを是正するべきではないかとの意見があった。

- 政治については，選挙年齢が18歳になったら必ず投票するという意見もあった一方で，よく分からないので棄権すると思う，人気投票になってしまう危険性がないかとの意見もあった。

177

成年年齢引下げ(若年成年)と若年消費者保護立法

配布資料3　法制審議会第178回会議配付資料（刑3）

4　大学における留学生との意見交換会について

（日　時）

平成20年7月3日（木）午後3時～午後4時

（参加者）

部会の委員・幹事・関係官　10名

留学生13名（20歳から25歳。出身国は，アメリカ，ブラジル，中国，カナダ，韓国，イタリア，フランス，ブルネイ，ウガンダ）

（留学生の意見の概要等）

部会の委員・幹事・関係官は3，4名を，留学生は4，5名を1組として，3組に分かれて意見交換を実施した。意見交換会の結果，感想等の報告の概要は，以下のとおりである。

・　大人のイメージについては，何でも自分で決められる，自由である，大人に早くなりたかったと肯定的なイメージを抱いている留学生が多かったが，大人になると自分で働いて稼がなければならないのでなりたいとは思わなかったと否定的なイメージを抱いている留学生もいた。

・　日本人学生のイメージとしては，同世代と比較して大人に見えるという意見もあったが，日本ではいい大学に入れば就職することが難しくないため，やりたいことがはっきりせず，自立心が足りない学生が多いという意見もあった。

・　日本において成年年齢を引き下げることについては，大半の留学生が問題がないという意見であったが，成年になる前にいろいろチャレンジして失敗しても許される期間を保障するという意味で，引き下げることには反対であるという意見もあった。

・　選挙年齢については，18歳が妥当であると思うが，選挙年齢と成年年齢は必ずしも一致する必要はないのではないかという意見もあった。

成年年齢引下げ(若年成年)と若年消費者保護立法

配布資料3　法制審議会第178回会議配付資料（刑3）

5　大学における日本人大学生との意見交換会について

（日　時）

平成20年7月3日（木）午後4時30分〜午後5時30分

（参加者）

部会の委員・幹事・関係官　10名

日本人大学生　17名（18歳から21歳まで）

（大学生の意見の概要等）

部会の委員・幹事・関係官は3，4名を，大学生は5，6名を1組として，3組に分かれて意見交換を実施した。意見交換会の結果，感想等の報告の概要は，以下のとおりである。

・　成年年齢の引下げの議論については，大半の学生が知っていた。

・　成年年齢の引下げについては，どちらかといえば反対の学生が多く，高校を卒業しただけでは社会も知らないので成年といわれても無理である，高校では大学受験のための教育しか行われておらず高校教育だけでは判断能力を身に付けられないという意見があった。一方，引下げによって判断力や自立心が醸成される，18歳にしてもそれほど問題は起こらないのではないかとして，引下げに賛成する者もいた。

なお，賛成，反対いずれの立場の者も，成年年齢を引き下げるためには，契約に関する教育や責任感を醸成するための教育など教育を充実させる必要があるとの点では，共通していた。ただし，現状の高校教育は受験一辺倒であり，そのような教育を行う余裕があるのか疑問であるという意見もあった。

・　大人になるということについては，自分の稼いだお金で自分で生活できることである，何でも自分で決定できることである，自分の行動について自分で責任をとることができることであるという意見があった。

・　将来の就職については，明確な希望を持っている学生もいたが，やりがいがあってお金がもうかる仕事に就きたい，有名企業で収入が多いところに就

成年年齢引下げ(若年成年)と若年消費者保護立法

配布資料3　法制審議会第178回会議配付資料（刑3）

職したいなどと漠然とした回答をする学生も多かった。

- 大半の学生がアルバイトをしていたが，アルバイト代は，趣味や遊興費に費消するという学生も多かった。

- 選挙年齢については，成年年齢と一致させた方が明確で分かりやすいという意見があった一方，年齢条項をどうするかは事柄ごとに考えればよく，必ずしも一致させる必要はないのではないかという意見もあった。

- 諸外国の流れは，成年年齢を18歳にするということかもしれないが，日本は文化も価値観も違うので，必ずしも従う必要はないのではないかという意見もあった。

- 大学生との意見交換会には，18歳から21歳の学生が参加したが，成熟度にばらつきがあると感じられ，これは年齢による差というよりも，それまでの生活体験の内容や，異文化体験の有無などが影響しているのではないかと思われる。

- 高校生との意見交換会では，大人に対して否定的なイメージをもっている生徒が多かったが，大学生との意見交換会では，自分の意見で何事も決定できるので楽しみであるなどと肯定的な意見を述べた学生も多かった。

成年年齢引下げ(若年成年)と若年消費者保護立法

配布資料4　法制審議会第178回会議配付資料（刑4）

法制審議会第１７８回会議配布資料	刑4

「若年者に対する刑事法制の在り方に関する勉強会」取りまとめ報告書

成年年齢引下げ（若年成年）と若年消費者保護立法

配布資料 4　法制審議会第 178 回会議配付資料（刑 4 ）

「若年者に対する刑事法制
の在り方に関する勉強会」
取りまとめ報告書

平成２８年１２月

若年者に対する刑事法制の在り方に関する勉強会

成年年齢引下げ(若年成年)と若年消費者保護立法

配布資料4　法制審議会第178回会議配付資料（刑4）

「若年者に対する刑事法制の在り方に関する勉強会」
取りまとめ報告書　目次

第1　「若年者に対する刑事法制の在り方に関する勉強会」の実施について　‥184

　1　「若年者に対する刑事法制の在り方に関する勉強会」の趣旨　‥‥‥‥184

　2　本勉強会の実施状況　‥‥‥‥‥‥‥‥‥‥‥‥‥‥‥‥‥‥‥‥‥‥185

　（1）　ヒアリング　‥‥‥‥‥‥‥‥‥‥‥‥‥‥‥‥‥‥‥‥‥‥‥‥‥185

　（2）　若年者に対する刑事法制の在り方全般に関する意見募集　‥‥‥‥‥186

　（3）　資料調査　‥‥‥‥‥‥‥‥‥‥‥‥‥‥‥‥‥‥‥‥‥‥‥‥‥‥186

　（4）　内部検討等　‥‥‥‥‥‥‥‥‥‥‥‥‥‥‥‥‥‥‥‥‥‥‥‥‥186

第2　本勉強会における検討結果の概要　‥‥‥‥‥‥‥‥‥‥‥‥‥‥‥‥186

　1　少年法適用対象年齢の在り方について　‥‥‥‥‥‥‥‥‥‥‥‥‥‥187

　（1）　現行法（２０歳未満）を維持すべきであるという考え方の主な理由　‥187

　（2）　１８歳未満に引き下げるべきであるという考え方の主な理由　‥‥‥187

　2　若年者に対する刑事政策的措置　‥‥‥‥‥‥‥‥‥‥‥‥‥‥‥‥191

　（1）　受刑者に対する施設内処遇を充実させる刑事政策的措置　‥‥‥‥‥191

　（2）　施設内処遇と社会内処遇との連携を強化するための刑事政策的措置　‥193

　（3）　社会内処遇を充実させるための刑事政策的措置　‥‥‥‥‥‥‥‥‥194

　（4）　罰金又は起訴猶予となる者に対する再犯を防止するための刑事政策
　　　　的措置‥‥‥‥‥‥‥‥‥‥‥‥‥‥‥‥‥‥‥‥‥‥‥‥‥‥‥‥198

　（5）　若年者に対する新たな処分の導入　‥‥‥‥‥‥‥‥‥‥‥‥‥‥‥199

　（6）　「若年者」の範囲　‥‥‥‥‥‥‥‥‥‥‥‥‥‥‥‥‥‥‥‥‥‥200

　（7）　手続の在り方　‥‥‥‥‥‥‥‥‥‥‥‥‥‥‥‥‥‥‥‥‥‥‥‥200

　（8）　その他　‥‥‥‥‥‥‥‥‥‥‥‥‥‥‥‥‥‥‥‥‥‥‥‥‥‥‥200

第3　おわりに　‥‥‥‥‥‥‥‥‥‥‥‥‥‥‥‥‥‥‥‥‥‥‥‥‥‥‥201

（添付資料）

　資料1　若年者に対する刑事法制の在り方に関する勉強会　構成員等名簿　　（202）

　資料2　ヒアリングの実施日，対象者及び各意見の要旨　（203）

　資料3　一般保護事件の終局人員－終局時年齢（１４歳から１９歳まで）ごとの非行別，終局
　　　　決定別（平成２６年）

　資料4　刑事事件（略式請求事件を除く。）の終局人員－終局時年齢（１４歳から２５歳まで）
　　　　ごとの罪名別・量刑分布別（終局区分別を含む。）（平成２６年）

　資料5　保護処分に付された原則逆送事件及び少年院送致・公判請求された年長少年に係る事
　　　　件の概況

　資料6　少年院出院者及び刑事施設出所者の予後調査について

　資料7　保護観察対象者（保護観察処分少年・少年院仮退院者）の現状調査及び保護観察処分
　　　　少年の予後調査

成年年齢引下げ(若年成年)と若年消費者保護立法

配布資料4　法制審議会第178回会議配付資料（刑4）

第1　「若年者に対する刑事法制の在り方に関する勉強会」の実施について

1　「若年者に対する刑事法制の在り方に関する勉強会」の趣旨

　　選挙権年齢を18歳に引き下げること等を内容とする「公職選挙法等の一部を改正する法律」（平成27年法律第43号）附則第11条は、「国は、国民投票（日本国憲法の改正手続に関する法律（平成19年法律第51号）第1条に規定する国民投票をいう。）の投票権を有する者の年齢及び選挙権を有する者の年齢が満18年以上とされたことを踏まえ、選挙の公正その他の観点における年齢満18年以上満20年未満の者と年齢満20年以上の者との均衡等を勘案しつつ、民法（明治29年法律第89号）、少年法その他の法令の規定について検討を加え、必要な法制上の措置を講ずるものとする。」と規定し、国に対し、少年法[*1]の規定について検討を行い、必要な法制上の措置を採ることを求めている。

　　また、民法の成年年齢については、平成21年10月、法制審議会から「国民投票年齢が18歳と定められたことに伴い、選挙年齢が18歳に引き下げら

[*1]　現行少年法は、「少年の健全な育成を期し、非行のある少年に対して性格の矯正及び環境の調整に関する保護処分を行うとともに、少年の刑事事件について特別の措置を講ずることを目的とする」ものであり（少年法第1条）、少年が罪を犯した場合に、類型的に、成人とは異なる取扱いをすることを定めている。少年法が定める成人とは異なる取扱いの主な内容には、①家庭裁判所への全件送致主義が採られていること（捜査機関は、犯罪の嫌疑がある場合には、家庭裁判所に事件を送致することが義務付けられている。）、②成人が罪を犯した場合には「刑罰」の対象とされているのに対し、少年が罪を犯した場合には、原則として、非公開の少年審判により「保護処分」等の少年法の枠内における処分が行われ、調査・審判の結果、刑事処分相当と認められる場合に限って「刑罰」の対象とされていること、③少年が「刑罰」の対象とされる場合においても特別の措置の対象とされていること（罪を犯すとき18歳未満であった者に対しては死刑を科すことはできず、死刑をもって処断すべき場合には無期刑を科する（同法第51条第1項）、罪を犯すとき18歳未満であった者に対しては無期刑をもって処断すべきときであっても有期刑を科すことができる（同条第2項）、少年に対して有期刑をもって処断すべきときは長期と短期を定める不定期刑を言い渡す（同法第52条第1項）等）、④家庭裁判所の審判に付された少年又は少年のとき犯した罪により公訴を提起された者については、氏名、容貌等により、その者が当該事件の本人であることを推知することができるような報道を禁じていること（いわゆる推知報道の禁止：同法第61条）がある。

184

成年年齢引下げ(若年成年)と若年消費者保護立法

配布資料4　法制審議会第178回会議配付資料（刑4）

れることになるのであれば，１８歳，１９歳の者が政治に参加しているという意識を責任感をもって実感できるようにするためにも，取引の場面など私法の領域においても自己の判断と責任において自立した活動をすることができるよう，民法の成年年齢を１８歳に引き下げるのが適当である。」との答申[2]がなされており，公職選挙法の選挙権年齢が１８歳に引き下げられたこと等を踏まえ，現在，成年年齢を１８歳に引き下げることに向けた具体的な準備が進められている。

　これらの状況に鑑み，少年法の適用対象年齢について検討を行う必要があるが，この問題は，単に「少年」の範囲を現行法の範囲（２０歳未満）のまま維持するか，その上限年齢を引き下げるかという問題にとどまらず，刑事司法全般において，成長過程にある若年者をいかに取り扱うべきかという大きな問題に関わるものである。そのため，少年法の適用対象年齢の在り方は，罪を犯した若年者に対する処分や処遇の在り方全体を検討する中で検討されるべきものであると考えられる。

　そこで，法務省においては，少年法適用対象年齢を含む若年者に対する処分や処遇の在り方について検討を行う上で必要となる基礎的知見を幅広く得るため，「若年者に対する刑事法制の在り方に関する勉強会」（以下「本勉強会」という。本勉強会の平成２８年１２月時点における構成員及びアドバイザーは別添資料１のとおり）を実施した。

2　本勉強会の実施状況

　(1)　ヒアリング

　　本勉強会においては，平成２７年１１月２日から平成２８年７月２９日まで合計１０回のヒアリングを実施した。

　　ヒアリングにおいては，法分野の実務経験者や研究者のほか，社会，福祉，教育，医療等関係分野の実務経験者や研究者，犯罪被害者，報道関係者等合計４０名の方々から御意見を伺った。

　　各回の実施日，ヒアリング対象者及び各意見の要旨は別添資料２のとおりである。

　　なお，別添資料２は飽くまで要旨であり，ヒアリングにおいて述べられた

---

[2] http://www.moj.go.jp/shingi1/shingi2_091028-1.html

成年年齢引下げ(若年成年)と若年消費者保護立法

配布資料4　法制審議会第178回会議配付資料（刑4）

意見の詳細な内容については，議事録[*3]を参照していただきたい。

(2) 若年者に対する刑事法制の在り方全般に関する意見募集

　　本勉強会においては，平成27年11月16日から同年12月31日までの間，電子メール及び郵送の方法により，若年者に対する刑事法制の在り方全般について広く国民の意見を募集した。

　　若年者に対する刑事法制の在り方全般に関する意見募集（以下単に「意見募集」ともいう。）に寄せられた意見の内容については，「若年者に対する刑事法制の在り方全般に関する意見募集結果」[*4]を参照していただきたい。

(3) 資料調査

　　本勉強会においては，関係機関の協力を得て，資料の調査を実施した。

　　資料調査を行った事項及び調査結果は，次のとおりである。

ア　一般保護事件の終局人員－終局時年齢（14歳から19歳まで）ごとの非行別，終局決定別（平成26年）　別添資料3のとおり

イ　刑事事件（略式請求事件を除く。）の終局人員－終局時年齢（14歳から25歳まで）ごとの罪名別，量刑分布別（終局区分別を含む。）（平成26年）　別添資料4のとおり

ウ　保護処分に付された原則逆送事件及び少年院送致・公判請求された年長少年に係る事件の概況　別添資料5のとおり

エ　少年院出院者及び刑事施設出所者の予後調査について　別添資料6のとおり

オ　保護観察対象者（保護観察処分少年・少年院仮退院者）の現状調査及び保護観察処分少年の予後調査　別添資料7のとおり

(4) 内部検討等

　　本勉強会においては，前記ヒアリング，意見募集及び資料調査の結果を踏まえた上，アドバイザーによる刑事法・刑事政策に関する専門的見地からの助言を得つつ，内部検討を行い，少年法の適用対象年齢を含む若年者に対する刑事法制の在り方全般について検討する上で必要となる基礎的知見を整理し，本勉強会の成果として本報告書を取りまとめたものである。

第2　本勉強会における検討結果の概要

[*3] http://www.moj.go.jp/shingi1/shingi06100055.html

[*4] http://www.moj.go.jp/shingi1/shingi06100055.html

成年年齢引下げ（若年成年）と若年消費者保護立法

配布資料4　法制審議会第178回会議配付資料（刑4）

1　少年法適用対象年齢の在り方について

　　公職選挙法の選挙権年齢に続いて民法の成年年齢が１８歳に引き下げられた場合における少年法適用対象年齢の在り方については，現行法（２０歳未満）を維持すべきであるという考え方と１８歳未満に引き下げるべきであるという考え方があり，それぞれの考え方の主な理由は，次のように整理することができる。

(1)　現行法（２０歳未満）を維持すべきであるという考え方の主な理由

　ア　法律の適用対象年齢は，立法趣旨や目的に照らして各法律ごとに個別具体的に検討するべきであり，少年法適用対象年齢は，必然的に公職選挙法の選挙権年齢や民法の成年年齢と連動しなければならないものではない。

　　　現行法においても，少年院の収容継続制度などにおいて，２０歳以上の者に対する保護処分が予定されている。また，旧少年法[*5]においては少年は１８歳未満とされ，民法の成年年齢（２０歳）と一致していなかった。

　イ　少年保護事件の手続及び保護処分に付された少年に対する処遇は，少年の再非行の防止と立ち直りを図る上で機能している。特に，比較的軽微な罪を犯した１８歳，１９歳の者に対しては，現在有効に機能している保護処分を活用し，再社会化の促進・再犯の防止を図ることが望ましい。また，現在有効に機能している制度を活かすべきであるとの国民の意見がある。

　ウ　少年法適用対象年齢を引き下げた場合，１８歳，１９歳の者は，刑事処分の対象となるが，刑罰による威嚇で非行を思いとどまらせることはできない。再非行の防止と立ち直りに必要なことは，まず少年の資質，生育歴，環境上の問題点等を理解し，被虐待体験等がある場合には，その心の傷を受け止め，教育的・福祉的な援助をすることである。

　　　また，１８歳，１９歳の者が保護処分の対象から外れることになれば，例えば次のように，再犯・再非行防止に必要な処遇や働き掛けが行われなくなり，その結果として再犯・再非行の増加が懸念される。

　(7)　現行法の下であれば少年院送致となる者が実刑となる場合，刑務所においては，施設規模が大きく，少数の刑務官等で多数の受刑者を処遇することから，個別の働き掛けには限界がある。また，教育的処遇を

---

*5 旧少年法（大正１１年法律第４２号）は，大正１２年１月１日に施行され，昭和２３年に現行の少年法に全部改正された。

成年年齢引下げ(若年成年)と若年消費者保護立法

配布資料4　法制審議会第178回会議配付資料（刑4）

　　　大幅に拡大し実施するには，刑務作業との関係等から生ずる時間的な
制約等がある。

　　　他方，少年院においては，収容人員が小規模であり，日中から夜間を
通じて，個別担任を中心とした法務教官による個々の問題性に対する
指導はもとより，生活全般にわたる働き掛けを行うことができる。そ
のため，刑務所における改善更生に向けた指導は，きめ細かさの点に
おいて，少年院における指導に到底及ばない。

　(イ)　現行法の下であれば少年院送致となる者が自由刑の全部執行猶予，
　　　罰金又は起訴猶予となる場合，少年院における要保護性に応じたきめ
　　　細かな教育と援助の機会を失わせることになる。

　(ウ)　現行法の下であれば保護観察となる者が保護観察の付されない執行
　　　猶予，罰金又は起訴猶予となる場合，立ち直りのための社会内処遇が
　　　なされないままに手続が終結することになる。

　(エ)　現行法の下では，手続の過程において，家庭裁判所調査官や少年鑑
　　　別所による資質上及び環境上の問題点に関する調査・分析及び改善更
　　　生に向けた働き掛け（いわゆる保護的措置）が行われているが，この
　　　ような調査・分析及び改善更生に向けた働き掛けが行われないことに
　　　なる。

　(オ)　ぐ犯による処分[*6] が行われなくなる。

エ　１８歳，１９歳の者の社会的・精神的な成熟度は以前よりも低くなって
　　いる。

オ　脳の発達が２０歳代半ばまで続くという脳科学の知見を見ても，１８歳，
　　１９歳の者は，未成熟で発達の途上にある可塑性が高い存在であって，罪
　　を犯したことについて成熟した大人と同じように非難し，責任を負わせる
　　べきではなく，また，処遇・教育の効果が特に期待できる存在である。

カ　少年法は，平成１２年以降，いわゆる原則逆送制度の導入，少年に科し
　　得る刑の在り方の見直し等の改正がされ，悪質重大な少年事件についての
　　対応がされてきており，少年法適用対象年齢を引き下げる必要性はない。

[*6] 少年法は，未だ罪を犯すに至っていない場合であっても，保護者の正当な監督に服しない性
癖のあることなど一定の事由（ぐ犯事由）があり，かつ，将来罪を犯すおそれ（ぐ犯性）のあ
る少年を，家庭裁判所の審判に付することとしている。（少年法第3条第1項第3号参照）

成年年齢引下げ(若年成年)と若年消費者保護立法

配布資料4　法制審議会第178回会議配付資料（刑4）

キ　諸外国では18歳を成人とする国が多いが，現行少年法は世界的にも評価されており，また，各国の制度，状況等はそれぞれ異なることから，諸外国に合わせる必要はない。

ク　少年法適用対象年齢を18歳未満に引き下げた場合，若年者に対する刑事政策的措置を講ずるとしても，行為責任原則や刑事手続的なデュー・プロセスの確保から生ずる限界がある。

(2)　18歳未満に引き下げるべきであるという考え方の主な理由

ア　現行法の保護処分は，少年の健全育成を目的とするが，例えば，少年院送致は相当期間身柄が施設に収容されるなど，少年の権利を制約する不利益処分でもある。このような保護処分は，少年が，類型的に，未成熟であって判断能力が不十分であることから，国家が後見的に介入するという保護主義（パターナリズム）によって正当化されている側面があるが，権利を制約する不利益処分である以上，国家が後見的に介入する範囲は，謙抑的に定められるべきである。

この点に関し，現行法の少年の範囲は，民法の未成年者の範囲と一致しているところ，民法の未成年者は，未成熟であって判断能力が不十分であることに鑑み，親の親権の対象となり，また，取引における保護を受けることができるものとされている。

しかし，民法の成年年齢が18歳に引き下げられた場合には，18歳以上の者は，「成年者」となり，生活全般にわたって親の親権に服さず，取引に関する行為能力も認められることとなる。そのような「成年者」を，類型的に保護主義（パターナリズム）に基づく保護処分の対象とすることは，過剰な介入である。

イ　一般的な法律において「大人」として取り扱われることとなる年齢は，一致する方が国民にとって分かりやすく，18歳に達した者に対して「大人」としての自覚を促す上でも適切であって，公職選挙法の選挙権年齢及び民法の成年年齢を18歳に引き下げる趣旨とも整合する。

ウ　法律の適用対象年齢は，立法趣旨や目的に照らして各法律ごとに個別具体的に検討するべきであるとしても，各法律の制度の根拠に共通する部分があるのであれば，整合性が図られるべきである。

少年法の少年について保護主義（パターナリズム）に基づく制約を行う根拠は，民法の未成年者の場合と共通しており，両制度とも，本人が未成熟であって判断能力が不十分であることに鑑み，本人のためにその自由を

189

成年年齢引下げ（若年成年）と若年消費者保護立法

配布資料4　法制審議会第178回会議配付資料（刑4）

制約するものであるから，民法の成年年齢が１８歳に引き下げられた場合，民法上成年者として扱われ，そのような保護の対象とならない１８歳，１９歳の者を少年法上類型的に少年と扱って国家が後見的に介入することは，整合的でない。

エ　犯罪被害者等からは，少年法適用対象年齢の引下げは犯罪の抑止につながるとの意見や，公職選挙法の選挙権年齢や民法の成年年齢が変わるのであれば，責任ある行動がとれると国によって認定された１８歳，１９歳の者が重大な罪を犯した場合に，少年法が適用されて刑罰が減免されるなどということは許されることではない等の意見が述べられている。

オ　少年法を含む刑事法制は，国民の健全な法意識によって支えられているものであり，罪を犯した少年を類型的に刑罰を科さずに保護処分に付し得る等の成人とは異なる取扱いの対象とすることは，少年に対する国民の寛容が期待できることに支えられている。

　しかし，民法の成年年齢が１８歳に引き下げられた場合，生活全般にわたって親権に服する必要がなく，契約を単独で行うことができることとなる１８歳，１９歳の者について，このような国民の寛容を期待することは困難である。

カ　現在の１８歳，１９歳の者の社会的・精神的な成熟度が以前よりも低くなっているとの指摘があるが，選挙権及び国民投票の投票権を有する者の年齢は１８歳以上に引き下げられており，１８歳，１９歳の者には相応の判断能力があると認められたものと評価できる上，民法の成年年齢が１８歳に引き下げられた場合には，１８歳，１９歳の者は，親権に服する必要がなく，単独で法律行為を行う能力を有すると評価されたものといえるから，刑事司法においても「成人」として扱うことは，合理性がある。

キ　脳の発達が２０歳代半ばまで続くとしても，脳の発達の程度だけで，罪を犯したことについてどの程度非難し責任を負わせることができるかが決まるものではない。

ク　諸外国では１８歳を成人とする国が多い。

ケ　少年法適用対象年齢を１８歳未満に引き下げた場合における前記(1)ウの刑事政策的懸念に対しては，後記２の若年者に対する刑事政策的措置により対応することができる。

　そもそも，罪を犯した若年者の改善更生を図り，再犯を防止するのに必要な処遇や働き掛けは，少年法の「少年」として保護処分の対象とした場

成年年齢引下げ(若年成年)と若年消費者保護立法

配布資料4　法制審議会第178回会議配付資料（刑4）

合には行うことができるが，「成人」として刑罰の対象とした場合には行うことができないというものではない。刑罰には，罪を犯した者が再び罪を犯すことを防ぐという目的があり，刑罰を科された者に対しては，その改善更生を図り，再犯を防止するため適切な処遇が行われるべきである。

2　若年者に対する刑事政策的措置

現行法下における少年の処遇等については，少年の改善更生のために機能しているとの評価があり，そのため少年法適用対象年齢の引下げに対して，前記1(1)ウ記載のとおり，刑事政策的懸念が示され，現行の少年法適用対象年齢を維持すべきであるとの意見や同年齢を引き下げる場合にはこれら懸念に対応する措置を採るべきであるとの意見等，様々な意見があることから，少年法適用対象年齢を引き下げるか否かを検討するに当たり，このような懸念について，どのような刑事政策的措置があり得るのかを検討することは重要である。また，そのような措置は，20歳未満の者のほか，20歳以上の若年者についても，その改善更生・再犯防止に資する場合があると考えられるため，若年者一般に対する刑事政策的措置の在り方を視野に入れて検討することも有益である。

本勉強会において検討した結果，少年法適用対象年齢が18歳未満に引き下げられた場合において，これに伴う刑事政策的懸念に対応し，かつ，18歳，19歳の者を含む若年者に対する処分・処遇やアセスメント[7]をより充実したものとする刑事政策的措置として，以下に掲げるものが考えられる。

もっとも，これらは，運用によって対応可能なものから法制上の措置を必要とするものまで，現時点で考えられるものを幅広く記載したものであり，理論的な観点等からなお検討を要するものもある。また，ここに記載していない刑事政策的措置を今後の検討対象から除外することを意図するものでもない。

なお，以下に掲げる刑事政策的措置の対象者の範囲は，その目的，内容，効果等に応じて定められるべきものである。そのため，18歳，19歳の者を含む「若年者」を対象とする措置のほか，「若年者」に限らず，全ての年齢の者を対象とすることが相当と考えられる措置も含まれている。

(1)　受刑者に対する施設内処遇を充実させる刑事政策的措置

罪を犯して施設に収容された者の改善更生を図り，再び罪を犯すことを防

---

*7 アセスメントとは，対象者の行状，生育歴，資質，環境等について，医学，心理学，教育学，社会学等の専門的知識・技術に基づいて調査・評価し，処遇指針を示すことである。

成年年齢引下げ(若年成年)と若年消費者保護立法

配布資料4　法制審議会第178回会議配付資料（刑4）

ぐため，施設内において充実した処遇・教育を行うことが重要である。

　特に，少年法適用対象年齢が引き下げられた場合，18歳，19歳の者が保護処分の対象とならなくなるが，これらの者を含む若年者が刑事処分を受けて施設に収容されるとき，若年者の特性に応じ充実した施設内処遇を受けられることが望ましく，これを可能にする措置を講ずることが適当である。

　そこで，受刑者に対する施設内処遇を充実させる刑事政策的措置として，例えば，次のようなものが考えられる。

ア　若年受刑者に対する処遇の原則の明確化及び若年受刑者を対象とする処遇内容の充実

　若年受刑者は，可塑性に富む場合があり，改善更生のためにその特性に応じた矯正処遇を更に充実させることが重要である。

　そこで，若年受刑者について，その特性に応じた矯正処遇の実施に関する処遇の原則を明確化した上，若年受刑者を対象とする処遇内容を充実させることが考えられる。

　また，若年受刑者に対し，現在少年院で行われているような教育的な処遇が有用である場合には，そのような教育的な処遇を実施することができるものとし，そのために必要な若年者を収容する施設及び体制を整備することが考えられる。さらに，少年院において刑を執行することができる受刑者の範囲を現行法の16歳未満の者から拡大することも考えられる。

イ　若年受刑者に対する処遇調査の充実

　受刑者については，刑務所の入所時に処遇調査が行われ，その結果に基づき，処遇要領が策定されている。特に，若年受刑者については，その特性に鑑み，他の受刑者よりも精密な処遇調査が行われている。個人の特性に応じた適切な処遇を実施し，若年受刑者の改善更生を図るため，このような処遇調査の内容等を更に充実させることが重要である。

　そこで，少年を対象として少年鑑別所や家庭裁判所において行われる調査を参考としつつ，若年受刑者に対する処遇調査を充実させるための措置を採ることが考えられる。

ウ　自由刑の単一化

　若年受刑者の改善更生を図るためには，例えば，学力の不足により社会生活に支障がある者に対しては教科指導に重点を置いた矯正処遇を行うなど，それぞれの若年受刑者の特性に応じた矯正処遇を行うことが重要である。現在も，例えば，少年刑務所において，義務教育未修了の受刑者，社

成年年齢引下げ(若年成年)と若年消費者保護立法

配布資料4　法制審議会第178回会議配付資料（刑4）

会生活の基礎となる学力を欠く受刑者，通信制高等学校に在籍している受刑者等に対し，一定期間又は一定時間に集中して，その間，ほぼ作業を行わせることなく教科指導のみを行う取組が行われている。

しかしながら，現行法の自由刑のうち，懲役刑については，作業が刑の内容とされているところ，作業は受刑者の改善更生に重要な役割を果たしているものの，受刑者の特性を考慮すると他の矯正処遇が適している場合にも，一定の時間を作業に割かなければならない。そのため，前述のような取組を更に進めて，受刑者の特性に応じ，刑期の大部分を作業以外の改善指導や教科指導に充てるなど，より個人の特性に応じた矯正処遇を実施することには限界がある。また，禁錮刑については，一律に作業の義務付けを行うことができないものの，受刑者によっては，本人の改善更生にとって作業が有用な場合がある。

そこで，懲役刑・禁錮刑を一本化した上で，その受刑者に対し，作業を含めた各種の矯正処遇を義務付けることができることとする法制上の措置を採ることが考えられる。

これにより，若年受刑者のみならず，現在その数が増えている高齢受刑者や障害を有する受刑者への対応をも柔軟化することが可能になると考えられる。

もっとも，この場合，刑罰の在り方として，それが適切と考えられる者に対しては刑期の大部分を作業以外の処遇に充て得ることとすることについて国民の理解が必要であるほか，現行法において懲役刑・禁錮刑の区分が設けられていることの意義についてどのように考えるかといった理論的課題もある。

(2)　施設内処遇と社会内処遇との連携を強化するための刑事政策的措置

受刑者の円滑な社会復帰を図るためには，施設内処遇と社会内処遇との連携を強化することが必要であり，そのための刑事政策的措置として，例えば，次のようなものが考えられる。

ア　施設外の機関等と連携した矯正処遇等の充実

受刑者の円滑な社会復帰を図るためには，出所前の段階から，刑事施設等と施設外の機関等とが連携して，施設を出た後の住居・就労の確保等を促進することが有用である。現在，刑事施設等において，保護観察所，公共職業安定所等の施設外の機関等と連携した就労支援等のための取組を行っているところであり，この取組を更に進めていくべきである。

成年年齢引下げ(若年成年)と若年消費者保護立法

配布資料4　法制審議会第178回会議配付資料（刑4）

　　そこで，適格者に対する外部通勤作業，外出・外泊等の活用を含め，施設外の機関等と連携した就労支援，修学支援，福祉的支援，釈放前の指導等を充実させることが考えられる。

　イ　社会内処遇に必要な期間の確保

　　施設内処遇の対象者が円滑に社会復帰するためには，施設内処遇に引き続き社会内処遇を行うことが重要であるが，社会内処遇が効果を上げるためには，一定の期間が必要である。

　　そこで，施設内処遇に引き続き社会内処遇に必要な期間を確保するため，若年者について保護観察付き刑の一部の執行猶予制度の活用を図ること，仮釈放の期間について，いわゆる考試期間主義[*8]を採用すること等が考えられる。もっとも，考試期間主義の採用については，責任主義の範囲内で適切な仮釈放期間をどのように定めることができるか，刑の事後的変更として許容されないのではないか等の理論的課題がある。

　ウ　施設内処遇から一貫した社会内処遇の実施

　　施設内処遇に引き続く社会内処遇においては，施設内処遇から一貫した処遇を実施することが重要である。

　　現在，特定の犯罪的傾向のある保護観察対象者に対する専門的処遇プログラムの実施には一定の期間が必要となることから，仮釈放期間が短い者に対して同プログラムを実施することが困難な状況にある。そこで，矯正施設と保護観察所が緊密に連携し，双方における指導内容をより一貫性があるものとすることなどで，施設内処遇と社会内処遇の全体を通じて適切なプログラムを受けられるようにすることが考えられる。

　エ　これらの施設外の機関等と連携した矯正処遇等の充実，施設内処遇から一貫した社会内処遇の実施は，受刑者のみならず，少年院送致処分を受けた者についても，同様の措置を採ることが考えられる。

(3)　社会内処遇を充実させるための刑事政策的措置

　　罪を犯した者が社会内で自立した生活を送ることを可能とするためには，社会内における処遇・教育を充実させることが重要である。

　　特に，少年法適用対象年齢が18歳未満に引き下げられた場合，現行法の

---

*8 考試期間主義とは，仮釈放の期間を残刑期間とするのではなく，再犯の危険性を標準として仮釈放の期間を定め，その間保護観察に付するという制度とされる。

成年年齢引下げ(若年成年)と若年消費者保護立法

配布資料4　法制審議会第178回会議配付資料（刑4）

下であれば少年院送致又は保護観察となる１８歳，１９歳の者の一部に対し，公訴が提起され，刑の執行猶予が言い渡されることが考えられる。

　そこで，刑の執行猶予が言い渡された者に対する社会内処遇を充実させるための刑事政策的措置として，例えば，次のようなものが考えられる。

ア　保護観察の活用のための刑の全部の執行猶予制度の見直し

　　刑の全部の執行猶予を言い渡される者について，保護観察に付することが改善更生・再犯防止に有用と考えられる場合がある。しかし，現行法では，保護観察付き刑の全部の執行猶予の猶予期間中の再犯については，再度の刑の全部の執行猶予を言い渡すことができないため，裁判官が初度の刑の全部の執行猶予を言い渡す際に保護観察に付することを躊躇する場合があるとの指摘がなされている。そこで，保護観察に付することが必要かつ適当な事案について保護観察を活用しやすい状況を整えるため，保護観察付き刑の全部の執行猶予の猶予期間中の再犯であっても，一定の要件の下で，再度の刑の全部の執行猶予を言い渡すことができる仕組みを導入することが考えられる。

　　また，刑の全部の執行猶予の猶予期間中に更に禁錮以上の刑を言い渡す場合であっても，再度の刑の全部の執行猶予によって社会内処遇の継続を可能とするため，再度の刑の全部の執行猶予を言い渡し得る刑期の上限を「１年以下」から引き上げることも考えられる。

　　このように執行猶予について柔軟な措置を可能とする場合，執行猶予取消し等の心理的強制による再犯防止の担保機能が低下するおそれがあることから，執行猶予期間中における保護観察の遵守事項の遵守を強く促す等のため，例えば，再度の刑の全部の執行猶予について，情状が重いときに限定することなく遵守事項違反により執行猶予を取り消すことができることとするなど，執行猶予の取消しの要件を緩和することが考えられる。また，執行猶予期間中に罪を犯して公訴提起された場合であっても，公判が長期化して執行猶予期間が経過すると執行猶予が取り消せなくなるため，このようなときに一定の条件の下で執行猶予を取り消すことができる仕組みを導入することなども考えられる。

イ　保護観察・社会復帰支援施策の充実

　　罪を犯した若年者の改善更生・再犯防止のためには，保護観察を始めとする社会内処遇の充実，就労・住居確保等の社会復帰支援の拡充が有用である。

195

成年年齢引下げ(若年成年)と若年消費者保護立法

配布資料4　法制審議会第178回会議配付資料（刑4）

　　そこで，若年者に対する保護観察について，若年者の特性に留意するなどしつつ，より充実させることが考えられる。

　　また，現在，刑事施設出所者等に対する就労支援施策として，刑事施設等，保護観察所及び公共職業安定所が連携した出所者等に対する計画的就労支援のほか，就労支援員による寄り添い型の支援，協力雇用主に対する奨励金の支給が行われているが，これらの施策を更に拡大・充実させるとともに，国民への一層の啓発を図ることで，就労支援の実効性を高めることが考えられる。

　　さらに，民間の更生保護施設は，親族等の帰住先がない刑事施設出所者等の受入先の中心であるが，同施設入所者の中には，親族等による指導や支援等を期待できないものが少なくないことから，同施設入所者の社会復帰に当たり，更生保護施設において，同施設入所中の支援に加えて，同施設退所後も必要な指導・支援（通所処遇等）等を行う措置を推進していくことが考えられる。

ウ　社会内処遇における新たな措置の導入

　　社会内処遇の充実という観点からは，例えば，次に掲げる措置を導入するなど，保護観察を始めとする社会内処遇を現行より多様化することが考えられる。

　　これらの新たな措置は，保護観察における特別遵守事項として設定して行うことも考えられるが，措置の内容によっては，人権保障の観点から，決定に際して裁判所の判断を経る制度とすることなども考えられる。

　(ｱ)　集中的な指導監督や特定行動の禁止

　　　保護観察対象者の改善更生や再犯防止のために処遇の強化や環境の改善等を行う必要性が高いと認められる場合には，特定の施設・場所に居住し，宿泊し，又は通所することを義務付けることや，必要に応じて休日，夜間等を活用した集中的な指導監督を行うことが考えられる。

　　　また，再犯につながるおそれの高い行動を抑止することを通じて改善更生を図ることが特に必要であると認められる場合には，夜間等の特定の時間帯の外出や特定の施設・地域への立入りを禁止することなどが考えられる。

　(ｲ)　医療受診等や福祉への相談の義務付け

　　　保護観察対象者の犯行の背景に，依存症その他の疾患等が関わっており，これらへの対応が改善更生のために特に必要である場合に，有用と

成年年齢引下げ(若年成年)と若年消費者保護立法

配布資料4　法制審議会第178回会議配付資料（刑4）

認められる医療機関等でのプログラムの受講のほか，対象者の同意を得た上で，医療機関での受診や医師の指示に従った通院，服薬等を義務付けることが考えられる。また，現行法では，規制薬物等の使用を反復する犯罪的傾向を有する者が医療等の専門的援助を受けた場合には薬物再乱用防止プログラムの受講の一部を免除し得る制度を採用しているところ，薬物事犯に限らず，他の専門的処遇プログラムについても，医療機関等でのプログラムの内容が専門的処遇プログラムの内容と重なる場合等には，同様に受講を一部免除し得る制度を採用することが考えられる。

さらに，保護観察対象者の生活状況等に鑑みると福祉関係機関による支援を受けることが必要であると認められるものの，当該対象者が福祉関係機関による支援を受けることについて合理的な理由なく消極的な姿勢を示すなどして保護観察官等の指導に従わないおそれがある場合には，福祉関係機関への相談を義務付けることも考えられる。

エ　その他の社会内処遇及びこれに関連する手段等の活用

前記アないしウの措置は，公訴が提起され，刑の執行猶予が言い渡される場合を想定したものであるが，次のとおり，公訴の提起後，刑事裁判の係属中に調査・調整や社会内処遇を行うことのほか，その充実強化のため，これに関連する既存の手段等を活用することが考えられる。

(ア)　宣告猶予制度の導入

判決や刑の宣告を回避しつつ，司法判断を経た上で保護観察を行うことを可能とする制度として，宣告猶予制度の導入が考えられる。具体的には，裁判所が，審理の結果，被告人が有罪であると認めた場合において，有罪判決の宣告を一定期間行わない制度（判決の宣告猶予）や，刑の宣告のみを一定期間行わない制度（刑の宣告猶予）を導入し，宣告猶予の間，保護観察や保護観察所その他の公私の団体に対する補導委託などの社会内処遇を行うとともに，保護観察官による調査・調整を行うことが考えられる。

(イ)　現行の少年審判手続における調査機能等の活用

現行の少年審判手続においては，少年鑑別所における鑑別，家庭裁判所調査官による調査・試験観察が行われ得るほか，家庭裁判所は，試験観察と併せて適当な団体等に補導を委託することが可能であり，これらによって裁判所の判断に必要な資料が収集されている。

少年法適用対象年齢が引き下げられた場合，若年者に対する刑事裁判

成年年齢引下げ(若年成年)と若年消費者保護立法

配布資料4　法制審議会第178回会議配付資料（刑4）

の審理の過程で，こうした少年鑑別所の鑑別機能や家庭裁判所調査官の調査機能を活用することや，保護観察所その他の公私の団体に対する補導委託を用いることのほか，保護観察官の調査・調整機能を活用することが考えられる。

　また，前記ウのような社会内処遇における新たな措置を導入するに際して裁判所が関与する制度とする場合には，裁判所の判断に資するように，こうした機能等を活用することも考えられる。

　なお，ヒアリングにおいては，若年者の刑事事件について，家庭裁判所の専属的管轄とすることにより，家庭裁判所調査官が行う社会調査やケースワークを宣告猶予の判断等に用いるものとするとの提案もあった。

　オ　社会復帰を支援するための更生保護の環境整備

　更生保護官署における処遇機能を向上させ，保護観察の充実強化を図るための方策として，例えば，アセスメントのための新たなツール等の開発・運用，保護観察適合性等に関する各種研究・研修等の実施，保護観察所職員と少年鑑別所職員等との人事交流の推進，更生保護官署における調査専門部門を創設するための人的体制の整備等が考えられる。

　また，罪を犯した者の社会復帰を円滑かつ確実なものとするためには，社会復帰支援の環境を整備することも必要であり，社会内処遇の拠点となり得る更生保護施設等の受入れ機能の充実及び社会福祉士等を含む職員や協力者の確保等，罪を犯した者の社会復帰を支援する体制を人的・物的に充実させるための措置を講ずることが考えられる。

⑷　罰金又は起訴猶予となる者に対する再犯を防止するための刑事政策的措置

　罪を犯した若年者については，その問題に早期に対応することが改善更生・再犯防止にとって有用である。罰金又は起訴猶予となった者に対しても，再犯防止に必要な処遇を行うことが適切な場合があり，現在も，検察庁では，支援の必要な被疑者を起訴猶予とした場合などに，保護観察所や外部機関と連携し，福祉サービスの受給や更生緊急保護の申請を支援するなどの取組(いわゆる入口支援)が行われている。

　また，少年法適用対象年齢が18歳未満に引き下げられた場合，現行法の下であれば，保護処分に付され，又は家庭裁判所における試験観察や保護的措置を経て不処分・審判不開始になる18歳，19歳の者の一部が，罰金又は起訴猶予となることが想定される。

成年年齢引下げ(若年成年)と若年消費者保護立法

配布資料4　法制審議会第178回会議配付資料（刑4）

　　そこで，これらの者に対する再犯防止や改善更生のための措置として，例えば，次のようなものが考えられる。

ア　罰金の保護観察付き執行猶予の活用

　　　罰金を科される者について，社会内処遇を行うことが再犯を防止するのに有効な場合，罰金における保護観察付き執行猶予を活用することが考えられる。

イ　起訴猶予等に伴う再犯防止措置

　　　被疑者を起訴猶予等とする場合に，再犯防止に向けた働き掛けを行うため，前述した入口支援や更生緊急保護の運用を更に充実させるほか，現行法上，身体拘束された後，起訴猶予処分となった者等が対象とされている更生緊急保護について，検察官による起訴猶予の処分前にも実施し得ることとするなどその対象範囲を拡大することが考えられ，併せて，検察官は，起訴猶予等とするときは，被疑者に訓戒，指導等をすることができる旨を明文化することも考えられる。

　　　また，被疑者の生活環境や生活態度の改善状況等により，検察官の終局処分の内容が変わり得る場合に，検察官が同処分の決定に際してその改善状況等を把握するため，検察官が，被疑者の意思に反しないことを前提に，終局処分前に，保護観察所その他の公私の団体に対し，帰住先の確保を含めた生活環境の調整等を依頼することを可能とする仕組みを導入することも考えられる。

ウ　少年鑑別所や保護観察所等の調査・調整機能の活用

　　　検察官においてより適切な措置を採ることを可能にするため，例えば，少年鑑別所の鑑別技官等が身柄事件・在宅事件の被疑者と面接した結果や保護観察所の保護観察官が家族等との調整を行った結果を活用するなど，現在の少年鑑別所や保護観察所等の調査・調整機能を更に積極的に活用することが考えられる。

(5)　若年者に対する新たな処分の導入

　　１８歳，１９歳の者が保護処分の対象外となった場合，これらの者のうち，刑罰としての自由刑の執行を受けるものについては，前記(1)記載のとおり，少年院において自由刑の執行を受け，又は刑務所においてその特性に応じた処遇を受けることを可能とする措置を採るほか，前記(1)及び(2)の刑事政策的措置により対応することが考えられる。また，犯した罪が比較的軽微であることなどから自由刑の執行を受けるに至らない者については，前記(3)及び(4)

199

成年年齢引下げ（若年成年）と若年消費者保護立法

配布資料4　法制審議会第178回会議配付資料（刑4）

の刑事政策的措置により対応することが考えられる。

　これに対し，保護処分の対象外となった場合には，上記のような自由刑の執行を受けるときであっても，少年院で実施されているのと同一の内容の処遇を実施することには限界があり，また，刑事処分においては，要保護性に応じて処分が決定されるわけではないため，特に，犯した罪が比較的軽微である者について，必要な処遇が行われないことがある等の理由により，前記⑴ないし⑷の各措置では18歳，19歳の者を含む若年者の保護として不十分であるとする立場から，18歳以上一定年齢未満の若年者について，現行法の少年審判に準ずる調査・鑑別手続を経た上で，少年院送致に準ずる処分や保護観察に準ずる処分を行う制度を導入することが適当であるとの考え方もあり得る。

　もっとも，これらの処分は，若年者を施設に収容するなど，権利を制約する側面が大きい場合もあることから，その処分の正当化根拠・法的性質をどのように考えるか，刑罰における責任主義から導かれ得る処分の範囲を超えてこのような処分に付する場合には，権利を過度に制約することにはならないか等の理論的に検討すべき課題，当該処分に付するか否か及びその収容等の期間について，いかなる基準により決するものとするのか等の制度設計上の課題がある。

⑹　「若年者」の範囲

　「若年者」の範囲は，例えば，若年者に対する施設内処遇を充実させる措置の対象とする「若年者」に関しては，現在の行刑実務において，26歳未満の者について，可塑性に期待した矯正処遇を重点的に行うことが相当と認められる者が一定程度存在すると認められていることを考慮し，26歳未満の者を「若年者」とすることが一案として考えられるところ，他の措置に関しても，各措置の目的，内容等に応じて，対象とする範囲を定めることが考えられる。

⑺　手続の在り方

　前記⑴ないし⑸記載のとおり，若年者に対する様々な刑事政策的措置が考えられるところであるが，必要に応じ，それぞれの手続の在り方について，更に検討を要することとなる。

⑻　その他

　少年法の適用対象年齢を引き下げる場合には，少年院の収容継続を可能とする年齢の上限や成人年齢に達した後であっても保護観察を実施することが

成年年齢引下げ(若年成年)と若年消費者保護立法

配布資料4　法制審議会第178回会議配付資料（刑4）

できる期間・年齢の上限を見直すことが考えられる。

また，推知報道の禁止の対象についてもその年齢が引き下げられると考えられるが，前記(5)の新たな処分を導入する場合には，その対象者について推知報道の禁止の対象とするか否かを別途検討することになると考えられる。

第3　おわりに

法務省においては，本勉強会の成果も踏まえ，今後も，少年法適用対象年齢を含む若年者に対する処分や処遇の在り方について更に検討を重ねる予定である。

以上

成年年齢引下げ(若年成年)と若年消費者保護立法

配布資料4　法制審議会第178回会議配付資料（刑4）

若年者に対する刑事法制の在り方に関する勉強会　構成員等名簿

（平成２８年１２月２０日現在）

【アドバイザー】（敬称略，五十音順）

慶應義塾大学教授	太田達也
東京大学教授	川出敏裕
京都大学教授	酒巻匡

【構成員】

（大臣官房）

大臣官房審議官	吉田研一郎
大臣官房審議官	加藤俊治
大臣官房審議官	名執雅子

（刑事局）

刑事局長	林眞琴
刑事課長	松下裕子
刑事法制管理官	田野尻猛
刑事法制企画官	羽柴愛砂

（矯正局）

矯正局長	富山聡
成人矯正課長	松村憲一
少年矯正課長	木村敦
参事官	久家健志

（保護局）

保護局長	畝本直美
総務課長	今福章二
観察課長	宮田祐良

成年年齢引下げ(若年成年)と若年消費者保護立法

配布資料4　法制審議会第178回会議配付資料（刑4）

ヒアリングの実施日，対象者及び各意見の要旨

※　本資料は，ヒアリングで述べられた意見全体の把握や検索の便宜のため，「若年者に対する刑事法制の在り方に関する勉強会」においてヒアリング対象者の意見を簡略に記載したものである。各意見の詳細については，議事録を確認していただきたい。

※　ヒアリング対象者の所属等は，ヒアリング時点のものである。

第1回ヒアリング（平成27年11月2日）
○斎藤義房氏　弁護士（日本弁護士連合会子どもの権利委員会）
　山﨑健一氏　同上
・現行の少年法制は有効に機能している。
・18歳，19歳の者は，心身の発達が未成熟で，可塑性に富んでいる。
・非行少年に刑罰による威嚇で犯罪を思いとどまらせることはできず，教育・指導・援助が必要である。
・少年法適用対象年齢を引き下げると，18歳，19歳の被疑者のほとんどが起訴猶予，罰金等となり，更生に必要な処遇を受けられなくなる。また，18歳，19歳について，ぐ犯による処分ができなくなる。
・公職選挙法や民法と少年法とは趣旨が異なるので，公職選挙法の選挙権年齢や民法の成年年齢が18歳に引き下げられたとしても，少年法適用対象年齢を引き下げる必要はない。
・そのため，少年法適用対象年齢の引下げに反対である。
○藤本哲也氏　刑事政策の研究者（中央大学名誉教授，常磐大学教授）
・諸外国の多くでは，18歳を少年法上の成人としている。
・公職選挙法や民法と少年法において「大人」として取り扱われる年齢は一致している方が国民にとって分かりやすい。
・そのため，少年法適用対象年齢の引下げに賛成である。
・ただし，その場合，18歳以上21歳未満（26歳未満）の若年成人について保護手続と刑事手続を選択可能にすることを提案する。
・試案として，保護手続か刑事手続かの選択を検察官が行うものとすること，その判断資料を保護観察官の調査により収集すること，少年院と同じような内容の若年成人用の施設をつくること，若年成人に独立の保護観察処分を設けること，ハーフウェイハウスを創設すること等が考えられる。

第2回ヒアリング（平成27年11月27日）
○横山　實氏　社会学，少年法の研究者（國學院大學名誉教授）
・少年法適用対象年齢を引き下げると，軽微な罪を犯した者が更生に必要な処遇を受けられなくなるなどの弊害がある。

成年年齢引下げ（若年成年）と若年消費者保護立法

配布資料4　法制審議会第178回会議配付資料（刑4）

- ・そのため，少年法適用対象年齢の引下げに反対である。
- ・諸外国の研究者である多くの友人も，我が国の少年法適用対象年齢を引き下げることに反対する自分の考えを支持している。
- ・現行の少年司法制度を維持した上で，22歳までの成人に対し，刑罰の特例としての保護措置を導入することが望ましい。その場合には，少年鑑別所を利用して鑑別技官が要保護性を判断することも考えられる。

○石上美知代氏　保護司（更生保護施設に勤務）
- ・最近の若者は幼く，意思の疎通が困難である。
- ・入所者と接してきた経験上，22歳程度にならないと今後の生活等について考えることができないと感じている。少年法適用対象年齢を引き下げる場合，18歳から22歳程度の者を保護する制度が必要で，それらの者に何ら保護がなされないこととなるのであれば，引下げには反対である。
- ・依存症の治療のために入所者を病院に連れて行くことを可能にするなど保護観察を多様化することが適当である。
- ・少年院収容期間や仮退院（2号観察）の期間はもう少し長い方が良い。
- ・仮退院中の少年が指導に従わない場合には，少年院に戻しやすくして，短期間でも教育し直してほしい。

○森　修一氏　警視庁生活安全部少年育成課長
山本佳彦氏　同部少年事件課長
- ・少年総人口に占める犯罪少年の割合が10年前に比べ63パーセント減少するなど，警視庁管内における少年犯罪は減少しているが，それは，地域と警察が一体となった防犯対策の推進，少年事件捜査員の大幅な増強等の成果と考えられる。現在も，「非行少年を生まない社会づくり」を推進している。
- ・警察においては，少年法適用対象年齢が引き下げられ，それに合わせて少年警察活動の対象を18歳未満に限った場合には，これまで立ち直り支援活動を実施していた18，19歳の少年について，支援の対象ではなくなるという影響が生じる。

○角田正紀氏　元裁判官（日本大学教授）
- ・裁判所では，社会調査を踏まえて適切に少年保護手続を運用している。
- ・少年保護事件の現場では，少年の養育環境に問題があり，刑事責任を問うよりも，教育によって再非行防止を図る方が適切ではないかと思われる事件が非常に多い。
- ・民法の成年年齢を18歳に引き下げるのであれば，少年法適用対象年齢を18歳に引き下げるのも一つの考え方である。しかし，特段の措置を採らずに引き下げると，丁寧な手当てにより再非行を防止している層が野放し

成年年齢引下げ(若年成年)と若年消費者保護立法

配布資料4　法制審議会第178回会議配付資料（刑4）

になるので，１８歳から２２歳程度までの若年者に対して新しい中間的な対応をする施策を考える必要がある。例えば，再度の執行猶予要件を緩和することや少年刑務所の処遇の改革が考えられる。

第3回ヒアリング（平成２７年１２月１６日）

〇武内大徳氏　弁護士（犯罪被害者支援業務に従事）

・被害者からは，少年審判は非公開であり，手続の状況を直接見聞することができないことに不満が述べられている。もっとも，数次の少年法改正を経て，重大事件に原則逆送制度が導入されて公開の法廷で審理が行われるようになるなどし，その状況は改善されている。

・少年法固有の観点からは，少年法適用対象年齢を引き下げる必要性を感じていないが，民法の成年年齢が１８歳に引き下げられた場合に親権者のいない１８歳，１９歳の者を保護処分の対象とすることには違和感がある。

・現行法を前提とすると，１８歳で自動車の運転免許を取得できるにもかかわらず，事故を起こすと少年手続になるのは問題であるという意見がある。

〇和氣みち子氏　被害者支援センターとちぎ事務局長

　熊谷　明彦氏　弁護士（全国被害者支援ネットワーク理事）

・犯罪抑止につながると思うので，少年法適用対象年齢の引下げに賛成である。

・１８歳に選挙権が認められ，民法上成年となるのであれば，なお一層成人と同じように刑事処分を受けるべきと考えるのは，自然なことである。

・ただ，軽微な事件を犯した者についてまで，刑罰が必須とは考えていない。保護処分を活用して再犯やスティグマを回避しながら再社会化することも，検察官が起訴か家裁送致かを決する制度にすることも考えられ，また，更生緊急保護を受けることを条件とする起訴猶予措置も考えられる。

・矯正施設は職業訓練の場ではなく，罪と向き合い反省を深める教育の場とすべきである。

〇武　るり子氏　少年犯罪被害当事者の会代表

　澤田美代子氏　少年犯罪被害当事者の会

・自らの行動には責任が伴うことを自覚させるためにも，少年法適用対象年齢を１８歳未満に引き下げることは必要である。

・ふざけ半分の行動で人を傷付け，命を脅かす行動をする者がおり，それによって尊い命が奪われることもある。少年法適用対象年齢の引下げにより，エスカレートする犯罪を食い止めること，再犯を防ぐことにつながると思うので，２年引き下げることは意義がある。

・公選法や民法の年齢を引き下げるのであれば，一層，少年法適用対象年齢

205

成年年齢引下げ(若年成年)と若年消費者保護立法

配布資料4　法制審議会第178回会議配付資料（刑4）

も引き下げるべきである。
- 重大な罪を犯した者を「未熟」とは呼んでほしくない。
- 罪を犯した少年に対する教育を徹底する必要がある。
- 被害者には加害者に関する情報を適切に知らせるべきである。

○松村恒夫氏　全国犯罪被害者の会（あすの会）代表幹事

　髙橋正人氏　弁護士（同会副代表幹事）

　土師　守氏　同会副代表幹事
- 凶悪重大事件には少年法を適用せず，犯した罪に見合う刑罰を科すべきである。特に，被害者が死亡した事件は少年法を適用すべきでない。
- 被害者は少年法適用対象年齢の引下げを願っている。また，権利には責任が伴うのであるから，選挙権年齢を18歳に引き下げたのであれば，少年法適用対象年齢も引き下げるべきである。
- ただ，軽微な罪を犯した者に対する保護処分を否定するものではなく，少年法適用対象年齢を18歳未満としつつ，18歳から22歳程度までを特別の保護処分の対象とする制度を作ることがよいと思う。応報のための刑罰と更生のための保護処分の両方を科し得る制度とするのも一案である。

第4回ヒアリング（平成28年1月19日）

○河村真紀子氏　主婦連合会事務局長
- 現在は子どもの貧困が深刻化し，少年及び若年者は，社会性を育てる経験に乏しく，幼い面がある。
- 少年院，少年刑務所を視察した結果，更生のための教育や処遇が非常に手厚く丁寧に行われていると感じた。
- 少年事件の多くは，報道等がされず，処遇等が一般市民に知られていない。
- 少年を更生させて社会に送り出す現行のシステムは，社会をより安全にするためにも有益と考える。
- そのため，少年法適用対象年齢の引下げに反対である。

○宮本久也氏　全国高等学校長協会会長，東京都立西高等学校長
- 現在の少年は社会的経験が乏しく自立が遅くなっている。
- 学校から見ると，警察は非常に身近になっており，連携が進んでいるが，警察以外の機関との連携は進んでいない。
- 少年法適用対象年齢が18歳に引き下げられた場合，高校の生徒の中に少年法が適用される者と適用されない者が混在し，日々その範囲が変化することから，学校としてどのように対応するかが難しい。
- 少年鑑別所，少年院を視察したところ，丁寧に一人一人に対して更生のためのプログラムが作られていた。ただ，少年院を出た後の高校復学等のた

成年年齢引下げ（若年成年）と若年消費者保護立法

配布資料4　法制審議会第178回会議配付資料（刑4）

め，学校・教育委員会と少年院との連携が強まると，より良い。

○広田照幸氏　教育社会学の研究者（日本大学教授）
山本宏樹氏　同上（東京理科大学助教）

・調査結果を分析すると，非行少年への処遇は，全体として有効に機能している。少年院では，少年を深い反省に導く教育が行われており，再非行防止・更生の観点から有効である。

・少年院における教育の有効性には，18歳未満の者と18歳以上の者とで違いは見られない。

・未成熟な非行少年に対応する必要があり，少年法適用対象年齢を引き下げない方が適当である。同年齢を引き下げた場合に18歳以上の者に濃密な教育を課すことが法的に可能であるかは専門外なので分からないが，引き下げるのであれば若年成人に何らかの特別な措置が必要であると思う。

第5回ヒアリング（平成28年1月27日）

○棚村政行氏　民法（家族法）の研究者（早稲田大学教授）

・民法については，少子高齢化の中で若者に対する期待を込めて成年年齢を18歳に引き下げるという答申がなされた。

・児童の権利条約は，児童の範囲を18歳未満としている。

・法律というのは，権利を与えるけれども，責任・義務も果たしてもらうというように，権利と義務をセットで考えるのが普通である。ただ，支援や救済の必要な人には，そのような対応が必要である。

・少年法適用対象年齢の引下げに賛成であるが，18歳から23歳程度の若年者が抱える問題に柔軟かつ適切に対応できるような法整備と支援を考えてほしい。少年刑事法の専門家でないため，手続の区分はよく分からないが，保護処分のようなものと刑事手続等との選択の可能性を広げていくことや，更生保護・矯正等の特別措置を採ることが必要であろうと思う。

○宮本みち子氏　社会学の研究者（放送大学副学長，千葉大学名誉教授）

・青年期から成人期への移行期が30歳程度まで長期化している。また，その移行も，太いレールの上を走って行くというような移行から，複雑でジグザグな移行に変化しており，個人化，多様化，流動化している。

・未成年と成人とは明確に区分できるものではなく，青年から成人へはプロセスとして認識することが妥当である。

・18歳，19歳の者を法律上「少年」とするか，「成人」とするかではなく，その年齢の者が必要としている支援を行うことが可能な制度とすることが必要である。

・若年者に対する刑事法制と社会保障制度の問題は，若者が持つ問題とそれ

成年年齢引下げ(若年成年)と若年消費者保護立法

配布資料4　法制審議会第178回会議配付資料（刑4）

への対応という点で共通性が大きいので，同時並行で検討する必要があるのではないか。

○十倉利廣氏　元矯正研修所所長（龍谷大学非常勤講師）
・再犯防止に有効な処遇を行うためには，その者にどのような処遇を行うことが有効かをアセスメントし，適合性を判断することが必要である。
・少年事件においては，審判前に家裁調査官や少年鑑別所による緻密なアセスメントが行われ，これを踏まえた一貫した処分と処遇が行われているところ，このような手法は成人受刑者にも有用である。
・刑務所にはない少年院の処遇の特徴として，教官と入院者の関係の強さ，昼夜一貫した教育的な構造，考える機会の充実等が挙げられる。
・若年成人に対して保護処分に相当する措置を行うのであれば，処遇内容として，考える機会の充実のほか，施設規模，集団編成の規模，夜間処遇体制への配慮等が必要である。また，要保護性の判断に際し，既存の機関（家庭裁判所調査官，少年鑑別所）の調査機能を活用すべきである。

○才門辰史氏ほか3名　NPO法人セカンドチャンス！
・過去に少年院又は刑務所に収容された経験を踏まえて，少年院出院者等の更生を支援している。
・少年院で，過去を振り返り，将来どうするかを考えさせられたことが，その後の立ち直りに有効であった。他方で，少年院の中の生活と外の生活とのギャップが大きく，出院者が戸惑い，元に戻ってしまうことがある。
・18歳で運転免許が取得でき，行動範囲が広がるので，少年法適用対象年齢も18歳に引き下げるのが良いと思う。ただし，少年院の教育が必要な場合があり，年齢に限らず，再犯防止のプログラムを受講できるなどの教育的な仕組みを設けるのが良いと思う。

第6回ヒアリング（平成28年2月10日）
○相澤　仁氏　児童自立支援施設国立武蔵野学院院長
・児童自立支援施設では，個人的居場所（家庭）と社会的居場所（学校）の双方を失った児童を支援する場合，二つの居場所を同時に獲得するのではなく，一つずつ段階的に居場所を獲得するような支援（スモールステップ）を行っており，少年院からの社会復帰においても参考になると思われる。
・不適切な養育の中で行動上の問題を起こしている子供は少なくなく，若年者については，家庭裁判所や少年鑑別所のアセスメントにより問題の背景・原因等を明らかにした上で処分を決めるべきではないか。
・少年院と少年刑務所を合わせたような施設を創設し，若年者に少年院における教育と同様の科学的知見を付加した教育を実施することやスモールス

成年年齢引下げ(若年成年)と若年消費者保護立法

配布資料4　法制審議会第178回会議配付資料（刑4）

テップによる社会復帰教育を実施することが必要ではないか。

○市村彰英氏　元家庭裁判所調査官（埼玉県立大学教授）

・家庭裁判所調査官は，少年や保護者から話を聞き，少年鑑別所と連携するなどして，非行のメカニズムを解明し，問題の解決に向けた教育的働きかけを行い，裁判官に調査結果を報告している。

・少年にとって，家族との間で自立と依存のバランスを図り青年として健全な自立ができるようになることは，将来の人生をも左右する課題であるため，少年や家族への保護的措置が重要であり，心理，教育，福祉的な関わりを持つことが望ましいが，現行の成人に対する刑事手続だけでは，少年の立ち直りをサポートすることにつながらない可能性がある。

・少年刑務所では，刑務官と受刑者，管理する者とされる者という関係になっており，少年院ほど手厚い指導は難しいと思う。

○大沢陽一郎氏　読売新聞東京本社論説委員

・国民の少年法に対する意見は，厳しいものが多い。

・選挙権年齢，成年年齢が引き下げられるのであれば，少年法適用対象年齢の引下げを検討するのは自然だが，軽微な事件を犯した者の更生に向けた働きかけは必要で，現在有効に機能している仕組みは極力活かしてほしい。

・少年院では少年の内面に踏み込んだ矯正教育が行われ，少年刑務所では作業が主で教育が従であると感じた。刑務所における処遇について，作業中心ではなく，教育的な処遇を拡充することを考えてはどうか。

・柔軟に保護観察の期間を考えられる仕組みがあれば良い。

・少年法適用対象年齢を引き下げた場合，原則は１８歳以上の者は実名報道になると思うが，一定の年齢層に特別な制度を作る場合には，実名報道等の範囲について，議論が必要になる。

○野沢和弘氏　毎日新聞社論説委員

・発達障害を有する者による重大事件について，障害の特性を理解しない不適切な報道がなされ，国民の誤解，厳罰化につながっている。また，発達障害者向けの矯正プログラムや地域社会の理解・サポートが不足しており，再犯を繰り返すケースがあり，その改善には，捜査機関，メディア及び司法機関の理解，矯正プログラムの構築，出所後のサポート等が必要である。このことは，少年の事件についても同様で，適切な報道，国民の理解，適切な処遇，再犯防止という循環が必要と思われる。

・１８歳，１９歳の者が重大な罪を犯した場合，今でも厳罰に処すことは可能で，あえて年齢を引き下げることは，教育的な処遇が必要な人たちがその機会を受けられなくなる可能性を考えると，慎重に考えるべきである。

成年年齢引下げ(若年成年)と若年消費者保護立法

配布資料4　法制審議会第178回会議配付資料（刑4）

第7回ヒアリング（平成28年3月4日）
○友田明美氏　小児科医（福井大学教授）
・脳の中で最後に成熟する部分が，思考力，判断力，犯罪抑制に関係する前頭前野である。
・脳の成長には環境の影響が大きい。
・不適切な養育による脳の発達上の障害を刑事責任の軽減理由とすることには慎重になるべきである。
・刑事施設に不適切な養育を受けた者が多くいるのであれば，不適切な養育やトラウマを来すような環境を減らし，早期治療，支援に本腰を入れて取り組むべきである。
・大人になる時期を法律上何歳とするかは，（医療の問題ではなく）法律の問題であるが，20歳が一つの区切りだと思う。
○八木淳子氏　精神科医（岩手医科大学講師）
・脳の感情を司る部分（大脳辺縁系）と衝動抑制を司る部分（前頭前野）の発達のミスマッチによる不均衡な脳の状態が，危険な行動に子どもや若者を走らせると言われている。
・単純な脳の変化は生涯を通じて起こるが，30歳くらいまではその変化が大きく，ダイナミックなネットワークの増強は，25歳くらいまで起きる。
・若年受刑者の中には，精神医学的な理解と介入が必要な者が少なくない。
・10歳から25歳までは，脳神経や精神の発達において極めて不安定な時期であり，非行・犯罪後の保護的教育を実施できる機関が必要である。
・未成熟な層には，法律上，少年とされた者にも，成人とされた者にも，バックアップ体制を強力に，かつ，同時に推し進めることが大事である。
○安藤久美子氏　精神科医（国立精神・神経医療研究センター）
・脳の発達，脳のボリューム，脳の機能の活発さだけで責任能力を判断することは難しい。
・精神鑑定をしていると，非行や社会的な背景も多様で，疾病性の点でも非常に多様な障害が併存している少年たちも増えてきており，昔に比べて，少年の自尊心が低く，自己表現が未熟になっていると感じる。
・医者としては，何歳でも能力を上げられる可能性はあると思うが，効果，効率性という点からは，20代前半くらいまでは十分可能性はあると思う。どこで線を引くかは法律家が考えるとしても，20代前半までは，通常の刑務作業ではなく，別の処遇体制・治療体制を組み込むことが考えられる。

第8回ヒアリング（平成28年3月18日）
○土井隆義氏　犯罪社会学の研究者（筑波大学教授）

成年年齢引下げ(若年成年)と若年消費者保護立法

配布資料4　法制審議会第178回会議配付資料（刑4）

- 「社会緊張理論」からは，目標までの距離が近く欲望があおられることから生ずる相対的不満の低下により刑法犯減少を説明できる。今の若者は社会への期待値が低いため相対的不満が小さい。
- 「文化学習理論」からは，対抗文化の衰退から若年刑法犯の減少を説明できる。現在と今の親世代が若かった頃とを比較すると，現在の親子間には，価値観の世代間対立は生じていないため，大人に対抗する若者文化（非行もその一つ）が衰退した。
- 少年事件が減っているのに，少年事件が増加し，凶悪化しているという社会認識が生じているのは，報道量の増加などによるのではないか。

○田島良昭氏　社会福祉法人南高愛隣会前理事長
- 警察，家庭裁判所において，少年に対し，丁寧な対応が行われている。
- 少年鑑別所や少年院の職員の質は高く，知的障害・発達障害への対応を含めて，少年の改善更生のための処遇は，大きな効果を上げている。
- 選挙権年齢や民法の成年年齢が引き下げられた場合は，少年法適用対象年齢も引き下げるべきである。
- 少年に対する処遇と成人に対する処遇の格差が大きいが故に，少年法適用対象年齢の引下げに反対する意見があると思うが，刑務所での処遇が少年院での処遇に比べて遅れているのは，懲役刑が作業を義務付けていること等が理由になっており，この際，少年院で行っている処遇を成人にも広げてほしい。

第9回ヒアリング（平成28年7月8日）
○平山秀生氏　弁護士（日本弁護士連合会前副会長）
　山﨑健一氏　弁護士（同連合会子どもの権利委員会）
- 第1回で述べたとおり，少年法上の成人年齢は維持されるべきである。
- 20歳未満の少年を少年審判の対象とし，20歳以上の成人を刑事訴訟の対象とする現行法の枠組み自体は変えるべきでなく，「若年者」という新たな層に対する枠組みを設ける必要はない。

○石川正興氏　刑事政策の研究者（早稲田大学教授）
- 刑務作業には，所内の規律維持，受刑者の心身の悪化の防止，受刑者の改善・社会復帰等の機能があり，自由刑の受刑者に対しては，作業を義務付けておく必要がある。
- 刑事収容施設法が改正され，作業中心の処遇から脱した処遇体制になったのであるから，「作業を課し，その他矯正に必要な処遇を行なう」とする改正刑法草案を参考に刑法の改正を検討すべきである。
- 選挙権年齢や成年年齢と少年法適用対象年齢は一致させるべきである。

成年年齢引下げ（若年成年）と若年消費者保護立法

配布資料4　法制審議会第178回会議配付資料（刑4）

・18歳，19歳の者が成人として刑事手続に委ねられる機会に，積極的に刑事手続の弾力化を図るべきと考えることから，入口支援の充実，判決の宣告猶予制度の新設，刑の一部の執行猶予制度の活用，自由刑の執行場所としての少年院の活用，少年刑務所等の整備を図るべきである。

第10回ヒアリング（平成28年7月29日）

〇葛野尋之氏　刑事法の研究者（一橋大学教授）

・少年法適用対象年齢の引下げは再犯を増加させ，刑事政策上深刻な問題を生む。また，民法の成年年齢とは，合わせる必要もなく，合わせるべきものでもない。

・したがって，少年法適用対象年齢は引き下げるべきではない。

・少年司法は，更生・社会復帰の支援，再犯の防止という点において良好な成果を継続的に上げてきたと評価しており，これは少年司法に携わる実務家の努力の積み重ねによるものと思う。

・行為責任主義やデュー・プロセスを考えると，18歳，19歳を成人としたときに，保護手続や保護処分に付すことはできない。

・18歳，19歳を成人とした場合には，刑事司法の枠の中で，微罪処分的な起訴猶予，家庭裁判所における刑事裁判，社会調査とケースワークの実施，有罪判決の宣告猶予等の手続を導入することが考えられる。

〇佐伯仁志氏　刑事法の研究者（東京大学教授）

・保護処分を，保護原理（パターナリズム）に基づき本人の利益のために国家が介入するものと考えると，親権に服しない18歳，19歳の者に対するパターナリズムに基づく介入が正当化されるかが問題となる。

・保護処分を，過去の非行事実に対する制裁で責任主義が妥当するものと考えると，何歳まで保護処分に付すのが刑事政策的に望ましいかという問題となる。若年成人に他の成人と異なる扱いをしても，合理的な理由があれば問題はなく，保護処分類似の処分をすることも原理的な問題はない。少年法が少年に特別の処分を認めている理由が18歳，19歳にも妥当するのであれば，刑事処分では実刑にならない場合に，ある程度の重さの罪を犯した者を一定期間施設に収容することも，合理性が認められ得る。

・現在の調査・鑑別や少年院処遇等は基本的に有効に機能しており，少年法適用対象年齢が引き下げられたとしても，できるだけ継続すべきである。

・若年受刑者に対する施設内処遇は，少年院における処遇に準じたものにしていくべきであり，必要があれば自由刑の単一化を実現すべきである。

・保護観察をより積極的に活用していくべきであり，保護観察付き執行猶予に再度の執行猶予を認めることも一つの有効な方策である。　　　　　以上

成年年齢引下げ（若年成年）と若年消費者保護立法

配布資料4　法制審議会第178回会議配付資料（刑4）

罪行	総数	総数（簡易送致事件を除く再掲）	保護処分 総数	保護観察	児童自立支援施設・児童養護施設送致	少年院送致 総数	初等	中等	特別	医療	知事又は児童相談所長へ送致 総数	強制	非強制	不処分 総数	保護的措置	その他	審判不開始 総数	保護的措置	その他	別件係属
総数	2,833	0	1,182	897	114	171	167	0	0	4	76	6	70	494	475	19	1,081	984	82	15
刑法犯総数	2,567	0	1,063	844	93	146	144	0	0	2	68	6	28	463	446	17	953	861	79	13
窃盗	1,463	0	527	420	44	63	63	0	0	0	28	0	14	275	261	14	633	572	56	5
詐欺	8	0	6	4	0	2	2	0	0	0	0	0	0	0	0	0	2	2	2	0
恐喝	43	0	31	23	3	5	5	0	0	0	2	2	0	6	6	0	6	4	2	0
横領	105	0	11	11	0	0	0	0	0	0	2	2	0	10	10	0	82	76	5	1
遺失物等横領	36	0	8	6	0	0	0	0	0	0	0	0	0	8	8	0	20	19	0	1
盗品譲受け等	447	0	292	228	22	41	41	0	0	0	20	20	0	89	88	1	46	42	4	0
傷害	108	0	55	44	7	4	4	0	0	0	6	6	0	18	18	0	29	27	0	0
傷害致死	7	0	6	5	1	0	0	0	0	0	0	0	0	0	0	0	0	0	0	1
暴行	14	0	14	8	2	4	4	0	0	0	0	0	0	0	0	0	0	0	0	0
脅迫	0	0	0	0	0	0	0	0	0	0	0	0	0	0	0	0	0	0	0	0
殺人（注2）	0	0	0	0	0	0	0	0	0	0	0	0	0	0	0	0	0	0	0	0
強盗	5	0	5	1	0	4	4	0	0	0	0	0	0	0	0	0	0	0	0	0
強盗致傷	54	0	43	28	3	12	12	0	0	0	4	4	0	3	3	0	4	2	2	0
強姦（注3）	125	0	33	29	2	2	2	0	0	0	22	21	1	1	1	0	69	61	7	1
集団強姦（注3）	7	0	6	3	3	0	0	0	0	0	0	0	0	0	0	0	1	1	0	0
わいせつ	26	0	0	0	0	0	0	0	0	0	0	0	0	1	1	0	25	24	0	1
賭博	1	0	0	0	0	0	0	0	0	0	0	0	0	0	0	0	3	1	1	0
住居侵入	93	0	38	30	6	2	2	0	0	0	4	4	0	22	22	0	29	26	0	1
放火	2	0	0	0	0	0	0	0	0	0	0	0	0	2	2	0	0	0	0	0
失火	15	0	12	9	2	1	1	0	0	0	2	2	0	1	1	0	4	4	0	0
刑法犯その他	213	0	55	42	4	9	8	0	0	0	2	1	2	29	27	3	127	122	3	2
特別法犯総数	38	0	22	16	1	5	5	0	0	0	4	3	1	4	3	1	11	11	0	0
暴力行為等処罰ニ関スル法律	15	0	6	5	1	0	0	0	0	0	0	0	0	1	1	0	8	8	0	0
道路運送車両法	102	0	13	12	1	0	0	0	0	0	13	13	0	13	13	0	75	72	1	2
銃砲刀剣類所持等取締法	1	0	0	0	0	0	0	0	0	0	0	0	0	0	0	0	1	1	0	0
軽犯罪法	0	0	0	0	0	0	0	0	0	0	0	0	0	0	0	0	0	0	0	0
売春防止法	0	0	1	0	0	0	0	0	0	0	0	0	0	0	0	0	0	0	0	0
風俗営業等の規制及び業務の適正化等に関する法律	0	0	0	0	0	0	0	0	0	0	0	0	0	0	0	0	0	0	0	0
麻薬及び向精神薬取締法等	0	0	0	0	0	0	0	0	0	0	0	0	0	0	0	0	0	0	0	0
覚せい剤取締法	0	0	0	0	0	0	0	0	0	0	0	0	0	0	0	0	0	0	0	0
出入国管理及び難民認定法	56	0	12	11	0	0	0	0	0	0	6	6	0	11	10	1	33	31	2	0
毒物及び劇物取締法	0	0	0	0	0	0	0	0	0	0	0	0	0	0	0	0	0	0	0	0
特別法犯その他	53	0	44	11	17	16	15	0	0	1	6	6	0	2	2	0	0	0	0	0
〈再〉	53	0	44	11	17	16	15	0	0	1	6	6	0	2	2	0	0	0	0	0

成年年齢引下げ（若年成年）と若年消費者保護立法

配布資料4　法制審議会第178回会議配付資料（刑4）

非行	総数	保護処分 総数	保護観察	児童自立支援施設又は児童養護施設送致	少年院へ送致 総数	初等	中等	特別	医療	知事又は児童相談所長へ送致 総数	強制	非強制	不処分 総数	保護的措置	別件保護中	審判不開始 総数	保護的措置	別件保護中	検察官送致
総数	7,732	2,427	2,102	27	298	241	50	2	0	35	2	33	1,763	1,579	184	3,507	3,051	409	47
刑法犯総数	7,065	2,296	2,006	16	276	221	48	2	0	28	0	28	1,619	1,456	163	3,120	2,681	393	48
窃盗	4,055	1,173	1,052	10	111	82	27	1	0	14	0	14	881	789	92	1,987	1,716	259	12
強盗	11	8	7	0	8	1	7	0	0	0	0	0	11	10	1	3	1	2	1
詐欺	43	24	16	0	8	6	2	0	0	0	0	0	10	10	0	13	6	7	0
恐喝	119	67	60	0	7	6	1	0	0	1	0	1	39	34	5	305	271	24	10
横領																			
遺失物等横領	433	44	43	0	1	1	0	0	0	1	0	1	23	78	4	101	88	10	3
盗品譲受け等	145	20	20	0	0	0	0	0	0	0	0	0	19	19	0	134	103	30	1
傷害	1,017	579	487	3	89	78	10	1	0	9	2	7	295	276	19	134	103	30	1
傷害致死		3	2	0	1	1	0	0	0	0	0	0							
暴行	266	102	90	2	10	7	2	1	0	1	0	1	89	82	7	74	63	9	2
脅迫	21	10	8	0	2	2	0	0	0	0	0	0	5	3	2	6	6	0	0
殺人（注2）		8																	
強盗致傷	19	19	11	0	8	7	1	0	0	0	0	0	3	3	0	5	5	0	16
強盗致死		0														3	3	0	0
強盗強姦致死		0											1	1	0	1	1	0	1
強姦	6	5	5	0	1	1	0	0	0	0	0	0				14	14	0	1
強姦致傷（注3）		1											82	69	13	122	108	14	0
集団強姦（注3）	92	67	57	3	7	3	2	2	0	1	0	1	13	11	2	29	14	15	0
わいせつ	373	46	42	0	4	4	0	0	0	0	0	0	72	61	11	255	226	29	0
賭博	14	11	8	0	3	2	1	0	0	0	0	0	3	2	1	0	0	0	0
住居侵入	3	3	2	0	1	1	0	0	0	0	0	0	3	3	0	0	0	0	0
放火													5	5	0	63	47	16	0
失火	70	2	2	0	0	0	0	0	0	0	0	0	1	1	0	3	3	0	1
過失致死傷	3	2	2	0	0	0	0	0	0	0	0	0	82	69	13	122	108	14	0
業務上（重）過失致死傷（注4）	296	91	83	1	7	6	0	0	0	1	0	1	69	69	13	228	219	8	1
建造物損壊	14	6	6	0	0	0	0	0	0	0	0	0							
公務執行妨害	50	10	9	0	1	0	1	0	0	0	0	0	10	10	0	29	14	0	0
刑法犯その他																			
特別法犯総数	601	75	68	1	6	6	0	0	0	2	0	2	141	122	19	383	367	15	1
暴力行為等処罰ニ関スル法律	69	13	12	0	1	1	0	0	0	0	0	0	32	29	3	24	19	5	0
道路運送車両法																			
銃砲刀剣類所持等取締法	17	3	3	0	0	0	0	0	0	0	0	0	3	3	0	14	14	0	0
軽犯罪法	331	30	29	1	0	0	0	0	0	0	0	0	73	59	14	228	219	8	1
売春防止法																			
風俗営業等の規制及び業務の適正化等に関する法律等																			
麻薬及び向精神薬取締法等	1	1	0	0	1	1	0	0	0	0	0	0	0	0	0	0	0	0	0
出入国管理及び難民認定法																			
毒物及び劇物取締法																			
特別法犯その他	179	24	20	0	4	4	0	0	0	5	2	3	36	34	2	117	115	2	0
ぐ犯	66	54	28	10	16	14	2	0	0	5	2	3							

成年年齢引下げ(若年成年)と若年消費者保護立法

配布資料4　法制審議会第178回会議配付資料（刑4）

非行	総数	検察官送致（逆送を除く）	保護処分 総数	保護観察	児童自立支援施設（又は）児童養護施設送致	少年院へ送致 総数	初等	中等	特別	医療	法定（知事又は児童相談所長送致）総数	審判	非審判	不処分 総数	保護的措置	別な生保置中	審判不開始 総数	保護的措置	別な生保置中	移送・併合	審理未了等
総数	8,300	5	2,736	2,214	5	517	0	509	0	8	5	5	0	1,734	1,509	225	3,820	3,293	225	464	43
刑法犯総数	7,456	5	2,542	2,064	3	474	0	469	0	5	4	4	0	1,559	1,348	211	3,348	2,858	211	454	36
窃盗	4,556	1	1,426	1,196	0	227	0	227	0	0	0	0	0	962	837	125	2,164	1,850	125	299	15
詐欺	18	0	14	14	0	3	0	3	0	0	0	0	0	12	10	2	17	16	2	1	0
恐喝	84	0	17	33	0	22	0	22	0	0	0	0	0	25	18	7	19	10	7	6	0
横領	150	0	106	76	0	30	0	29	0	0	0	0	0	25	18	7	0	0	0	0	0
遺失物等横領	547	0	62	58	1	4	0	4	0	0	0	0	0	94	80	14	391	348	14	39	4
盗品譲受け等	158	0	26	26	0	4	0	4	0	0	0	0	0	33	26	7	99	92	7	6	1
傷害	773	0	483	384	1	98	0	98	0	0	0	0	0	201	176	25	89	64	25	25	0
傷害致死	5	4	1	1	0	0	0	0	0	0	0	0	0	0	0	0	0	0	0	0	0
暴行	146	0	51	39	0	12	0	12	0	0	0	0	0	43	36	7	51	41	7	10	0
脅迫	28	0	21	19	0	2	0	2	0	0	0	0	0	3	3	0	4	4	0	0	0
殺人（注2）	4	4	4	1	0	4	0	4	0	0	0	0	0	1	1	0	0	0	0	0	0
強盗致死	38	37	14	14	0	23	0	23	0	0	0	0	0	14	14	0	101	90	0	10	10
強盗致傷	0	0	0	0	0	0	0	0	0	0	0	0	0	3	3	0	6	5	0	0	0
強盗	0	0	0	0	0	0	0	0	0	0	0	0	0	0	0	0	0	0	0	0	0
強姦（注3）	11	0	11	3	0	8	0	8	0	0	0	0	0	50	44	6	85	70	6	14	0
集団強姦（注3）	2	0	2	1	0	0	0	0	0	0	0	0	0	6	6	0	6	3	0	3	0
わいせつ	76	0	48	39	0	8	0	8	0	0	0	0	0	11	11	0	17	17	0	0	0
賭博	389	0	54	46	0	0	0	0	0	0	0	0	0	75	60	15	260	226	15	31	0
住居侵入	12	0	10	6	0	4	0	4	0	0	0	0	0	0	0	0	2	2	0	0	0
放火	117	0	2	2	0	2	0	2	0	0	0	0	0	14	14	0	101	90	0	0	0
失火	6	0	2	2	0	0	0	0	0	0	0	0	0	3	3	0	6	5	0	0	0
過失致死傷	191	0	56	52	0	4	0	4	0	0	0	0	0	50	44	6	85	70	6	14	0
業務上（重）過失致死傷（注4）	33	0	21	16	0	5	0	5	0	0	0	0	0	6	6	0	6	3	0	3	0
往来妨害	104	0	45	35	0	10	0	10	0	0	0	0	0	23	23	0	34	25	0	9	0
器物損壊等	792	0	147	121	0	26	0	24	0	2	1	1	0	173	159	14	471	434	14	30	7
公務執行妨害	70	0	38	27	0	11	0	10	0	0	0	0	0	15	14	1	17	16	1	1	0
刑法犯その他	12	0	8	5	0	5	0	3	0	0	0	0	0	8	8	0	4	4	0	0	0
特別法犯総数	25	0	5	5	0	33	0	3	0	0	0	0	0	8	8	0	12	12	0	0	0
暴力行為等処罰ニ関スル法律	377	0	33	33	0	2	0	2	0	0	0	0	0	74	62	12	270	245	12	24	0
道路運送車両法	4	0	0	0	0	0	0	0	0	0	0	0	0	0	0	0	3	3	0	0	0
銃砲刀剣類所持等取締法	3	0	3	3	0	0	0	0	0	0	0	0	0	0	0	0	0	0	0	0	0
軽犯罪法	12	0	12	7	0	0	0	0	0	0	0	0	0	0	0	0	0	0	0	0	0
売春防止法	0	0	0	0	0	0	0	0	0	0	0	0	0	0	0	0	0	0	0	0	0
風俗営業等の規制及び業務の適正化等に関する法律	0	0	0	0	0	0	0	0	0	0	0	0	0	0	0	0	0	0	0	0	0
麻薬及び向精神薬取締法等	0	0	0	0	0	0	0	0	0	0	0	0	0	0	0	0	4	0	0	0	3
覚せい剤取締法	281	0	45	42	0	17	0	16	0	0	0	0	0	74	73	1	161	153	1	5	3
出入国管理及び難民認定法	50	0	47	29	1	17	0	16	0	0	0	0	0	2	2	0	0	0	0	0	0
毒物及び劇物取締法	0	0	0	0	0	0	0	0	0	0	0	0	0	0	0	0	0	0	0	0	0
特別法犯その他	281	0	45	42	0	17	0	16	0	0	0	0	0	74	73	1	161	153	1	5	3
〈他〉	50	0	47	29	1	17	0	16	0	0	0	0	0	2	2	0	0	0	0	0	0

成年年齢引下げ（若年成年）と若年消費者保護立法

配布資料4　法制審議会第178回会議配付資料（刑4）

非行	総数	（移送・併合による旧受）	保護処分 総数	保護観察	児童自立支援施設送致・児童養護施設送致	少年院送致 総数	初等	中等	特別	医療	知事又は児童相談所長送致	検察官送致 総数	刑事処分相当	年齢超過	不処分 総数	保護的措置	別件保護中	従業継続	審判不開始 総数	保護的措置	別件保護中	従業継続
総数	7,009	6	2,434	1,895	1	538	525	12	0	1	1	13	10	3	1,530	1,313	217	0	3,029	2,548	438	43
刑法犯総数	6,207	5	2,194	1,704	1	489	478				1	10	7	3	1,352	1,156	196	0	2,649	2,201	413	35
窃盗	3,535	1	1,050	875		174	171				0	2	1	0	802	693	109	0	1,678	1,384	283	11
強盗	18	0	15			15	15				0	0	0	0	2				14	8	0	0
詐欺	131	0	90	50		40					0	0	0	0	12	8	4	0	29	18	10	1
恐喝	160	0	123	83		40	39				0	0	0	0	23	15	8	0	14	8	6	0
横領	0	0	0	0		0	0				0	0	0	0	0	0	0	0	0	0	0	0
遺失物等横領	525	0	58	55		3	3				0	0	0	0	107	93	14	0	380	313	34	13
盗品譲受け等	90	0	11	10		1	1				0	0	0	0	15	15	5	0	59	50	10	0
傷害	683	1	453	359		94	90				1	4	1		150	132	18	0	79	69	10	0
傷害致死	3	0	3			3	3				0	0	0	0	0	0	0	0	0	0	0	0
暴行	165	0	80	69		11	11				0	0	0	0	45	38	7	0	40	28	11	1
脅迫	26	0	19	16		3	3				0	0	0	0	5	3	2	0	2	2	0	0
殺人（注2）	39	1	36	9		27	27				1	1	1	0	3				0	0	0	0
強盗致傷	0	0	0	0		0	0				0	0	0	0	0	0	0	0	0	0	0	0
強盗致死	0	0	0	0		0	0				0	0	0	0	0	0	0	0	0	0	0	0
強盗強姦	2	0	2			2	2				0	0	0	0	0	0	0	0	0	0	0	0
強姦	13	0	13	1		12	12				0	0	0	0	1				0	0	0	0
姦（注3）		0									0	0	0	0	0	0	0	0	0	0	0	0
集団強姦（注3）	71	2	55	37		18	18				2	0	0	0	7	7			7	7	0	0
わいせつ	71	2	55	37		18	18				2	0	0	0	9	9			7	7	0	0
住居侵入	308	1	54	44		8					1	0	0	0	66	52	14	0	187	164	23	7
放火	13	0	11	8		3					0	0	0	0	1	1			0	0	0	0
失火	2	0									0	0	0	0	0	0	0	0	2	2	2	0
過失致死傷	85	0	1	1							0	0	0	0	17	17			67	60	7	0
業務上（重）過失致死傷（注4）	2	0									0	0	0	0	0	0	0	0	2	2	2	0
往来妨害	2	0									0	0	0	0	0	0	0	0	2	2	0	0
器物損壊等	162	0	51	43		8	8				0	0	0	0	44	40			67	52	15	0
公務執行妨害	35	0	23	19		4	4				0	0	0	0	5	4			7	4	3	0
刑法犯その他	129	2	43	35		8	8				2	0	0	0	37	32			48	37	10	0
特別法犯総数	744	1	165	165							1	0	0	0	171	151	20	0	380	347	25	8
暴力行為等処罰ニ関スル法律	38	0	26	23		3	3				0	0	0	0	9	7	2	0	3	3	0	0
道路運送車両法	47	0	22	20		2	2				0	0	0	0	10	5	5	0	15	12	3	0
銃砲刀剣類所持等取締法	37	0	11	9							0	0	0	0	5	5			21	21	0	0
軽犯罪法	250	0	29	29							0	0	0	0	55	45	10	0	166	156	8	2
売春防止法	4	0	3	3							0	0	0	0	0	0	0	0	0	0	0	0
風俗営業等の規制及び業務の適正化等に関する法律	5	0									0	0	0	0	0	0	0	0	4	4	0	0
麻薬及び向精神薬取締法等	15	0	14	5		8	8				0	0	0	0	0	0	0	0	0	0	0	0
覚せい剤取締法	13	0	13	4		9	9				0	0	0	0	0	0	0	0	0	0	0	0
出入国管理及び難民認定法	6	0	6	1							0	0	0	0	0	0	0	0	6	2	4	0
毒物及び劇物取締法	4	0	4	1		1	1				0	0	0	0	0	0	0	0	0	0	0	0
特別法犯その他	325	1	72	67		5	5				1	0	0	0	90	85			162	147	13	2
ぐ犯	58	0	48	26		22	22				0	3	3	0	7	6	1	0	25	0	0	0

成年年齢引下げ(若年成年)と若年消費者保護立法

配布資料4　法制審議会第178回会議配付資料（刑4）

非行	総数	総数のうち刑の全部執行猶予・保護観察付（猶予期間中）	保護処分 総数	保護観察	児童自立支援施設・児童養護施設送致	少年院送致 総数	少年院送致 短期	少年院送致 特別	少年院送致 医療	知事又は検察官送致（成人）総数	強制	非強制	不処分 総数	不処分 保護的措置	不処分 別件保護中	審判不開始 総数	審判不開始 保護的措置	審判不開始 別件保護中	審判不開始 事案軽微
総数	5,143	15	2,010	1,451	0	559	540	7	12	0	0	0	1,062	847	215	2,056	1,719	289	48
刑法犯総数	4,356	14	1,802	1,283	0	519	503	2	9	0	0	0	914	726	188	1,626	1,344	255	27
窃盗	2,158	1	767	579	0	188	182	2	4	0	0	0	478	382	96	912	743	162	7
強盗	21	2	14	3	0	11	9	0	2	0	0	0	5	4	1	7	5	1	0
詐欺	151	2	103	46	0	57	56	0	1	0	0	0	19	12	7	27	11	16	0
恐喝	118	0	90	53	0	37	37	0	0	0	0	0	16	12	4	12	7	9	0
横領	5	0	0	0	0	0	0	0	0	0	0	0	0	0	0	5	1	1	3
遺失物等横領	369	0	34	33	0	1	1	0	0	0	0	0	74	59	15	261	232	20	9
盗品譲受け等	70	0	14	14	0	0	0	0	0	0	0	0	11	11	0	45	44	0	1
傷害	625	5	433	314	0	119	117	0	2	0	0	0	130	105	25	62	52	10	0
傷害致死	6	5	5	1	0	4	2	0	2	0	0	0	0	0	0	0	0	0	0
暴行	146	0	59	57	0	2	2	0	0	0	0	0	45	32	13	42	37	4	2
殺人（注2）	24	3	13	12	0	1	0	1	0	0	0	0	5	5	0	5	3	2	0
強盗致死	7	1	4	0	0	4	2	0	2	0	0	0	1	1	0	0	0	0	0
強盗致死傷	0	0	0	0	0	0	0	0	0	0	0	0	0	0	0	0	0	0	0
強盗強姦	0	0	0	0	0	0	0	0	0	0	0	0	0	0	0	0	0	0	0
強姦（注3）	14	1	13	3	0	10	7	0	3	0	0	0	1	1	0	0	0	0	0
集団強姦（注3）	87	0	63	41	0	22	22	0	0	0	0	0	14	12	2	9	9	0	0
わいせつ	2	0	1	1	0	0	0	0	0	0	0	0	0	0	0	1	0	0	0
住居侵入	153	0	49	44	0	5	5	0	0	0	0	0	38	31	7	66	56	10	0
放火	12	0	11	2	0	9	9	0	0	0	0	0	0	0	0	1	0	0	0
失火	0	0	0	0	0	0	0	0	0	0	0	0	0	0	0	0	0	0	0
過失致死傷	74	0	2	2	0	0	0	0	0	0	0	0	27	12	12	52	52	0	0
業務上過失致死傷（注4）	13	0	2	1	0	0	0	0	0	0	0	0	2	2	0	9	7	0	0
往来妨害	0	0	0	0	0	0	0	0	0	0	0	0	0	0	0	0	0	0	0
器物損壊等	114	0	27	21	0	6	6	0	0	0	0	0	27	23	4	60	48	12	0
公務執行妨害	24	0	11	11	0	0	0	0	0	0	0	0	3	2	1	10	3	0	0
刑法犯その他	122	0	45	34	0	11	10	0	1	0	0	0	27	20	7	50	42	8	1
特別法犯総数	765	1	182	168	0	31	29	0	2	0	0	0	142	117	25	429	374	34	21
暴力行為等処罰ニ関スル法律	47	0	26	22	0	4	4	0	0	0	0	0	15	11	4	6	5	1	0
道路運送車両法	41	0	20	17	0	3	3	0	0	0	0	0	6	3	3	15	13	2	0
銃砲刀剣類所持等取締法	39	0	9	8	0	1	1	0	0	0	0	0	4	4	0	26	26	0	0
軽犯罪法	151	0	13	12	0	1	1	0	0	0	0	0	32	23	9	106	90	12	4
売春防止法	0	0	0	0	0	0	0	0	0	0	0	0	0	0	0	0	0	0	0
風俗営業等の規制及び業務の適正化等に関する法律等	18	0	11	8	0	3	3	0	0	0	0	0	6	3	3	1	1	0	0
麻薬及び向精神薬取締法等	15	0	15	9	0	6	6	0	0	0	0	0	0	0	0	0	0	0	0
覚せい剤取締法	15	0	15	9	0	6	6	0	0	0	0	0	0	0	0	0	0	0	0
出入国管理及び難民認定法	12	1	0	0	0	0	0	0	0	0	0	0	0	0	0	12	1	0	11
毒物及び劇物取締法	2	0	1	1	0	0	0	0	0	0	0	0	0	0	0	0	0	0	0
特別法犯その他	420	0	92	80	0	12	12	0	0	0	0	0	78	70	8	249	228	15	6
〈犯	22	0	0	0	0	0	0	0	0	0	0	0	6	4	0	22	11	0	6

成年年齢引下げ（若年成年）と若年消費者保護立法

配布資料４　法制審議会第178回会議配付資料（刑４）

非行	総数	検察官送致（年齢超過による）	保護処分 総数	保護観察	少年院送致 総数	初等	中等	特別	医療	知事又は児童相談所長送致 総数	強制的措置	非行事実なし	不処分 総数	保護的措置	別件保護中	審判不開始 総数	保護的措置	別件保護中	検察官送致
総数	6,022	98	2,216	1,655	561	0	516	34	11	0	0	0	1,233	1,063	170	2,475	2,056	289	130
刑法犯総数	4,666	82	1,917	1,401	516	0	477	30	9	0	0	0	966	829	137	1,701	1,400	246	55
窃盗	2,192	27	846	643	203	0	190	3	4	0	0	0	463	396	67	856	680	156	20
強盗	37	3	27	11	16	0	12	3	1	0	0	0	3	2	1	4	3	1	0
詐欺	224	13	146	71	75	0	72	1	1	0	0	0	24	19	5	41	17	24	0
恐喝	106	0	88	57	31	0	25	6	0	0	0	0	14	14	0	4	2	2	0
横領	5	0	2	2	0	0	0	0	0	0	0	0	0	0	0	3	2	1	0
遺失物等横領	442	2	20	20	0	0	0	0	0	0	0	0	74	59	15	346	304	22	20
盗品譲受け等	61	1	6	6	0	0	0	0	0	0	0	0	18	14	4	36	31	5	0
傷害	626	16	370	289	81	0	73	5	2	0	0	0	164	144	20	76	63	13	0
傷害致死	—	—	—	—	—	—	—	—	—	—	—	—	—	—	—	—	—	—	—
暴行	203	5	79	70	2	0	2	0	0	0	0	0	61	51	10	58	56	2	0
脅迫	42	0	27	25	2	0	2	0	0	0	0	0	9	7	2	6	5	1	0
殺人（注2）	4	2	1	0	1	0	1	0	0	0	0	0	0	0	0	1	1	0	0
強盗致死	35	1	31	11	20	0	20	0	0	0	0	0	1	1	0	1	1	0	0
強盗致傷	—	—	—	—	—	—	—	—	—	—	—	—	—	—	—	—	—	—	—
強姦	—	—	—	—	—	—	—	—	—	—	—	—	—	—	—	—	—	—	—
強制わいせつ（注3）	12	0	12	11	1	0	1	0	0	0	0	0	0	0	0	0	0	0	0
集団強姦（注3）	—	—	—	—	—	—	—	—	—	—	—	—	—	—	—	—	—	—	—
わいせつ	93	0	57	38	19	0	19	0	0	0	0	0	15	14	1	19	19	0	0
賭博	6	0	2	1	1	0	1	0	0	0	0	0	1	1	0	3	3	0	0
住居侵入	179	2	66	52	14	0	14	0	0	0	0	0	28	24	4	85	76	4	4
放火	9	0	7	4	3	0	3	0	0	0	0	0	0	0	0	1	1	0	0
失火	1	0	0	0	0	0	0	0	0	0	0	0	0	0	0	0	0	0	0
過失致死傷	69	0	5	5	0	0	0	0	0	0	0	0	10	10	0	54	46	7	0
業務上（重）過失致死傷（注4）	9	0	3	1	2	0	2	0	0	0	0	0	1	1	0	7	7	0	0
住居妨害	7	0	2	2	0	0	0	0	0	0	0	0	2	2	0	3	2	0	0
器物損壊等	117	2	42	38	4	0	4	0	0	0	0	0	29	26	3	44	40	4	0
公務執行妨害	30	0	11	11	0	0	0	0	0	0	0	0	3	3	0	47	42	4	0
刑法犯その他	149	4	62	41	21	0	21	0	0	0	0	0	36	33	3	47	42	7	0
特別法犯総数	1,349	16	251	251	—	0	—	—	—	0	0	0	266	233	33	772	654	43	75
暴力行為等処罰ニ関スル法律	31	0	15	15	0	0	0	0	0	0	0	0	11	10	1	2	1	1	0
道路運送車両法	35	5	10	10	0	0	0	0	0	0	0	0	5	5	0	14	13	1	2
銃砲刀剣類所持等取締法	49	1	12	12	0	0	0	0	0	0	0	0	3	3	0	33	27	4	6
軽犯罪法	182	0	15	15	0	0	0	0	0	0	0	0	35	26	9	132	119	7	6
売春防止法	5	0	2	2	0	0	0	0	0	0	0	0	2	2	0	12	11	1	0
風俗営業等の規制及び業務の適正化等に関する法律	29	1	3	3	0	0	0	0	0	0	0	0	13	10	3	12	—	1	1
麻薬及び向精神薬取締法	27	1	16	16	0	0	0	0	0	0	0	0	3	3	0	2	2	0	0
覚せい剤取締法	36	1	13	13	0	0	0	0	0	0	0	0	13	10	3	2	2	0	0
出入国管理及び難民認定法	58	0	0	0	0	0	0	0	0	0	0	0	0	3	0	57	14	0	43
毒物及び劇物取締法	0	0	5	5	0	0	0	0	0	0	0	0	0	0	1	0	0	0	0
特別法犯その他	890	9	160	172	—	0	—	—	—	0	0	0	192	172	20	517	466	27	24
ぐ犯	—	—	3	3	0	0	0	0	0	0	0	0	—	—	—	2	2	—	—

成年年齢引下げ(若年成年)と若年消費者保護立法

配布資料4　法制審議会第178回会議配付資料（刑4）

注1　次の事件を除き、一般保護事件で既済となった人員である。
　(1)　簡易送致事件
　(2)　（無免許）過失運転致死傷事件、（無免許）過失運転致死傷アルコール等影響発覚免脱事件、自動車運転過失致死傷事件及び（無免許）危険運転致死傷事件
　(3)　移送・回付で終局した事件
　(4)　併合事件とされ、既済事件として集計しないもの（従たる事件）
　(5)　検察官送致（年齢超過によるもの）
　(6)　不処分、不開始（非行なし、所在不明等及びその他の事由によるもの）
注2　殺人（既遂、未遂）事件の他、殺人予備事件、自殺関与事件及び同意殺人（既遂、未遂）事件を含む。
注3　致死傷事件を含む。
注4　車両運転によるものを除く。

成年年齢引下げ（若年成年）と若年消費者保護立法

配布資料4　法制審議会第178回会議配付資料（刑4）

被告人の終局時年齢が14歳の罪名別・量刑分布（終局区分別を含む）の終局人員（略式請求事件を除く）　（地・簡裁）　（平成26年）

罪名区分 / 区分	終局人員	有罪人員	死刑	懲役総数	無期懲役	30年以下	20年以下	10年以下	5年以下	3年以下	うち執行猶予	うち保護観察	有期禁錮	うち執行猶予	罰金	拘留	無罪	家裁へ移送	その他
総数	－	－	－	－	－	－	－	－	－	－	－	－	－	－	－	－	－	－	－
窃盗	－	－	－	－	－	－	－	－	－	－	－	－	－	－	－	－	－	－	－
強盗	－	－	－	－	－	－	－	－	－	－	－	－	－	－	－	－	－	－	－
詐欺	－	－	－	－	－	－	－	－	－	－	－	－	－	－	－	－	－	－	－
恐喝	－	－	－	－	－	－	－	－	－	－	－	－	－	－	－	－	－	－	－
横領	－	－	－	－	－	－	－	－	－	－	－	－	－	－	－	－	－	－	－
遺失物等横領	－	－	－	－	－	－	－	－	－	－	－	－	－	－	－	－	－	－	－
盗品譲受け等	－	－	－	－	－	－	－	－	－	－	－	－	－	－	－	－	－	－	－
傷害	－	－	－	－	－	－	－	－	－	－	－	－	－	－	－	－	－	－	－
傷害致死	－	－	－	－	－	－	－	－	－	－	－	－	－	－	－	－	－	－	－
暴行	－	－	－	－	－	－	－	－	－	－	－	－	－	－	－	－	－	－	－
脅迫	－	－	－	－	－	－	－	－	－	－	－	－	－	－	－	－	－	－	－
殺人	－	－	－	－	－	－	－	－	－	－	－	－	－	－	－	－	－	－	－
強盗致傷	－	－	－	－	－	－	－	－	－	－	－	－	－	－	－	－	－	－	－
強盗致死	－	－	－	－	－	－	－	－	－	－	－	－	－	－	－	－	－	－	－
強盗強姦致死	－	－	－	－	－	－	－	－	－	－	－	－	－	－	－	－	－	－	－
強姦	－	－	－	－	－	－	－	－	－	－	－	－	－	－	－	－	－	－	－
強制わいせつ	－	－	－	－	－	－	－	－	－	－	－	－	－	－	－	－	－	－	－
集団強姦	－	－	－	－	－	－	－	－	－	－	－	－	－	－	－	－	－	－	－
わいせつ	－	－	－	－	－	－	－	－	－	－	－	－	－	－	－	－	－	－	－
賭博	－	－	－	－	－	－	－	－	－	－	－	－	－	－	－	－	－	－	－
住居侵入	－	－	－	－	－	－	－	－	－	－	－	－	－	－	－	－	－	－	－
放火	－	－	－	－	－	－	－	－	－	－	－	－	－	－	－	－	－	－	－
失火	－	－	－	－	－	－	－	－	－	－	－	－	－	－	－	－	－	－	－
過失致死	－	－	－	－	－	－	－	－	－	－	－	－	－	－	－	－	－	－	－

成年年齢引下げ(若年成年)と若年消費者保護立法

配布資料4　法制審議会第178回会議配付資料（刑4）

被告人の終局時年齢が14歳の罪名別・量刑分布別（終局区分別を含む）の終局人員（略式請求事件を除く）　（地・簡裁）

（平成26年）

罪名区分	終局人員	有罪人員	死刑	懲役総数	無期懲役	30年以下	20年以下	10年以下	5年以下	3年以下	執行猶予	うち保護観察	有期禁錮	うち執行猶予	罰金	拘留	無罪	家裁へ移送	その他
業務上（重）過失致死傷	-	-	-	-	-	-	-	-	-	-	-	-	-	-	-	-	-	-	-
危険運転致死傷	-	-	-	-	-	-	-	-	-	-	-	-	-	-	-	-	-	-	-
往来妨害等	-	-	-	-	-	-	-	-	-	-	-	-	-	-	-	-	-	-	-
器物損壊等	-	-	-	-	-	-	-	-	-	-	-	-	-	-	-	-	-	-	-
公務執行妨害	-	-	-	-	-	-	-	-	-	-	-	-	-	-	-	-	-	-	-
用法犯罪その他	-	-	-	-	-	-	-	-	-	-	-	-	-	-	-	-	-	-	-
暴力行為等	-	-	-	-	-	-	-	-	-	-	-	-	-	-	-	-	-	-	-
道路運送車両	-	-	-	-	-	-	-	-	-	-	-	-	-	-	-	-	-	-	-
恐喝	-	-	-	-	-	-	-	-	-	-	-	-	-	-	-	-	-	-	-
傷害	-	-	-	-	-	-	-	-	-	-	-	-	-	-	-	-	-	-	-
賭博	-	-	-	-	-	-	-	-	-	-	-	-	-	-	-	-	-	-	-
軽犯罪法	-	-	-	-	-	-	-	-	-	-	-	-	-	-	-	-	-	-	-
売春防止	-	-	-	-	-	-	-	-	-	-	-	-	-	-	-	-	-	-	-
風俗営業等	-	-	-	-	-	-	-	-	-	-	-	-	-	-	-	-	-	-	-
麻薬	-	-	-	-	-	-	-	-	-	-	-	-	-	-	-	-	-	-	-
覚せい剤	-	-	-	-	-	-	-	-	-	-	-	-	-	-	-	-	-	-	-
出入国管理・難民認定	-	-	-	-	-	-	-	-	-	-	-	-	-	-	-	-	-	-	-
毒物・劇物	-	-	-	-	-	-	-	-	-	-	-	-	-	-	-	-	-	-	-
道路交通法違反	-	-	-	-	-	-	-	-	-	-	-	-	-	-	-	-	-	-	-
医薬品医療機器等の品質、有効性及び安全性の確保等に関する法律違反	-	-	-	-	-	-	-	-	-	-	-	-	-	-	-	-	-	-	-
条例違反	-	-	-	-	-	-	-	-	-	-	-	-	-	-	-	-	-	-	-
特別法犯その他	-	-	-	-	-	-	-	-	-	-	-	-	-	-	-	-	-	-	-

（注）　1　刑事通常第一審事件数による実人員である。
2　「その他」は、公訴棄却、移送（少年法5条による家裁移送を除く。）等である。
3　未遂犯規定のある罪について、未遂の罪を含む。
4　有罪（一部無罪を含む。）の場合は主たる罪、無罪、その他の場合は審判時における当該事件において掲げられている訴因の罪名のうち、法定刑が最も重いもののそれぞれ計上した。
5　主文複数の場合は合計件数による罪があり場合は、刑日10歳の規定による重い方の刑のみを計上した。
6　（　）内は有罪人員に対する割合（％）である。
7　危険運転致死は、平成25年法律第86号による改正前の刑法208条の2の罪であり、自動車の運転により人を死傷させる行為等の処罰に関する法律施行後は「特別法その他」欄に計上されている。

221

成年年齢引下げ（若年成年）と若年消費者保護立法

配布資料4　法制審議会第178回会議配付資料（刑4）

被告人の終局時年齢が15歳の罪名別・量刑分布別（終局区分別を含む）の終局人員（略式請求事件を除く）（地・簡裁）（平成26年）

罪名区分	終局人員 総数	有罪人員	死刑	懲役総数	無期懲役	有期懲役 30年以下	20年以下	10年以下	5年以下	3年以下	うち執行猶予	うち執行猶予 うち保護観察	有期禁錮 うち執行猶予	罰金	拘留	無罪	家裁へ移送	その他
総数																		
窃盗																		
強盗																		
詐欺																		
恐喝																		
横領																		
遺失物等横領																		
盗品譲受け等																		
傷害																		
傷害致死																		
暴行																		
脅迫																		
殺人																		
強盗致傷																		
強盗致死																		
強盗強姦																		
強姦																		
強制わいせつ																		
集団強姦																		
わいせつ																		
賭博																		
住居侵入																		
放火																		
失火																		
過失致死																		

成年年齢引下げ(若年成年)と若年消費者保護立法

配布資料4　法制審議会第178回会議配付資料（刑4）

被告人の終局時年齢が15歳の罪名別・量刑分布別（終局区分別を含む）の終局人員（略式請求事件を除く）　（地・簡裁）

（平成26年）

罪名区分	区分	終局人員	有罪人員	死刑	懲役総数	無期懲役	有期懲役 30年以下	20年以下	10年以下	5年以下	3年以下	うち執行猶予	うち保護観察	有期禁錮	うち執行猶予	うち保護観察	罰金	拘留	無罪	家裁へ移送	その他
業務上（重）過失致死傷		-	-	-	-	-	-	-	-	-	-	-	-	-	-	-	-	-	-	-	-
危険運転致死傷		-	-	-	-	-	-	-	-	-	-	-	-	-	-	-	-	-	-	-	-
住居侵入等		-	-	-	-	-	-	-	-	-	-	-	-	-	-	-	-	-	-	-	-
放火		-	-	-	-	-	-	-	-	-	-	-	-	-	-	-	-	-	-	-	-
器物損壊等		-	-	-	-	-	-	-	-	-	-	-	-	-	-	-	-	-	-	-	-
公務執行妨害		-	-	-	-	-	-	-	-	-	-	-	-	-	-	-	-	-	-	-	-
偽証		-	-	-	-	-	-	-	-	-	-	-	-	-	-	-	-	-	-	-	-
その他		-	-	-	-	-	-	-	-	-	-	-	-	-	-	-	-	-	-	-	-
暴力行為等		-	-	-	-	-	-	-	-	-	-	-	-	-	-	-	-	-	-	-	-
道路運送車両		-	-	-	-	-	-	-	-	-	-	-	-	-	-	-	-	-	-	-	-
銃砲刀剣		-	-	-	-	-	-	-	-	-	-	-	-	-	-	-	-	-	-	-	-
軽犯罪		-	-	-	-	-	-	-	-	-	-	-	-	-	-	-	-	-	-	-	-
売春		-	-	-	-	-	-	-	-	-	-	-	-	-	-	-	-	-	-	-	-
風俗営業等		-	-	-	-	-	-	-	-	-	-	-	-	-	-	-	-	-	-	-	-
麻薬		-	-	-	-	-	-	-	-	-	-	-	-	-	-	-	-	-	-	-	-
覚せい剤		-	-	-	-	-	-	-	-	-	-	-	-	-	-	-	-	-	-	-	-
出入国管理・難民認定		-	-	-	-	-	-	-	-	-	-	-	-	-	-	-	-	-	-	-	-
毒物・劇物		-	-	-	-	-	-	-	-	-	-	-	-	-	-	-	-	-	-	-	-
道路交通法違反		-	-	-	-	-	-	-	-	-	-	-	-	-	-	-	-	-	-	-	-
医薬品医療機器等の品質、有効性及び安全性の確保等に関する法律違反		-	-	-	-	-	-	-	-	-	-	-	-	-	-	-	-	-	-	-	-
条例違反		-	-	-	-	-	-	-	-	-	-	-	-	-	-	-	-	-	-	-	-
特別法犯その他		-	-	-	-	-	-	-	-	-	-	-	-	-	-	-	-	-	-	-	-

（注）　1　刑事通常第一審事件判決による実人員である。
2　その他には、公訴棄却、移送（少年法55条による家裁移送を除く。）等である。
3　未遂既遂既定のある罪名について、未遂のものを含む。
4　有期懲役及び有期禁錮の欄は、無期、その他の部分は別掲せず、法定刑が最も重いものをそれぞれ計上しました。
5　主文複数の場合及び併科の場合には、刑法10条の規定による重い方の刑のみを計上した。
6　「 」内は有罪人員に対する割合（％）である。
7　危険運転致死傷は、平成25年法律第86号により改正前の刑法208条の2の罪であり、自動車の運転により人を死傷させる行為等の処罰に関する法律違反は「特別法その他」欄に計上されている。

成年年齢引下げ(若年成年)と若年消費者保護立法

配布資料4　法制審議会第178回会議配付資料（刑4）

被告人の終局時年齢が16歳の罪名別・量刑分布別（終局区分別を含む）の終局人員（略式請求事件を除く）　（地・簡裁）　（平成26年）

罪名区分	終局人員 数	有罪人員 死刑	無期懲役	懲役総数	有期懲役 30年以下	20年以下	10年以下	5年以下	3年以下	うち執行猶予	うち保護観察	罰金	拘留	無罪	家裁へ移送	その他
総数	-	-	-	-	-	-	-	-	-	-	-	-	-	-	-	-
窃盗	-	-	-	-	-	-	-	-	-	-	-	-	-	-	-	-
強盗	-	-	-	-	-	-	-	-	-	-	-	-	-	-	-	-
詐欺	-	-	-	-	-	-	-	-	-	-	-	-	-	-	-	-
恐喝	-	-	-	-	-	-	-	-	-	-	-	-	-	-	-	-
横領	-	-	-	-	-	-	-	-	-	-	-	-	-	-	-	-
遺失物横領等	-	-	-	-	-	-	-	-	-	-	-	-	-	-	-	-
盗品譲受け等	-	-	-	-	-	-	-	-	-	-	-	-	-	-	-	-
傷害	-	-	-	-	-	-	-	-	-	-	-	-	-	-	-	-
傷害致死	-	-	-	-	-	-	-	-	-	-	-	-	-	-	-	-
暴行	-	-	-	-	-	-	-	-	-	-	-	-	-	-	-	-
殺人	-	-	-	-	-	-	-	-	-	-	-	-	-	-	-	-
強盗致傷	-	-	-	-	-	-	-	-	-	-	-	-	-	-	-	-
強盗致死	-	-	-	-	-	-	-	-	-	-	-	-	-	-	-	-
強姦	-	-	-	-	-	-	-	-	-	-	-	-	-	-	-	-
強姦致死	-	-	-	-	-	-	-	-	-	-	-	-	-	-	-	-
強盗強姦	-	-	-	-	-	-	-	-	-	-	-	-	-	-	-	-
集団強姦	-	-	-	-	-	-	-	-	-	-	-	-	-	-	-	-
わいせつ	-	-	-	-	-	-	-	-	-	-	-	-	-	-	-	-
賭博	-	-	-	-	-	-	-	-	-	-	-	-	-	-	-	-
住居侵入等	-	-	-	-	-	-	-	-	-	-	-	-	-	-	-	-
放火	-	-	-	-	-	-	-	-	-	-	-	-	-	-	-	-
失火	-	-	-	-	-	-	-	-	-	-	-	-	-	-	-	-
過失致死	-	-	-	-	-	-	-	-	-	-	-	-	-	-	-	-

成年年齢引下げ（若年成年）と若年消費者保護立法

配布資料４　法制審議会第178回会議配付資料（刑４）

被告人の終局時年齢が１６歳時の罪名別・量刑分布別（終局区分別を含む）の終局人員（略式請求事件を除く）　（地・簡裁）　　　　（平成２６年）

罪名区分	終局人員	有罪人員	死刑	懲役総数	無期懲役	有期懲役 30年以下	20年以下	10年以下	5年以下	3年以下 うち執行猶予	うち執行猶予・保護観察	罰金	拘留	無罪	家裁へ移送	その他
業務上（重）過失致死傷	-	-	-	-	-	-	-	-	-	-	-	-	-	-	-	-
危険運転致死傷	-	-	-	-	-	-	-	-	-	-	-	-	-	-	-	-
住居侵入	-	-	-	-	-	-	-	-	-	-	-	-	-	-	-	-
往来妨害等	-	-	-	-	-	-	-	-	-	-	-	-	-	-	-	-
器物損壊等	-	-	-	-	-	-	-	-	-	-	-	-	-	-	-	-
公務執行妨害	-	-	-	-	-	-	-	-	-	-	-	-	-	-	-	-
刑法犯その他	-	-	-	-	-	-	-	-	-	-	-	-	-	-	-	-
暴力行為等	-	-	-	-	-	-	-	-	-	-	-	-	-	-	-	-
道路運送車両	-	-	-	-	-	-	-	-	-	-	-	-	-	-	-	-
賭博	-	-	-	-	-	-	-	-	-	-	-	-	-	-	-	-
軽犯罪	-	-	-	-	-	-	-	-	-	-	-	-	-	-	-	-
売春防止等	-	-	-	-	-	-	-	-	-	-	-	-	-	-	-	-
風俗営業等	-	-	-	-	-	-	-	-	-	-	-	-	-	-	-	-
麻薬	-	-	-	-	-	-	-	-	-	-	-	-	-	-	-	-
覚せい剤	-	-	-	-	-	-	-	-	-	-	-	-	-	-	-	-
出入国管理・難民認定	-	-	-	-	-	-	-	-	-	-	-	-	-	-	-	-
毒物劇物	-	-	-	-	-	-	-	-	-	-	-	-	-	-	-	-
道路交通法違反	-	-	-	-	-	-	-	-	-	-	-	-	-	-	-	-
医薬品医療機器等の品質、有効性及び安全性の確保等に関する法律違反	-	-	-	-	-	-	-	-	-	-	-	-	-	-	-	-
条例違反	-	-	-	-	-	-	-	-	-	-	-	-	-	-	-	-
特別法犯その他	-	-	-	-	-	-	-	-	-	-	-	-	-	-	-	-

（注）　1　刑事通常第一審事件数による実人員である。
　　　　2　「その他」は、公訴棄却、移送（少年法55条による家裁移送を除く。）等である。
　　　　3　未決勾留算定のみある罪名については、未決のものを含む。
　　　　4　有期（一部無罪事件を含む。）の場合は処断刑最高を、無罪、その他の場合は終局時において当該事件について掲げられている罪名の罪名のうち、法定刑が最も重いものをそれぞれ計上した。
　　　　5　主文機数の場合及び所科料がある場合には、刑法10条の規定による重い方の示罪のみを計上した。
　　　　6　（　）内は有罪人員に対する割合（％）である。
　　　　7　危険運転致死傷は、平成25年法律第86号による改正前の刑法208条の2の罪であり、自動車の運転により人を死傷させる行為等の処罰に関する法律違反は「特別法犯その他」欄に計上されている。

成年年齢引下げ(若年成年)と若年消費者保護立法

配布資料4　法制審議会第178回会議配付資料（刑4）

被告人の終局時年齢が17歳の罪名別・量刑分布別（終局区分別を含む）の終局人員（略式請求事件を除く）（地・簡裁）　（平成26年）

罪名区分	終局人員	有罪人員	死刑	懲役総数	無期懲役	30年以下	20年以下	10年以下	5年以下	3年以下	うち執行猶予	うち執行猶予（保護観察）	有期禁錮 うち執行猶予	罰金	拘留	無罪	家裁へ移送	その他
総数	3	3 (100.0)	-	3 (100.0)	-	-	-	3 (100.0)	-	-	-	-	-	-	-	-	-	-
窃盗	-	-	-	-	-	-	-	-	-	-	-	-	-	-	-	-	-	-
強盗	-	-	-	-	-	-	-	-	-	-	-	-	-	-	-	-	-	-
詐欺	-	-	-	-	-	-	-	-	-	-	-	-	-	-	-	-	-	-
恐喝	-	-	-	-	-	-	-	-	-	-	-	-	-	-	-	-	-	-
横領	-	-	-	-	-	-	-	-	-	-	-	-	-	-	-	-	-	-
遺失物等横領	-	-	-	-	-	-	-	-	-	-	-	-	-	-	-	-	-	-
盗品譲受け等	-	-	-	-	-	-	-	-	-	-	-	-	-	-	-	-	-	-
文書	-	-	-	-	-	-	-	-	-	-	-	-	-	-	-	-	-	-
殺人	-	-	-	-	-	-	-	-	-	-	-	-	-	-	-	-	-	-
傷害	3	3 (100.0)	-	3 (100.0)	-	-	-	3 (100.0)	-	-	-	-	-	-	-	-	-	-
暴行	-	-	-	-	-	-	-	-	-	-	-	-	-	-	-	-	-	-
傷害致死	-	-	-	-	-	-	-	-	-	-	-	-	-	-	-	-	-	-
強盗致死	-	-	-	-	-	-	-	-	-	-	-	-	-	-	-	-	-	-
強盗強姦	-	-	-	-	-	-	-	-	-	-	-	-	-	-	-	-	-	-
強姦	-	-	-	-	-	-	-	-	-	-	-	-	-	-	-	-	-	-
集団強姦	-	-	-	-	-	-	-	-	-	-	-	-	-	-	-	-	-	-
わいせつ	-	-	-	-	-	-	-	-	-	-	-	-	-	-	-	-	-	-
贈賄	-	-	-	-	-	-	-	-	-	-	-	-	-	-	-	-	-	-
住居侵入	-	-	-	-	-	-	-	-	-	-	-	-	-	-	-	-	-	-
放火	-	-	-	-	-	-	-	-	-	-	-	-	-	-	-	-	-	-
失火	-	-	-	-	-	-	-	-	-	-	-	-	-	-	-	-	-	-
過失致死	-	-	-	-	-	-	-	-	-	-	-	-	-	-	-	-	-	-

成年年齢引下げ(若年成年)と若年消費者保護立法

配布資料４　法制審議会第178回会議配付資料（刑４）

被告人の終局時年齢が17歳の罪名別・量刑分布別（終局区分別を含む）の終局人員（略式請求事件を除く〉　　　　（地・簡裁）　（平成26年）

罪名区分 ＼ 区分	終局人員 有罪人員	死刑	懲役総数	無期懲役	有期 懲役 30年以下	20年以下	10年以下	5年以下	3年以下 うち執行猶予	うち保護観察	有期禁錮 うち執行猶予	罰金	拘留	無罪	家裁へ移送	その他
業務上（重）過失致死傷	-	-	-	-	-	-	-	-	-	-	-	-	-	-	-	-
危険運転致死傷	-	-	-	-	-	-	-	-	-	-	-	-	-	-	-	-
住居侵入等	-	-	-	-	-	-	-	-	-	-	-	-	-	-	-	-
器物損壊等	-	-	-	-	-	-	-	-	-	-	-	-	-	-	-	-
公務執行妨害	-	-	-	-	-	-	-	-	-	-	-	-	-	-	-	-
刑法犯その他	-	-	-	-	-	-	-	-	-	-	-	-	-	-	-	-
暴力行為等	-	-	-	-	-	-	-	-	-	-	-	-	-	-	-	-
道路運送車両	-	-	-	-	-	-	-	-	-	-	-	-	-	-	-	-
銃砲刀剣	-	-	-	-	-	-	-	-	-	-	-	-	-	-	-	-
就軽犯罪	-	-	-	-	-	-	-	-	-	-	-	-	-	-	-	-
売春防止	-	-	-	-	-	-	-	-	-	-	-	-	-	-	-	-
風俗営業等	-	-	-	-	-	-	-	-	-	-	-	-	-	-	-	-
麻薬等	-	-	-	-	-	-	-	-	-	-	-	-	-	-	-	-
覚せい剤	-	-	-	-	-	-	-	-	-	-	-	-	-	-	-	-
出入国管理・難民認定	-	-	-	-	-	-	-	-	-	-	-	-	-	-	-	-
毒物・劇物	-	-	-	-	-	-	-	-	-	-	-	-	-	-	-	-
道路交通法違反	-	-	-	-	-	-	-	-	-	-	-	-	-	-	-	-
医薬品医療機器等の品質、有効性及び安全性の確保等に関する法律違反	-	-	-	-	-	-	-	-	-	-	-	-	-	-	-	-
条例違反	-	-	-	-	-	-	-	-	-	-	-	-	-	-	-	-
特別法犯その他	-	-	-	-	-	-	-	-	-	-	-	-	-	-	-	-

（注）1　刑事通常第一審事件による実人員である。
2　「その他」は、公訴棄却（少年法55条による家裁移送を除く。）等である。
3　未遂処罰規定のある罪名については、未遂のものを含む。
4　有期（一部執行猶予を含む。）の場合は処断刑名を、無罪、その他の場合は終局時において当該事件において掲げられている訴因の罪名のうち、法定刑が最も重いものをそれぞれ掲げた。
5　主文数個の場合及び付帯科刑がある場合には、刑法10条の規定による重い刑のみを計上した。
6　（ ）内は有罪人員に対する割合である。
7　危険運転致死傷は、平成25年法律第86号による改正前の刑法208条の2の第2の罪であり、自動車の運転により人を死傷させる行為等の処罰に関する法律違反は「特別法犯その他」の欄に計上されている。

成年年齢引下げ(若年成年)と若年消費者保護立法

配布資料4　法制審議会第178回会議配付資料（刑4）

被告人の終局時年齢が18歳の罪名別・量刑分布別（終局区分別を含む）の終局人員（略式請求事件を除く）（地・簡裁）（平成26年）

罪名区分	終局人員	有罪人員	死刑	懲役総数	無期懲役	30年以下	20年以下	10年以下	5年以下	3年以下	うち執行猶予	うち執行猶予保護観察	有期禁錮	うち執行猶予	罰金	拘留	無罪	家裁へ移送	その他
総数	26	(100.0) 24	-	(95.8) 23	(4.2) 1	-	(8.3) 2	(37.5) 9	(8.3) 2	(37.5) 9	(33.3) 8	-	-	-	(4.2) 1	-	-	1	1
窃盗	1	(100.0) 1	-	(100.0) 1	-	-	-	-	-	(100.0) 1	(100.0) 1	-	-	-	-	-	-	-	-
強盗	-	-	-	-	-	-	-	-	-	-	-	-	-	-	-	-	-	-	-
詐欺	2	(100.0) 2	-	(100.0) 2	-	-	-	-	-	(100.0) 2	(100.0) 2	-	-	-	-	-	-	-	-
恐喝	-	-	-	-	-	-	-	-	-	-	-	-	-	-	-	-	-	-	-
横領	-	-	-	-	-	-	-	-	-	-	-	-	-	-	-	-	-	-	-
遺失物等横領	-	-	-	-	-	-	-	-	-	-	-	-	-	-	-	-	-	-	-
盗品譲受け等	-	-	-	-	-	-	-	-	-	-	-	-	-	-	-	-	-	-	-
毀棄・隠匿	-	-	-	-	-	-	-	-	-	-	-	-	-	-	-	-	-	-	-
傷害	2	(100.0) 2	-	(100.0) 2	-	-	-	(50.0) 1	(50.0) 1	-	-	-	-	-	-	-	-	-	-
傷害致死	-	-	-	-	-	-	-	-	-	-	-	-	-	-	-	-	-	-	-
暴行	-	-	-	-	-	-	-	-	-	-	-	-	-	-	-	-	-	-	-
脅迫	-	-	-	-	-	-	-	-	-	-	-	-	-	-	-	-	-	-	-
殺人	5	(100.0) 5	-	(100.0) 5	(20.0) 1	-	(20.0) 1	(60.0) 3	-	-	-	-	-	-	-	-	-	-	-
強盗致傷	4	(100.0) 4	-	(100.0) 4	-	-	(25.0) 1	(50.0) 2	(25.0) 1	-	-	-	-	-	-	-	-	-	-
強盗強姦	-	-	-	-	-	-	-	-	-	-	-	-	-	-	-	-	-	-	-
強姦	1	(100.0) 1	-	(100.0) 1	-	-	-	(100.0) 1	-	-	-	-	-	-	-	-	-	-	-
強制わいせつ	-	-	-	-	-	-	-	-	-	-	-	-	-	-	-	-	-	-	-
集団強姦	-	-	-	-	-	-	-	-	-	-	-	-	-	-	-	-	-	-	-
わいせつ	-	-	-	-	-	-	-	-	-	-	-	-	-	-	-	-	-	-	-
賭博	-	-	-	-	-	-	-	-	-	-	-	-	-	-	-	-	-	-	-
住居侵入	-	-	-	-	-	-	-	-	-	-	-	-	-	-	-	-	-	-	-
放火	-	-	-	-	-	-	-	-	-	-	-	-	-	-	-	-	-	-	-
失火	-	-	-	-	-	-	-	-	-	-	-	-	-	-	-	-	-	-	-
過失致死	-	-	-	-	-	-	-	-	-	-	-	-	-	-	-	-	-	-	-

成年年齢引下げ(若年成年)と若年消費者保護立法

配布資料4　法制審議会第178回会議配付資料（刑4）

被告人の終局時年齢が18歳の罪名別・量刑分布別（終局区分別を含む）の終局人員（略式請求事件を除く）　（地・簡裁）　（平成26年）

罪名区分	終局人員	有罪人員	死刑	懲役総数	無期懲役	30年以下	20年以下	10年以下	5年以下	3年以下	うち執行猶予	うち執行猶予保護観察	有期禁錮	うち執行猶予	罰金	拘留	無罪	家裁へ移送	その他
業務上（重）過失致死傷	-	-	-	-	-	-	-	-	-	-	-	-	-	-	-	-	-	-	-
危険運転致死傷	1	(100.0) 1	-	(100.0) 1	-	-	-	(100.0) 1	-	-	-	-	-	-	-	-	-	-	-
住居侵入等	-	-	-	-	-	-	-	-	-	-	-	-	-	-	-	-	-	-	-
器物損壊等	-	-	-	-	-	-	-	-	-	-	-	-	-	-	-	-	-	-	-
公務執行妨害等	-	-	-	-	-	-	-	-	-	-	-	-	-	-	-	-	-	-	-
刑法犯その他	2	(100.0) 2	-	(100.0) 2	-	-	-	-	-	(100.0) 2	(100.0) 2	-	-	-	-	-	-	-	-
暴力行為等	-	-	-	-	-	-	-	-	-	-	-	-	-	-	-	-	-	-	-
道路運送車両（法）	-	-	-	-	-	-	-	-	-	-	-	-	-	-	-	-	-	-	-
銃砲刀剣（類所持等取締法）	-	-	-	-	-	-	-	-	-	-	-	-	-	-	-	-	-	-	-
軽犯罪（法）	-	-	-	-	-	-	-	-	-	-	-	-	-	-	-	-	-	-	-
売春（防止法）	-	-	-	-	-	-	-	-	-	-	-	-	-	-	-	-	-	-	-
風俗営業等	-	-	-	-	-	-	-	-	-	-	-	-	-	-	-	-	-	-	-
麻薬（取締法等）	-	-	-	-	-	-	-	-	-	-	-	-	-	-	-	-	-	-	-
覚せい剤（取締法）	-	-	-	-	-	-	-	-	-	-	-	-	-	-	-	-	-	-	-
出入国管理・難民認定（法）	-	-	-	-	-	-	-	-	-	-	-	-	-	-	-	-	-	-	-
賭博・富くじ	-	-	-	-	-	-	-	-	-	-	-	-	-	-	-	-	-	-	-
道路交通法違反	7	(100.0) 6	-	(83.3) 5	-	-	-	(16.7) 1	(16.7) 1	(66.7) 4	(66.7) 4	-	-	-	(16.7) 1	-	-	-	1
医薬品医療機器等の品質、有効性及び安全性の確保等に関する法律違反	-	-	-	-	-	-	-	-	-	-	-	-	-	-	-	-	-	-	-
条例違反	-	-	-	-	-	-	-	-	-	-	-	-	-	-	-	-	-	-	-
特別法犯その他	1	(100.0) 1	-	(100.0) 1	-	-	-	-	-	(100.0) 1	-	-	-	-	-	-	-	-	-

（注）
1　「刑事通常第一審事件」中「無罪による実人員」等である。
2　「その他」は、公訴棄却、移送（少年法55条による家裁移送を除く。）等である。
3　未確定の罪名については、未遂のものを含む。
4　有罪（一部無罪を含む。）の場合は処断刑名を、無罪、その他の場合は終局時の罪名を、その他の場合は終局時における当該事件において掲げられている訴因の罪名のうち、法定刑が最も重いもののをそれぞれ計上した。
5　主文数個の場合及び科刑が複数ある場合には、刑法10条の規定による重い方の刑のみを計上した。
6　（　）内は有罪人員に対する割合（％）である。
7　危険運転致死傷は、平成25年法律第86号による改正前の刑法208条の2の罪であり、自動車の運転により人を死傷させる行為等の処罰に関する法律違反は「特別法犯その他」欄に計上されている。

成年年齢引下げ(若年成年)と若年消費者保護立法

配布資料4　法制審議会第178回会議配付資料（刑4）

被告人の終局時年齢が19歳の罪名別・量刑分布別（終局区分別を含む）の終局人員（略式請求事件を除く）　（地・簡裁）　（平成26年）

罪名区分	終局人員	有罪人員	死刑	懲役 総数	無期懲役	30年以下	20年以下	10年以下	5年以下	3年以下	うち 執行猶予	うち 保護観察	有期禁錮	うち 執行猶予	罰金	拘留	無罪	家裁へ移送	その他
総数	90	(100.0)83	-	(78.3)65	(2.4)2	-	-	(12.0)10	(3.6)3	(60.2)50	(49.4)41	(8.4)7	(16.9)14	(16.9)14	(4.8)4	-	-	4	3
窃盗	13	(100.0)9	-	(88.9)8	-	-	-	-	-	(88.9)8	(77.8)7	(33.3)3	-	-	(11.1)1	-	-	2	2
強盗	1	(100.0)1	-	(100.0)1	-	-	-	-	(100.0)1	-	-	-	-	-	-	-	-	-	-
詐欺	5	(100.0)5	-	(100.0)5	-	-	-	-	-	(100.0)5	(40.0)2	(20.0)1	-	-	-	-	-	-	-
恐喝	2	(100.0)2	-	(100.0)2	-	-	-	-	-	(100.0)2	(100.0)2	(100.0)2	-	-	-	-	-	-	-
横領	-	-	-	-	-	-	-	-	-	-	-	-	-	-	-	-	-	-	-
遺失物等横領	-	-	-	-	-	-	-	-	-	-	-	-	-	-	-	-	-	-	-
盗品譲受け等	-	-	-	-	-	-	-	-	-	-	-	-	-	-	-	-	-	-	-
傷害	7	(100.0)6	-	(100.0)6	-	-	-	-	-	(100.0)6	(100.0)6	-	-	-	-	-	-	1	-
傷害致死	2	(100.0)2	-	(100.0)2	-	-	-	(100.0)2	-	-	-	-	-	-	-	-	-	-	-
暴行	-	-	-	-	-	-	-	-	-	-	-	-	-	-	-	-	-	-	-
脅迫	-	-	-	-	-	-	-	-	-	-	-	-	-	-	-	-	-	-	-
殺人	3	(100.0)3	-	(100.0)3	-	-	-	(100.0)3	-	-	-	-	-	-	-	-	-	-	-
殺人（予備等）	2	(100.0)2	-	(100.0)2	-	-	-	(100.0)2	-	-	-	-	-	-	-	-	-	-	-
強盗致死	3	(100.0)3	-	(100.0)3	(66.7)2	-	-	(33.3)1	-	-	-	-	-	-	-	-	-	-	1
強盗殺人	-	-	-	-	-	-	-	-	-	-	-	-	-	-	-	-	-	-	-
強姦	-	-	-	-	-	-	-	-	-	-	-	-	-	-	-	-	-	-	-
強姦致死	-	-	-	-	-	-	-	-	-	-	-	-	-	-	-	-	-	-	-
強制わいせつ	2	(100.0)2	-	(100.0)2	-	-	-	(100.0)2	-	-	(100.0)2	-	-	-	-	-	-	-	-
賭博	-	-	-	-	-	-	-	-	-	-	-	-	-	-	-	-	-	-	-
住居侵入等	-	-	-	-	-	-	-	-	-	-	-	-	-	-	-	-	-	-	-
放火	-	-	-	-	-	-	-	-	-	-	-	-	-	-	-	-	-	-	-
失火	-	-	-	-	-	-	-	-	-	-	-	-	-	-	-	-	-	-	-
過失致死	-	-	-	-	-	-	-	-	-	-	-	-	-	-	-	-	-	-	-

成年年齢引下げ（若年成年）と若年消費者保護立法

配布資料4　法制審議会第178回会議配付資料（刑4）

被告人の終局時年齢が19歳の罪名別・量刑分布別（終局区分別を含む）の終局人員（略式請求事件を除く）（地・簡裁）（平成26年）

罪名区分	終局人員	有罪人員	死刑	懲役総数	無期懲役	有期懲役 30年以下	20年以下	10年以下	5年以下	3年以下	うち執行猶予	うちうち保護観察	有期禁錮	うち執行猶予	罰金	拘留	無罪	家裁へ移送	その他
業務上（重）過失致死傷	-	-	-	-	-	-	-	-	-	-	-	-	-	-	-	-	-	-	-
危険運転致死傷	2	(100.0) 2	-	(100.0) 2	-	-	-	-	(50.0) 1	(50.0) 1	(50.0) 1	-	-	-	-	-	-	-	-
住居侵入等	-	-	-	-	-	-	-	-	-	-	-	-	-	-	-	-	-	-	-
器物損壊等	-	-	-	-	-	-	-	-	-	-	-	-	-	-	-	-	-	-	-
公務執行妨害	-	-	-	-	-	-	-	-	-	-	-	-	-	-	-	-	-	-	-
刑法犯 その他	20	(100.0) 20	-	(30.0) 6	-	-	-	-	-	(30.0) 6	(30.0) 6	-	(65.0) 13	(65.0) 13	(5.0) 1	-	-	-	-
暴力行為等	-	-	-	-	-	-	-	-	-	-	-	-	-	-	-	-	-	-	-
道路運送車両	-	-	-	-	-	-	-	-	-	-	-	-	-	-	-	-	-	-	-
銃砲刀剣類	-	-	-	-	-	-	-	-	-	-	-	-	-	-	-	-	-	-	-
軽犯罪	-	-	-	-	-	-	-	-	-	-	-	-	-	-	-	-	-	-	-
売春防止	-	-	-	-	-	-	-	-	-	-	-	-	-	-	-	-	-	-	-
風俗営業等	-	-	-	-	-	-	-	-	-	-	-	-	-	-	-	-	-	-	-
覚せい剤	-	-	-	-	-	-	-	-	-	-	-	-	-	-	-	-	-	-	-
出入国管理・難民認定	-	-	-	-	-	-	-	-	-	-	-	-	-	-	-	-	-	-	-
麻薬・劇物	-	-	-	-	-	-	-	-	-	-	-	-	-	-	-	-	-	-	-
道路交通法違反	22	21	-	(95.2) 20	-	-	-	-	-	(95.2) 20	(90.5) 19	(9.5) 2	(9.5) 2	-	(4.8) 1	-	-	1	-
医薬品医療機器等の品質、有効性及び安全性の確保等に関する法律違反	-	-	-	-	-	-	-	-	-	-	-	-	-	-	-	-	-	-	-
特別法犯 その他	5	(100.0) 5	-	(60.0) 3	-	-	-	-	-	(60.0) 3	(60.0) 3	-	-	-	(20.0) 1	(20.0) 1	-	-	-

（注）
1　刑事通常第一審事件に係る実人員である。
2　「その他」は、公訴棄却、移送（少年法55条による家裁移送を除く。）等である。
3　本表各罪名については、未遂のものを含む。
4　有罪には一部無罪を含む。りの場合は処断罪名を、無罪、その他の場合は終局時において当該事件について掲げられている訴因の罪名のうち、法定刑が最も重いものをそれぞれ計上した。
5　主文数個の場合は、刑は10条の規定による重い刑のみを計上した。
6　（　）内は有罪人員に対する割合（％）である。
7　危険運転致死傷は、平成25年法律第86号により自動車の運転により人を死傷させる行為等の処罰に関する法律違反（特別法犯の「その他」）欄に計上されている。

成年年齢引下げ(若年成年)と若年消費者保護立法

配布資料4　法制審議会第178回会議配付資料（刑4）

被告人の終局時年齢が２０歳の罪名別・量刑分布別（終局区分別を含む）の終局人員（略式請求事件を除く）　（地・簡裁）　（平成２６年）

罪名区分	終局人員	有罪人員	死刑	懲役 総数	無期懲役	30年以下	20年以下	10年以下	5年以下	3年以下	うち執行猶予	うち保護観察	執行猶予	保護観察	罰金	拘留	無罪	家裁へ移送	その他
総数	885	(100.0) 851	—	(89.9) 765	—	—	(0.1) 1	(1.9) 16	(1.8) 15	(86.1) 733	(76.7) 653	(14.8) 126	(7.4) 63	(6.8) 58	(2.7) 23	—	—	—	34
窃盗	297	(100.0) 284	—	(96.5) 274	—	—	—	—	—	(96.5) 274	(88.4) 251	(18.7) 53	—	—	(3.5) 10	—	—	—	13
強盗	16	(100.0) 13	—	(100.0) 13	—	—	—	(15.4) 2	(7.7) 1	(76.9) 10	(53.8) 7	(23.1) 3	—	—	—	—	—	—	3
詐欺	98	(100.0) 90	—	(100.0) 90	—	—	—	—	(3.3) 3	(96.7) 87	(74.4) 67	(8.9) 8	—	—	—	—	—	—	8
恐喝	32	(100.0) 31	—	(100.0) 31	—	—	—	—	—	(100.0) 31	(87.1) 27	(25.8) 8	—	—	—	—	—	—	1
横領	1	(100.0) 1	—	(100.0) 1	—	—	—	—	—	(100.0) 1	(100.0) 1	—	—	—	—	—	—	—	—
遺失物等横領	—	—	—	—	—	—	—	—	—	—	—	—	—	—	—	—	—	—	—
盗品等譲受け等	2	(100.0) 2	—	(100.0) 2	—	—	—	—	—	(100.0) 2	(100.0) 2	(100.0) 2	—	—	—	—	—	—	2
傷害	77	(100.0) 75	—	(96.0) 72	—	—	—	(1.3) 1	(1.3) 1	(93.3) 70	(85.3) 64	(22.7) 17	—	—	(4.0) 3	—	—	—	2
傷害致死	2	(100.0) 2	—	(100.0) 2	—	—	—	(50.0) 1	(50.0) 1	—	—	—	—	—	—	—	—	—	—
暴行	5	(100.0) 5	—	(40.0) 2	—	—	—	—	—	(40.0) 2	(40.0) 2	(20.0) 1	—	—	(60.0) 3	—	—	—	—
脅迫	4	(100.0) 4	—	(100.0) 4	—	—	—	—	—	(100.0) 4	(100.0) 4	(25.0) 1	—	—	—	—	—	—	—
殺人	3	(100.0) 3	—	(100.0) 3	—	—	(33.3) 1	(33.3) 1	—	(33.3) 1	(33.3) 1	—	—	—	—	—	—	—	—
強盗致傷	12	(100.0) 12	—	(100.0) 12	—	—	—	(33.3) 4	(41.7) 5	(25.0) 3	(25.0) 3	(16.7) 2	—	—	—	—	—	—	—
強盗致死	—	—	—	—	—	—	—	—	—	—	—	—	—	—	—	—	—	—	—
強姦	1	(100.0) 1	—	(100.0) 1	—	—	—	(100.0) 1	—	—	—	—	—	—	—	—	—	—	—
強制わいせつ	5	(100.0) 5	—	(100.0) 5	—	—	—	(40.0) 2	(20.0) 1	(40.0) 2	(40.0) 2	(20.0) 1	—	—	—	—	—	—	—
集団強姦	1	(100.0) 1	—	(100.0) 1	—	—	—	(100.0) 1	—	—	—	—	—	—	—	—	—	—	—
わいせつ	20	(100.0) 20	—	(100.0) 20	—	—	—	—	—	(100.0) 20	(85.0) 17	(30.0) 6	—	—	—	—	—	—	—
賭博	1	(100.0) 1	—	(100.0) 1	—	—	—	—	—	(100.0) 1	(100.0) 1	—	—	—	—	—	—	—	—
住居侵入	8	(100.0) 8	—	(75.0) 6	—	—	—	—	—	(75.0) 6	(75.0) 6	(25.0) 2	—	—	(25.0) 2	—	—	—	1
放火	5	(100.0) 5	—	(100.0) 4	—	—	—	—	—	(100.0) 4	(75.0) 3	(50.0) 2	—	—	—	—	—	—	—
失火	—	—	—	—	—	—	—	—	—	—	—	—	—	—	—	—	—	—	—
過失致死	—	—	—	—	—	—	—	—	—	—	—	—	—	—	—	—	—	—	—

成年年齢引下げ（若年成年）と若年消費者保護立法

配布資料4　法制審議会第178回会議配付資料（刑4）

被告人の終局時年齢が20歳の罪名別・量刑分布別（終局区分別を含む）の終局人員（略式請求事件を除く）（地・簡裁）（平成26年）

罪名区分	終局人員	有罪人員	死刑	懲役総数	無期懲役	30年以下	20年以下	10年以下	5年以下	3年以下	うち執行猶予	うち保護観察	有期懲役	うち執行猶予	罰金	拘留	無罪	家裁へ移送	その他
業務上（重）過失致死傷	1	(100.0) 1	-	-	-	-	-	-	-	-	-	-	(100.0) 1	(100.0) 1	-	-	-	-	-
危険運転致死傷	8	(100.0) 8	-	(100.0) 8	-	-	-	(37.5) 3	-	(62.5) 5	(50.0) 4	(25.0) 2	-	-	-	-	-	-	-
住居侵入等	-	-	-	-	-	-	-	-	-	-	-	-	-	-	-	-	-	-	-
器物損壊等	2	(100.0) 2	-	(100.0) 2	-	-	-	-	-	(100.0) 2	(100.0) 2	-	(100.0) 2	(100.0) 2	-	-	-	-	-
公務執行妨害	-	-	-	-	-	-	-	-	-	-	-	-	-	-	-	-	-	-	-
刑法犯その他	91	(100.0) 91	-	(33.0) 30	-	-	-	-	-	(33.0) 30	(29.7) 27	(4.4) 4	(65.9) 60	(60.4) 55	(1.1) 1	-	-	-	1
暴力行為等	3	(100.0) 3	-	(100.0) 2	-	-	-	-	-	(100.0) 2	(100.0) 2	(50.0) 1	(100.0) 1	(50.0) 1	-	-	-	-	1
道路運送車両	1	(100.0) 1	-	(100.0) 1	-	-	-	-	-	(100.0) 1	(100.0) 1	(100.0) 1	(100.0) 1	(100.0) 1	-	-	-	-	-
銃砲刀剣類	-	-	-	-	-	-	-	-	-	-	-	-	-	-	-	-	-	-	-
軽犯罪	3	(100.0) 3	-	(100.0) 3	-	-	-	-	-	(100.0) 3	(100.0) 3	-	(100.0) 3	(100.0) 3	-	-	-	-	-
売春防止等	-	-	-	-	-	-	-	-	-	-	-	-	-	-	-	-	-	-	-
風俗営業等	-	-	-	-	-	-	-	-	-	-	-	-	-	-	-	-	-	-	-
麻薬	24	(100.0) 24	-	(100.0) 24	-	-	-	-	-	(100.0) 24	(100.0) 24	(8.3) 2	(100.0) 24	-	-	-	-	-	1
覚せい剤	35	(100.0) 34	-	(100.0) 34	-	-	-	-	-	(100.0) 34	(97.1) 33	(26.5) 9	(100.0) 34	-	-	-	-	-	1
出入国管理・難民認定	4	(100.0) 4	-	(100.0) 4	-	-	-	-	-	(100.0) 4	(100.0) 4	-	(100.0) 4	-	-	-	-	-	-
毒物・劇物	-	-	-	-	-	-	-	-	-	-	-	-	-	-	-	-	-	-	-
道路交通法違反	95	(100.0) 93	-	(96.8) 90	-	-	-	-	(3.2) 3	(93.5) 87	(83.9) 78	(2.2) 2	(65.9) 60	(60.4) 55	(3.2) 3	-	-	-	2
医薬品医療機器等の品質、有効性及び安全性の確保等に関する法律違反	-	-	-	-	-	-	-	-	-	-	-	-	-	-	-	-	-	-	-
条例違反	1	(100.0) 1	-	(100.0) 1	-	-	-	-	-	(100.0) 1	(88.5) 23	(69.2) 18	(7.7) 2	(7.7) 2	(3.8) 2	-	-	-	1
特別法犯その他	27	(100.0) 26	-	(88.5) 23	-	-	-	-	-	(88.5) 23	(69.2) 18	(7.7) 2	(7.7) 2	(7.7) 2	(3.8) 2	-	-	-	1

（注）
1　刑事通常第一審事件による実人員である。
2　「その他」は、公訴棄却、移送による家裁移送を除く。等である。
3　未遂処罰規定のある罪名については、既遂のものを含む。
4　有罪（一部無罪を含む）の場合は処断刑を、無罪、その他の場合は終局時において当該事件について重い方の刑のみを計上した。
5　主文複数の場合及び併科刑がある場合には、刑法10条の規定による重い方の刑のみを計上した。
6　（　）内は有罪人員に対する割合（％）である。
7　危険運転致死傷は、平成25年法律第86号による改正前の刑法208条の2の罪であり、自動車の運転により人を死傷させる行為等の処罰に関する法律違反は「特別法犯その他」欄に計上されている。

成年年齢引下げ(若年成年)と若年消費者保護立法

配布資料4　法制審議会第178回会議配付資料（刑4）

被告人の終局時年齢が21歳の罪名別・量刑分布別（終局区分別を含む）の終局人員（略式請求事件を除く）（地・簡裁）

（平成26年）

罪名区分	終局人員	有罪人員	死刑	懲役総数	無期懲役	30年以下	20年以下	10年以下	5年以下	3年以下	うち執行猶予	うち保護観察	有期禁錮	うち執行猶予	罰金	拘留	無罪	家裁へ移送	その他
総数	1,295	(100.0)1,232	-	(92.5)1,140	-	-	(0.3)4	(2.0)25	(2.7)33	(87.5)1,078	(72.7)896	(14.4)177	(5.2)64	(5.2)64	(2.2)27	(0.1)1	2	-	61
窃盗	446	(100.0)424	-	(96.9)411	-	-	-	-	(0.2)1	(96.7)410	(77.1)327	(17.5)74	-	-	(3.1)13	-	-	-	22
強盗	24	(100.0)21	-	(100.0)21	-	-	-	(19.0)4	(19.0)4	(61.9)13	(42.9)9	(14.3)3	-	-	-	-	-	-	3
詐欺	147	(100.0)134	-	(100.0)134	-	-	-	-	(4.5)6	(95.5)128	(75.4)101	(16.4)22	-	-	-	-	-	-	13
恐喝	39	(100.0)38	-	(100.0)38	-	-	-	-	-	(100.0)38	(84.2)32	(21.1)8	-	-	-	-	-	-	1
横領	1	(100.0)1	-	(100.0)1	-	-	-	-	-	(100.0)1	(100.0)1	-	-	-	-	-	-	-	1
遺失物等横領	-	-	-	-	-	-	-	-	-	-	-	-	-	-	-	-	-	-	-
盗品譲受け等	1	(100.0)1	-	(100.0)1	-	-	-	-	-	(100.0)1	(100.0)1	(100.0)1	-	-	-	-	-	-	-
背任	2	(100.0)2	-	(100.0)2	-	-	-	-	-	(100.0)2	(100.0)2	-	-	-	-	-	-	-	-
傷害	108	(100.0)104	-	(97.1)101	-	-	-	-	(5.8)6	(91.3)95	(78.8)82	(14.4)15	-	-	(2.9)3	-	-	-	4
暴行	-	-	-	-	-	-	-	-	-	-	-	-	-	-	-	-	-	-	-
脅迫	1	(100.0)1	-	(100.0)1	-	-	-	-	-	(100.0)1	(100.0)1	-	-	-	-	-	-	-	-
殺人	5	(100.0)5	-	(80.0)4	-	-	-	(20.0)1	-	(80.0)4	(80.0)4	-	-	-	(20.0)1	-	-	-	-
傷害致死	6	(100.0)6	-	(100.0)6	-	-	-	-	-	(100.0)6	(83.3)5	(33.3)2	-	-	-	-	-	-	-
強盗致傷	2	(100.0)2	-	(100.0)2	-	-	(50.0)1	-	-	(50.0)1	(50.0)1	(50.0)1	-	-	-	-	-	-	-
強制性交等	27	(100.0)25	-	(100.0)25	-	(4.0)1	-	(44.0)11	(36.0)9	(16.0)4	(12.0)3	(12.0)3	-	-	-	-	-	-	2
わいせつ	-	-	-	-	-	-	-	-	-	-	-	-	-	-	-	-	-	-	-
賭博	10	(100.0)10	-	(100.0)10	-	-	-	-	(50.0)5	(50.0)5	(20.0)2	(10.0)1	-	-	-	-	-	-	-
住居侵入	2	(100.0)2	-	(100.0)2	-	-	-	(100.0)1	-	(100.0)2	(100.0)2	-	-	-	-	-	-	-	-
放火	29	(100.0)29	-	(96.6)28	-	-	-	-	(6.9)2	(89.7)26	(62.1)18	(24.1)7	-	-	(3.4)1	-	-	-	-
失火	3	(100.0)3	-	(100.0)3	-	-	-	-	-	(100.0)3	(100.0)3	-	-	-	-	-	-	-	-
過失致死	8	(100.0)5	-	(80.0)4	-	-	-	-	-	(80.0)4	(40.0)2	(40.0)2	-	-	(20.0)1	-	-	-	3
過失傷害	8	(100.0)7	-	(71.4)5	-	-	-	-	(28.6)2	(71.4)5	(71.4)5	(42.9)3	-	-	(28.6)2	-	-	-	1
失火	-	-	-	-	-	-	-	-	-	-	-	-	-	-	-	-	-	-	-
過失致死	-	-	-	-	-	-	-	-	-	-	-	-	-	-	-	-	-	-	-

成年年齢引下げ(若年成年)と若年消費者保護立法

配布資料4　法制審議会第178回会議配付資料（刑4）

被告人の終局時年齢が21歳の罪名別・量刑分布別（終局区分別を含む）の終局人員（略式請求事件を除く）　（地・簡裁）　（平成26年）

罪名区分	終局人員	有罪人員	懲役 総数	無期懲役	死刑	30年以下	20年以下	10年以下	5年以下	3年以下	うち執行猶予	うち保護観察	有期禁錮	うち執行猶予	罰金	拘留	無罪	家裁へ移送	その他
業務上（重）過失致死傷	1	(100.0) 1	(100.0) 1	—	—	—	—	—	—	(100.0) 1	(100.0) 1	—	—	—	—	—	—	—	—
危険運転致死傷	10	(100.0) 10	(100.0) 10	—	—	—	—	—	—	(100.0) 10	(80.0) 8	(10.0) 1	—	—	—	—	—	—	—
住居侵入等	—	—	—	—	—	—	—	—	—	—	—	—	—	—	—	—	—	—	—
器物損壊等	3	(100.0) 3	(100.0) 3	—	—	—	—	—	—	(100.0) 3	(100.0) 3	—	—	—	—	—	—	—	—
公務執行妨害	9	(100.0) 9	(100.0) 9	—	—	—	—	—	—	(100.0) 9	(77.8) 7	—	—	—	—	—	—	—	—
刑法犯 そ の 他	125	118	(45.8) 54	—	—	—	—	—	(0.8) 1	(44.9) 53	(44.1) 52	(4.2) 5	(52.5) 62	(52.5) 62	(1.7) 2	—	1	—	6
暴力行為等	—	—	—	—	—	—	—	—	—	—	—	—	—	—	—	—	—	—	—
道路運送車両	—	—	—	—	—	—	—	—	—	—	—	—	—	—	—	—	—	—	—
銃砲刀剣類	—	—	—	—	—	—	—	—	—	—	—	—	—	—	—	—	—	—	—
覚醒剤	1	(100.0) 1	—	—	—	—	—	—	—	—	—	—	—	—	—	(100.0) 1	—	—	—
売春防止	2	(100.0) 2	(100.0) 2	—	—	—	—	—	—	(100.0) 2	(100.0) 2	(50.0) 1	—	—	—	—	—	—	—
風俗営業等	1	(100.0) 1	(100.0) 1	—	—	—	—	—	—	(100.0) 1	(100.0) 1	—	—	—	—	—	—	—	—
麻薬	17	(100.0) 17	(100.0) 17	—	—	—	—	—	—	(100.0) 17	(94.1) 16	—	—	—	—	—	—	—	—
窃盗	65	(100.0) 64	(98.4) 63	—	—	—	—	(1.6) 1	—	(98.4) 63	(78.1) 50	(21.9) 14	—	—	(1.6) 1	—	—	—	—
出入国管理・難民認定	2	(100.0) 2	(100.0) 2	—	—	—	—	—	—	(100.0) 2	(100.0) 2	—	—	—	—	—	—	—	—
毒物劇物	—	—	—	—	—	—	—	—	—	—	—	—	—	—	—	—	—	—	—
道路交通法違反	128	127	(97.6) 124	—	—	—	—	—	—	(97.6) 124	(89.8) 114	(7.9) 10	—	—	(2.4) 3	—	—	—	1
医薬品医療機器等の品質、有効性及び安全性の確保等に関する法律違反	—	—	—	—	—	—	—	—	—	—	—	—	—	—	—	—	—	—	—
条例違反	7	(66.7) 6	(66.7) 4	—	—	—	—	—	—	(66.7) 4	(66.7) 4	(16.7) 1	—	—	(33.3) 2	—	—	—	1
特別法犯 そ の 他	52	(100.0) 50	(94.0) 47	—	—	—	—	—	(2.0) 1	(92.0) 46	(86.0) 43	(12.0) 6	—	—	(4.0) 2	(2.0) 1	—	—	2

（注）
1　刑事通常第一審事件による実人員である。
2　その他は、公訴棄却、移送（他の裁判所への移送を除く。）等である。
3　未遂処罰規定のあるものは、未遂を含む。
4　有期の懲役・禁錮については、拘禁期間を、その他の場合は拘禁期間を、その他10条の場合には、刑法10条の規定による重い方の刑のみを計上した。
5　主文複数の場合及び併科の場合には、刑法10条の規定による重い方の刑のみを計上した。
6　（ ）内は有罪人員に対する百分比である。
7　危険運転致死傷は、平成25年法律第86号以上による刑法208条の2の罪であり、自動車の運転により人を死傷させる行為等の処罰に関する法律違反（特別法犯その他）欄に計上されている。

成年年齢引下げ(若年成年)と若年消費者保護立法

配布資料4　法制審議会第178回会議配付資料（刑4）

被告人の終局時年齢が22歳の罪名別・量刑分布別（終局区分別を含む）の終局人員（略式請求事件を除く）（地・簡裁）（平成26年）

罪名	終局人員	有罪人員	死刑	懲役総数	無期懲役	30年以下	20年以下	10年以下	5年以下	3年以下	うち執行猶予	うち保護観察	有期禁錮	うち執行猶予	罰金	拘留	無罪	家裁へ移送	その他
総数	1,311	(100.0) 1,256	-	(92.7) 1,164	-	(0.2) 2	(0.2) 3	(2.1) 26	(2.5) 31	(87.7) 1,102	(68.6) 862	(8.4) 105	(4.9) 61	(4.7) 59	(2.5) 31	-	1	-	54
窃盗	433	(100.0) 416	-	(98.6) 410	-				(0.5) 2	(98.1) 408	(76.7) 319	(8.9) 37			(1.4) 6				17
強盗	28	(100.0) 25	-	(100.0) 25	-			(12.0) 3	(24.0) 6	(64.0) 16	(32.0) 8	(16.0) 4							3
詐欺	170	(100.0) 152	-	(100.0) 152	-				(5.3) 8	(94.7) 144	(65.1) 99	(3.3) 5			(4.0) 6				18
恐喝	29	(100.0) 27	-	(100.0) 27	-					(100.0) 27	(63.0) 17								2
横領	2	(100.0) 2	-	(100.0) 2	-					(100.0) 2	(100.0) 2								-
遺失物等横領	9	(100.0) 9	-	(77.8) 7	-					(77.8) 7	(55.6) 5	(33.3) 3			(22.2) 2				-
盗品譲受け等	3	(100.0) 2	-	(100.0) 2	-					(100.0) 2	(100.0) 2								1
傷害	99	(100.0) 99	-	(94.9) 94	-			(4.0) 4	(1.0) 1	(89.9) 89	(66.7) 66	(16.2) 16			(5.1) 5				3
傷害致死	1	(100.0) 1	-	(100.0) 1	-			(100.0) 1											-
暴行	6	(100.0) 6	-	(50.0) 3	-					(50.0) 3	(50.0) 3				(50.0) 3				-
脅迫	4	(100.0) 4	-	(75.0) 3	-					(75.0) 3	(75.0) 3				(25.0) 1				-
殺人	2	(100.0) 2	-	(100.0) 2	-	(50.0) 1	(50.0) 1												-
強盗致傷	15	(100.0) 14	-	(100.0) 14	-		(7.1) 1	(57.1) 8	(21.4) 3	(14.3) 2	(7.1) 1	(7.1) 1							1
強盗致死	1	(100.0) 1	-	(100.0) 1	-	(100.0) 1													-
強盗強姦	-																		
強姦	-																		
強制わいせつ	22	(100.0) 19	-	(100.0) 19	-	(5.3) 1		(36.8) 7	(21.1) 4	(36.8) 7	(15.8) 3								3
わいせつ	1	(100.0) 1	-	(100.0) 1	-					(100.0) 1									-
賭博	41	(100.0) 39	-	(94.9) 37	-					(94.9) 37	(64.1) 25	(20.5) 8			(5.1) 2				2
住居侵入	1	(100.0) 1	-	(100.0) 1	-					(100.0) 1	(100.0) 1								-
放火	11	(100.0) 11	-	(90.9) 10	-					(90.9) 10	(63.6) 7				(9.1) 1				-
失火	3	(100.0) 3	-	(33.3) 1	-					(33.3) 1	(33.3) 1				(66.7) 2				-
過失致死	-																		

成年年齢引下げ（若年成年）と若年消費者保護立法

配布資料４　法制審議会第178回会議配付資料（刑４）

被告人の終局時年齢が22歳の罪名別・量刑分布別（終局区分別を含む）の終局人員（略式請求事件を除く）（地・簡裁）

（平成26年）

罪名区分	終局人員	有罪人員	死刑	懲役総数	無期懲役	30年以下	20年以下	10年以下	5年以下	3年以下	うち執行猶予	うち保護観察付執行猶予	罰金	拘留	無罪	家裁へ移送	その他
業務上（重）過失致死傷	2	(100.0) 2	–	(100.0) 2	–	–	–	–	–	(100.0) 2	(100.0) 2	–	–	–	–	–	–
危険運転致死傷	11	(100.0) 11	–	(100.0) 11	–	–	–	–	–	(81.8) 9	(72.7) 8	(9.1) 1	–	–	–	–	–
住居侵入等	–	–	–	–	–	–	–	–	–	–	–	–	–	–	–	–	–
器物損壊等	8	(100.0) 8	–	(75.0) 6	–	–	–	–	–	(75.0) 6	(50.0) 4	(25.0) 2	(25.0) 2	–	–	–	–
公務執行妨害	3	(100.0) 3	–	(66.7) 2	–	–	–	–	–	(66.7) 2	(33.3) 1	–	(33.3) 1	–	–	–	–
刑法犯その他	125	(100.0) 120	–	(51.7) 62	–	–	–	–	(0.8) 1	(50.8) 61	(48.3) 58	(47.5) 57	–	–	–	–	4
暴力行為等	1	(100.0) 1	–	(100.0) 1	–	–	–	–	–	(100.0) 1	–	–	–	–	1	–	–
道路運送車両	–	–	–	–	–	–	–	–	–	–	–	–	–	–	–	–	–
銃刀	1	(100.0) 1	–	(100.0) 1	–	–	–	–	–	(100.0) 1	–	–	–	–	–	–	–
軽犯罪	–	–	–	–	–	–	–	–	–	–	–	–	–	–	–	–	–
売春防止等	–	–	–	–	–	–	–	–	–	–	–	–	–	–	–	–	–
風俗営業	2	(100.0) 2	–	–	–	–	–	–	–	–	–	–	(100.0) 2	–	–	–	–
麻薬	1	(100.0) 1	–	(100.0) 1	–	–	–	–	(100.0) 1	–	–	–	–	–	–	–	–
覚せい剤	29	(100.0) 29	–	(100.0) 29	–	–	–	–	–	(100.0) 29	(96.6) 28	(13.8) 4	–	–	–	–	–
出入国管理及び難民認定	65	(100.0) 65	–	(100.0) 65	–	–	–	–	(4.6) 3	(95.4) 62	(75.4) 49	(13.8) 9	–	–	–	–	–
毒物・劇物	6	(100.0) 6	–	(100.0) 6	–	–	–	–	–	(100.0) 6	(100.0) 6	–	–	–	–	–	–
道路交通法違反	123	(100.0) 120	–	(97.5) 117	–	–	–	–	(0.8) 1	(96.7) 116	(89.2) 107	(4.2) 5	(2.5) 3	–	–	–	–
医薬品医療機器等の品質、有効性及び安全性の確保等に関する法律違反	4	(100.0) 4	–	(100.0) 4	–	–	–	–	–	(100.0) 4	(75.0) 3	(25.0) 1	–	–	–	–	–
条例違反	5	(100.0) 5	–	(40.0) 2	–	–	–	–	–	(40.0) 2	(40.0) 2	(20.0) 1	(60.0) 3	–	–	–	3
特別法犯その他	44	(100.0) 44	–	(90.9) 40	–	–	–	–	–	(90.9) 40	(77.3) 34	(15.9) 7	(6.8) 3	–	–	–	–

（注）
1　刑事通常第一審事件による実人員である。
2　「刑法犯その他」は、公職選挙法、軽犯罪法等によるもの（少年法5条による家裁移送を除く。）等である。
3　未遂犯規定のある罪名については、既遂・未遂を含む。
4　有罪（一部無罪を含む。）のうち、その他の場合は、その他の場合は併合罪時期について当該事件において掲げられている訴因の罪名のうち、法定刑の最も重いものをそれぞれ計上した。
5　主文複数の場合及び数個の科刑がある場合は、刑期10年の規定による重い方の刑のみを計上した。
6　（ ）内は有罪人員に対する割合（％）である。
7　危険運転致死傷は、平成25年法律第86号による改正前の刑法208条の2の罪であり、自動車の運転により人を死傷させる行為等の処罰に関する法律違反は「特別法犯その他」欄に計上されている。

成年年齢引下げ(若年成年)と若年消費者保護立法

配布資料4　法制審議会第178回会議配付資料（刑4）

被告人の終局時年齢が２２・２３歳の罪名別・量刑分布別（終局区分別を含む）の終局人員（略式請求事件を除く）（地・簡裁）　　（平成２６年）

罪名区分	終局人員	有罪人員	死刑	懲役総数	無期懲役	30年以下	20年以下	10年以下	5年以下	3年以下	うち執行猶予	うち保護観察	禁錮総数	うち執行猶予	罰金	拘留	無罪	家裁へ移送	その他
総数	1,242	(100.0)1,202	—	(93.3)1,122	—	—	(0.7)8	(2.1)25	(3.0)36	(87.6)1,053	(68.0)817	(8.7)105	(4.6)55	(4.4)53	(2.1)25	—	1	—	39
窃盗	427	(100.0)399	—	(98.0)391	—	—	—		(0.5)2	(97.5)389	(74.7)298	(8.0)32			(2.0)8	—	1	—	27
強盗	21	(100.0)21	—	(100.0)21	—	—		(9.5)2	(33.3)7	(57.1)12	(23.8)5	(14.3)3				—		—	
詐欺	123	(100.0)120	—	(100.0)120	—	—		(1.7)2	(1.7)2	(90.0)108	(64.2)77	(8.3)10				—		—	3
恐喝	24	(100.0)24	—	(100.0)24	—	—				(100.0)24	(75.0)18	(20.8)5				—		—	
横領	4	(100.0)4	—	(66.7)2	—	—				(66.7)2	(66.7)2				(33.3)1	—		—	
遺失物等横領	3	(100.0)3	—	(100.0)3	—	—				(100.0)3	(66.7)2					—		—	
盗品譲受け等	5	(100.0)5	—	(100.0)5	—	—				(100.0)5	(80.0)4					—		—	
傷害	94	(100.0)93	—	(96.8)90	—	—		(2.2)2	(2.2)2	(94.6)88	(73.1)68	(11.8)11			(3.2)3	—		—	1
傷害致死	1	(100.0)1	—	(100.0)1	—	—				(100.0)1	(100.0)1					—		—	
暴行	4	(100.0)4	—	(100.0)4	—	—				(100.0)4	(100.0)4	(25.0)1				—		—	
脅迫	11	(100.0)11	—	(100.0)11	—	—				(100.0)11	(72.7)8	(36.4)4				—		—	
殺人	4	(100.0)4	—	(100.0)4	—	—	(25.0)1	(50.0)2	(25.0)1	(25.0)1	(25.0)1	(25.0)1				—		—	
強盗	16	(100.0)16	—	(100.0)16	—	—	(12.5)2	(18.8)3	(56.3)9	(12.5)2	(12.5)2	(12.5)2				—		—	
強盗致傷	1	(100.0)1	—	(100.0)1	—	—	(100.0)1									—		—	
強制わいせつ	3	(100.0)3	—	(100.0)3	—	—	(66.7)2	(33.3)1								—		—	
集団強姦	15	(100.0)14	—	(100.0)14	—	—	(21.4)3	(21.4)3	(21.4)3	(35.7)5	(21.4)3	(14.3)2				—		—	1
わいせつ	4	(100.0)4	—	(100.0)4	—	—	(25.0)1	(75.0)3								—		—	
賭博	44	(100.0)42	—	(97.6)41	—	—			(2.4)1	(95.2)40	(73.8)31	(14.3)6			(2.4)1	—		—	2
住居侵入	2	(100.0)2	—	(100.0)2	—	—				(100.0)2	(100.0)2					—		—	
放火	14	(100.0)14	—	(92.9)13	—	—		(28.6)4	(28.6)4	(57.1)8	(71.4)10	(28.6)4			(7.1)1	—		—	
失火	7	(100.0)7	—	(100.0)7	—	—		(14.3)1		(57.1)7	(57.1)7	(42.9)?				—		—	
過失致死等	—	—	—		—	—										—		—	

成年年齢引下げ(若年成年)と若年消費者保護立法

配布資料4　法制審議会第178回会議配付資料（刑4）

被告人の終局時年齢が２３歳の罪名別・量刑分布別（終局区分別を含む）の終局人員（略式請求事件を除く）（地・簡裁）　　（平成２６年）

罪名区分	終局人員	有罪人員	死刑	懲役 総数	無期懲役	30年以下	20年以下	10年以下	5年以下	3年以下	懲役 うち執行猶予	懲役 うち保護観察	有期禁錮	禁錮 うち執行猶予	罰金	拘留	無罪	家裁へ移送	その他
業務上（重）過失致死傷	2	(100.0) 2	-	-	-	-	-	-	-	-	-	-	(50.0) 1	(50.0) 1	(50.0) 1	-	-	-	-
危険運転致傷	7	(100.0) 7	-	(100.0) 7	-	-	-	-	-	(100.0) 7	(71.4) 5	-	-	-	-	-	-	-	-
住居侵入	1	(100.0) 1	-	(100.0) 1	-	-	-	-	-	(100.0) 1	(100.0) 1	(100.0) 1	-	-	-	-	-	-	-
器物損壊等	7	(100.0) 7	-	(85.7) 6	-	-	-	-	-	(85.7) 6	(85.7) 6	(28.6) 2	-	-	(14.3) 1	-	-	-	-
公務執行妨害	2	(100.0) 2	-	(100.0) 2	-	-	-	-	-	(100.0) 2	(100.0) 2	-	-	-	-	-	-	-	-
刑法犯 その他	112	(100.0) 112	-	(50.9) 57	-	-	-	-	-	(50.9) 57	(43.8) 49	(0.9) 1	(46.4) 52	(44.6) 50	(2.7) 3	-	-	-	-
暴力行為等	-	-	-	-	-	-	-	-	-	-	-	-	-	-	-	-	-	-	-
道路運送車両（法）	2	(100.0) 2	-	(100.0) 2	-	-	-	-	-	(100.0) 2	(100.0) 2	-	-	-	-	-	-	-	-
銃砲刀剣類	2	(100.0) 2	-	(100.0) 2	-	-	-	-	-	(100.0) 2	(100.0) 2	-	-	-	-	-	-	-	-
軽犯罪	2	(100.0) 2	-	-	-	-	-	-	-	-	-	-	-	-	-	(100.0) 2	-	-	-
売春防止	-	-	-	-	-	-	-	-	-	-	-	-	-	-	-	-	-	-	-
風俗営業等	-	-	-	-	-	-	-	-	-	-	-	-	-	-	-	-	-	-	-
麻薬	32	(100.0) 32	-	(100.0) 32	-	-	-	-	-	(100.0) 32	-	-	-	-	-	-	-	-	-
覚せい剤	86	(100.0) 84	-	(100.0) 84	-	-	-	(1.2) 1	(6.0) 5	(92.9) 78	(65.5) 55	(11.9) 10	-	-	-	-	-	-	2
出入国管理・難民認定	15	(100.0) 15	-	(100.0) 15	-	-	-	-	-	(100.0) 15	(100.0) 15	-	-	-	-	-	-	-	-
毒物・劇物	2	(100.0) 2	-	-	-	-	-	-	-	-	-	-	-	-	(100.0) 2	-	-	-	-
道路交通法違反	110	(100.0) 108	-	(98.1) 106	-	-	-	-	(0.9) 1	(97.2) 105	(83.3) 90	(4.6) 5	-	-	(1.9) 2	-	-	-	2
医薬品医療機器等の品質、有効性及び安全性の確保等に関する法律違反	-	-	-	-	-	-	-	-	-	-	-	-	-	-	-	-	-	-	-
条例その他	6	(100.0) 6	-	(83.3) 5	-	-	-	-	-	(83.3) 5	(50.0) 3	(16.7) 1	-	-	(16.7) 1	-	-	-	-
特別法犯 その他	29	(100.0) 29	-	(89.7) 26	-	-	-	-	(3.4) 1	(86.2) 25	(65.5) 19	-	(6.9) 2	(6.9) 2	(3.4) 1	-	-	-	-

（注）
1　刑事通常第一審事件による実人員である。
2　その他（一部無罪を含む。）は、公訴棄却、移送（少年法５５条による家裁移送を除く。）等である。
3　未遂処罰規定のある罪名については、未遂のものを含む。
4　有罪（一部無罪を含む。）の場合は主刑を、無罪、その他（略式を除く。）の場合は当該裁判において手続上終局時に係属している訴因の罪名のうち、法定刑が最も重いものをそれぞれ計上した。
5　主刑複数の場合及び併科刑がある場合には、刑法10条の規定により重い方の刑のみを計上した。
6　（　）内は有罪人員に対する割合（％）である。
7　危険運転致傷は、平成２５年法律第８６号による改正前の刑法２０８条の２の罪であり、自動車の運転により人を死傷させる行為等の処罰に関する法律違反は「特別法犯・その他」欄に計上されている。

成年年齢引下げ（若年成年）と若年消費者保護立法

配布資料４　法制審議会第178回会議配付資料（刑４）

被告人の終局時年齢が24歳の罪名別・量刑分布別（終局区分別を含む）の終局人員（略式請求事件を除く）（地・簡裁）　（平成26年）

罪名区分	終局人員（数）	有罪人員	死刑	懲役総数	無期懲役	30年以下	20年以下	10年以下	5年以下	3年以下	うち執行猶予	うち保護観察	有期禁錮	うち執行猶予	罰金	拘留	無罪	家裁へ移送	その他
総数	1,270	(100.0) 1,237	—	(91.5) 1,132	—	—	(0.4) 5	(1.9) 24	(3.9) 48	(85.3) 1,055	(64.5) 798	(6.9) 85	(5.5) 68	(5.3) 65	(3.0) 37	—	2	—	31
窃盗	377	(100.0) 366	—	(95.9) 351	—	—	—	—	(1.4) 5	(94.5) 346	(64.8) 237	(8.2) 30	—	—	(4.1) 15	—	—	—	11
強盗	21	(100.0) 18	—	(100.0) 18	—	—	—	(16.7) 3	(22.2) 4	(61.1) 11	(33.3) 6	(5.6) 1	—	—	—	—	—	—	3
詐欺	146	(100.0) 137	—	(100.0) 137	—	—	—	—	(9.5) 13	(90.5) 124	(76.6) 105	(3.6) 5	—	—	—	—	—	1	8
恐喝	20	(100.0) 20	—	(100.0) 20	—	—	—	—	(5.0) 1	(95.0) 19	(65.0) 13	(10.0) 1	—	—	—	—	1	—	—
横領	3	(100.0) 3	—	(100.0) 3	—	—	—	—	—	(100.0) 3	(33.3) 1	—	—	—	—	—	—	—	—
遺失物等横領	2	(100.0) 2	—	(100.0) 2	—	—	—	—	—	(100.0) 2	(100.0) 2	—	—	—	—	—	—	—	—
盗品譲受け等	1	(100.0) 1	—	(100.0) 1	—	—	—	—	—	(100.0) 1	(100.0) 1	—	—	—	—	—	—	—	—
傷害	93	(100.0) 90	—	(93.3) 84	—	—	—	(2.2) 2	(2.2) 2	(91.1) 82	(67.8) 61	(13.3) 12	—	—	(6.7) 6	—	—	—	3
傷害致死	2	(100.0) 2	—	(100.0) 2	—	—	—	(100.0) 2	—	—	—	—	—	—	—	—	—	—	—
暴行	11	(100.0) 11	—	(63.6) 7	—	—	—	—	—	(63.6) 7	(36.4) 4	—	—	—	(36.4) 4	—	—	—	—
脅迫	6	(100.0) 6	—	(66.7) 4	—	—	—	—	—	(66.7) 4	(50.0) 3	(16.7) 1	—	—	(33.3) 2	—	—	—	—
殺人	6	(100.0) 6	—	(100.0) 6	—	—	(50.0) 3	(33.3) 2	—	(16.7) 1	(16.7) 1	(16.7) 1	—	—	—	—	—	—	—
強盗致傷	11	(100.0) 11	—	(100.0) 11	—	—	(9.1) 1	(36.4) 4	(45.5) 5	(18.2) 2	(18.2) 2	(9.1) 1	—	—	—	—	—	—	—
強盗致死	1	(100.0) 1	—	(100.0) 1	—	—	(100.0) 1	—	—	—	—	—	—	—	—	—	—	—	—
恐喝	—	—	—	—	—	—	—	—	—	—	—	—	—	—	—	—	—	—	—
暴力行為等	17	(100.0) 17	—	(100.0) 17	—	—	(5.9) 1	(23.5) 4	(41.2) 7	(29.4) 5	(5.9) 1	—	—	—	—	—	—	—	—
強姦	1	(100.0) 1	—	(100.0) 1	—	—	—	(100.0) 1	—	—	—	—	—	—	—	—	—	—	—
わいせつ	33	(100.0) 33	—	(100.0) 33	—	—	—	—	(9.1) 3	(90.9) 30	(78.8) 26	(21.2) 7	—	—	—	—	—	—	—
賭博	2	(100.0) 2	—	(100.0) 2	—	—	—	—	—	(100.0) 2	(100.0) 2	—	—	—	—	—	—	—	—
住居侵入	7	(100.0) 7	—	(85.7) 6	—	—	—	—	—	(85.7) 6	(71.4) 5	(28.6) 2	—	—	(14.3) 1	—	—	—	—
放火	2	(100.0) 2	—	(100.0) 2	—	—	—	—	—	(100.0) 2	(50.0) 1	(50.0) 1	—	—	—	—	—	—	—
失火	—	—	—	—	—	—	—	—	—	—	—	—	—	—	—	—	—	—	—
過失致死	1	(100.0) 1	—	—	—	—	—	—	—	—	—	—	—	—	(100.0) 1	—	—	—	—

成年年齢引下げ(若年成年)と若年消費者保護立法

配布資料4　法制審議会第178回会議配付資料（刑4）

被告人の終局時年齢が２４歳の罪名別・量刑分布別（終局区分別を含む）の終局人員（略式請求事件を除く）（地・簡裁）　　（平成26年）

罪名区分	終局人員	有罪人員	死刑	懲役総数	無期懲役	有期懲役 30年以下	20年以下	10年以下	5年以下	3年以下	うち執行猶予	うち保護観察	有期禁錮	うち執行猶予	罰金	拘留	無罪	家裁へ移送	その他
業務上（重）過失致死傷	3	(100.0) 3	-	-	-	-	-	-	-	-	-	-	(100.0) 3	(100.0) 3	-	-	-	-	-
危険運転致死傷	9	(100.0) 9	-	(100.0) 9	-	-	-	(22.2) 2	-	(77.8) 7	(77.8) 7	(11.1) 1	-	-	-	-	-	-	-
住居侵入等	-	-	-	-	-	-	-	-	-	-	-	-	-	-	-	-	-	-	-
器物損壊等	7	(100.0) 7	-	(100.0) 7	-	-	-	-	-	(100.0) 7	(100.0) 7	-	-	-	-	-	-	-	-
公務執行妨害	3	(100.0) 3	-	(100.0) 3	-	-	-	-	-	(100.0) 3	(66.7) 2	-	-	-	-	-	-	-	-
刑法犯　その他	132	(100.0) 129	-	(52.7) 68	-	-	-	-	(0.8) 1	(51.9) 67	(45.0) 58	-	-	-	(47.3) 61	-	-	-	3
暴力行為等	7	(100.0) 7	-	(71.4) 5	-	-	-	-	-	(71.4) 5	(28.6) 2	-	-	-	(28.6) 2	-	-	-	-
道路運送車両	-	-	-	-	-	-	-	-	-	-	-	-	-	-	-	-	-	-	-
賭博	2	(100.0) 2	-	(100.0) 2	-	-	-	-	-	(100.0) 2	(100.0) 2	-	-	-	-	-	-	-	-
軽犯罪	-	-	-	-	-	-	-	-	-	-	-	-	-	-	-	-	-	-	-
売春防止	1	(100.0) 1	-	(100.0) 1	-	-	-	-	-	(100.0) 1	(100.0) 1	-	-	-	-	-	-	-	-
風俗営業等	2	(100.0) 2	-	(100.0) 2	-	-	-	-	-	(100.0) 2	(100.0) 2	-	-	-	-	-	-	-	-
麻薬	22	(100.0) 22	-	(100.0) 22	-	-	-	-	(18.2) 4	(81.8) 18	(72.7) 16	(9.1) 2	-	-	-	-	-	-	-
覚せい剤	109	(100.0) 107	-	(100.0) 107	-	-	-	(5.6) 6	(1.9) 2	(92.5) 99	(62.6) 67	(10.3) 11	-	-	-	-	-	-	2
出入国管理・難民認定	25	(100.0) 25	-	(100.0) 25	-	-	-	-	-	(100.0) 25	(96.0) 24	-	-	-	-	-	-	-	-
毒物劇物	2	(100.0) 2	-	(100.0) 2	-	-	-	-	-	(100.0) 2	(50.0) 1	-	-	-	-	-	-	-	-
道路交通法違反	123	(100.0) 122	-	(96.7) 118	-	-	-	-	-	(96.7) 118	(80.3) 98	(4.9) 6	-	-	(3.3) 4	-	1	-	-
医薬品医療機器等の品質、有効性及び安全性の確保等に関する法律違反	2	(100.0) 2	-	(100.0) 2	-	-	-	-	-	(100.0) 2	(100.0) 2	-	-	-	-	-	-	-	-
条例違反	18	(100.0) 17	-	(94.1) 16	-	-	-	-	-	(94.1) 16	(52.9) 9	(5.9) 1	-	-	(5.9) 1	-	-	-	1
特別法犯　その他	40	(100.0) 40	-	(87.5) 35	-	-	-	-	(2.5) 1	(85.0) 34	(77.5) 31	-	(10.0) 4	(10.0) 4	(2.5) 1	-	-	-	-

（注）
1　刑事通常第一審事件による実人員である。
2　「その他」は、公訴棄却、移送（少年法55条による家裁移送を除く。）等である。
3　未遂処罰規定のある罪名については、未遂のものを含む。
4　有罪（一部無罪を含む。）の場合は処断罪名を、無罪、その他の場合は終局時における当該罪名の罪名を掲げた。
5　主文複数の場合及び併科される場合には、刑法10条の規定による重い刑の罪名のみを掲げた。
6　「うち執行猶予」欄は、有罪人員に対する割合（％）である。
7　危険運転致死傷は、平成25年法律第86号による改正前の刑法208条の2の罪であり、自動車の運転により人を死傷させる行為等の処罰に関する法律（特別法・その他）欄に計上されている。

成年年齢引下げ(若年成年)と若年消費者保護立法

配布資料4　法制審議会第178回会議配付資料（刑4）

被告人の終局時年齢が25歳の罪名別・量刑分布別（終局区分別を含む）の終局人員（略式請求事件を除く）（地・簡裁）　〈有罪／終局区分／終局人員〉　（平成26年）

罪名区分	終局人員	有罪人員	死刑	懲役総数	無期懲役	30年以下	20年以下	10年以下	5年以下	3年以下	うち執行猶予	うち保護観察	禁錮総数	うち執行猶予	罰金	拘留	無罪	家裁へ移送	その他
総数	1,240	(100.0) 1,207	-	(93.0) 1,122	-	(0.1) 1	(0.5) 6	(1.4) 17	(3.2) 39	(87.7) 1,059	(63.7) 769	(6.0) 72	(4.9) 59	(4.7) 57	(2.2) 26	-	2	-	31
窃盗	376	(100.0) 366	-	(98.9) 362	-	-	-	-	(0.8) 3	(98.1) 359	(65.8) 241	(6.6) 24	-	-	(1.1) 4	-	-	-	10
強盗	16	(100.0) 15	-	(100.0) 15	-	-	-	(20.0) 3	(33.3) 5	(46.7) 7	(20.0) 3	-	-	-	-	-	-	-	1
詐欺	132	(100.0) 126	-	(100.0) 126	-	-	-	(0.8) 1	(4.8) 6	(94.4) 119	(62.7) 79	(7.1) 9	-	-	-	-	-	-	6
恐喝	20	(100.0) 20	-	(100.0) 20	-	-	-	-	(10.0) 2	(90.0) 18	(65.0) 13	(5.0) 1	-	-	-	-	-	-	-
横領	2	(100.0) 2	-	(50.0) 1	-	-	-	-	-	(50.0) 1	(50.0) 1	-	-	-	(50.0) 1	-	-	-	-
遺失物等横領	-	-	-	-	-	-	-	-	-	-	-	-	-	-	-	-	-	-	-
傷害	88	(100.0) 85	-	(95.3) 81	-	-	-	-	(3.5) 3	(91.8) 78	(67.1) 57	(12.9) 11	-	-	(4.7) 4	-	1	-	2
傷害致死	3	(100.0) 3	-	(100.0) 3	-	-	-	(100.0) 3	-	-	-	-	-	-	-	-	-	-	-
暴行	7	(100.0) 6	-	(66.7) 4	-	-	-	-	-	(66.7) 4	(66.7) 4	-	-	-	(33.3) 2	-	-	-	-
脅迫	4	(100.0) 4	-	(75.0) 3	-	-	-	-	-	(75.0) 3	(50.0) 2	-	-	-	(25.0) 1	-	-	-	-
殺人	7	(100.0) 7	-	(100.0) 7	-	(14.3) 1	(42.9) 3	(28.6) 2	-	(14.3) 1	(14.3) 1	(14.3) 1	-	-	-	-	-	-	-
強盗致傷	7	(100.0) 7	-	(100.0) 7	-	-	-	(14.3) 1	(57.1) 4	(28.6) 2	(14.3) 1	(14.3) 1	-	-	-	-	-	-	-
強盗致死	-	-	-	-	-	-	-	-	-	-	-	-	-	-	-	-	-	-	-
強姦致傷	2	(100.0) 2	-	(100.0) 2	-	-	(50.0) 1	(50.0) 1	-	-	-	-	-	-	-	-	-	-	-
強姦	13	(100.0) 13	-	(100.0) 13	-	-	(15.4) 2	(15.4) 2	(23.1) 3	(46.2) 6	(15.4) 2	(7.7) 1	-	-	-	-	-	-	2
集団強姦	3	(100.0) 3	-	(100.0) 3	-	-	-	-	(66.7) 2	(33.3) 1	(33.3) 1	-	-	-	-	-	-	-	-
強制わいせつ	30	(100.0) 27	-	(92.6) 25	-	-	-	-	-	(92.6) 25	(70.4) 19	(29.6) 8	-	-	(7.4) 2	-	1	-	2
賭博	4	(100.0) 4	-	(100.0) 4	-	-	-	-	-	(100.0) 4	(100.0) 4	-	-	-	-	-	-	-	-
住居侵入	19	(100.0) 18	-	(88.9) 16	-	-	-	-	-	(88.9) 16	(88.9) 16	(50.0) 9	-	-	(11.1) 2	-	-	-	1
放火	5	(100.0) 4	-	(100.0) 4	-	-	-	-	-	(100.0) 4	(25.0) 1	(25.0) 1	-	-	-	-	-	-	1
失火	-	-	-	-	-	-	-	-	-	-	-	-	-	-	-	-	-	-	-

242

成年年齢引下げ(若年成年)と若年消費者保護立法

配布資料4　法制審議会第178回会議配付資料（刑4）

被告人の終局時年齢が25歳の罪名別・量刑分布別（終局区分別を含む）の終局人員　（略式請求事件を除く）　（地・簡裁）　（平成26年）

罪名区分	終局人員	有罪人員	死刑	懲役総数	無期懲役	30年以下	20年以下	10年以下	5年以下	3年以下	うち執行猶予	うち全部猶予付保護観察	有期禁錮	うち執行猶予	罰金	拘留	科料	無罪	家裁へ移送	その他
業務上(重)過失致死傷	1	(100.0) 1	-	-	-	-	-	-	-	-	-	-	-	-	-	(100.0) 1	-	-	-	-
危険運転致死傷	5	(100.0) 5	-	(100.0) 5	-	-	-	-	-	-	(80.0) 4	(80.0) 4	(20.0) 1	-	-	(20.0) 1	-	-	-	-
住居侵入等	-	-	-	-	-	-	-	-	-	-	-	-	-	-	-	-	-	-	-	-
器物損壊等	2	(100.0) 2	-	(100.0) 2	-	-	-	-	-	-	(100.0) 2	(100.0) 2	-	-	-	-	-	-	-	-
公務執行妨害	5	(100.0) 5	-	(100.0) 5	-	-	-	-	-	-	(100.0) 5	(100.0) 5	(20.0) 1	-	-	-	-	-	-	1
刑法犯その他	124	(100.0) 122	-	(53.3) 65	-	-	-	-	(0.8) 1	(1.6) 2	(50.0) 62	(48.4) 59	(0.8) 1	(45.1) 55	(43.4) 53	(1.6) 2	-	-	-	2
暴力行為等	4	(100.0) 4	-	(50.0) 2	-	-	-	-	-	-	(50.0) 2	(25.0) 1	-	-	-	(50.0) 2	-	-	-	2
道路運送車両法	-	-	-	-	-	-	-	-	-	-	-	-	-	-	-	-	-	-	-	-
銃刀法	1	(100.0) 1	-	(100.0) 1	-	-	-	-	-	-	(100.0) 1	(100.0) 1	(100.0) 1	-	-	-	-	-	-	-
軽犯罪法	-	-	-	-	-	-	-	-	-	-	-	-	-	-	-	-	-	-	-	-
売春防止法	-	-	-	-	-	-	-	-	-	-	-	-	-	-	-	-	-	-	-	-
風俗営業等	-	-	-	-	-	-	-	-	-	-	-	-	-	-	-	-	-	-	-	-
麻薬	-	-	-	-	-	-	-	-	-	-	-	-	-	-	-	-	-	-	-	-
覚せい剤	45	(100.0) 45	-	(100.0) 45	-	-	-	-	-	-	(100.0) 45	(91.1) 41	(7.3) 9	-	-	-	-	-	-	4
出入国管理・難民認定	128	(100.0) 124	-	(100.0) 124	-	-	-	-	(1.6) 2	(98.4) 122	(63.7) 79	(7.3) 9	(100.0) 1	-	-	-	-	-	-	4
毒物・劇物	24	(100.0) 24	-	(95.8) 23	-	-	-	-	-	(95.8) 23	(95.8) 23	-	-	-	(4.2) 1	-	-	-	-	-
道路交通法	2	(100.0) 2	-	(100.0) 2	-	-	-	-	-	(100.0) 2	(100.0) 2	-	-	-	-	-	-	-	-	-
医薬品医療機器等の品質、有効性及び安全性の確保等に関する法律	104	(100.0) 104	-	(97.1) 101	-	-	-	-	(1.0) 1	(96.2) 100	(77.9) 81	(1.9) 2	-	-	(2.9) 3	-	-	-	-	-
条例違反	1	(100.0) 1	-	(100.0) 1	-	-	-	-	-	(100.0) 1	(100.0) 1	(100.0) 1	-	-	-	-	-	-	-	-
特別法犯その他	12	(100.0) 12	-	(83.3) 10	-	-	-	-	-	(83.3) 10	(50.0) 6	(8.3) 1	(16.7) 2	-	(16.7) 1	-	-	-	-	-
特別法犯その他	42	(100.0) 42	-	(88.1) 37	-	-	-	-	(2.4) 1	(85.7) 36	(73.8) 31	(8.3) 1	(7.1) 3	(7.1) 3	(4.8) 2	-	-	-	-	4

(注)
1　刑事通常第一審事件判決による実人員である。
2　「その他」は、公訴棄却、移送（少年法55条による家裁移送を除く。）等である。
3　「有期」は実刑のある罪名について、１の場合は処断罪名を、無罪、その他の場合は終局時における訴因の罪名のうち、法定刑が最も重いものをそれぞれ計上した。
4　「有罪」は一部執行猶予を含む。
5　主文複数の場合及び併科刑がある場合には、刑法10条の規定による重い方の罪名のみを計上した。
6　（％）は、有罪人員に対する割合である。
7　危険運転致死傷は、平成25年法律第86号により改正前の刑法208条の2の罪であり、自動車の運転により人を死傷させる行為等の処罰に関する法律「特別法その他」欄に計上している。

成年年齢引下げ(若年成年)と若年消費者保護立法

配布資料4　法制審議会第178回会議配付資料（刑4）

保護処分に付された原則逆送事件及び
少年院送致・公判請求された年長少年に係る事件の概況

第1　はじめに
　　　本調査は，少年法適用対象年齢を含む若年者に対する刑事法制の在り方に関する
　検討の一つとして，「少年院送致が選択された事件」及び「少年が公判請求された事
　件」の実情を把握することを目的とするものである。
　　　本調査は，年長少年が少年院送致とされた事件の審判書及び年長少年が公判請求
　された事件の判決書を検討することにより，年長少年について，どのような事案に
　おいて少年院送致が選択され，また，公判請求されているのかを明らかにするもの
　である。
　　　本調査においては，最高裁判所事務総局家庭局及び各検察庁の協力を得て，審判
　書及び判決書を収集し，法務省刑事局において，データの集計等を行った。

第2　検討の対象
　　　本資料における検討の対象範囲は，次のとおりである。
　　○　平成26年1月1日から同年12月31日までの1年間に，家庭裁判所にお
　　　いて終局処理された少年法第20条第2項本文に規定する事件（いわゆる原則
　　　逆送事件）のうち，検察官送致決定がなされなかった事件（8人）
　　○　処分時年齢（家庭裁判所における処分）が18歳又は19歳の少年について，
　　　平成26年1月1日から同年3月31日までの3か月間に，少年院送致決定（少
　　　年法第24条第1項第3号の保護処分）がなされた事件（ただし，上記「原則
　　　逆送事件」を除く。）（252人）
　　○　処分時年齢（検察庁における処分）が18歳又は19歳の少年について，平
　　　成26年1月1日から同年12月31日までの1年間に，公判請求された事件
　　　のうち，裁判が確定した事件（134人）

第3　「原則逆送事件のうち検察官送致決定がなされなかった事件」の概要
　　　平成26年1月1日から同年12月31日までの1年間に，家庭裁判所において
　終局処理された少年法第20条第2項本文に規定する事件（いわゆる原則逆送事件）
　のうち，検察官送致決定がなされなかった少年8人の終局処分の内訳は，1人が不
　処分（非行なし），1人が保護観察，6人が少年院送致であった。
　　　このうち，不処分を除く，保護観察決定又は少年院送致決定がなされた7件の概
　要は，次のとおりである。
　1　罪名別の人数
　　　殺人　　　　1人
　　　承諾殺人　　1人
　　　傷害致死　　5人（うち1人は保護観察）

　2　各事件の概要

成年年齢引下げ(若年成年)と若年消費者保護立法

配布資料4　法制審議会第178回会議配付資料（刑4）

① 殺人事件の概要

　　非行歴のない少年（審判時１７歳）が，自ら分娩した女児を袋に入れて窒息死させた嬰児殺の事案。

　　交際相手から胎児を殺害することを求められていた。

　　中等少年院送致。

② 承諾殺人事件の概要

　　精神障害に罹患している少年（審判時１８歳）が，自殺に関するウェブサイトで知り合った交際相手（被害者）に一緒に死ぬことを提案し，練炭自殺を試みた後，同交際相手に依頼されて，その頸部を締め付けて窒息死させた事案。

　　医療少年院送致（相当長期）。

③ 傷害致死事件（その１）の概要

　　飲酒していた少年（審判時１７歳）が，酒に酔った被害者が何かを言いながら近づいてきたことに憤慨し，被害者を両手で１回押して後方に転倒させ，頭部に傷害を負わせて死亡させた事案。

　　少年は，保護観察中であり，かつ，特別遵守事項として飲酒しないことが定められていた。

　　中等少年院送致。

④ 傷害致死事件（その２）の概要

　　少年（審判時１６歳）が酒に酔った被害者をからかったところ，被害者から追いかけられ，少年の胸ぐらに手を伸ばされたことから，被害者に対し，腹部付近を足裏で１回押し出すように蹴る暴行を加えて後方に転倒させ，頭部に傷害を負わせて死亡させた事案。

　　少年は，暴行後に１１９番通報し，少年なりに被害者を介抱した。

　　保護観察。

⑤ 傷害致死事件（その３）の概要

　　少年（審判時１７歳）が職場で被害者から体を触られたことを元交際相手に相談し，被害者に対する制裁を依頼したところ，元交際相手を含む共犯男子少年２名が，被害者に制裁目的で暴行を加え，傷害を負わせて死亡させた事案。共犯男子少年２名は，無抵抗の被害者に対し，少なくとも２０分間にわたって代わる代わる頭部や顔面等を殴る，蹴るの暴行を加えた。

　　少年は，被害者の行為をやめさせるため職場や母親に相談したが，事態が変わらないため元交際相手に制裁を依頼したもの。少年自身は暴行に及んでいない。

　　中等少年院送致（相当長期）。

⑥ 傷害致死事件（その４）の概要

　　少年（審判時１９歳）が，夫と息子が同乗する自動車を運転中，夫の浮気を疑い，夫の制止を期待して，「みんなで死のうか」等と言ったが，夫から制止されなかったため，運転する自動車を信号柱に時速約４５キロメートルで衝突させ，夫に傷害を負わせ，息子を死亡させた事案。

　　少年は，犯行後，真摯な救命措置を行った。

　　中等少年院送致（相当長期）。

成年年齢引下げ(若年成年)と若年消費者保護立法

配布資料4　法制審議会第178回会議配付資料（刑4）

⑦　傷害致死事件（その5）の概要

　　少年（審判時19歳）が，祖母に対し，かねて金銭を渡すよう要求していたが拒絶されたことに立腹し，同人に対し，げんこつで顔面を数回殴り，両手で同人を数回突き飛ばし，更に同人を引き倒して，その背部及び腹部を数回蹴り，顔面を数回踏みつけるなどの暴行を加えて傷害を負わせ，死亡させた事案。

　　少年には軽度精神遅滞があった。

　　中等少年院送致（相当長期）。

第4　「年長少年に係る事件（原則逆送事件を除く。）のうち少年院送致決定がなされた事件」の概要

　　処分時年齢が18歳又は19歳の少年について，平成26年1月1日から同年3月31日までの3か月間に，少年院送致決定（少年法第24条第1項第3号の保護処分）がなされた事件（原則逆送事件を除く。）（252人）の概要は，次のとおりである（なお，割合については，小数点以下第一位を四捨五入している。以下同じ。）。

1　全体

(1)　共犯者の有無（資料1-1②③）

　　非行事実の中に，共犯者とともに非行に及んだと思われるものが一つ以上ある少年の人数は125人であり，全体（252人）に占める割合は50パーセントである。

(2)　犯行時間帯の別（資料1-1②③）

　　非行事実の中に，夜間（午後10時から午前5時まで）にその実行行為の全部又は一部が行われたと特定できるものが一つ以上ある少年の人数は136人であり，全体（252人）に占める割合は54パーセントである。

(3)　少年院送致歴の有無（資料1-1②③）

　　過去に少年院送致された経験を有する少年の人数は65人であり，全体（252人）に占める割合は26パーセントである。

(4)　罪名別の人数等

　　資料1-1④表は，一人の少年について複数の非行事実があり，かつ，罪名が複数である場合は，それぞれの罪名ごとに1人として計上した（例えば，窃盗の非行事実2件と詐欺の非行事実1件で少年院送致された少年については，窃盗1人，詐欺1人と計上した。）罪名別の人数等である。

　　罪名の内訳は，多い方から，窃盗（96人），傷害（60人），道路交通法違反（54人），詐欺（33人），住居侵入（29人），恐喝（24人），強制わいせつ（13人），強盗致死傷（12人）等となっている。

2　窃盗事件の概要（資料1-2関係）

　　非行事実に窃盗を含む少年96人について，その手口や被害額等を整理した結果は，次のとおりである。

(1)　手口

成年年齢引下げ(若年成年)と若年消費者保護立法

配布資料4　法制審議会第178回会議配付資料（刑4）

　　　非行事実に窃盗を含む少年について，窃盗の手口別の人数のうち，主なものは次のとおりである。

　　　なお，窃盗の非行事実が複数あり，かつ，手口が複数ある場合は，それぞれの手口ごとに1人として計上した（例えば，非行事実が万引き3件である少年は万引き1人，非行事実が万引き1件及びひったくり2件の少年の場合は，万引き1人及びひったくり1人と計上した。）。括弧内は，別の手口の窃盗が非行事実に含まれている少年の人数であり，割合は96人に占める割合である。

- ・万引き　　　　　30人（5人）　　31パーセント
- ・侵入盗　　　　　20人（7人）　　21パーセント
- ・オートバイ盗　　12人（3人）　　13パーセント
- ・置引き　　　　　10人（1人）　　10パーセント
- ・ひったくり　　　　8人（2人）　　8パーセント

(2)　被害額（窃盗事件の合計金額）

　　　非行事実に窃盗を含む少年について，窃盗の被害額の合計金額別の人数は，次のとおりである。

- ・未遂　　　　　　　　　　　　　　2人（非行事実が窃盗未遂のみの者は1人）
　　　　　　　　　　　　　　　　　　　　　　　2パーセント
- ・1万円未満　　　　　　　　　　24人（非行事実が窃盗のみの者は7人）
　　　　　　　　　　　　　　　　　　　　　　　25パーセント
- ・1万円以上10万円未満　　　36人　　　38パーセント
- ・10万円以上100万円未満　21人　　　22パーセント
- ・100万円以上1000万円未満　12人　　13パーセント
- ・1000万円以上　　　　　　　1人　　　1パーセント

(3)　犯行時間帯の別

　　　非行事実に窃盗を含む少年について，夜間（午後10時から午前5時まで）に窃盗の実行行為の全部又は一部が行われたと特定できる非行事実が一つ以上ある少年の人数は，38人であった。

(4)　少年院送致歴の有無

　　　非行事実に窃盗を含む少年について，過去に少年院送致された経験を有する少年の人数は，23人であった。

(5)　非行事実が窃盗のみであり，かつ，窃盗の被害金額が合計1万円未満（未遂含む）である事案8件の概要

　ア　【万引き1件】保護観察中の少年（審判時19歳）が，共謀して，日用品等4点（約1000円相当）を万引きしたもの。

　　　少年の保護処分歴：①万引きにより保護観察処分，②オートバイ盗により不処分。

　イ　【万引き1件】保護観察中の少年（審判時18歳）が，共謀して，食料品等2点（数百円相当）を万引きしたもの。

　　　少年の保護処分歴：万引き2件により保護観察処分。

　ウ　【万引き1件】保護観察中の少年（審判時19歳）が，食料品1点（数百円

成年年齢引下げ(若年成年)と若年消費者保護立法

配布資料4　法制審議会第178回会議配付資料（刑4）

　　　　相当）を万引きしたもの。
　　　　　少年の保護処分歴：①道交法違反（接触事故）により交通保護観察処分，②
　　　　万引きにより保護観察処分。
　　エ　【置き引き1件】保護観察中の少年（審判時19歳）が，スナックで，現金
　　　　約100円及びクレジットカード等在中の財布（約1000円相当）を置き引
　　　　きしたもの。
　　　　　少年の保護処分歴：オートバイ盗により保護観察処分。保護観察中に保護司
　　　　との連絡がつかないなど遵守事項の不遵守があった。
　　オ　【万引き1件】保護観察中の少年（審判時19歳）が，日用品等4点（数千
　　　　円相当）を万引きしたもの。
　　　　　少年の保護処分歴：①自転車盗により審判不開始，②万引き2件により短期
　　　　保護観察処分，③万引き，自転車盗により審判不開始，④万引き2件により保
　　　　護観察処分。
　　カ　【万引き1件】保護観察中の少年（審判時19歳）が，食料品1点（数百円
　　　　相当））を万引きした事案。
　　　　　少年の保護処分歴：①傷害，恐喝により保護観察処分，②保護観察中の行状
　　　　不良により施設送致申請がなされ，中等少年院送致決定，③保護観察中の万引
　　　　きにより試験観察決定。試験観察中の家出，無銭宿泊等により中等少年院送致
　　　　決定。
　　キ　【その他（自動販売機荒らし）2件】保護観察歴のある少年（審判時18歳）
　　　　が，①共謀して，自動販売機を破壊して，清涼飲料水8本（約1000円相当）
　　　　を窃取し，②共謀して，自動販売機を破壊して清涼飲料水を窃取しようとした
　　　　が未遂にとどまった事案。
　　　　　少年の保護処分歴：万引き及び自動販売機荒らし等により保護観察処分。
　　ク　【その他（賽銭盗）1件】保護観察中の少年が，賽銭箱から現金を盗もうと
　　　　したが未遂にとどまった事案。
　　　　　少年の保護処分歴：賽銭盗を含む窃盗により保護観察処分（3回）。

3　傷害事件の概要（資料1－3関係）
　　非行事実に傷害（暴行を含む。）を含む少年60人について，その傷害の程度等を
　整理した結果は，次のとおりである。
　(1)　傷害の程度（傷害の非行事実が複数ある場合は最も重い傷害）
　　　　非行事実に傷害を含む少年について，傷害の全治又は加療期間別の人数は，次
　　　のとおりである。
　　　　　　　　・傷害結果なし（暴行のみ）　　6人　　　10パーセント
　　　　　　　　・全治，加療2週間以内　　　35人　　　58パーセント
　　　　　　　　・全治，加療1月以内　　　　12人　　　20パーセント
　　　　　　　　・全治，加療6月以内　　　　6人　　　10パーセント
　　　　　　　　・全治，加療6月超　　　　　1人　　　　2パーセント
　(2)　犯行時間帯の別

成年年齢引下げ(若年成年)と若年消費者保護立法

配布資料4　法制審議会第178回会議配付資料（刑4）

　　　　非行事実に傷害を含む少年について，夜間（午後10時から午前5時まで）に
　　　傷害の実行行為の全部又は一部が行われたと特定できる非行事実が一つ以上ある
　　　少年の人数は，39人であった。
　(3)　少年院送致歴の有無
　　　　非行事実に傷害を含む少年について，過去に少年院送致された経験を有する少
　　　年の人数は，21人であった。

4　詐欺事件の概要（資料1－4関係）
　　非行事実に詐欺を含む少年33人について，その手口や被害額等を整理した結果
　は，次のとおりである。
　(1)　手口
　　　　非行事実に詐欺を含む少年について，詐欺の手口別の人数では，特殊詐欺が2
　　　3人と最も多く，全体（33人）の70パーセントを占めている。
　　　　なお，特殊詐欺とは，いわゆる「オレオレ詐欺」「架空請求詐欺」「融資保証金
　　　詐欺」「還付金等詐欺」「金融商品等取引名目詐欺」「ギャンブル必勝法情報提供
　　　名目詐欺」「異性との交際あっせん名目詐欺」等の類型の総称である。
　(2)　被害額（詐欺事件の合計金額）
　　　　非行事実に詐欺を含む少年について，詐欺の被害額の合計金額別の人数は，次
　　　のとおりである。
　　　　なお，被害額不明とは，金融機関に対する通帳詐欺の事案について，被害品
　　　たる通帳及びキャッシュカードの金銭価値への換算が困難な場合である。
　　　　　　　・未遂　　　　　　　　　　　　6人　　　　18パーセント
　　　　　　　・不明　　　　　　　　　　　　1人　　　　　3パーセント
　　　　　　　・1万円未満　　　　　　　　　4人　　　　12パーセント
　　　　　　　・1万円以上10万円未満　　　4人　　　　12パーセント
　　　　　　　・10万円以上100万円未満　2人　　　　　6パーセント
　　　　　　　・100万円以上1000万円未満　9人　　　　27パーセント
　　　　　　　・1000万円以上　　　　　　7人　　　　21パーセント
　(3)　犯行時間帯の別
　　　　非行事実に詐欺を含む少年について，夜間（午後10時から午前5時まで）に
　　　詐欺の実行行為の全部又は一部が行われたと特定できる非行事実が一つ以上ある
　　　少年の人数は，1人であった。
　(4)　少年院送致歴の有無
　　　　非行事実に詐欺を含む少年について，過去に少年院送致された経験を有する少
　　　年の人数は，8人であった。

5　恐喝事件の概要（資料1－5関係）
　　非行事実に恐喝を含む少年24人について，その被害額等を整理した結果は，次
　のとおりである。
　(1)　被害額（恐喝事件の合計金額）

249

成年年齢引下げ(若年成年)と若年消費者保護立法

配布資料4　法制審議会第178回会議配付資料（刑4）

非行事実に恐喝を含む少年について，恐喝の被害額の合計金額別の人数は，次のとおりである。

・未遂	6人	25パーセント
・1万円未満	3人	13パーセント
・1万円以上10万円未満	4人	17パーセント
・10万円以上100万円未満	9人	38パーセント
・100万円以上1000万円未満	2人	8パーセント

(2)　犯行時間帯の別

非行事実に恐喝を含む少年について，夜間（午後10時から午前5時まで）に恐喝の実行行為の全部又は一部が行われたと特定できる非行事実が一つ以上ある少年の人数は，20人であった。

(3)　少年院送致歴の有無

非行事実に恐喝を含む少年について，過去に少年院送致された経験を有する少年の人数は，10人であった。

第5　年長少年に係る公判請求事件

公判請求時の年齢が18歳又は19歳の少年について，平成26年1月1日から同年12月31日までの1年間に，公判請求された事件のうち，裁判が確定したもの（134人）の概要は以下のとおりである。

1　全体（資料2-1関係）

(1)　逆送の根拠規定の別

逆送の根拠規定ごとの人数は，少年法第20条第2項本文の規定による検察官送致（いわゆる原則逆送）にかかる少年の人数は20人であり，全体（134人）に占める割合は15パーセント，同条第1項の規定による検察官送致にかかる少年の人数は114人であり，全体（134人）に占める割合は85パーセントである。

(2)　共犯者の有無

犯罪事実の中に，共犯者とともに犯行に及んだと特定できるものが一つ以上ある少年の人数は29人であり，全体（134人）に占める割合は22パーセントである。

(3)　犯行時間帯の別

犯罪事実の中に，夜間（午後10時から午前5時まで）にその実行行為の全部又は一部が行われたと特定できるものが一つ以上ある少年の人数は59人であり，全体（134人）に占める割合は44パーセントである。

(4)　少年院送致歴の有無

過去に少年院送致された経験を有する少年の人数は18人であり，全体（134人）に占める割合は13パーセントである。

(5)　裁判結果等

資料2-1②表は，裁判結果ごとに分類したものであり，10人以上の裁判結

成年年齢引下げ(若年成年)と若年消費者保護立法

配布資料4　法制審議会第178回会議配付資料（刑4）

果は，多い方から，懲役又は禁錮6月超1年以下（32人），1年超2年以下（2
8人），2年超3年以下（21人），6月以下（20人），7年超10年以下（1
3人）となっている。

　　実刑となった者は40人であり，全体（134人）の30パーセント，執行
猶予判決を受けた者は77人であり，全体（134人）の57パーセント，保
護観察付執行猶予判決を受けた者は11人であり，全体（134人）の8パー
セントである。

　　このうち，3年以下の有期刑の言渡しを受けた者101人を母数としてみる
と，実刑となった者は13人であり，全体（101人）の13パーセント，執
行猶予判決を受けた者は77人であり，全体（101人）の76パーセント，
保護観察付執行猶予判決を受けた者は11人であり，全体（101人）の11
パーセントである。

　　無期懲役となった者は1人，罰金となった者は3人，少年法第55条による
家庭裁判所移送となった者は3人である。

2　罪名別の人数等

　　資料2-1⑥表は，一人の少年について複数の犯罪事実があり，かつ，罪名が複
数である場合は，それぞれの罪名ごとに1人として計上した（例えば，窃盗の犯罪
事実2件と詐欺の犯罪事実1件で公判請求された少年については，窃盗1人，詐欺
1人と計上した。）罪名別の人数等である。

　　罪名は，多い方から，道路交通法違反（69人），自動車による過失致死傷等（4
8人），窃盗（21人），傷害（13人）等となっている。

3　窃盗事件の概要（資料2-2関係）

　　犯罪事実に窃盗を含む少年21人について，その手口や被害額等を整理した結果
は，次のとおりである。

（1）　手口

　　　犯罪事実に窃盗を含む少年について，窃盗の手口別の人数のうち，主なものは，
次のとおりである。

　　　なお，窃盗の犯罪事実が複数あり，かつ，手口が複数ある場合は，それぞれの
手口ごとに1人として計上した（例えば，犯罪事実が万引き3件である少年は万
引き1人，犯罪事実が万引き1件及びひったくり2件の少年の場合は，万引き1
人及びひったくり1人と計上した。）。括弧内は，別の手口の窃盗が犯罪事実に含
まれている少年の人数であり，割合は21人に占める割合である。

　　　　　・万引き　　　　7人（0人）　　　33パーセント
　　　　　・ひったくり　　3人（0人）　　　14パーセント
　　　　　・侵入盗　　　　3人（3人）　　　14パーセント
　　　　　・自動車盗　　　2人（1人）　　　10パーセント

（2）　被害額（窃盗事件の合計金額）

　　　犯罪事実に窃盗を含む少年について，窃盗の被害額の合計金額別の人数は，次

成年年齢引下げ(若年成年)と若年消費者保護立法

配布資料4　法制審議会第178回会議配付資料（刑4）

のとおりである。
- ・1万円未満　　　　　　　　　　　10人　　48パーセント
- ・1万円以上10万円未満　　　　　4人　　19パーセント
- ・10万円以上100万円未満　　　6人　　29パーセント
- ・100万円以上1000万円未満　1人　　5パーセント

(3)　犯行時間帯の別

　　犯罪事実に窃盗を含む少年について，夜間（午後10時から午前5時まで）に窃盗の実行行為の全部又は一部が行われたと特定できる犯罪事実が一つ以上ある少年の人数は，10人である。

(4)　少年院送致歴の有無

　　犯罪事実に窃盗を含む少年について，過去に少年院送致された経験を有する少年の人数は，7人である。

4　傷害事件の概要（資料2-3関係）

　　犯罪事実に傷害（暴行，傷害致死を含む。）を含む少年13人について，その傷害の程度等を整理した結果は，次のとおりである。

(1)　傷害の程度（傷害の犯罪事実が複数ある場合は最も重い傷害）

　　犯罪事実に傷害を含む少年について，傷害の全治又は加療期間別の人数は，次のとおりである。
- ・傷害結果なし（暴行のみ）　1人
- ・全治，加療2週間以内　　　2人
- ・全治，加療1月以内　　　　1人
- ・全治，加療6月以内　　　　2人
- ・全治，加療6月超　　　　　1人
- ・死亡　　　　　　　　　　　6人

(2)　犯行時間帯の別

　　犯罪事実に傷害を含む少年について，夜間（午後10時から午前5時まで）に傷害の実行行為の全部又は一部が行われたと特定できる犯罪事実が一つ以上ある少年の人数は，6人である。

(3)　少年院送致歴の有無

　　犯罪に傷害を含む少年について，過去に少年院送致された経験を有する少年の人数は，4人である。

成年年齢引下げ(若年成年)と若年消費者保護立法

配布資料4　法制審議会第178回会議配付資料（刑4）

家庭裁判所の審判状況に関する統計資料

① 「原則逆送事件のうち検察官送致決定がなされなかった事件」における共犯者の有無，犯行時間帯の別，少年院送致歴の有無

総数	共犯者		犯行時間帯		少年院送致歴	
	有	無	夜間	その他・不明	有	無・不明
8	1	7	4	4	0	8

※本表は，平成26年1月1日から同年12月31日までの1年間に，家庭裁判所において終局処理された少年法第20条第2項本文に規定する事件（原則逆送事件）のうち，検察官送致決定がなされなかった事件（8人）について調査したものである。

※「犯行時間帯」の「夜間」は，犯行が22:00〜5:00までに行われたものを示し，非行事実が複数ある場合は，それらの中に一つ以上夜間に行われたものが含まれていれば「夜間」の人数に計上した（以下同じ。）。

② 「年長少年に係る事件（原則逆送事件を除く）のうち少年院送致決定がなされた事件」における共犯者の有無，犯行時間帯の別，少年院送致歴の有無

総数	共犯者		犯行時間帯		少年院送致歴	
	有	無	夜間	その他・不明	有	無・不明
252	125	127	136	116	65	187

※本表は，家庭裁判所における処分時年齢が18，19歳の少年について，平成26年1月1日から同年3月31日までの3か月間に，少年院送致決定（少年法第24条第1項第3号の保護処分）がなされた事件（ただし，原則逆送事件を除く。）（252人）について調査したものである。

③ 上記②の各割合

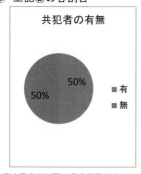
共犯者の有無
有 50%　無 50%

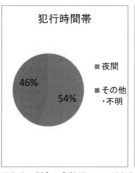
犯行時間帯
夜間 46%　その他・不明 54%

少年院送致歴の有無
有 26%　無・不明 74%

※小数点以下第一位を四捨五入しているため，割合の合計が100％とならないことがある（以下同じ。）。

成年年齢引下げ(若年成年)と若年消費者保護立法

配布資料4　法制審議会第178回会議配付資料（刑4）

④「年長少年に係る事件（原則逆送事件を除く）のうち少年院送致決定がなされた事件」における罪名別の共犯者の有無，犯行時間帯の別，少年院送致歴の有無

	人数	共犯者		犯行時間帯		少年院送致歴	
		有	無	夜間	その他・不明	有	無・不明
公務執行妨害	5		5	2	3	2	3
犯人蔵匿・証拠隠滅	4		4	2	2		4
放火	1		1	1			1
過失往来妨害	1		1		1		1
住居侵入	29	18	11	14	15	4	25
偽造公文書行使	1	1			1	1	
私文書偽造	2	1	1		2	2	
強制わいせつ	13	2	11	8	5	3	10
強姦	4		4	2	2		4
殺人	3	1	2	1	2		3
傷害	60	30	30	39	21	21	39
逮捕・監禁	6	6		6		2	4
信用毀損・業務妨害	1		1	1			1
窃盗	96	46	50	38	58	23	73
強盗	6	3	3	5	1	1	5
強盗致死傷	12	10	2	9	3	3	9
詐欺	33	27	6	1	32	8	25
恐喝	24	19	5	20	4	10	14
横領	5	1	4	2	3		5
盗品等関係	1		1	1		1	
毀棄・隠匿	7	3	4	6	1	2	5
暴力行為等処罰に関する法律	5	1	4	3	2	1	4
組織的な犯罪の処罰及び犯罪収益の規制等に関する法律	1	1			1		1
銃砲刀剣類所持等取締法	7		7	3	4	2	5
売春防止法	1	1			1		1
児童買春・児童ポルノに係る行為等の処罰及び児童の保護等に関する法律	1		1	1			1
軽犯罪法	4	1	3	4			4
児童福祉法	1	1			1		1
自動車損害賠償保障法	2		2		2	1	1
大麻取締法	4		4		4	1	3
覚せい剤取締法	7	1	6		7	1	6
労働基準法	1		1	1			1
職業安定法	1		1		1		1
道路運送車両法	4		4	1	3	2	2
地方公共団体条例	1		1	1			1
危険運転致死傷	1		1		1		1
自動車による過失致死傷等	8		8		8	3	5
道路交通法	54	9	45	28	26	16	38
ぐ犯	3		3		3	1	2
総数	420	183	237	199	221	111	309

※本表は，「年長少年に係る事件（原則逆送事件を除く）のうち少年院送致決定がなされた事件」の252人について，罪名ごとに，共犯者の有無，犯行時間帯の別，少年院送致歴の有無を調査したものである。
　なお，1人の少年について複数の非行事実があり，かつ，罪名も複数ある場合は，それぞれの罪名ごとに1人として計上した（例：窃盗2件及び詐欺1件の非行事実で少年院送致された少年については，窃盗1人，詐欺1人と計上。）。
※罪名については，検察統計年報の別表分類一覧表（その1）の大分類による（ただし，「殺人」「強盗致死傷」には，殺人既遂，強盗致死を含まない。）。

成年年齢引下げ(若年成年)と若年消費者保護立法

配布資料4　法制審議会第178回会議配付資料（刑4）

窃　盗　関　係　(1)

○窃盗の手口・被害額別の人数

手口＼被害額	人数	未遂	不明	1万円未満	1万円以上10万円未満	10万円以上100万円未満	100万円以上1000万円未満	1000万円超
万引き	30 (5)			19	9	2		
侵入盗	20 (7)	1	1	1	4	5	8	
オートバイ盗	12 (3)	1		1	5	5		
置引き	10 (1)			2	7	1		
ひったくり	8 (2)				4	4		
自動車盗	6 (2)					4	2	
部品盗	6 (2)			4	2			
払出盗	4 (3)				1		1	1
自転車盗	2 (2)			2				
仮睡盗	2				2			
車上ねらい	1				1			
その他	12 (3)	1		1	9		1	

※「年長少年に係る事件（原則逆送事件を除く）のうち少年院送致決定がなされた事件」の252人のうち、非行事実に窃盗（未遂を含む）を含む少年96人について調査したものである。
※窃盗の非行事実が複数あり、かつ、手口が複数ある場合は、それぞれの手口ごとに1人として計上した（例：「万引き3件」である少年は「万引き1人」として計上し、「万引き1件及びひったくり2件」である少年は「万引き1人」及び「ひったくり1人」として計上した。）。
※「人数」欄の括弧内は、別の手口の窃盗が非行事実に含まれている少年の人数である。

○非行事実に窃盗を含む少年96人の手口割合

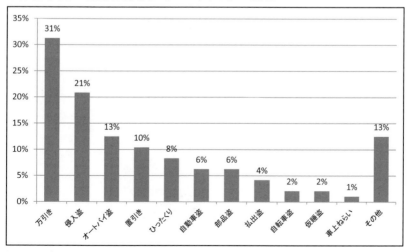

（注）手口が複数ある少年がいるため、割合の合計は100％にはならない。

255

成年年齢引下げ(若年成年)と若年消費者保護立法

配布資料4　法制審議会第178回会議配付資料（刑4）

窃 盗 関 係（2）

○被害額（人別）

被害額	人数
未遂	2(1)
1万円未満	24(7)
1万円以上 10万円未満	36
10万円以上 100万円未満	21
100万円以上 1000万円未満	12
1000万円以上	1

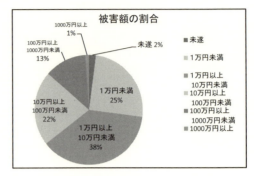

※窃盗の非行事実が複数ある場合は，被害額の合計金額を計上した。
※「人数」欄の括弧書きは，非行事実が「窃盗（未遂を含む）」のみである少年の人数を示し，内数である。

○犯行時間帯（人別）

時間帯	人数
夜間 （22:00～5:00）	38
その他・不明	58

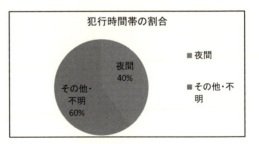

※窃盗の非行事実が複数ある場合は，それらの中に一つ以上夜間に行われたものが含まれていれば，「夜間」の人数に計上した。

○少年院送致歴（人別）

少年院送致歴	人数
あり	23
なし・不明	73

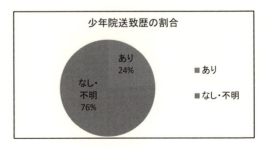

256

成年年齢引下げ(若年成年)と若年消費者保護立法

配布資料4　法制審議会第178回会議配付資料（刑4）

傷　害　関　係

○傷害の程度（人別）

傷害の程度	人数
なし（暴行のみ）	6
2週間以内	35
2週間超1月以内	12
1月超6月以内	6
6月超	1

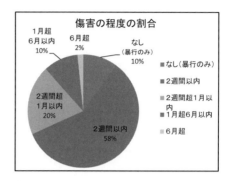

※「年長少年に係る事件（原則逆送事件を除く）のうち少年院送致決定がなされた事件」の２５２人のうち、非行事実に傷害（暴行を含む）を含む６０人について調査したものである。
※傷害の程度については、傷害の「全治又は加療」期間を示し、また、傷害の非行事実が複数ある場合は、傷害の程度が最も重いものを計上した。

○犯行時間帯（人別）

時間帯	人数
夜間（22:00～5:00）	39
その他・不明	21

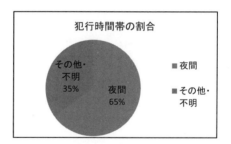

※傷害の非行事実が複数ある場合は、それらの中に一つ以上夜間に行われたものが含まれていれば、「夜間」の人数に計上した。

○少年院送致歴（人別）

少年院送致歴	人数
あり	21
なし・不明	39

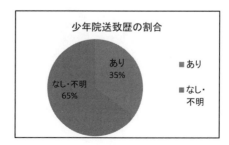

257

成年年齢引下げ(若年成年)と若年消費者保護立法

配布資料4　法制審議会第178回会議配付資料（刑4）

詐　欺　関　係（１）

〇詐欺の手口・被害額別の人数

手口＼被害額	人数	未遂	不明	1万円未満	1万円以上10万円未満	10万円以上100万円未満	100万円以上1000万円未満	1000万円以上
特殊詐欺	23	6			1		9	7
無銭	4			2	2			
借用	1				1			
その他	5		1	1	1	2		

※「年長少年に係る事件（原則逆送事件を除く）のうち少年院送致決定がなされた事件」の252人のうち、非行事実に詐欺（未遂を含む）を含む33人について調査したものである。
※特殊詐欺は、「オレオレ詐欺」、「架空請求詐欺」、「融資保証金詐欺」、「還付金等詐欺」、「金融商品等取引名目詐欺」、「ギャンブル必勝法情報提供名目詐欺」、「異性との交際あっせん名目詐欺」等の類型の総称である。
※被害額不明とは、金融機関に対する通帳詐欺の事案について、被害品たる通帳及びキャッシュカードの金銭価値への換算が困難な場合である。

〇手口（人別）

手口	人数
特殊詐欺	23
無銭	4
借用	1
その他	5

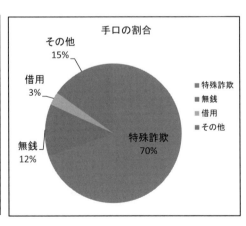

258

成年年齢引下げ(若年成年)と若年消費者保護立法

配布資料4　法制審議会第178回会議配付資料（刑4）

詐　欺　関　係　（２）

○被害額（人別）

被害額	人数
未遂	6
不明	1
1万円未満	4
1万円以上 10万円未満	4
10万円以上 100万円未満	2
100万円以上 1000万円未満	9
1000万円以上	7

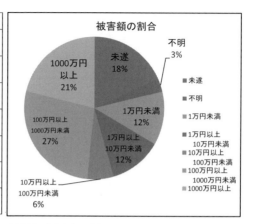

※詐欺の非行事実が複数ある場合は，被害額の合計金額を計上した。
※被害額不明とは，金融機関に対する通帳詐欺の事案について，被害品たる通帳及びキャッシュカードの金銭価値への換算が困難な場合である。

○犯行時間帯（人別）

時間帯	人数
夜間 （22:00～5:00）	1
その他・不明	32

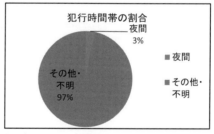

※詐欺の非行事実が複数ある場合は，それらの中に一つ以上夜間に行われたものが含まれていれば，「夜間」の人数に計上した。

○少年院送致歴（人別）

少年院送致歴	人数
あり	8
なし・不明	25

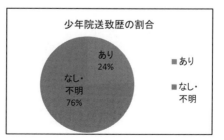

成年年齢引下げ（若年成年）と若年消費者保護立法

配布資料4　法制審議会第178回会議配付資料（刑4）

恐 喝 関 係

○被害額（人別）

被害額	人数
未遂	6
1万円未満	3
1万円以上10万円未満	4
10万円以上100万円未満	9
100万円以上1000万円未満	2

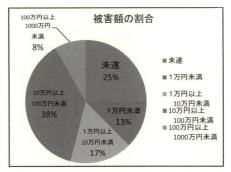

※「年長少年に係る事件（原則逆送事件を除く）のうち少年院送致決定がなされた事件」の252人のうち、非行事実に恐喝（未遂及び幇助を含む）を含む24人について調査したものである。
※恐喝の非行事実が複数ある場合は、被害額の合計金額を計上した。

○犯行時間帯（人別）

時間帯	人数
夜間（22:00～5:00）	20
その他・不明	4

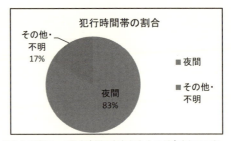

※恐喝の非行事実が複数ある場合は、それらの中に一つ以上夜間に行われたものが含まれていれば、「夜間」の人数に計上した。

○少年院送致歴（人別）

少年院送致歴	人数
あり	10
なし・不明	14

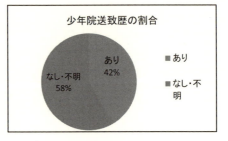

260

成年年齢引下げ(若年成年)と若年消費者保護立法

配布資料4 法制審議会第178回会議配付資料(刑4)

刑事裁判所の裁判状況等に関する統計資料

①「年長少年に係る公判請求事件」における共犯者の有無,犯行時間帯の別,少年院送致歴の有無

	総数	共犯者		犯行時間帯		少年院送致歴	
		有	無	夜間	その他・不明	有	無・不明
少年法20条2項本文	20(10)	9(5)	11(5)	14(7)	6(3)	4(1)	16(9)
少年法20条1項	114(18)	20(2)	94(16)	45(9)	69(9)	14(0)	100(18)
計	134(28)	29(7)	105(21)	59(16)	75(12)	18(1)	116(27)

※公判請求時の年齢が18歳又は19歳の少年について,平成26年1月1日から同年12月31日までの1年間に,公判請求された事件のうち,裁判が確定したもの(134人)を調査したものである。
※「少年法20条2項本文」は少年法第20条第2項本文の規定により検察官送致された事件をいう。
※「少年法20条1項」は少年法第20条第1項の規定により検察官送致された事件をいう。
※「犯行時間帯」の「夜間」は,犯行が22:00～5:00までに行われたものを示し,犯罪事実が複数ある場合は,それらの中に一つ以上夜間に行われたものが含まれていれば,「夜間」の人数に計上した(以下同じ。)。
※括弧書きは公判請求時の年齢が18歳の者を示し,内数である。

②裁判結果等

区分　　裁判結果	人数	少年法20条2項本文	少年法20条1項	実刑	執行猶予	保護観察付執行猶予
55条移送	3(1)		3(1)			
罰金	3(1)		3(1)			
6月以下	20(4)		20(4)		20(4)	
6月超1年以下	32(4)		32(4)		29(4)	3(0)
1年超2年以下	28(3)		28(3)	2(0)	23(3)	3(0)
2年超3年以下	21(3)		21(3)	11(2)	5(0)	5(1)
3年超5年以下	5(2)	4(2)	1(0)	1(0)		
5年超7年以下	6(2)	2(1)	4(1)	4(1)		
7年超10年以下	13(7)	12(6)	1(1)	1(1)		
10年超	2(1)	1(1)	1(0)	1(0)		
無期懲役	1(0)	1(0)				
計	134(28)	20(10)	114(18)	20(4)	77(11)	11(1)

※「55条移送」は少年法第55条の規定により,家庭裁判所へ移送となった事件をいう。
※裁判結果の月又は年の表示は「懲役又は禁錮」を示し,不定期刑の言渡しのあったものについては,その刑の長期を基準として計上した。
※括弧書きは公判請求時の年齢が18歳の者を示し,内数である。

成年年齢引下げ(若年成年)と若年消費者保護立法

配布資料4　法制審議会第178回会議配付資料(刑4)

③ 前記①の各割合

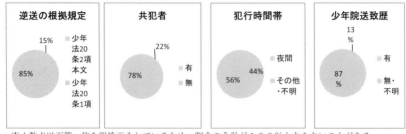

※小数点以下第一位を四捨五入しているため，割合の合計が１００％とならないことがある(以下同じ。)。

④ 前記②の裁判結果等の割合

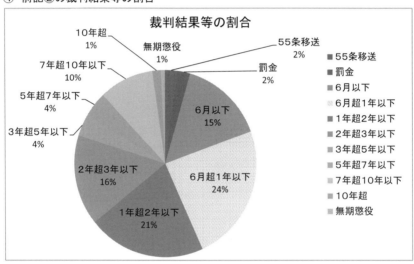

⑤ 実刑・執行猶予・保護観察付執行猶予等の割合

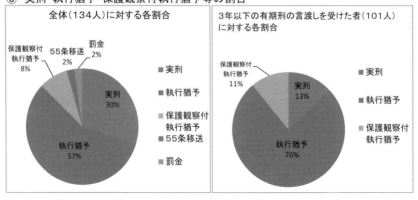

成年年齢引下げ(若年成年)と若年消費者保護立法

配布資料4　法制審議会第178回会議配付資料（刑4）

⑥「年長少年に係る公判請求事件」における罪名別の共犯者の有無，犯行時間帯の別，少年院送致歴の有無

	人数	共犯者		犯行時間帯		少年院送致歴	
		有	無・不明	夜間	その他・不明	有	無・不明
住居侵入	4	4		4		2	2
強制わいせつ	1		1	1			1
強姦	1	1			1		1
礼拝所・墳墓関係	4	3	1	2	2		4
殺人	7	5	2	4	3	2	5
傷害	13	8	5	6	7	4	9
窃盗	21	9	12	10	11	7	14
強盗	1	1		1			1
強盗致死傷	5	4	1	4	1	2	3
詐欺	9	6	3	1	8	3	6
恐喝	3	2	1	1	2	1	2
盗品等関係	1		1		1	1	
毀棄・隠匿	1		1		1	1	
銃砲刀剣類所持等取締法	1		1		1		1
犯罪による収益の移転防止に関する法律	1	1			1		1
自動車損害賠償保障法	2		2	1	1		2
大麻取締法	3		3		3	1	2
麻薬及び向精神薬取締法	1		1		1	1	
覚せい剤取締法	1		1		1		1
道路運送車両法	5		5	2	3		5
不正アクセス行為の禁止等に関する法律	1		1	1			1
危険運転致死傷	9		9	7	2		9
自動車による過失致死傷等	48		48	14	34	2	46
道路交通法	69	2	67	33	36	4	65
総数	212	46	166	93	119	31	181

※本表は，「年長少年に係る公判請求事件」の１３４人について，罪名ごとに，共犯者の有無，犯行時間帯の別，少年院送致歴の有無を調査したものである。
　なお，１人につき，複数の犯罪事実があり，かつ，罪名も複数ある場合は，それぞれの罪名ごとに１人として計上した（例：１人につき，窃盗２件及び詐欺１件の犯罪事実がある場合は，窃盗１人，詐欺１人と計上）。
※　罪名については，検察統計年報の別表分類一覧表（その１）の大分類による。

成年年齢引下げ(若年成年)と若年消費者保護立法

配布資料4　法制審議会第178回会議配付資料（刑4）

窃　盗　関　係　（１）

○窃盗の手口別・被害額

手口 \ 被害額	人数	1万円未満	1万円以上10万円未満	10万円以上100万円未満	100万円以上1000万円未満
万引き	7	4	1	2	
ひったくり	3	2	1		
侵入盗	3(3)		1	2	
自動車盗	2(1)			1	1
オートバイ盗	1(1)			1	
すり	1(1)		1		
自転車盗	1(1)	1			
置引き	1		1		
払出盗	1		1		
その他	5(1)	4	1		

※「年長少年に係る公判請求事件」の１３４人のうち，犯罪事実に窃盗（未遂を含む）を含む２１人について調査したものである。
※窃盗の犯罪事実が複数あり，かつ，手口が複数ある場合は，それぞれの手口ごとに１人として計上した（例：「万引き３件」である少年は「万引き１人」と計上し，「万引き１件及びひったくり２件」である者は「万引き１人」及び「ひったくり１人」と計上）。
※「人数」欄の括弧内は，別の手口の窃盗が犯罪事実に含まれている者の人数である。

○被害額

被害額	人数
1万円未満	10
1万円以上10万円未満	4
10万円以上100万円未満	6
100万円以上1000万円未満	1

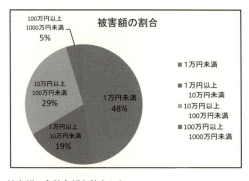

※窃盗の犯罪事実が複数ある場合は，被害額の合計金額を計上した。

成年年齢引下げ(若年成年)と若年消費者保護立法

配布資料4　法制審議会第178回会議配付資料（刑4）

窃 盗 関 係（２）

○犯行時間帯

時間帯	人数
夜間 （22:00～5:00）	10
その他・不明	11

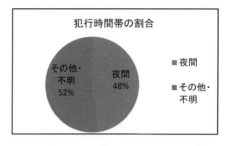

※窃盗の犯罪事実が複数ある場合は，それらの中に一つ以上夜間に行われたものが含まれていれば，「夜間」の人数に計上した。

○少年院送致歴

少年院送致歴	人数
あり	7
なし・不明	14

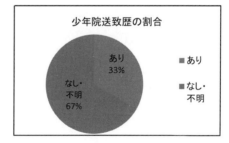

265

成年年齢引下げ(若年成年)と若年消費者保護立法

配布資料4　法制審議会第178回会議配付資料（刑4）

傷　害　関　係

○傷害の程度及び裁判結果

傷害の程度 ＼ 裁判結果	人数	罰金	6月超1年以下	2年超3年以下	3年超5年以下	5年超7年以下	7年超10年以下
なし（暴行のみ）	1	1					
2週間以内	2(1)			1(1)		1	
2週間超1月以内	1			1			
1月超6月以内	2(2)		1(1)	1(1)			
6月超	1			1			
死亡	6				1	2	3

※「年長少年に係る公判請求事件」の１３４人のうち，犯罪事実に傷害（暴行，傷害致死を含む）を含む１３人について調査したものである。
※傷害の程度については，傷害の「全治又は加療」期間を示し，また，傷害の犯罪事実が複数ある場合は，傷害の程度が最も重いものを計上した。
※裁判結果の月又は年の表示は「懲役又は禁錮」を示し，不定期刑の言渡しのあったものについては，その刑の長期を基準として計上した。
※括弧書きは，執行猶予の言渡しを受けた者の数であり，内数である。

○犯行時間帯

時間帯	人数
夜間 （22:00～5:00）	6
その他・不明	7

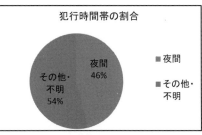

※傷害の非行事実が複数ある場合は，それらの中に一つ以上夜間に行われたものが含まれていれば，「夜間」の人数に計上した。

○少年院送致歴

少年院送致歴	人数
あり	4
なし・不明	9

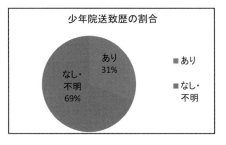

266

成年年齢引下げ(若年成年)と若年消費者保護立法

配布資料4　法制審議会第178回会議配付資料（刑4）

少年院出院者及び刑事施設出所者の予後調査について

1　概要
　　若年者に対する施設処遇の効果を検証するため，少年院に入院した年長少年及び刑事
　施設に入所した若年成人の出院又は出所後の再犯状況に関する調査を行った。

2　対象者
（1）平成22年1月1日から同年6月30日までに少年院を仮退院又は退院した者のう
　　ち，入院時の年齢が18歳又は19歳であったもの。（735名）[1]
（2）平成21年1月1日から同22年12月31日までに刑事施設を出所した受刑者の
　　うち，入所時の年齢が20歳又は21歳であったもの。（684名）[2]

3　追跡期間
　　出院・出所の日から5年間

4　「再犯」の条件
　　上記追跡期間中に有罪の裁判の確定があった者を「再犯があった」とした。[3]

（参考）
　対象者の特徴

	少年院出院者	刑事施設出所者
対象者数	735	684
男：女	674:61	636:48
入院・入所時の平均年齢	19.0	21.3
出院・出所時の平均年齢	19.9	23.7
平均収容日数	320.0	869.8
非行・犯罪名（上位5罪種）	窃盗　　　　　36.5% 傷害[4]　　　　13.1% 強盗[5]　　　　11.7% 道路交通法　7.9% 恐喝　　　　　5.9%	窃盗　　　　　29.2% 強盗　　　　　15.5% 傷害　　　　　9.8% 覚せい剤取締法　8.3% 詐欺　　　　　4.8%

---

[1] 日本国籍を有しない者並びに氏名，生年月日若しくは本籍地に不明な点がある者を除く。

[2] 同上。

[3] 出院時に未成年であった少年院出院者411名のうち，出院後20歳までに少年鑑別所に入所し，その後保護観察処分又
　は少年院送致となった者23名については，その保護観察処分又は少年院送致については再犯として計上していない（た
　だし，当該23名のうち2名は出院後2年以内に，うち7名は出院後5年以内に刑事処分を受けていることから，刑事
　処分としての再犯状況は計上されている。）。

[4] 傷害致死を含む（刑事施設出所者も同じ。）。

[5] 強盗致死傷，強盗殺人，強盗傷人，強盗予備，事後強盗を含む（刑事施設出所者も同じ。）。

成年年齢引下げ(若年成年)と若年消費者保護立法

配布資料 4　法制審議会第 178 回会議配付資料（刑 4）

5　調査結果
（1）全体
ア　少年院出院者の再犯状況（出院日から 5 年間）

	対象者	再犯人員							再犯率	
		1年以内	2年以内	3年以内	4年以内	5年以内	2年以内	5年以内	2年以内	5年以内
少年院出院者	735	48	102	70	35	39	150	294	20.4%	40.0%

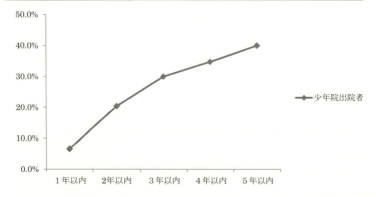

イ　刑事施設出所者の再犯状況（出所日から 5 年間）

	対象者	再犯人員							再犯率	
		1年以内	2年以内	3年以内	4年以内	5年以内	2年以内	5年以内	2年以内	5年以内
刑事施設出所者	684	88	96	61	38	18	184	301	26.9%	44.0%

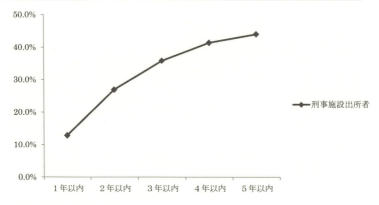

成年年齢引下げ(若年成年)と若年消費者保護立法

配布資料 4　法制審議会第 178 回会議配付資料（刑 4 ）

（2）窃盗
　ア　少年院出院者の再犯状況（出院日から 5 年間）

	対象者	再犯人員							再犯率	
		1年以内	2年以内	3年以内	4年以内	5年以内	2年以内	5年以内	2年以内	5年以内
少年院出院者	268	23	44	34	12	17	67	130	25.0%	48.5%

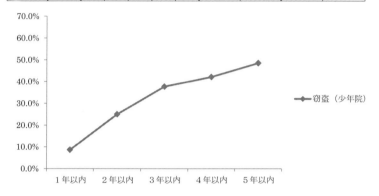

　イ　刑事施設出所者の再犯状況（出所日から 5 年間）

	対象者	再犯人員							再犯率	
		1年以内	2年以内	3年以内	4年以内	5年以内	2年以内	5年以内	2年以内	5年以内
刑事施設出所者	200	52	39	21	10	4	91	126	45.5%	63.0%

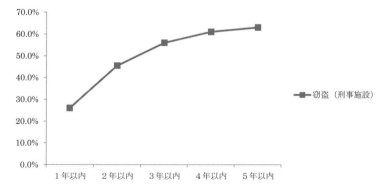

成年年齢引下げ(若年成年)と若年消費者保護立法

配布資料4　法制審議会第178回会議配付資料（刑4）

(3) 傷害
　ア　少年院出院者の再犯状況（出院日から5年間）

対象者	再犯人員							再犯率	
	1年以内	2年以内	3年以内	4年以内	5年以内	2年以内	5年以内	2年以内	5年以内
少年院出院者 96	2	11	8	5	8	13	34	13.5%	35.4%

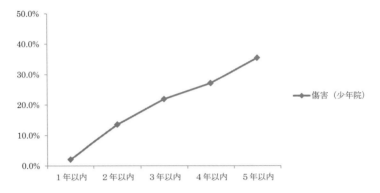

　イ　刑事施設出所者の再犯状況（出所日から5年間）

対象者	再犯人員							再犯率	
	1年以内	2年以内	3年以内	4年以内	5年以内	2年以内	5年以内	2年以内	5年以内
刑事施設出所者 67	6	7	9	3	3	13	28	19.4%	41.8%

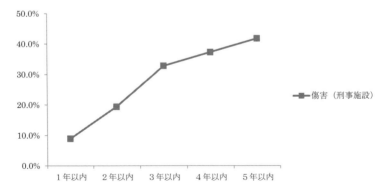

成年年齢引下げ(若年成年)と若年消費者保護立法

配布資料4　法制審議会第178回会議配付資料（刑4）

（4）強盗
ア　少年院出院者の再犯状況（出院日から5年間）

	対象者	再犯人員							再犯率	
		1年以内	2年以内	3年以内	4年以内	5年以内	2年以内	5年以内	2年以内	5年以内
少年院出院者	86	4	12	8	6	2	16	32	18.6%	37.2%

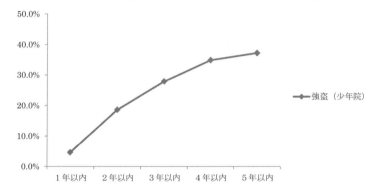

イ　刑事施設出所者の再犯状況（出所日から5年間）

	対象者	再犯人員							再犯率	
		1年以内	2年以内	3年以内	4年以内	5年以内	2年以内	5年以内	2年以内	5年以内
刑事施設出所者	106	5	14	5	6	1	19	31	17.9%	29.2%

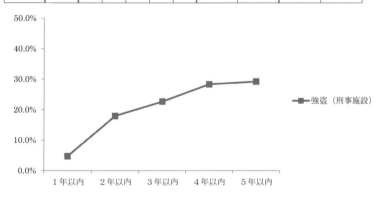

成年年齢引下げ(若年成年)と若年消費者保護立法

配布資料4　法制審議会第178回会議配付資料（刑4）

保護観察対象者（保護観察処分少年・少年院仮退院者）の現状調査及び
保護観察処分少年の予後調査

第1　保護観察対象者の現状調査について

　　平成27年に全国の保護観察所において保護観察を開始した保護観察処分少年及び少年院
仮退院者の人数を調査した結果は次のとおりである。

1　少年の保護観察対象者の現状

　　審判時18歳以上の保護観察処分少年は，9,744人（交通短期を除くと4,540人）であ
り，保護観察処分少年の53.5%を占めている。少年院仮退院者については，審判時18歳
以上の少年は1,202人であり，41.9%を占めている（表1）。したがって，審判時18歳
以上の少年の保護観察処遇の在り方は，年間約1万人の少年の再犯防止と改善更生をど
のように図っていくかという問題である。

表1　保護観察開始人員

	審判時 18歳未満	審判時 18歳以上	総計	18歳以上 の割合
保護観察処分少年	8,459	9,744	18,203	53.5%
交通短期以外	7,328	4,540	11,868	38.3%
交通短期	1,131	5,204	6,335	82.1%
少年院仮退院者	1,669	1,202	2,871	41.9%
総計	10,128	10,946	21,074	51.9%

2　少年の保護観察対象者の特徴

　　保護観察処分少年（交通短期を除く。）及び少年院仮退院者の保護観察開始時の特徴を
分析した。その結果，審判時18歳以上の少年は，審判時18歳未満の少年に比較して，
保護処分歴がある者が多く，薬物乱用，無職，単身居住などの問題がある者が多かった
（表2）。

表2　少年の保護観察対象者の特徴

	審判時18歳未満	審判時18歳以上
保護処分歴がある	41.6%	57.0%
不良集団関係がある	34.4%	21.3%
薬物乱用がある	3.1%	6.6%
貧困	15.5%	14.3%
無職	22.4%	28.6%
親族や配偶者と同居していない	4.9%	13.2%
精神的問題がある	8.6%	8.6%

注：網掛けは，該当者数の割合が高い区分を示す。

成年年齢引下げ(若年成年)と若年消費者保護立法
配布資料4　法制審議会第178回会議配付資料（刑4）

第2　保護観察処分少年の予後調査について
　平成18年に全国の保護観察所において保護観察を開始した保護観察処分少年（交通短期を除く。）19,475人から300人を無作為抽出し，保護観察開始後，平成28年7月末までの刑事処分（道路交通法違反のみによる罰金を除いた刑罰）と保護処分（保護観察及び少年院送致）（以下「再処分」という。）の有無を追跡調査した。
　なお，抽出された300人は，平均年齢16.8歳，男子88.0%，保護観察を実施した平均月数13.2月であり，平均年齢，性別，事件種別（一般，短期及び交通），保護処分歴及び保護観察終結事由（期間満了，解除及び保護処分取消し）について母集団と統計的相違が認められないことを確認している。

1　約10年間の追跡調査の結果
　追跡調査の結果，保護観察開始後の再処分は300人中108人（36.0%）に認められ，審判時18歳以上の少年（98人中26人：26.5%）のほうが，18歳未満の少年（202人中82人：40.6%）より，再処分率が低かった。

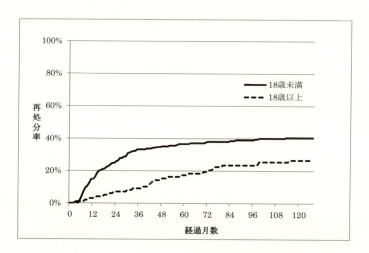

　なお，調査対象者を性別で分けると，男子（264人中101人：38.3%）のほうが，女子（36人中7人：19.4%）より，再処分率が高かった。本件の罪名で見ると，本件に窃盗罪を含む者（125人中54人：43.2%）のほうが，窃盗罪を含まない者（175人中54人：30.9%）より再処分率が高かった。他方，暴力事犯者（本件に傷害罪，暴行罪又は暴力行為等処罰に関する法律違反を含む者）は41人中12人（29.3%）に，暴力事犯者以外の者は259

273

成年年齢引下げ(若年成年)と若年消費者保護立法

配布資料4　法制審議会第178回会議配付資料（刑4）

人中 96 人（37.1%）に再処分が認められたが，統計的に有意差は認められなかった。次に，保護観察の種別に見ると，一般事件は 174 人中 70 人（40.2%），短期事件は 55 人中 20 人（36.4%），交通事件は 71 人中 18 人（25.4%）に再処分が認められたが，統計的に有意差は認められなかった。

2　保護観察開始後2年以内の再処分

上記 300 人の保護観察開始後2年以内の再処分の有無について調査したところ，次の結果となった。

(1)　2年以内の再処分率は 19.7%であった（300 人中 59 人）。

(2)　審判時 18 歳以上の少年の再処分率（98 人中7 人：7.1%）は，18 歳未満の少年の再処分率（202 人中 52 人：25.7%）より低かった。

(3)　保護観察の種別の再処分率を見ると，一般事件の再処分率は 24.1%（174 人中 42人），短期事件の再処分率は 20.0%（55 人中 11 人），交通事件の再処分率は 8.5%（71人中6 人）であり，一般事件の再処分率が高く，交通事件の再処分率が低かった。

(4)　性別別の再処分率を見ると，男子の再処分率は 20.8%（264 人中 55 人），女子の再処分率は 11.1%（36 人中4 人）であったが，統計的に有意差は認められなかった。

(5)　本件罪名別の再処分率を見ると，窃盗罪を含む者の再処分率は 29.6%（125 人中 37人），窃盗罪を含まない者の再処分率は 12.6%（175 人中 22 人）であり，窃盗罪を含む者の再処分率が高かった。また，暴力事犯者の再処分率は 14.6%（41 人中6 人），暴力事犯以外の者の再処分率は 20.5%（259 人中 53 人）であったが，統計的に有意差は認められなかった。

＊参考

上記 300 人の保護観察処分少年の成人後の刑事処分状況についても分析した。まず，データには 14 歳から 19 歳までの少年が含まれているため，成人後の再処分の追跡調査期間を一致させ，満 20 歳から満 24 歳に至るまでの間の刑事処分の有無を集計した。その結果，満 20 歳から満 24 歳までの間，刑事処分に至らなかった者は 242 人（80.7%）であった。さらに，同300 人について，本件以前を含め，本件以外の保護処分を受けなかった 190 人と，複数回の保護処分（保護観察又は少年院送致）を受けたことがある 110 人に分けて集計し直すと，刑事処分に至らなかった者の数は，保護処分が本件保護観察のみであった者については 165 人（86.8%），複数回の保護処分を受けた者については 77 人（70.0%）であった。以上のことから，保護処分を受けた少年の多くが，たとえ，少年院送致を含む複数回の保護処分を受けた場合であっても，成人後，満 24 歳までは刑事処分に至らずに経過していることが示された。

成年年齢引下げ(若年成年)と若年消費者保護立法

配布資料 5　法制審議会第 178 回会議配付資料（刑 5 ）

法制審議会第１７８回会議配布資料	刑 5

少年法における年齢による取扱いの差異

成年年齢引下げ（若年成年）と若年消費者保護立法

配布資料5　法制審議会第178回会議配付資料（刑5）

少年法における年齢による取扱いの差異

年齢	保護処分	刑事処分		死刑・無期刑の緩和
20歳以上	保護処分の対象外【処分時】（ただし，収容継続等がある。）	刑事処分の対象（有期刑の上限は20年，併合罪の場合は30年）【処分時】		死刑をもって処断可能【行為時】
19歳	保護処分の対象【処分時】（ただし，処分時に14歳未満の少年については，特に必要と認める場合に限り少年院送致が認められている。）	刑事処分が相当である場合，家裁は検察官に送致【処分時】	故意の犯罪行為により被害者を死亡させた罪の事件については，家裁は原則として検察官に送致（原則逆送）【行為時】	死刑をもって処断すべきときは，無期刑を科する【行為時】
18歳				
17歳		有期刑をもって処断すべきときは，不定期刑（長期の上限は15年，短期の上限は10年）【処分時】		
16歳				無期刑をもって処断すべきときにも，有期刑を科することができる【行為時】
15歳				
14歳				
14歳未満		刑事処分の対象外【行為時】		

※　【処分時】は，処分時の年齢によるもの。
　　【行為時】は，行為時の年齢によるもの。

276

成年年齢引下げ(若年成年)と若年消費者保護立法

配布資料 6　法制審議会第 178 回会議配付資料（刑 6）

法制審議会第１７８回会議配布資料	刑 6

主要国の法定年齢

成年年齢引下げ（若年成年）と若年消費者保護立法

配布資料6　法制審議会第178回会議配付資料（刑6）

主要国の法定年齢

国　　名		私法上の成人	刑事手続において 少年として扱われなくなる年齢
日　　本		20歳	20歳
アメリカ	ニューヨーク州	18歳	16歳
	カリフォルニア州	18歳	18歳
イ　ギ　リ　ス （イングランド及び ウェールズをいう。）		18歳	18歳
ド　　イ　　ツ		18歳	18歳 （精神的に未熟である等の事情により， 18歳以上21歳未満の者を少年と同様 に扱うことができる場合がある。）
フ　ラ　ン　ス		18歳	18歳

※「主要国の各種法定年齢　選挙権年齢・成人年齢引下げの経緯を中心に」（2008年，国立
国会図書館調査及び立法考査局）による。

成年年齢引下げ(若年成年)と若年消費者保護立法
配布資料7　法制審議会第178回会議配付資料（刑7）

| 法制審議会第１７８回会議配布資料 | 刑7 |

少年法改正の経過

成年年齢引下げ(若年成年)と若年消費者保護立法

配布資料7　法制審議会第178回会議配付資料（刑7）

少年法改正の経過

【平成１２年改正】（平成１２年法律第１４２号）
- ○　少年事件の処分等の在り方の見直し
  - ・　刑事処分可能年齢の引下げ（１６歳以上から１４歳以上に）
  - ・　少年院における懲役又は禁錮の執行を可能とすること（１６歳未満）
  - ・　いわゆる原則逆送制度の導入　等
- ○　少年審判の事実認定手続の適正化
  - ・　検察官及び弁護士である付添人が関与した審理の導入　等
- ○　被害者への配慮の充実
  - ・　被害者等による記録の閲覧・謄写制度の導入
  - ・　被害者等の申出による意見の聴取制度の導入　等

【平成１９年改正】（平成１９年法律第６８号）
- ○　いわゆる触法少年（１４歳未満で刑罰法令に触れる行為をした少年をいう。）に係る事件の調査手続の整備
- ○　１４歳未満の少年の少年院送致を可能とすること
- ○　保護観察に付された者に対する指導を一層効果的にするための措置等の整備
- ○　国選付添人制度の導入

【平成２０年改正】（平成２０年法律第７１号）
- ○　被害者等の申出による意見の聴取の対象者の拡大
- ○　被害者等による記録の閲覧・謄写の範囲の拡大
- ○　一定の重大事件の被害者等が少年審判を傍聴することができる制度の導入
- ○　家庭裁判所が被害者等に対し審判の状況を説明する制度の導入
- ○　成人の刑事事件の管轄の移管等

【平成２６年改正】（平成２６年法律第２３号）
- ○　家庭裁判所の裁量による国選付添人制度及び検察官関与制度の対象事件の範囲拡大
- ○　少年の刑事事件に関する処分の規定の見直し
  - ・　不定期刑に関する規定の見直し
  - ・　いわゆる無期刑の緩和刑に関する規定の見直し

成年年齢引下げ(若年成年)と若年消費者保護立法

配布資料 8　法制審議会第 178 回会議配付資料（刑 8 ）

法制審議会第１７８回会議配布資料 ｜ 刑 8

統　計　資　料

成年年齢引下げ（若年成年）と若年消費者保護立法

配布資料8　法制審議会第178回会議配付資料（刑8）

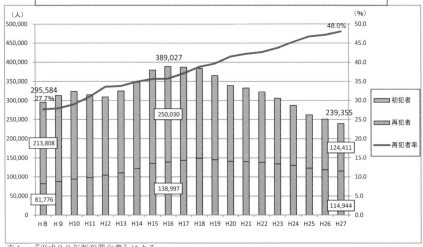

図1　刑法犯　検挙人員中の再犯者人員・再犯者率の推移（H8～H27）

※1　『平成28年版犯罪白書』による。
※2　「再犯者」は，刑法犯により検挙された者のうち，前に道路交通法違反を除く犯罪により検挙されたことがあり，再び検挙された者をいう。
※3　「再犯者率」は，刑法犯検挙人員に占める再犯者の人員の比率をいう。

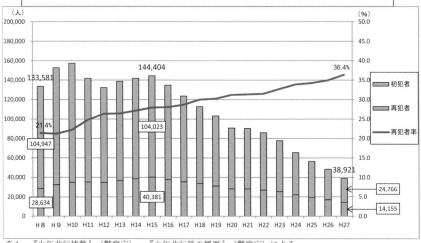

図2　刑法犯少年　検挙人員中の再犯者人員・再犯者率の推移（H8～H27）

※1　『少年非行情勢』（警察庁），『少年非行等の概要』（警察庁）による。
※2　「再犯者」は，刑法犯により検挙された少年のうち，前に道路交通法違反を除く非行により検挙・補導されたことがあり，再び検挙された者をいう。前回処分は，未決・即決を問わず，触法少年時の処分・警察限りも含む。
※3　「再犯者率」は，刑法犯少年に占める再犯者の人員の比率をいう。

成年年齢引下げ(若年成年)と若年消費者保護立法

配布資料8　法制審議会第178回会議配付資料（刑8）

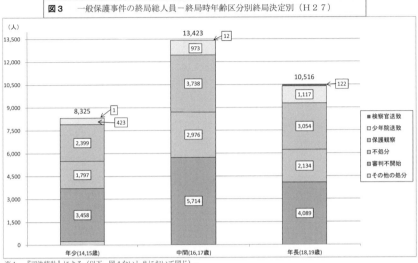

※1　『司法統計』による（以下，図4ないし8において同じ）。
※2　本資料は，次の①ないし④に掲げる事件を除き，一般保護事件で既済となった事件の終局総人員の集計である（以下，図4ないし8において同じ）。
　　①簡易送致事件，②（無免許）過失運転致死傷事件，（無免許）過失運転致死傷アルコール等影響発覚免脱事件，車両運転による（業務上・重）過失致死傷事件，自動車運転過失致死傷事件及び（無免許）危険運転致死傷事件，③移送・回付で終局した事件，④併合審理され，既済事件として集計しないもの（従たる事件）
※3　本資料の「検察官送致」は，少年法第20条第1項，第2項本文により検察官送致されたものをいう。
※4　「その他の処分」は，都道府県知事又は児童相談所長送致（同法第18条），年齢超過による検察官送致（同法第19条第2項），児童自立支援施設又は児童養護施設送致（同法第24条第1項第2号）の人員の合計である（以下，図4において同じ）。
※5　「14歳未満」，「20歳以上」及び「年齢不詳」で処分されたものを除く。

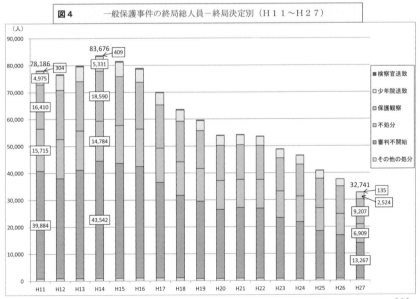

283

成年年齢引下げ(若年成年)と若年消費者保護立法

配布資料 8　法制審議会第 178 回会議配付資料（刑 8）

図5　一般保護事件の終局総人員－終局時年齢区分別（H11～H27）

※　「その他」は，14歳未満，20歳以上及び年齢不詳の人員の合計である（以下，図6ないし8において同じ。）。

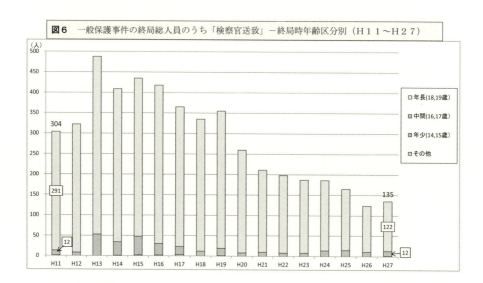

図6　一般保護事件の終局総人員のうち「検察官送致」－終局時年齢区分別（H11～H27）

284

成年年齢引下げ（若年成年）と若年消費者保護立法

配布資料8　法制審議会第178回会議配付資料（刑8）

図7　一般保護事件の終局総人員のうち「少年院送致」－終局時年齢区分別（H11～H27）

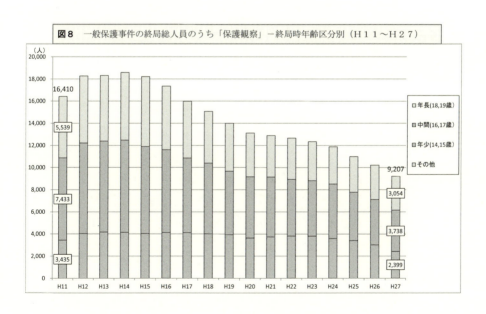

図8　一般保護事件の終局総人員のうち「保護観察」－終局時年齢区分別（H11～H27）

成年年齢引下げ(若年成年)と若年消費者保護立法

配布資料9　法制審議会第178回会議配付資料（刑9）

| 法制審議会第１７８回会議配布資料 | 刑９ |

参　照　条　文

成年年齢引下げ(若年成年)と若年消費者保護立法

配布資料9　法制審議会第178回会議配付資料（刑9）

参　照　条　文

【目次】
- ○　民法（明治29年法律第89号）（抄）　……………………………288
- ○　公職選挙法（昭和25年法律第100号）（抄）　…………………288
- ○　日本国憲法の改正手続に関する法律（平成19年法律第51号）（抄）　……………………………………………………………288
- ○　少年法（昭和23年法律第168号）（抄）　………………………289
- ○　刑法（明治40年法律第45号）（抄）　……………………………295
- ○　刑事収容施設及び被収容者等の処遇に関する法律（平成17年法律第50号）（抄）　…………………………………………297
- ○　少年院法（平成26年法律第58号）（抄）　………………………303
- ○　更生保護法（平成19年法律第88号）（抄）　……………………307

287

成年年齢引下げ(若年成年)と若年消費者保護立法

配布資料9　法制審議会第178回会議配付資料（刑9）

○　民法（明治29年法律第89号）
（成年）
第4条　年齢20歳をもって、成年とする。

（未成年者の法律行為）
第5条　未成年者が法律行為をするには、その法定代理人の同意を得なければならない。ただし、単に権利を得、又は義務を免れる法律行為については、この限りでない。
2　前項の規定に反する法律行為は、取り消すことができる。
3　第1項の規定にかかわらず、法定代理人が目的を定めて処分を許した財産は、その目的の範囲内において、未成年者が自由に処分することができる。目的を定めないで処分を許した財産を処分するときも、同様とする。

（親権者）
第818条　成年に達しない子は、父母の親権に服する。
2・3　（略）

（監護及び教育の権利義務）
第820条　親権を行う者は、子の利益のために子の監護及び教育をする権利を有し、義務を負う。

○　公職選挙法（昭和25年法律第100号）
（選挙権）
第9条　日本国民で年齢満18年以上の者は、衆議院議員及び参議院議員の選挙権を有する。
2〜7　（略）

○　日本国憲法の改正手続に関する法律（平成19年法律第51号）
（趣旨）
第1条　この法律は、日本国憲法第96条に定める日本国憲法の改正（以下「憲法改正」という。）について、国民の承認に係る投票（以下「国民投票」という。）に関する手続を定めるとともに、あわせて憲法改正の発議に係る手続の整備を行うものとする。

（投票権）
第3条　日本国民で年齢満18年以上の者は、国民投票の投票権を有する。

成年年齢引下げ(若年成年)と若年消費者保護立法

配布資料9　法制審議会第178回会議配付資料（刑9）

○　少年法（昭和23年法律第168号）
（この法律の目的）
第1条　この法律は、少年の健全な育成を期し、非行のある少年に対して性格の矯正及び環境の調整に関する保護処分を行うとともに、少年の刑事事件について特別の措置を講ずることを目的とする。

（少年、成人、保護者）
第2条　この法律で「少年」とは、20歳に満たない者をいい、「成人」とは、満20歳以上の者をいう。
2　（略）

（審判に付すべき少年）
第3条　次に掲げる少年は、これを家庭裁判所の審判に付する。
一　罪を犯した少年
二　14歳に満たないで刑罰法令に触れる行為をした少年
三　次に掲げる事由があつて、その性格又は環境に照して、将来、罪を犯し、又は刑罰法令に触れる行為をする虞のある少年
イ　保護者の正当な監督に服しない性癖のあること。
ロ　正当の理由がなく家庭に寄り附かないこと。
ハ　犯罪性のある人若しくは不道徳な人と交際し、又はいかがわしい場所に出入すること。
ニ　自己又は他人の徳性を害する行為をする性癖のあること。
2　家庭裁判所は、前項第2号に掲げる少年及び同項第3号に掲げる少年で14歳に満たない者については、都道府県知事又は児童相談所長から送致を受けたときに限り、これを審判に付することができる。

（事件の調査）
第8条　家庭裁判所は、第6条第1項の通告又は前条第1項の報告により、審判に付すべき少年があると思料するときは、事件について調査しなければならない。検察官、司法警察員、警察官、都道府県知事又は児童相談所長から家庭裁判所の審判に付すべき少年事件の送致を受けたときも、同様とする。
2　家庭裁判所は、家庭裁判所調査官に命じて、少年、保護者又は参考人の取調その他の必要な調査を行わせることができる。

（調査の方針）

成年年齢引下げ(若年成年)と若年消費者保護立法

配布資料9　法制審議会第178回会議配付資料（刑9）

第9条　前条の調査は、なるべく、少年、保護者又は関係人の行状、経歴、
素質、環境等について、医学、心理学、教育学、社会学その他の専門的智
識特に少年鑑別所の鑑別の結果を活用して、これを行うように努めなけれ
ばならない。

（観護の措置）
第17条　家庭裁判所は、審判を行うため必要があるときは、決定をもつて、
次に掲げる観護の措置をとることができる。
一　家庭裁判所調査官の観護に付すること。
二　少年鑑別所に送致すること。
2～10　（略）

（審判を開始しない旨の決定）
第19条　家庭裁判所は、調査の結果、審判に付することができず、又は審
判に付するのが相当でないと認めるときは、審判を開始しない旨の決定を
しなければならない。
2　家庭裁判所は、調査の結果、本人が20歳以上であることが判明したと
きは、前項の規定にかかわらず、決定をもつて、事件を管轄地方裁判所に
対応する検察庁の検察官に送致しなければならない。

（検察官への送致）
第20条　家庭裁判所は、死刑、懲役又は禁錮に当たる罪の事件について、
調査の結果、その罪質及び情状に照らして刑事処分を相当と認めるときは、
決定をもつて、これを管轄地方裁判所に対応する検察庁の検察官に送致し
なければならない。
2　前項の規定にかかわらず、家庭裁判所は、故意の犯罪行為により被害者
を死亡させた罪の事件であつて、その罪を犯すとき16歳以上の少年に係
るものについては、同項の決定をしなければならない。ただし、調査の結
果、犯行の動機及び態様、犯行後の情況、少年の性格、年齢、行状及び環
境その他の事情を考慮し、刑事処分以外の措置を相当と認めるときは、こ
の限りでない。

（審判開始の決定）
第21条　家庭裁判所は、調査の結果、審判を開始するのが相当であると認
めるときは、その旨の決定をしなければならない。

（審判の方式）

成年年齢引下げ(若年成年)と若年消費者保護立法

配布資料9　法制審議会第178回会議配付資料（刑9）

第２２条　審判は、懇切を旨として、和やかに行うとともに、非行のある少年に対し自己の非行について内省を促すものとしなければならない。
2　審判は、これを公開しない。
3　審判の指揮は、裁判長が行う。

（審判開始後保護処分に付しない場合）
第２３条　家庭裁判所は、審判の結果、第１８条又は第２０条にあたる場合であると認めるときは、それぞれ、所定の決定をしなければならない。
2　家庭裁判所は、審判の結果、保護処分に付することができず、又は保護処分に付する必要がないと認めるときは、その旨の決定をしなければならない。
3　第１９条第２項の規定は、家庭裁判所の審判の結果、本人が２０歳以上であることが判明した場合に準用する。

（保護処分の決定）
第２４条　家庭裁判所は、前条の場合を除いて、審判を開始した事件につき、決定をもつて、次に掲げる保護処分をしなければならない。ただし、決定の時に１４歳に満たない少年に係る事件については、特に必要と認める場合に限り、第３号の保護処分をすることができる。
一　保護観察所の保護観察に付すること。
二　児童自立支援施設又は児童養護施設に送致すること。
三　少年院に送致すること。
2　前項第１号及び第３号の保護処分においては、保護観察所の長をして、家庭その他の環境調整に関する措置を行わせることができる。

（家庭裁判所調査官の観察）
第２５条　家庭裁判所は、第２４条第１項の保護処分を決定するため必要があると認めるときは、決定をもつて、相当の期間、家庭裁判所調査官の観察に付することができる。
2　家庭裁判所は、前項の観察とあわせて、次に掲げる措置をとることができる。
一　遵守事項を定めてその履行を命ずること。
二　条件を附けて保護者に引き渡すこと。
三　適当な施設、団体又は個人に補導を委託すること。

（保護者に対する措置）
第２５条の２　家庭裁判所は、必要があると認めるときは、保護者に対し、

成年年齢引下げ(若年成年)と若年消費者保護立法

配布資料9　法制審議会第178回会議配付資料（刑9）

少年の監護に関する責任を自覚させ、その非行を防止するため、調査又は審判において、自ら訓戒、指導その他の適当な措置をとり、又は家庭裁判所調査官に命じてこれらの措置をとらせることができる。

（保護観察中の者に対する措置）
第26条の4　更生保護法（平成19年法律第88号）第67条第2項の申請があつた場合において、家庭裁判所は、審判の結果、第24条第1項第1号の保護処分を受けた者がその遵守すべき事項を遵守せず、同法第67条第1項の警告を受けたにもかかわらず、なお遵守すべき事項を遵守しなかつたと認められる事由があり、その程度が重く、かつ、その保護処分によつては本人の改善及び更生を図ることができないと認めるときは、決定をもつて、第24条第1項第2号又は第3号の保護処分をしなければならない。
2　家庭裁判所は、前項の規定により20歳以上の者に対して第24条第1項第3号の保護処分をするときは、その決定と同時に、本人が23歳を超えない期間内において、少年院に収容する期間を定めなければならない。
3　前項に定めるもののほか、第1項の規定による保護処分に係る事件の手続は、その性質に反しない限り、第24条第1項の規定による保護処分に係る事件の手続の例による。

（司法警察員の送致）
第41条　司法警察員は、少年の被疑事件について捜査を遂げた結果、罰金以下の刑にあたる犯罪の嫌疑があるものと思料するときは、これを家庭裁判所に送致しなければならない。犯罪の嫌疑がない場合でも、家庭裁判所の審判に付すべき事由があると思料するときは、同様である。

（検察官の送致）
第42条　検察官は、少年の被疑事件について捜査を遂げた結果、犯罪の嫌疑があるものと思料するときは、第45条第5号本文に規定する場合を除いて、これを家庭裁判所に送致しなければならない。犯罪の嫌疑がない場合でも、家庭裁判所の審判に付すべき事由があると思料するときは、同様である。
2　前項の場合においては、刑事訴訟法の規定に基づく裁判官による被疑者についての弁護人の選任は、その効力を失う。

（検察官へ送致後の取扱い）
第45条　家庭裁判所が、第20条の規定によつて事件を検察官に送致した

成年年齢引下げ(若年成年)と若年消費者保護立法

配布資料9　法制審議会第178回会議配付資料（刑9）

　　ときは、次の例による。
　　一〜四　（略）
　　五　検察官は、家庭裁判所から送致を受けた事件について、公訴を提起するに足りる犯罪の嫌疑があると思料するときは、公訴を提起しなければならない。ただし、送致を受けた事件の一部について公訴を提起するに足りる犯罪の嫌疑がないか、又は犯罪の情状等に影響を及ぼすべき新たな事情を発見したため、訴追を相当でないと思料するときは、この限りでない。送致後の情況により訴追を相当でないと思料するときも、同様である。
　　六・七　（略）

　（保護処分等の効力）
第46条　罪を犯した少年に対して第24条第1項の保護処分がなされたときは、審判を経た事件について、刑事訴追をし、又は家庭裁判所の審判に付することができない。
2　第22条の2第1項の決定がされた場合において、同項の決定があつた事件につき、審判に付すべき事由の存在が認められないこと又は保護処分に付する必要がないことを理由とした保護処分に付さない旨の決定が確定したときは、その事件についても、前項と同様とする。
3　（略）

　（勾留）
第48条　勾留状は、やむを得ない場合でなければ、少年に対して、これを発することはできない。
2　少年を勾留する場合には、少年鑑別所にこれを拘禁することができる。
3　（略）

　（死刑と無期刑の緩和）
第51条　罪を犯すとき18歳に満たない者に対しては、死刑をもつて処断すべきときは、無期刑を科する。
2　罪を犯すとき18歳に満たない者に対しては、無期刑をもつて処断すべきときであつても、有期の懲役又は禁錮を科することができる。この場合において、その刑は、10年以上20年以下において言い渡す。

　（不定期刑）
第52条　少年に対して有期の懲役又は禁錮をもつて処断すべきときは、処断すべき刑の範囲内において、長期を定めるとともに、長期の2分の1（長

成年年齢引下げ（若年成年）と若年消費者保護立法

配布資料9　法制審議会第178回会議配付資料（刑9）

　　期が１０年を下回るときは、長期から５年を減じた期間。次項において同
　　じ。）を下回らない範囲内において短期を定めて、これを言い渡す。この
　　場合において、長期は１５年、短期は１０年を超えることはできない。
2　前項の短期については、同項の規定にかかわらず、少年の改善更生の可
　　能性その他の事情を考慮し特に必要があるときは、処断すべき刑の短期の
　　２分の１を下回らず、かつ、長期の２分の１を下回らない範囲内において、
　　これを定めることができる。この場合においては、刑法第１４条第２項の
　　規定を準用する。
3　刑の執行猶予の言渡をする場合には、前２項の規定は、これを適用しな
　　い。

　（家庭裁判所への移送）
第５５条　裁判所は、事実審理の結果、少年の被告人を保護処分に付するの
　　が相当であると認めるときは、決定をもつて、事件を家庭裁判所に移送し
　　なければならない。

　（懲役又は禁錮の執行）
第５６条　懲役又は禁錮の言渡しを受けた少年（第３項の規定により少年院
　　において刑の執行を受ける者を除く。）に対しては、特に設けた刑事施設
　　又は刑事施設若しくは留置施設内の特に分界を設けた場所において、その
　　刑を執行する。
2　本人が満２０歳に達した後でも、満２６歳に達するまでは、前項の規定
　　による執行を継続することができる。
3　懲役又は禁錮の言渡しを受けた１６歳に満たない少年に対しては、刑法
　　第１２条第２項又は第１３条第２項の規定にかかわらず、１６歳に達する
　　までの間、少年院において、その刑を執行することができる。この場合に
　　おいて、その少年には、矯正教育を授ける。

　（仮釈放）
第５８条　少年のとき懲役又は禁錮の言渡しを受けた者については、次の期
　　間を経過した後、仮釈放をすることができる。
　一　無期刑については７年
　二　第５１条第２項の規定により言い渡した有期の刑については、その刑
　　　期の３分の１
　三　第５２条第１項又は同条第１項及び第２項の規定により言い渡した刑
　　　については、その刑の短期の３分の１

成年年齢引下げ(若年成年)と若年消費者保護立法

配布資料9　法制審議会第178回会議配付資料（刑9）

2　第51条第1項の規定により無期刑の言渡しを受けた者については、前項第1号の規定は適用しない。

（仮釈放期間の終了）
第59条　少年のとき無期刑の言渡しを受けた者が、仮釈放後、その処分を取り消されないで十年を経過したときは、刑の執行を受け終わつたものとする。
2　少年のとき第51条第2項又は第52条第1項若しくは同条第1項及び第2項の規定により有期の刑の言渡しを受けた者が、仮釈放後、その処分を取り消されないで仮釈放前に刑の執行を受けた期間と同一の期間又は第51条第2項の刑期若しくは第52条第1項の長期を経過したときは、そのいずれか早い時期において、刑の執行を受け終わつたものとする。

（記事等の掲載の禁止）
第61条　家庭裁判所の審判に付された少年又は少年のとき犯した罪により公訴を提起された者については、氏名、年齢、職業、住居、容ぼう等によりその者が当該事件の本人であることを推知することができるような記事又は写真を新聞紙その他の出版物に掲載してはならない。

○　刑法（明治40年法律第45号）
（刑の種類）
第9条　死刑、懲役、禁錮、罰金、拘留及び科料を主刑とし、没収を付加刑とする。

（懲役）
第12条　懲役は、無期及び有期とし、有期懲役は、1月以上20年以下とする。
2　懲役は、刑事施設に拘置して所定の作業を行わせる。

（禁錮）
第13条　禁錮は、無期及び有期とし、有期禁錮は、1月以上20年以下とする。
2　禁錮は、刑事施設に拘置する。

（刑の全部の執行猶予）
第25条　次に掲げる者が3年以下の懲役若しくは禁錮又は50万円以下の罰金の言渡しを受けたときは、情状により、裁判が確定した日から1年以

成年年齢引下げ（若年成年）と若年消費者保護立法

配布資料9　法制審議会第178回会議配付資料（刑9）

上5年以下の期間、その刑の全部の執行を猶予することができる。
一　前に禁錮以上の刑に処せられたことがない者
二　前に禁錮以上の刑に処せられたことがあっても、その執行を終わった日又はその執行の免除を得た日から5年以内に禁錮以上の刑に処せられたことがない者

2　前に禁錮以上の刑に処せられたことがあってもその刑の全部の執行を猶予された者が1年以下の懲役又は禁錮の言渡しを受け、情状に特に酌量すべきものがあるときも、前項と同様とする。ただし、次条第1項の規定により保護観察に付せられ、その期間内に更に罪を犯した者については、この限りでない。

（刑の全部の執行猶予中の保護観察）

第25条の2　前条第1項の場合においては猶予の期間中保護観察に付することができ、同条第2項の場合においては猶予の期間中保護観察に付する。

2　前項の規定により付せられた保護観察は、行政官庁の処分によって仮に解除することができる。

3　前項の規定により保護観察を仮に解除されたときは、前条第2項ただし書及び第26条の2第2号の規定の適用については、その処分を取り消されるまでの間は、保護観察に付せられなかったものとみなす。

（刑の全部の執行猶予の必要的取消し）

第26条　次に掲げる場合においては、刑の全部の執行猶予の言渡しを取り消さなければならない。ただし、第3号の場合において、猶予の言渡しを受けた者が第25条第1項第2号に掲げる者であるとき、又は次条第3号に該当するときは、この限りでない。
一　猶予の期間内に更に罪を犯して禁錮以上の刑に処せられ、その刑の全部について執行猶予の言渡しがないとき。
二　猶予の言渡し前に犯した他の罪について禁錮以上の刑に処せられ、その刑の全部について執行猶予の言渡しがないとき。
三　猶予の言渡し前に他の罪について禁錮以上の刑に処せられたことが発覚したとき。

（刑の全部の執行猶予の裁量的取消し）

第26条の2　次に掲げる場合においては、刑の全部の執行猶予の言渡しを取り消すことができる。
一　猶予の期間内に更に罪を犯し、罰金に処せられたとき。

成年年齢引下げ(若年成年)と若年消費者保護立法

配布資料9　法制審議会第178回会議配付資料（刑9）

　　二　第25条の2第1項の規定により保護観察に付せられた者が遵守すべき事項を遵守せず、その情状が重いとき。
　　三　猶予の言渡し前に他の罪について禁錮以上の刑に処せられ、その刑の全部の執行を猶予されたことが発覚したとき。

　（仮釈放）
第28条　懲役又は禁錮に処せられた者に改悛の状があるときは、有期刑についてはその刑期の3分の1を、無期刑については10年を経過した後、行政官庁の処分によって仮に釈放することができる。

　（仮釈放の取消し等）
第29条　次に掲げる場合においては、仮釈放の処分を取り消すことができる。
　　一　仮釈放中に更に罪を犯し、罰金以上の刑に処せられたとき。
　　二　仮釈放前に犯した他の罪について罰金以上の刑に処せられたとき。
　　三　仮釈放前に他の罪について罰金以上の刑に処せられた者に対し、その刑の執行をすべきとき。
　　四　仮釈放中に遵守すべき事項を遵守しなかったとき。
2　刑の一部の執行猶予の言渡しを受け、その刑について仮釈放の処分を受けた場合において、当該仮釈放中に当該執行猶予の言渡しを取り消されたときは、その処分は、効力を失う。
3　仮釈放の処分を取り消したとき、又は前項の規定により仮釈放の処分が効力を失ったときは、釈放中の日数は、刑期に算入しない。

○　**刑事収容施設及び被収容者等の処遇に関する法律（平成17年法律第50号）**
　（目的）
第1条　この法律は、刑事収容施設（刑事施設、留置施設及び海上保安留置施設をいう。）の適正な管理運営を図るとともに、被収容者、被留置者及び海上保安被留置者の人権を尊重しつつ、これらの者の状況に応じた適切な処遇を行うことを目的とする。

　（受刑者の処遇の原則）
第30条　受刑者の処遇は、その者の資質及び環境に応じ、その自覚に訴え、改善更生の意欲の喚起及び社会生活に適応する能力の育成を図ることを旨として行うものとする。

297

成年年齢引下げ(若年成年)と若年消費者保護立法

配布資料9　法制審議会第178回会議配付資料（刑9）

（遵守事項等）

第74条　刑事施設の長は、被収容者が遵守すべき事項（以下この章におい
　　て「遵守事項」という。）を定める。

2　遵守事項は、被収容者としての地位に応じ、次に掲げる事項を具体的に
　　定めるものとする。

　　一〜八　　（略）

　　九　正当な理由なく、第92条若しくは第93条に規定する作業を怠り、
　　　又は第85条第1項各号、第103条若しくは第104条に規定する指
　　　導を拒んではならないこと。

　　十・十一　　（略）

3　（略）

（矯正処遇）

第84条　受刑者には、矯正処遇として、第92条又は第93条に規定する
　　作業を行わせ、並びに第103条及び第104条に規定する指導を行う。

2　矯正処遇は、処遇要領（矯正処遇の目標並びにその基本的な内容及び方
　　法を受刑者ごとに定める矯正処遇の実施の要領をいう。以下この条におい
　　て同じ。）に基づいて行うものとする。

3　処遇要領は、法務省令で定めるところにより、刑事施設の長が受刑者の
　　資質及び環境の調査の結果に基づき定めるものとする。

4　処遇要領は、必要に応じ、受刑者の希望を参酌して定めるものとする。
　　これを変更しようとするときも、同様とする。

5　矯正処遇は、必要に応じ、医学、心理学、教育学、社会学その他の専門
　　的知識及び技術を活用して行うものとする。

（刑執行開始時及び釈放前の指導等）

第85条　受刑者には、矯正処遇を行うほか、次の各号に掲げる期間におい
　　て、当該各号に定める指導を行う。

　　一　刑の執行開始後の法務省令で定める期間　受刑の意義その他矯正処遇
　　　の実施の基礎となる事項並びに刑事施設における生活及び行動に関する
　　　指導

　　二　釈放前における法務省令で定める期間　釈放後の社会生活において直
　　　ちに必要となる知識の付与その他受刑者の帰住及び釈放後の生活に関す
　　　る指導

2　前項第2号に掲げる期間における受刑者の処遇は、できる限り、これに
　　ふさわしい設備と環境を備えた場所で行うものとし、必要に応じ、第10

成年年齢引下げ(若年成年)と若年消費者保護立法

配布資料9　法制審議会第178回会議配付資料（刑9）

　　6条第1項の規定による外出又は外泊を許し、その他円滑な社会復帰を図るため必要な措置を執るものとする。

3　刑事施設の長は、法務省令で定める基準に従い、第1項各号に定める指導を行う日及び時間を定める。

（刑事施設外処遇）

第87条　矯正処遇等は、その効果的な実施を図るため必要な限度において、刑事施設の外の適当な場所で行うことができる。

（制限の緩和）

第88条　受刑者の自発性及び自律性を涵養するため、刑事施設の規律及び秩序を維持するための受刑者の生活及び行動に対する制限は、法務省令で定めるところにより、第30条の目的を達成する見込みが高まるに従い、順次緩和されるものとする。

2　前項の場合において、第30条の目的を達成する見込みが特に高いと認められる受刑者の処遇は、法務省令で定めるところにより、開放的施設（収容を確保するため通常必要とされる設備又は措置の一部を設けず、又は講じない刑事施設の全部又は一部で法務大臣が指定するものをいう。以下同じ。）で行うことができる。

（社会との連携）

第90条　刑事施設の長は、受刑者の処遇を行うに当たり必要があると認めるときは、受刑者の親族、民間の篤志家、関係行政機関その他の者に対し、協力を求めるものとする。

2　前項の協力をした者は、その協力を行うに当たって知り得た受刑者に関する秘密を漏らしてはならない。

（公務所等への照会）

第91条　刑事施設の長は、受刑者の資質及び環境の調査のため必要があるときは、公務所又は公私の団体に照会して必要な事項の報告を求めることができる。

（懲役受刑者の作業）

第92条　懲役受刑者（刑事施設に収容されているものに限る。以下この節において同じ。）に行わせる作業は、懲役受刑者ごとに、刑事施設の長が指定する。

成年年齢引下げ(若年成年)と若年消費者保護立法

配布資料9　法制審議会第178回会議配付資料（刑9）

（禁錮受刑者等の作業）
第93条　刑事施設の長は、禁錮受刑者（刑事施設に収容されているものに
　限る。以下この節において同じ。）又は拘留受刑者（刑事施設に収容され
　ているものに限る。）が刑事施設の長の指定する作業を行いたい旨の申出
　をした場合には、法務省令で定めるところにより、その作業を行うことを
　許すことができる。

（作業の実施）
第94条　作業は、できる限り、受刑者の勤労意欲を高め、これに職業上有
　用な知識及び技能を習得させるように実施するものとする。
2　受刑者に職業に関する免許若しくは資格を取得させ、又は職業に必要な
　知識及び技能を習得させる必要がある場合において、相当と認めるときは、
　これらを目的とする訓練を作業として実施する。

（作業の条件等）
第95条　刑事施設の長は、法務省令で定める基準に従い、1日の作業時間
　及び作業を行わない日を定める。
2　刑事施設の長は、作業を行う受刑者の安全及び衛生を確保するため必要
　な措置を講じなければならない。
3　受刑者は、前項の規定により刑事施設の長が講ずる措置に応じて、必要
　な事項を守らなければならない。
4　第2項の規定により刑事施設の長が講ずべき措置及び前項の規定により
　受刑者が守らなければならない事項は、労働安全衛生法（昭和47年法律
　第57号）その他の法令に定める労働者の安全及び衛生を確保するため事
　業者が講ずべき措置及び労働者が守らなければならない事項に準じて、法
　務大臣が定める。

（外部通勤作業）
第96条　刑事施設の長は、刑法第28条（国際受刑者移送法第21条にお
　いて読み替えて適用する場合を含む。）、少年法第58条又は国際受刑者移
　送法第22条の規定により仮釈放を許すことができる期間を経過した懲役
　受刑者又は禁錮受刑者が、第88条第2項の規定により開放的施設におい
　て処遇を受けていることその他の法務省令で定める事由に該当する場合に
　おいて、その円滑な社会復帰を図るため必要があるときは、刑事施設の職
　員の同行なしに、その受刑者を刑事施設の外の事業所（以下この条におい
　て「外部事業所」という。）に通勤させて作業を行わせることができる。

成年年齢引下げ(若年成年)と若年消費者保護立法

配布資料9　法制審議会第178回会議配付資料（刑9）

2　前項の規定による作業（以下「外部通勤作業」という。）は、外部事業所の業務に従事し、又は外部事業所が行う職業訓練を受けることによって行う。

3　受刑者に外部通勤作業を行わせる場合には、刑事施設の長は、法務省令で定めるところにより、当該外部事業所の事業主（以下この条において「外部事業主」という。）との間において、受刑者の行う作業の種類、作業時間、受刑者の安全及び衛生を確保するため必要な措置その他外部通勤作業の実施に関し必要な事項について、取決めを行わなければならない。

4　刑事施設の長は、受刑者に外部通勤作業を行わせる場合には、あらかじめ、その受刑者が外部通勤作業に関し遵守すべき事項（以下この条において「特別遵守事項」という。）を定め、これをその受刑者に告知するものとする。

5　特別遵守事項は、次に掲げる事項を具体的に定めるものとする。

一　指定された経路及び方法により移動しなければならないこと。

二　指定された時刻までに刑事施設に帰着しなければならないこと。

三　正当な理由なく、外部通勤作業を行う場所以外の場所に立ち入ってはならないこと。

四　外部事業主による作業上の指示に従わなければならないこと。

五　正当な理由なく、犯罪性のある者その他接触することにより矯正処遇の適切な実施に支障を生ずるおそれがある者と接触してはならないこと。

6　刑事施設の長は、外部通勤作業を行う受刑者が遵守事項又は特別遵守事項を遵守しなかった場合その他外部通勤作業を不適当とする事由があると認める場合には、これを中止することができる。

（改善指導）

第103条　刑事施設の長は、受刑者に対し、犯罪の責任を自覚させ、健康な心身を培わせ、並びに社会生活に適応するのに必要な知識及び生活態度を習得させるため必要な指導を行うものとする。

2　次に掲げる事情を有することにより改善更生及び円滑な社会復帰に支障があると認められる受刑者に対し前項の指導を行うに当たっては、その事情の改善に資するよう特に配慮しなければならない。

一　麻薬、覚せい剤その他の薬物に対する依存があること。

二　暴力団員による不当な行為の防止等に関する法律（平成3年法律第77号）第2条第6号に規定する暴力団員であること。

三　その他法務省令で定める事情

成年年齢引下げ(若年成年)と若年消費者保護立法

配布資料9　法制審議会第178回会議配付資料（刑9）

（教科指導）

第104条　刑事施設の長は、社会生活の基礎となる学力を欠くことにより改善更生及び円滑な社会復帰に支障があると認められる受刑者に対しては、教科指導（学校教育法（昭和22年法律第26号）による学校教育の内容に準ずる内容の指導をいう。次項において同じ。）を行うものとする。

2　刑事施設の長は、前項に規定するもののほか、学力の向上を図ることが円滑な社会復帰に特に資すると認められる受刑者に対し、その学力の状況に応じた教科指導を行うことができる。

（指導の日及び時間）

第105条　刑事施設の長は、法務省令で定める基準に従い、前2条の規定による指導を行う日及び時間を定める。

（外出及び外泊）

第106条　刑事施設の長は、刑法第28条（国際受刑者移送法第21条において読み替えて適用する場合を含む。）、少年法第58条又は国際受刑者移送法第22条の規定により仮釈放を許すことができる期間を経過した懲役受刑者又は禁錮受刑者が、第88条第2項の規定により開放的施設において処遇を受けていることその他の法務省令で定める事由に該当する場合において、その円滑な社会復帰を図るため、刑事施設の外において、その者が、釈放後の住居又は就業先の確保その他の一身上の重要な用務を行い、更生保護に関係のある者を訪問し、その他その釈放後の社会生活に有用な体験をする必要があると認めるときは、刑事施設の職員の同行なしに、外出し、又は7日以内の期間を定めて外泊することを許すことができる。ただし、外泊については、その受刑者に係る刑が6月以上執行されている場合に限る。

2　第96条第4項、第5項（第4号を除く。）及び第6項の規定は、前項の規定による外出及び外泊について準用する。

（懲罰の要件等）

第150条　刑事施設の長は、被収容者が、遵守事項若しくは第96条第4項（第106条第2項において準用する場合を含む。）に規定する特別遵守事項を遵守せず、又は第74条第3項の規定に基づき刑事施設の職員が行った指示に従わなかった場合には、その被収容者に懲罰を科することができる。

2　懲罰を科するに当たっては、懲罰を科せられるべき行為（以下この節に

成年年齢引下げ(若年成年)と若年消費者保護立法

配布資料9　法制審議会第178回会議配付資料（刑9）

　おいて「反則行為」という。）をした被収容者の年齢、心身の状態及び行
　状、反則行為の性質、軽重、動機及び刑事施設の運営に及ぼした影響、反
　則行為後におけるその被収容者の態度、受刑者にあっては懲罰がその者の
　改善更生に及ぼす影響その他の事情を考慮しなければならない。
3　懲罰は、反則行為を抑制するのに必要な限度を超えてはならない。

○　少年院法（平成26年法律第58号）
　（処遇の原則）
第15条　在院者の処遇は、その人権を尊重しつつ、明るく規則正しい環境
　の下で、その健全な心身の成長を図るとともに、その自覚に訴えて改善更
　生の意欲を喚起し、並びに自主、自律及び協同の精神を養うことに資する
　よう行うものとする。
2　在院者の処遇に当たっては、医学、心理学、教育学、社会学その他の専
　門的知識及び技術を活用するとともに、個々の在院者の性格、年齢、経歴、
　心身の状況及び発達の程度、非行の状況、家庭環境、交友関係その他の事
　情を踏まえ、その者の最善の利益を考慮して、その者に対する処遇がその
　特性に応じたものとなるようにしなければならない。

第23条　矯正教育は、在院者の犯罪的傾向を矯正し、並びに在院者に対し、
　健全な心身を培わせ、社会生活に適応するのに必要な知識及び能力を習得
　させることを目的とする。
2　矯正教育を行うに当たっては、在院者の特性に応じ、次節に規定する指
　導を適切に組み合わせ、体系的かつ組織的にこれを行うものとする。

　（生活指導）
第24条　少年院の長は、在院者に対し、善良な社会の一員として自立した
　生活を営むための基礎となる知識及び生活態度を習得させるため必要な生
　活指導を行うものとする。
2　将来の進路を定めていない在院者に対し前項の生活指導を行うに当たっ
　ては、その特性に応じた将来の進路を選択する能力の習得に資するよう特
　に配慮しなければならない。
3　次に掲げる事情を有する在院者に対し第1項の生活指導を行うに当たっ
　ては、その事情の改善に資するよう特に配慮しなければならない。
　一　犯罪又は刑罰法令に触れる行為により害を被った者及びその家族又は
　　遺族の心情を理解しようとする意識が低いこと。
　二　麻薬、覚醒剤その他の薬物に対する依存があること。

成年年齢引下げ（若年成年）と若年消費者保護立法

配布資料9　法制審議会第178回会議配付資料（刑9）

三　その他法務省令で定める事情

（職業指導）
第25条　少年院の長は、在院者に対し、勤労意欲を高め、職業上有用な知識及び技能を習得させるため必要な職業指導を行うものとする。
2　前項の職業指導の実施による収入があるときは、その収入は、国庫に帰属する。
3　少年院の長は、第1項の職業指導を受けた在院者に対しては、出院の際に、法務大臣が定める基準に従い算出した金額の範囲内で、職業上有用な知識及び技能の習得の状況その他の事情を考慮して相当と認められる金額の報奨金（次項において「職業能力習得報奨金」という。）を支給することができる。
4　少年院の長は、在院者がその出院前に職業能力習得報奨金の支給を受けたい旨の申出をした場合において、その使用の目的が、第67条第1項第1号に規定する自弁物品等の購入その他相当なものであると認めるときは、前項の規定にかかわらず、法務省令で定めるところにより、その時に出院したとするならばその在院者に支給することができる職業能力習得報奨金に相当する金額の範囲内で、申出の額の全部又は一部の金額を支給することができる。この場合には、その支給額に相当する金額を同項の規定により支給することができる職業能力習得報奨金の金額から減額する。

（教科指導）
第26条　少年院の長は、学校教育法（昭和22年法律第26号）に定める義務教育を終了しない在院者その他の社会生活の基礎となる学力を欠くことにより改善更生及び円滑な社会復帰に支障があると認められる在院者に対しては、教科指導（同法による学校教育の内容に準ずる内容の指導をいう。以下同じ。）を行うものとする。
2　少年院の長は、前項に規定するもののほか、学力の向上を図ることが円滑な社会復帰に特に資すると認められる在院者に対し、その学力の状況に応じた教科指導を行うことができる。

（学校の教育課程に準ずる教育の教科指導）
第27条　教科指導により学校教育法第1条に規定する学校（以下単に「学校」という。）のうち、いずれかの学校の教育課程に準ずる教育の全部又は一部を修了した在院者は、その修了に係る教育の範囲に応じて当該教育課程の全部又は一部を修了したものとみなす。

成年年齢引下げ(若年成年)と若年消費者保護立法

配布資料9　法制審議会第178回会議配付資料（刑9）

2　少年院の長は、学校の教育課程に準ずる教育について教科指導を行う場合には、当該教科指導については、文部科学大臣の勧告に従わなければならない。

（体育指導）
第28条　少年院の長は、在院者に対し、善良な社会の一員として自立した生活を営むための基礎となる健全な心身を培わせるため必要な体育指導を行うものとする。

（特別活動指導）
第29条　少年院の長は、在院者に対し、その情操を豊かにし、自主、自律及び協同の精神を養うことに資する社会貢献活動、野外活動、運動競技、音楽、演劇その他の活動の実施に関し必要な指導を行うものとする。

（20歳退院及び収容継続）
第137条　少年院の長は、保護処分在院者が20歳に達したときは退院させるものとし、20歳に達した日の翌日にその者を出院させなければならない。ただし、少年法第24条第1項第3号の保護処分に係る同項の決定のあった日から起算して1年を経過していないときは、その日から起算して1年間に限り、その収容を継続することができる。
2　更生保護法第72条第2項前段の規定により家庭裁判所が少年院に収容する期間を定めた保護処分在院者については、前項の規定は適用しない。

（23歳までの収容継続）
第138条　少年院の長は、次の各号に掲げる保護処分在院者について、その者の心身に著しい障害があり、又はその犯罪的傾向が矯正されていないため、それぞれ当該各号に定める日を超えてその収容を継続することが相当であると認めるときは、その者を送致した家庭裁判所に対し、その収容を継続する旨の決定の申請をしなければならない。
一　前条第1項本文の規定により退院させるものとされる者　20歳に達した日
二　前条第1項ただし書の規定により少年院に収容することができる期間又は家庭裁判所が次項、少年法第26条の4第2項若しくは更生保護法第68条第3項若しくは第72条第2項の規定により定めた少年院に収容する期間（当該期間の末日が23歳に達した日である場合を除く。）が満了する者　当該期間の末日

成年年齢引下げ(若年成年)と若年消費者保護立法

配布資料9　法制審議会第178回会議配付資料（刑9）

2　前項の申請を受けた家庭裁判所は、当該申請に係る保護処分在院者について、その申請に理由があると認めるときは、その収容を継続する旨の決定をしなければならない。この場合においては、当該決定と同時に、その者が23歳を超えない期間の範囲内で、少年院に収容する期間を定めなければならない。

3　家庭裁判所は、前項の決定に係る事件の審理に当たっては、医学、心理学、教育学、社会学その他の専門的知識を有する者及び第1項の申請に係る保護処分在院者を収容している少年院の職員の意見を聴かなければならない。

4　少年院の長は、第1項の申請に係る家庭裁判所の決定の通知を受けるまでの間、当該申請に係る保護処分在院者の収容を継続することができる。

5　前3項に定めるもののほか、第2項の決定に係る事件の手続は、その性質に反しない限り、少年の保護処分に係る事件の手続の例による。

（23歳を超える収容継続）

第139条　少年院の長は、次の各号に掲げる保護処分在院者について、その者の精神に著しい障害があり、医療に関する専門的知識及び技術を踏まえて矯正教育を継続して行うことが特に必要であるため、それぞれ当該各号に定める日を超えてその収容を継続することが相当であると認めるときは、その者を送致した家庭裁判所に対し、その収容を継続する旨の決定の申請をしなければならない。

一　家庭裁判所が前条第2項、少年法第26条の4第2項又は更生保護法第68条第3項若しくは第72条第2項の規定により定めた少年院に収容する期間が23歳に達した日に満了する者　23歳に達した日

二　家庭裁判所が次項又は更生保護法第72条第3項の規定により定めた少年院に収容する期間（当該期間の末日が26歳に達した日である場合を除く。）が満了する者　当該期間の末日

2　前項の申請を受けた家庭裁判所は、当該申請に係る保護処分在院者について、その申請に理由があると認めるときは、その収容を継続する旨の決定をしなければならない。この場合においては、当該決定と同時に、その者が26歳を超えない期間の範囲内で、少年院に収容する期間を定めなければならない。

3　前条第3項から第5項までの規定は、前項の決定に係る事件の手続について準用する。この場合において、同条第3項及び第4項中「第1項」とあるのは「次条第1項」と、同条第5項中「前3項」とあるのは「次条第2項及び同条第3項において準用する前2項」と、「第2項」とあるのは

306

成年年齢引下げ(若年成年)と若年消費者保護立法

配布資料9　法制審議会第178回会議配付資料（刑9）

「次条第2項」と読み替えるものとする。

○　更生保護法（平成19年法律第88号）

（目的）

第1条　この法律は、犯罪をした者及び非行のある少年に対し、社会内において適切な処遇を行うことにより、再び犯罪をすることを防ぎ、又はその非行をなくし、これらの者が善良な社会の一員として自立し、改善更生することを助けるとともに、恩赦の適正な運用を図るほか、犯罪予防の活動の促進等を行い、もって、社会を保護し、個人及び公共の福祉を増進することを目的とする。

（仮釈放及び仮出場を許す処分）

第39条　刑法第28条の規定による仮釈放を許す処分及び同法第30条の規定による仮出場を許す処分は、地方委員会の決定をもってするものとする。

2　地方委員会は、仮釈放又は仮出場を許す処分をするに当たっては、釈放すべき日を定めなければならない。

3　地方委員会は、仮釈放を許す処分をするに当たっては、第51条第2項第5号の規定により宿泊すべき特定の場所を定める場合その他特別の事情がある場合を除き、第82条第1項の規定による住居の調整の結果に基づき、仮釈放を許される者が居住すべき住居を特定するものとする。

4　地方委員会は、第1項の決定をした場合において、当該決定を受けた者について、その釈放までの間に、刑事施設の規律及び秩序を害する行為をしたこと、予定されていた釈放後の住居、就業先その他の生活環境に著しい変化が生じたことその他その釈放が相当でないと認められる特別の事情が生じたと認めるときは、仮釈放又は仮出場を許すか否かに関する審理を再開しなければならない。この場合においては、当該決定は、その効力を失う。

5　第36条の規定は、前項の規定による審理の再開に係る判断について準用する。

（仮釈放中の保護観察）

第40条　仮釈放を許された者は、仮釈放の期間中、保護観察に付する。

（仮退院を許す処分）

第41条　地方委員会は、保護処分の執行のため少年院に収容されている者について、少年院法（平成26年法律第58号）第16条に規定する処

成年年齢引下げ(若年成年)と若年消費者保護立法

配布資料9　法制審議会第178回会議配付資料（刑9）

遇の段階が最高段階に達し、仮に退院させることが改善更生のために相当
であると認めるとき、その他仮に退院させることが改善更生のために特に
必要であると認めるときは、決定をもって、仮退院を許すものとする。

（準用）
第42条　第35条から第38条まで、第39条第2項から第5項まで及び
　　第40条の規定は、少年院からの仮退院について準用する。この場合にお
　　いて、第35条第1項中「前条」とあるのは「少年院法第135条」と、
　　第38条第1項中「刑」とあるのは「保護処分」と、「犯罪」とあるのは
　　「犯罪若しくは刑罰法令に触れる行為」と読み替えるものとする。

（保護観察の対象者）
第48条　次に掲げる者（以下「保護観察対象者」という。）に対する保護
　　観察の実施については、この章の定めるところによる。
　　一　少年法第24条第1項第1号の保護処分に付されている者（以下「保
　　　護観察処分少年」という。）
　　二　少年院からの仮退院を許されて第42条において準用する第40条の
　　　規定により保護観察に付されている者（以下「少年院仮退院者」という。）
　　三　仮釈放を許されて第40条の規定により保護観察に付されている者
　　　（以下「仮釈放者」という。）
　　四　刑法第25条の2第1項若しくは第27条の3第1項又は薬物使用等
　　　の罪を犯した者に対する刑の一部の執行猶予に関する法律第4条第1項
　　　の規定により保護観察に付されている者（以下「保護観察付執行猶予者」
　　　という。）

（保護観察の実施方法）
第49条　保護観察は、保護観察対象者の改善更生を図ることを目的として、
　　第57条及び第65条の3第1項に規定する指導監督並びに第58条に規
　　定する補導援護を行うことにより実施するものとする。
2　保護観察処分少年又は少年院仮退院者に対する保護観察は、保護処分の
　　趣旨を踏まえ、その者の健全な育成を期して実施しなければならない。

（一般遵守事項）
第50条　保護観察対象者は、次に掲げる事項（以下「一般遵守事項」とい
　　う。）を遵守しなければならない。
　　一　再び犯罪をすることがないよう、又は非行をなくすよう健全な生活態
　　　度を保持すること。

成年年齢引下げ(若年成年)と若年消費者保護立法

配布資料9　法制審議会第178回会議配付資料（刑9）

　二　次に掲げる事項を守り、保護観察官及び保護司による指導監督を誠実に受けること。
　　イ　保護観察官又は保護司の呼出し又は訪問を受けたときは、これに応じ、面接を受けること。
　　ロ　保護観察官又は保護司から、労働又は通学の状況、収入又は支出の状況、家庭環境、交友関係その他の生活の実態を示す事実であって指導監督を行うため把握すべきものを明らかにするよう求められたときは、これに応じ、その事実を申告し、又はこれに関する資料を提示すること。
　三　保護観察に付されたときは、速やかに、住居を定め、その地を管轄する保護観察所の長にその届出をすること（第39条第3項（第42条において準用する場合を含む。次号において同じ。）又は第78条の2第1項の規定により住居を特定された場合及び次条第2項第5号の規定により宿泊すべき特定の場所を定められた場合を除く。）。
　四　前号の届出に係る住居（第39条第3項又は第78条の2第1項の規定により住居を特定された場合には当該住居、次号の転居の許可を受けた場合には当該許可に係る住居）に居住すること（次条第2項第5号の規定により宿泊すべき特定の場所を定められた場合を除く。）。
　五　転居又は7日以上の旅行をするときは、あらかじめ、保護観察所の長の許可を受けること。
2　刑法第27条の3第1項又は薬物使用等の罪を犯した者に対する刑の一部の執行猶予に関する法律第4条第1項の規定により保護観察に付する旨の言渡しを受けた者（以下「保護観察付一部猶予者」という。）が仮釈放中の保護観察に引き続きこれらの規定による保護観察に付されたときは、第78条の2第1項の規定により住居を特定された場合及び次条第2項第5号の規定により宿泊すべき特定の場所を定められた場合を除き、仮釈放中の保護観察の終了時に居住することとされていた前項第3号の届出に係る住居（第39条第3項の規定により住居を特定された場合には当該住居、前項第五号の転居の許可を受けた場合には当該許可に係る住居）につき、同項第3号の届出をしたものとみなす。

（特別遵守事項）
第51条　保護観察対象者は、一般遵守事項のほか、遵守すべき特別の事項（以下「特別遵守事項」という。）が定められたときは、これを遵守しなければならない。
2　特別遵守事項は、次条に定める場合を除き、第52条の定めるところに

成年年齢引下げ(若年成年)と若年消費者保護立法

配布資料9　法制審議会第178回会議配付資料（刑9）

より、これに違反した場合に第72条第1項、刑法第26条の2、第27条の5及び第29条第1項並びに少年法第26条の4第1項に規定する処分がされることがあることを踏まえ、次に掲げる事項について、保護観察対象者の改善更生のために特に必要と認められる範囲内において、具体的に定めるものとする。

一　犯罪性のある者との交際、いかがわしい場所への出入り、遊興による浪費、過度の飲酒その他の犯罪又は非行に結び付くおそれのある特定の行動をしてはならないこと。

二　労働に従事すること、通学することその他の再び犯罪をすることがなく又は非行のない健全な生活態度を保持するために必要と認められる特定の行動を実行し、又は継続すること。

三　7日未満の旅行、離職、身分関係の異動その他の指導監督を行うため事前に把握しておくことが特に重要と認められる生活上又は身分上の特定の事項について、緊急の場合を除き、あらかじめ、保護観察官又は保護司に申告すること。

四　医学、心理学、教育学、社会学その他の専門的知識に基づく特定の犯罪的傾向を改善するための体系化された手順による処遇として法務大臣が定めるものを受けること。

五　法務大臣が指定する施設、保護観察対象者を監護すべき者の居宅その他の改善更生のために適当と認められる特定の場所であって、宿泊の用に供されるものに一定の期間宿泊して指導監督を受けること。

六　善良な社会の一員としての意識の涵養及び規範意識の向上に資する地域社会の利益の増進に寄与する社会的活動を一定の時間行うこと。

七　その他指導監督を行うため特に必要な事項

（特別遵守事項の設定及び変更）

第52条　保護観察所の長は、保護観察処分少年について、法務省令で定めるところにより、少年法第24条第1項第1号の保護処分をした家庭裁判所の意見を聴き、これに基づいて、特別遵守事項を定めることができる。これを変更するときも、同様とする。

2　地方委員会は、少年院仮退院者又は仮釈放者について、保護観察所の長の申出により、法務省令で定めるところにより、決定をもって、特別遵守事項を定めることができる。保護観察所の長の申出により、これを変更するときも、同様とする。

3　前項の場合において、少年院からの仮退院又は仮釈放を許す旨の決定による釈放の時までに特別遵守事項を定め、又は変更するときは、保護観察

成年年齢引下げ(若年成年)と若年消費者保護立法

配布資料9　法制審議会第178回会議配付資料（刑9）

所の長の申出を要しないものとする。

4　地方委員会は、保護観察付一部猶予者について、刑法第２７条の２の規定による猶予の期間の開始の時までに、法務省令で定めるところにより、決定をもって、特別遵守事項（猶予期間中の保護観察における特別遵守事項に限る。以下この項及び次条第４項において同じ。）を定め、又は変更することができる。この場合において、仮釈放中の保護観察付一部猶予者について、特別遵守事項を定め、又は変更するときは、保護観察所の長の申出によらなければならない。

5　保護観察所の長は、刑法第２５条の２第１項の規定により保護観察に付されている保護観察付執行猶予者について、その保護観察の開始に際し、法務省令で定めるところにより、同項の規定により保護観察に付する旨の言渡しをした裁判所の意見を聴き、これに基づいて、特別遵守事項を定めることができる。

6　保護観察所の長は、前項の場合のほか、保護観察付執行猶予者について、法務省令で定めるところにより、当該保護観察所の所在地を管轄する地方裁判所、家庭裁判所又は簡易裁判所に対し、定めようとする又は変更しようとする特別遵守事項の内容を示すとともに、必要な資料を提示して、その意見を聴いた上、特別遵守事項を定め、又は変更することができる。ただし、当該裁判所が不相当とする旨の意見を述べたものについては、この限りでない。

（生活行動指針）

第５６条　保護観察所の長は、保護観察対象者について、保護観察における指導監督を適切に行うため必要があると認めるときは、法務省令で定めるところにより、当該保護観察対象者の改善更生に資する生活又は行動の指針（以下「生活行動指針」という。）を定めることができる。

2　保護観察所の長は、前項の規定により生活行動指針を定めたときは、法務省令で定めるところにより、保護観察対象者に対し、当該生活行動指針の内容を記載した書面を交付しなければならない。

3　保護観察対象者は、第１項の規定により生活行動指針が定められたときは、これに即して生活し、及び行動するよう努めなければならない。

（指導監督の方法）

第５７条　保護観察における指導監督は、次に掲げる方法によって行うものとする。

一　面接その他の適当な方法により保護観察対象者と接触を保ち、その行

成年年齢引下げ(若年成年)と若年消費者保護立法

配布資料9　法制審議会第178回会議配付資料（刑9）

　　状を把握すること。

　二　保護観察対象者が一般遵守事項及び特別遵守事項（以下「遵守事項」
　　という。）を遵守し、並びに生活行動指針に即して生活し、及び行動す
　　るよう、必要な指示その他の措置をとること。

　三　特定の犯罪的傾向を改善するための専門的処遇を実施すること。

2　保護観察所の長は、前項の指導監督を適切に行うため特に必要があると
　認めるときは、保護観察対象者に対し、当該指導監督に適した宿泊場所を
　供与することができる。

　（補導援護の方法）

第58条　保護観察における補導援護は、保護観察対象者が自立した生活を
　営むことができるようにするため、その自助の責任を踏まえつつ、次に掲
　げる方法によって行うものとする。

　一　適切な住居その他の宿泊場所を得ること及び当該宿泊場所に帰住する
　　ことを助けること。

　二　医療及び療養を受けることを助けること。

　三　職業を補導し、及び就職を助けること。

　四　教養訓練の手段を得ることを助けること。

　五　生活環境を改善し、及び調整すること。

　六　社会生活に適応させるために必要な生活指導を行うこと。

　七　前各号に掲げるもののほか、保護観察対象者が健全な社会生活を営む
　　ために必要な助言その他の措置をとること。

　（保護観察の実施者）

第61条　保護観察における指導監督及び補導援護は、保護観察対象者の特
　性、とるべき措置の内容その他の事情を勘案し、保護観察官又は保護司を
　して行わせるものとする。

2　前項の補導援護は、保護観察対象者の改善更生を図るため有効かつ適切
　であると認められる場合には、更生保護事業法（平成7年法律第86号）
　の規定により更生保護事業を営む者その他の適当な者に委託して行うこと
　ができる。

　（応急の救護）

第62条　保護観察所の長は、保護観察対象者が、適切な医療、食事、住居
　その他の健全な社会生活を営むために必要な手段を得ることができないた
　め、その改善更生が妨げられるおそれがある場合には、当該保護観察対象

成年年齢引下げ(若年成年)と若年消費者保護立法

配布資料9　法制審議会第178回会議配付資料（刑9）

者が公共の衛生福祉に関する機関その他の機関からその目的の範囲内で必要な応急の救護を得られるよう、これを援護しなければならない。

2　前項の規定による援護によっては必要な応急の救護が得られない場合には、保護観察所の長は、予算の範囲内で、自らその救護を行うものとする。

3　前項の救護は、更生保護事業法の規定により更生保護事業を営む者その他の適当な者に委託して行うことができる。

4　保護観察所の長は、第1項又は第2項の規定による措置をとるに当たっては、保護観察対象者の自助の責任の自覚を損なわないよう配慮しなければならない。

（少年法第24条第1項第1号の保護処分の期間）

第66条　保護観察処分少年に対する保護観察の期間は、当該保護観察処分少年が20歳に達するまで（その期間が2年に満たない場合には、2年）とする。ただし、第68条第3項の規定により保護観察の期間が定められたときは、当該期間とする。

（収容中の者に対する生活環境の調整）

第82条　保護観察所の長は、刑の執行のため刑事施設に収容されている者又は刑若しくは保護処分の執行のため少年院に収容されている者（以下この条において「収容中の者」と総称する。）について、その社会復帰を円滑にするため必要があると認めるときは、その者の家族その他の関係人を訪問して協力を求めることその他の方法により、釈放後の住居、就業先その他の生活環境の調整を行うものとする。

2　地方委員会は、前項の規定による調整が有効かつ適切に行われるよう、保護観察所の長に対し、調整を行うべき住居、就業先その他の生活環境に関する事項について必要な指導及び助言を行うほか、同項の規定による調整が複数の保護観察所において行われる場合における当該保護観察所相互間の連絡調整を行うものとする。

3　地方委員会は、前項の措置をとるに当たって必要があると認めるときは、収容中の者との面接、関係人に対する質問その他の方法により、調査を行うことができる。

4　第25条第2項及び第36条第2項の規定は、前項の調査について準用する。

（保護観察付執行猶予の裁判確定前の生活環境の調整）

第83条　保護観察所の長は、刑法第25条の2第1項の規定により保護観

成年年齢引下げ(若年成年)と若年消費者保護立法

配布資料9　法制審議会第178回会議配付資料（刑9）

察に付する旨の言渡しを受け、その裁判が確定するまでの者について、保護観察を円滑に開始するため必要があると認めるときは、その者の同意を得て、前条第1項に規定する方法により、その者の住居、就業先その他の生活環境の調整を行うことができる。

（更生緊急保護）
第85条　この節において「更生緊急保護」とは、次に掲げる者が、刑事上の手続又は保護処分による身体の拘束を解かれた後、親族からの援助を受けることができず、若しくは公共の衛生福祉に関する機関その他の機関から医療、宿泊、職業その他の保護を受けることができない場合又はこれらの援助若しくは保護のみによっては改善更生することができないと認められる場合に、緊急に、その者に対し、金品を給与し、又は貸与し、宿泊場所を供与し、宿泊場所への帰住、医療、療養、就職又は教養訓練を助け、職業を補導し、社会生活に適応させるために必要な生活指導を行い、生活環境の改善又は調整を図ること等により、その者が進んで法律を守る善良な社会の一員となることを援護し、その速やかな改善更生を保護することをいう。
一　懲役、禁錮又は拘留の刑の執行を終わった者
二　懲役、禁錮又は拘留の刑の執行の免除を得た者
三　懲役又は禁錮につき刑の全部の執行猶予の言渡しを受け、その裁判が確定するまでの者
四　前号に掲げる者のほか、懲役又は禁錮につき刑の全部の執行猶予の言渡しを受け、保護観察に付されなかった者
五　懲役又は禁錮につき刑の一部の執行猶予の言渡しを受け、その猶予の期間中保護観察に付されなかった者であって、その刑のうち執行が猶予されなかった部分の期間の執行を終わったもの
六　訴追を必要としないため公訴を提起しない処分を受けた者
七　罰金又は科料の言渡しを受けた者
八　労役場から出場し、又は仮出場を許された者
九　少年院から退院し、又は仮退院を許された者（保護観察に付されている者を除く。）
2　更生緊急保護は、その対象となる者の改善更生のために必要な限度で、国の責任において、行うものとする。
3　更生緊急保護は、保護観察所の長が、自ら行い、又は更生保護事業法の規定により更生保護事業を営む者その他の適当な者に委託して行うものとする。

成年年齢引下げ(若年成年)と若年消費者保護立法

配布資料9　法制審議会第178回会議配付資料（刑9）

4　更生緊急保護は、その対象となる者が刑事上の手続又は保護処分による
　身体の拘束を解かれた後6月を超えない範囲内において、その意思に反し
　ない場合に限り、行うものとする。ただし、その者の改善更生を保護する
　ため特に必要があると認められるときは、更に6月を超えない範囲内にお
　いて、これを行うことができる。

5　更生緊急保護を行うに当たっては、その対象となる者が公共の衛生福祉
　に関する機関その他の機関から必要な保護を受けることができるようあっ
　せんするとともに、更生緊急保護の効率化に努めて、その期間の短縮と費
　用の節減を図らなければならない。

6　更生緊急保護に関し職業のあっせんの必要があると認められるときは、
　公共職業安定所は、更生緊急保護を行う者の協力を得て、職業安定法（昭
　和22年法律第141号）の規定に基づき、更生緊急保護の対象となる者
　の能力に適当な職業をあっせんすることに努めるものとする。

（更生緊急保護の開始等）
第86条　更生緊急保護は、前条第1項各号に掲げる者の申出があった場合
　において、保護観察所の長がその必要があると認めたときに限り、行うも
　のとする。

2　検察官、刑事施設の長又は少年院の長は、前条第1項各号に掲げる者に
　ついて、刑事上の手続又は保護処分による身体の拘束を解く場合において、
　必要があると認めるときは、その者に対し、この節に定める更生緊急保護
　の制度及び申出の手続について教示しなければならない。

3　保護観察所の長は、更生緊急保護を行う必要があるか否かを判断するに
　当たっては、その申出をした者の刑事上の手続に関与した検察官又はその
　者が収容されていた刑事施設（労役場に留置されていた場合には、当該労
　役場が附置された刑事施設）の長若しくは少年院の長の意見を聴かなけれ
　ばならない。ただし、仮釈放の期間の満了によって前条第1項第1号に該
　当した者又は仮退院の終了により同項第9号に該当した者については、こ
　の限りでない。

成年年齢引下げ(若年成年)と若年消費者保護立法

会議用資料－法制審議会委員名簿

法 制 審 議 会 委 員 等 名 簿

平成２９年２月９日現在

会　　長

中 央 大 学 法 科 大 学 院 教 授　　高　橋　宏　志
（ 東 京 大 学 名 誉 教 授 ）

委　　員

早 稲 田 大 学 大 学 院 教 授　　井　上　正　仁
（ 東 京 大 学 名 誉 教 授 ）

早 稲 田 大 学 大 学 院 教 授　　岩　原　紳　作
（ 東 京 大 学 名 誉 教 授 ）

政 策 研 究 大 学 院 大 学 教 授　　岩　間　陽　子

早 稲 田 大 学 特 命 教 授　　内　田　　　貴
（ 東 京 大 学 名 誉 教 授 ）

読 売 新 聞 東 京 本 社 論 説 副 委 員 長　　大　塚　浩　之

弁 護 士 （ 神 奈 川 県 弁 護 士 会 所 属 ）　　木　村　良　二

日 本 労 働 組 合 総 連 合 会 会 長　　神　津　里　季　生

独 立 行 政 法 人 労 働 政 策 研 究 ・　　小　杉　礼　子
研 修 機 構 特 任 フ ェ ロ ー

新 日 鐵 住 金 株 式 会 社 代 表 取 締 役 副 社 長　　佐　久　間　総　一　郎

京 都 産 業 大 学 法 科 大 学 院 教 授　　初　宿　正　典
（ 京 都 大 学 名 誉 教 授 ）

法 政 大 学 イ ノ ベ ー シ ョ ン ・ マ ネ ジ メ ン ト　　白　田　佳　子
研 究 セ ン タ ー 客 員 研 究 員

株 式 会 社 資 生 堂 顧 問　　高　山　靖　子

東 京 高 等 裁 判 所 長 官　　戸　倉　三　郎

日 東 電 工 株 式 会 社 取 締 役　　八　丁　地　　　隆

東 京 大 学 大 学 院 教 授　　早　川　眞　一　郎

次 　 長 　 検 　 事　　八　木　宏　幸

主 婦 連 合 会 参 与　　山　根　香　織

幹　　事

法 務 省 民 事 局 長　　小　川　秀　樹

最 高 裁 判 所 事 務 総 局 総 務 局 長　　中　村　愼

法 務 省 刑 事 局 長　　林　　　眞　琴

関 係 官

法 務 省 保 護 局 長　　畝　本　直　美

法 務 省 大 臣 官 房 司 法 法 制 部 長　　小　山　太　士

法 務 省 大 臣 官 房 審 議 官　　加　藤　俊　治

法 務 省 大 臣 官 房 審 議 官　　金　子　　　修

日 本 弁 護 士 連 合 会 事 務 次 長　　神　田　安　積

法 務 省 大 臣 官 房 長　　辻　　　裕　教

法 務 省 特 別 顧 問　　竹　下　守　夫
（ 一 橋 大 学 名 誉 教 授 ）

法 務 省 矯 正 局 長　　富　山　　　聡

最 高 裁 判 所 事 務 総 局 刑 事 局 長　　平　木　正　洋

最 高 裁 判 所 事 務 総 局 民 事 局 長 兼 行 政 局 長　　平　田　　　豊

最 高 裁 判 所 事 務 総 局 家 庭 局 長　　村　田　斉　志

警 察 庁 刑 事 局 長　　吉　田　尚　正

成年年齢の引下げ（若年成年）と消費者保護立法
◆ 消費者法研究 第2号（付・別刷）◆

2017(平成29)年4月20日　第1版第1刷発行　7072-01011

責任編集　河　上　正　二
発　行　者　今井　貴　稲葉文子
発　行　所　株式会社　信　山　社
〒113-0033 東京都文京区本郷6-2-9-102
Tel 03-3818-1019　Fax 03-3818-0344
info@shinzansha.co.jp
出版契約 No.2017-7072-3-01011 Printed in Japan

Ⓒ編著者, 2017　印刷・製本／亜細亜印刷・渋谷文泉閣
ISBN978-4-7972-7072-3　011-040 C3332
P320　分類324. 523. a010

JCOPY 〈(社)出版者著作権管理機構 委託出版物〉
本書の無断複写は著作権法上での例外を除き禁じられています。複写される場合は、そのつど事前に、(社)出版者著作権管理機構（電話03-3513-6969, FAX03-3513-6979、e-mail:info@jcopy.or.jp）の許諾を得てください。

角田真理子 著 （明治学院大学法学部准教授）

クレジットカードと消費者トラブルの法的分析

A5変・並製・210頁　1,800円（税別）　ISBN978-4-7972-3669-9　C3332

クレジットカードの基本的仕組を法的に分析

不正使用による被害の増加など、クレジット決済の落とし穴に迫る。消費者トラブル急増と被害の実態から、トラブルの未然防止や救済のために、クレジットカードの基本的仕組みを法的に分析する。安心・安全なクレジットカード取引の適正化実現のための指標として、実務と研究を架橋した、一つの集大成でもある。

【目　次】
- Ⅰ　はじめに
- Ⅱ　クレジットカードの仕組みと機能
- Ⅲ　クレジットカードの歴史的経緯
- Ⅳ　クレジットカード取引に関する消費者トラブルの変遷
- Ⅴ　クレジットカード取引関連特別法
- Ⅵ　クレジットカード取引トラブルと法律問題
- Ⅶ　参考資料

〈執筆者紹介〉

角田真理子（つのだ・まりこ）
明治学院大学法学部准教授
群馬県生まれ。青山学院大学法学部卒業後、国民生活センター入所。15年にわたり、消費生活相談業務に携わる。その他、企画調整、調査業務等担当。相談部調査役、消費者契約法相談分析・支援室長、消費者苦情処理専門委員会事務室長等を経て、2004年より現職。

下記にご記入の上、FAXまたはメールにてお申し込みください!!

角田真理子 著
■ **クレジットカードと消費者トラブルの法的分析**　　冊

お名前：
ご所属：
　　　〒　　　-
お届先：
お電話番号：
e-mail：

〒113-0033　東京都文京区本郷6-2-9-102　東大正門前
TEL:03(3818)1019　FAX:03(3811)3580　E-mail:order@shinzansha.co.jp

中山信弘・金子敏哉 編

■しなやかな著作権制度に向けて■
―コンテンツと著作権法の役割―

A5変・並製・738頁　7,800円（税別）　ISBN978-4-7972-3234-9　C3532

著作権制度の役割とあり方

第一線の執筆陣が一堂に集った、今後の著作権法の議論に必読の書。著作権法学に関する充実の考察のみならず、経済学、漫画文化論からの検討など、広範な視座から、コンテンツの創作・流通・利用主体をめぐる実態の把握・理論的考察を行う。今後の著作権制度の役割とあり方について、研究から実務、学習まで、幅広く有用の書。

【目　次】
◇本書について………金子敏哉
◆第Ⅰ部◆　権利の内容・制限と利用許諾
第1章
ぼくのかんがえたさいきょうのちょさくけんせいど―新しい方式主義の構想―………田中辰雄
第2章
著作権法の設計―円滑な取引秩序形成の視点から―………前田　健
第3章
権利制限の一般規定―受け皿規定の意義と課題―………上野達弘
第4章
大量デジタル情報の利活用におけるフェアユース規定の役割の拡大
―著作権法（個別制限規定）の没落と自生的規範の勃興―………潮海久雄
第5章
権利制限の一般規定の導入と運用―韓国の経験から―………張　睿暎
第6章
イギリスにおける公益の抗弁について
―権利制限の一般規定を目指す我が国に与える示唆―………渕　麻依子
第7章
拡大集中許諾制度導入論の是非………今村哲也
第8章
引用規定の解釈のあり方とパロディについて………横山久芳
第9章
同一性保持権侵害の要件としての「著作物の改変」
―改変を認識できれば「改変」にあたらない説―………金子敏哉
第10章
建築作品の保存―所有者による通知の義務・作者による取戻の権利―………澤田悠紀
◆第Ⅱ部◆　著作権法における実証と理論
第11章
アジアにおける海賊版マンガから正規版への移行過程と残る諸問題
―台湾とタイの事例を中心に―………藤本由香里
第12章
いわゆる「著作権教育」の観察と分析から得られる
著作権制度の現状と課題について………小島　立
第13章
フェアユースの是非―クリエイターの意見―………田中辰雄
第14章
マンガ・アニメ・ゲームの人物表現における類似判定に関する調査報告………白田秀彰
第15章
マンガ・アニメ・ゲームにおけるキャラクターの本質的特徴について………白田秀彰
第16章
模倣の社会的意義を見極める方法を考える………寺本振透
第17章
著作権法におけるルールとスタンダード・再論
―フェアユース規定の導入に向けて―………島並　良

多種多様な
プレイヤーの利害と
フィールドの変化に応じて、
「しなやかに」対応可能な、
著作権制度のあり方

下記にご記入の上、FAXまたはメールにてお申し込みください!!

中山信弘・金子敏哉 編
□ しなやかな著作権制度に向けて　　　冊

お名前：

ご所属：
　　　〒　　　－

お届先：

お電話番号：

e-mail：

〒113-0033　東京都文京区本郷6-2-9-102　東大正門前
TEL：03(3818)1019　FAX：03(3811)3580　E-mail：order@shinzansha.co.jp

 信山社
http://www.shinzansha.co.jp

齋藤 哲 著（獨協大学法科大学院教授）
家族と法

A5変・並製・210頁　1,800円（税別）　ISBN978-4-7972-3669-9　C3332

家族に関する法をみじかな事例から学ぶ

家族に関係する法ってどんなものだろう？事件が起こったら、どうしたらよいのだろう？婚姻や親子関係、相続や遺言、後見など、いま知りたいこと、知っておきたいこと等、学生の関心事や必要不可欠なことを、身近な事例からわかりやすく学ぶテキスト。

【目　次】
第1章　家族法の話
第2章　婚姻の話
第3章　婚姻解消の話
第4章　親子法の話
第5章　養子縁組の話
第6章　親権の話
第7章　後見の話
第8章　相続の話
第9章　遺言の話
第10章　ストーカー規制法とDV防止法の話
第11章　扶養と生活保護の話

〈執筆者紹介〉
齋藤 哲（さいとう・てつ）
　平成 6年　ケルン大学手続法研究所客員教授（文部省若手在外研究員）
　平成11年　島根大学教授
　平成12年　家事調停委員
　平成16年　東北学院大学大学院法務研究科教授
　平成20年　獨協大学法科大学院教授

下記にご記入の上、FAXまたはメールにてお申し込みください!!

齋藤 哲 著
■ 家族と法　　　　　　　冊

お名前：
ご所属：
　　　　〒　　－
お届先：
お電話番号：
e-mail：

〒113-0033　東京都文京区本郷6-2-9-102　東大正門前
TEL：03(3818)1019　FAX：03(3811)3580　E-mail：order@shinzansha.co.jp

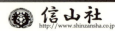